환관과 궁녀

저자   박영규

1판 1쇄 인쇄   2004. 6. 14.
1판 2쇄 발행   2004. 6. 20.

발행처   김영사
발행인   박은주

등록번호   제406-2003-036호
등록일자   1979. 5. 17.

경기도 파주시 교하읍 문발리 출판단지 514-2 우편번호 413-834
마케팅부 031)955-3100, 편집부 031)955-3250, 팩시밀리 031)955-3111

글 ⓒ 2004 박영규
값은 표지에 있습니다.

ISBN 89-349-1522-6 03900

독자의견 전화   031)955-3104
홈페이지   http://www.gimmyoung.com
이메일   bestbook@gimmyoung.com

좋은 독자가 좋은 책을 만듭니다.
김영사는 독자 여러분의 의견에 항상 귀 기울이고 있습니다.

환관과 궁녀

환관과 궁녀

박영규 지음

김영사

왕과 궁궐의 그림자, 환관과 궁녀를 위하여

어느 나라를 막론하고 왕조시대의 궁궐은 화려하고 웅장하기 그지없는 곳이다. 특히 궁궐의 주인이라고 할 수 있는 왕들은 화려한 무늬의 용포를 입고 중후하고 위엄 있는 모습으로 역사의 조명을 한몸에 받는다. 그들은 사극 속에서도 항상 주인공이거나 주인공에 버금가는 중요한 인물로 등장한다.

그런데 그들이 등장할 때마다 빠지지 않고 등장하지만 얼굴 한번 제대로 드러내기 힘든 존재들이 있으니, 바로 환관과 궁녀들이다. 그들은 왕을 그림자처럼 따라다니면서도 변변한 대사 하나 없는 단역들로 채워지기 십상이다. 이런 탓에 역사 속에서 살다가 간 실존 인물이라기보다는 왕과 궁궐 장면을 찍기 위한 소품이나 장식물의 일부인 것처럼 느껴질 때가 더 많다.

그러나 그들은 사극에서 보여지듯 그렇게 보잘것없는 존재들이 아니었다. 비록 그들의 본분이 정사政事와 관련된 것들은 아니었지만, 그들은 왕과 왕실의 의식주를 책임졌고 궁궐의 법도와 풍속을 유지시켰으며 궁궐의 온갖 잡역을 도맡았다. 거기다 때론 그림자의 본분을 벗어나 조정을 한 손에 움켜쥔 채 제왕을 갈아치우고 재상을 손가락 하나로 움직이는 역사의 주인공으로 등장하기도 했다.

혁명이 일어나 왕조가 바뀌어도 환관과 궁녀는 그대로 궁궐을 지킨다. 이후로 궁궐을 장악한 새로운 왕은 그들에게서 궁궐의 법도와 예절을 배워 궁궐살이를 이어가고, 자신의 자식들을 그들에게 맡겨 키우며, 그들의 도움을 받아 의식주를 해결한다. 임금은 왕명을 조정에 전달하는 중요한 업무에서부터 자신의 밑을 닦아주는 더러운 일까지 그들의 손을 빌린다.

한 마디로 그들은 왕의 수족이자 혓바닥인 셈이다. 그런 탓에 왕은 그들 없이는 무슨 일도 제대로 할 수 없는 존재가 된다.

비록 역사에 거대한 발자국을 남긴 자들은 모두 왕들이었으나, 그 발자국 뒤에는 환관과 궁녀들이 그림자로 존재하고 있었다. 그림자 없는 물체가 없듯이 그들 없는 왕은 없다. 물체가 그림자의 주인이기에 물체의 움직임에 따라 그림자가 움직이는 것이 원칙이다. 그러나 때로는 그림자가 주인을 이끌고 다니기도 했던 것이 그들과 제왕의 관계였다.

이 글은 그 그림자들의 생성과 성장, 소멸에 관한 이야기다. 따라서 그 그림자들의 삶이 어떠했으며, 그들과 제왕, 그들과 국가, 그들과 백성이 어떤 관계 속에 있었는지를 체계적으로 정리하는 글이 될 것이다. 이는 왕조시대의 내밀하고 민감한 부분들을 이해함으로써 좀더 섬세한 역사적 시각을 형성하는 데 보탬이 되고자 함이다.

본문은 크게 1, 2부로 나뉘어져 있다. 1부는 환관 편이고 2부는 궁녀 편이다. 독자들의 본문에 대한 이해를 돕는 차원에서 간략하게 내용을 소개하고자 한다.

제1부 '제왕의 그림자, 환관'은 세 개의 장으로 구성되어 있다.

제1장 '환관의 탄생과 성장, 그리고 소멸'은 중국과 한국 역사 속에서 환관이 어떻게 탄생하고 성장하며 몰락했는지를 보여주는 환관의 역사라 할 수 있다. 우선은 중국 사료를 근거로 환관의 기원과 어원을 비롯하여 환관을 만드는 궁형과 그 구체적인 시술법을 소개하였다. 다음으로 중국과 한국의 환관 조직의 발생과 성장, 변화에 대해서 기술했다. 이어서 환관의 외형상 특징과 교육, 사생활을 언급했으며, 마지막으로 조선 왕들의 환관 정책과 조선시대의 주요 환관에 대해서 정리했다.

조선 왕들의 환관을 대하는 스타일은 다양했다. 태조는 너그럽고 후덕

한 성격이라 환관들이 웬만한 잘못을 해도 눈감아 줬던 것에 비해 태종은 환관을 쥐 잡듯 하며 기강을 다졌고, 세종은 깐깐한 원칙을 앞세워 법대로 처리했다. 또한 세조는 측근정치를 실시한 왕답게 자신의 혁명에 도움을 준 환관만 총애했고, 어릴 때 왕위에 오른 성종이나 명종은 환관을 지나치게 우대하여 신하들의 빈축을 샀다. 연산군 같은 폭군은 오직 복종하는 환관만 대접했고, 전란을 겪었던 선조나 광해군은 여러 환관을 공신으로 삼았다. 심지어 선조는 마지막까지 자신을 지킨 유일한 존재는 환관뿐이었다며 신하들을 질타하기도 했다. 계속된 전란과 삼전도의 치욕으로 심신이 피곤했던 인조는 아예 환관에 대한 정책 자체가 없었고, 그런 부왕을 타산지석으로 삼은 효종은 환관의 기강을 다잡는 데 주력했다. 현종은 지나치게 너그러운 성격 탓에 환관의 월권을 방관하곤 했고, 숙종은 잦은 국면 전환을 시도하는 바람에 환관의 영향력을 확대시키는 결과를 낳았다. 그 때문에 환관이 왕위 계승권자를 위협하는 사태가 도래하기도 했고, 그것은 결과적으로 영조가 환관들에게 강력한 태도를 보인 원인이 되었다. 왕위 계승권을 놓고 가장 극렬하게 대립하던 정조 즉위기에는 노론 편에 섰던 환관들이 대거 척살되었고, 순조 이후에는 외척들이 환관의 호랑이로 등장하는 바람에 환관의 영향력은 크게 줄어들게 된다.

제2장 '중국 역사를 뒤흔든 환관들'에서는 춘추시대부터 명황조까지 각 시대를 대표하는 환관의 삶을 다루었다. 그 과정에서 중국 역사의 흐름을 일목요연하게 기술하였으며, 환관들이 권력을 쥐고 조정을 장악하는 배경을 설명했다.

사실, 중국의 역사는 환관의 역사라고 해도 과언이 아니다. 그만큼 중국사와 환관은 불가분의 관계에 있다. 따라서 환관에 대한 이해 없이는 중국사를 제대로 알 수 없다. 우리가 익히 알듯이 진시황의 환관 조고는 황제를 마음대로 갈아치웠으며, 전한 시절의 사마천은 환관이 된 비통한 심정을 극복하며 『사기』를 저술하여 중국사의 아버지가 되었다. 후한시대는 소위 '환관의 황금시대'로서 환관이 정치, 경제, 외교권을 모두 장악하여, 급기야 나관중의 『삼국지』에 등장하는 후한 말의 십상시는 후한황조를 나락으로 떨어뜨렸다. 당황조는 환관이 지배했던 나라로서 고력사, 이보국, 어조은, 구사량 등 재상보다 힘센 환관들을 무더기로 양산했으며, 북송에서는 휘종의 환관 동관이 나라를 말아먹었다. 다행히 원황조에 이르러 환관의 입지는 크게 약화되었으나, 원황조 말기에는 고려인 출신 박불화가 기황후의 후광을 등에 업고 조정을 장악하기도 했다. 원에 이어 등장한 명황조는 한 마디로 '환관의 나라'였다. 정치, 경제는 물론이고 군권과 경찰권까지 모두 환관이 장악하지 않았던가. 이런 이유에서 제2장은 중국사의 진면목을 있는 그대로 파악할 수 있는 내용이라 하겠다.

제3장 '우리 역사를 풍미한 환관들'에서는 우리 역사에서 환관정치의 대명사로 불리는 고려 의종대의 환관 정함으로부터 조선조 영조가 왕위에 오르는 과정에서 최대의 정적으로 인식되었던 환관 박상검에 이르기까지 12명의 환관에 대해서 다뤘다.

비록 중국에 비할 바는 아니지만 우리 역사에서도 환관의 역할은 가히 무시할 수 없는 것이었다. 특히 고려 환관들 중에는 조정을 쥐락펴락한 인물도 많았다. 충렬왕 대의 환관 최세연은 정승 위에 군림했던 환관이었고, 이숙은 충렬왕과 충선왕의 왕위 다툼에 깊숙이 관여하여 충선왕을 죽이려는 역모를 획책했음에도 버젓이 살아 남았던 환관이었으며, 임백안독고사는 충선왕을 티베트로 유배보내기도 했다. 충혜왕 대의 환관 방신우는 원나라가 고려의 국호를 폐하려는 것을 막았고, 고려 충혜왕에서 충정왕 대의 고용보는 왕으로부터 절을 받는 환관으로 유명했다.

하지만 조선시대로 넘어오면서 환관 제도가 이상적으로 정착되었고, 덕분에 환관들은 본연의 임무로 돌아갈 수 있었다. 이는 공민왕 대로부터 조선 태조 대까지 환관으로 있었던 김사행이 환관 제도를 정립시킨 덕이었다. 그렇다고 조선 환관들이 정치와 무관했던 것은 아니다. 엄자치는 세종과 문종의 유지를 받들어 끝까지 단종을 지키려다 세조 세력에 의해 희생되었고, 김처선은 연산군의 독단과 폭정을 비판하다가 사지가 찢기고 내장이 뽑히는 참혹한 죽임을 당했다. 명종 대의 박한종은 문정왕후를 등에 업고 1품 공신에 올라 무소불위의 권력을 휘둘렀고, 경종의 환관 박상검은 경종을 대신하여 당시 세제였던 영조와 목숨을 건 싸움을 벌이기도 했다. 이런 사실들은 지금껏 제대로 공개된 적이 없는 우리 역사의 감춰진 진실들이라 하겠다.

제2부 '살아 있는 궁궐 귀신, 궁녀'는 왕조시대 궁녀들의 삶과 역할, 행적을 다룬 것이다. 궁녀는 왕조시대가 시작되면서부터 존재했기에 환관보다도 더 오랜 역사를 가지고 있다. 그들은 기껏 궁궐에서 잡일이나 하는 보잘것없는 존재로 인식되기 십상이지만, 사실 왕조시대의 유일한 여성 공무원이었으며 재상들조차 함부로 대하지 못했던 위엄을 갖춘 세력이었다. 그들은 때때로 제왕의 승은을 입어 후궁이 되기도 했고, 총애를 받아 국모의 자리에 오르기도 했으며, 심지어 왕권을 차지하여 세상을 호령하기도 했다. 또한 난세에는 파당에 가담하여 권력 창출의 주역이 되기도 했고, 왕조를 지키기 위해 목숨을 내놓는 충신이 되기도 했다. 따라서 궁녀의 역사는 단순히 궁궐에서 일하는 여관들의 역사라기보다는 여성을 주인공으로 내세운 또 다른 왕조사라고 해야 할 것이다.

하지만 왕조시대가 남성 중심의 사회였던 만큼 궁녀에 대한 기록은 그다지 자세하지 않다. 앞에서 다뤘던 환관에 비해서도 사료가 현격하게 모자랐고, 그런 탓에 궁녀편은 환관편에 비해 풍부하게 다루지 못한 안타까움이 있다.

궁녀 편도 환관 편과 마찬가지로 세 개의 장으로 구성되어 있다.

제1장 '궁녀, 그들은 누구인가'에는 궁녀의 개념과 궁녀 조직의 발전 과정에 대한 것에서부터 궁녀의 범주, 임무, 선발, 교육, 복장과 머리 모양, 근무 형태와 월급, 휴가, 출궁, 죽음 등에 이르는 내용을 담았다. 궁녀 조직을 다룸에 있어 그 원형이라고 할 수 있는 고대 중국의 하은주 세 왕조의 궁녀에 대해 언급하였고, 이어 우리 역사로 건너와 삼국시대와 고려, 조선에 대한 것을 정리했다. 그 뒤로는 모두 우리 궁녀들에 관한 것만 언급했다. 이는 중국이나 우리 궁녀의 역할이 유사한 까닭에 굳이 중국 궁녀들을 언급할 필요성을 느끼지 못한 까닭이다.

제2장 '인물과 사건으로 본 궁녀 이야기'에서는 궁녀와 연관된 주요 사건 및 궁녀 간통, 궁녀 대상의 축첩 사건들, 그리고 마지막으로 궁녀로서 왕의 어머니가 된 사람들을 다뤘다. 궁녀와 연관된 주요 사건으로는 연산군 시절 궁녀였던 전향과 수근비의 능지처참 사건을 비롯하여 인조 대에 소현세자빈의 폐출 과정에서 벌어졌던 전복구이 사건, 숙종 대에 삼복형제와 연관된 홍수의 변과 장희빈의 인현왕후 저주 사건 등에 나타난 궁녀들의 역할, 피해상 등을 자세하게 언급했다. 궁녀의 간통과 궁녀를 첩으로 들여 생긴 사건들은 실록에 기록된 것들 중에 대표적인 것만 언급했고, 왕의 어머니가 된 궁녀들에 대해선 그들의 묘궁인 칠궁을 중심으로 서술했다.

제3장 '의녀, 그들은 누구인가'는 의녀들에 대한 이야기다. 의녀는 비록 궁녀의 범주에 들어가지는 않지만, 의녀 중에 궁궐에 근무했던 내의녀들은 궁녀로 볼 수 있는 측면이 있어 함께 다룬 것이다.

이 장에서는 조선에서 의녀라는 존재가 탄생한 배경과 조선의 의료 기관, 의녀의 교육, 평가, 임무와 역할, 가정 생활과 결혼, 의녀 간통 사건들, 역사에 이름을 남긴 의녀들 등에 대해 언급했다.

실록에서 의녀에 대해 언급한 것 중에 가장 많이 나오는 내용은 그들의 간통과 관련한 것이다. 조선 양반들은 의녀들과 연애를 즐겼고 그로 인해 많은 연애 사건이 발생했는데, 실록에 기록된 것은 벼슬 높은 대신들과 연관된 내용들이다. 이 내용들을 통해 의녀의 결혼과 가정생활 등을 유추하였고, 더불어 간통 사건들의 내용을 함께 정리하였다.

조선의 의녀는 세계에서 유래를 찾아볼 수 없는 왕조시대 유일한 여자 의사들이었다. 이들의 주요 임무는 부인병을 치료하는 것이었지만, 의녀 중에는 다른 분야에서도 탁월한 능력을 보인 사람들도 있었다. 특히 중종 시대의 대장금, 성종 시절의 장덕과 귀금 등은 실록에서도 여러 번 언급되는 여의들이다. 하지만 의녀들은 조선시대의 천비에 지나지 않아 그들에 대한 사료는 매우 적고, 그들의 공적에 대한 언급도 거의 없었다. 따라서 제3장의 의녀 관련 기록은 비록 짧지만 조선 의녀 역사를 총정리한 것이라고 해도 과언이 아니다.

본문의 내용을 정리하고 나니, 다소 장황해진 느낌이다. 환관과 궁녀라는 존재가 역사책으로서는 대중 독자들에게 다소 생소하리라 생각하여 저자로서 좀더 세세한 소개가 필요하다고 판단한 결과로 이해해줬으면 한다.

환관과 궁녀는 왕조시대에만 있었던 사라진 역사적 유물이다. 그들은 역사 속에서 나름대로 치열하게 살다 갔으나 늘 역사의 그림자 속에 갇혀 지냈다. 그런 의미에서 그들은 왕조시대의 희생자이자 같은 병을 앓았던 동지였는지도 모른다. 그들은 공히 궁궐에서 살다가 제대로 피어보지도 못했던 주변인들이다. 그런 까닭에 그들을 하나의 책 속에 넣어 함께 다뤘다. 아마도 이런 시도는 필자가 처음인 듯싶다. 모쪼록 이번 시도가 그들을 새롭게 이해하여 왕조시대의 역사를 좀더 깊은 시선으로 보는 작은 계기가 되었으면 하는 바람이다.

2004년 6월
一山 寓居에서 박영규

제1부 제왕의 그림자, 환관

제1장 환관의 탄생과 성장, 그리고 소멸

제2장 중국 역사를 뒤흔든 환관들

제2부 살아 있는 궁궐 귀신, 궁녀

제1장 궁녀, 그들은 누구인가?

아이야, 가난한 집에 태어난 아이야
관원이 잡아다 너를 잔인하게 해치는구나.
황제에게 바치기 위해, 금과 은을 제 집에 가득 채우기 위해
이리와 같은 마음으로 아이에게 돼지나 양처럼 형틀을 씌우는구나.
하늘이시여, 자비는 어디로 가고 아이를 이 독수에 걸리게 했는가?
신명이시여, 공정은 어디로 가고 관원들을 복 누리고 상 받게 하는가?
아비는 아들을 보내며
"아들아, 너를 낳은 것을 후회한단다.
사람들은 네가 태어났을 때
나더러 기르지 말라고 했지.
나는 차마 그러지 못했는데
참말로 너를 이런 고통스러운 처지가 되게 했으니….

아이는 아비와 이별하며
"심장은 벌써 다 무너졌고, 피 눈물 두 줄기 흐릅니다.
아버지, 이로부터 하늘만큼 땅만큼 멀리 떨어져
황천에서 죽을 때까지
더 이상 어머니 아버지를 볼 수 없겠소….

– 환관의 탄생을 묘사한 唐나라 시인 고황(顧況)의 「아이」라는 시에서

一. 환관의 기원과 어원

궁궐지키미
환관의 탄생

환관宦官은 중국 문화권에서만 발견되는 특이한 존재라고 생각하기 십상이다. 하지만 환관은 아프리카와 유럽, 아시아 대륙 수많은 나라의 역사 속에서 쉽게 발견할 수 있다. 특히 광대한 영토를 가졌던 대제국에서는 거의 예외 없이 환관 제도를 두었다. 아프리카의 이집트, 유럽의 대 로마제국을 비롯하여 그리스, 프랑스, 이탈리아, 그리고 아시아의 터키와 인도, 중국, 한국 등이 모두 환관을 두었던 나라다. 환관은 지중해 연안에서 아시아 대륙에 이르기까지 거의 모든 지역에 존재했던 것이다. 특히 왕의 절대 권력이 강했던 곳일수록 환관 제도는 더욱 발달하였다(일본에는 환관이 없었다. 이는 환관 제도가 정착될 만큼 왕조 제도가 무르익지 못했기 때문이다. 일본에서는 왕실보다는 막부나 귀족들이 권력을 장악하고 있었기 때문에 환관이 들어설 여지가 없었다. 또 일본에는 환관을 포함한 중국 사신들이 자주 다녀가지 않았는데, 환관 사신을 접대하는 소위 접대용 환관이 필요 없었던 것도 주된 이유 중 하나였다).

이들 국가에서 환관을 두었던 근본적인 이유는 바로 왕의 여자들 때문이었다. 왕조국가의 왕들은 한결같이 수많은 시녀와 부인을 거느렸는데, 이들을 가장 효과적으로 보호하면서 동시에 그녀들의 정절을 유지시키는 유일한

수단이 환관이라고 보았던 것이다.

어느 나라에서나 왕은 거대한 궁궐을 짓고, 그 속에서 숱한 여자들과 함께 생활했다. 따라서 그 모두를 자신의 시선 아래에 둘 수 없었던 왕들은 자신의 여자를 다른 남성이 넘볼지도 모른다는 불안감에 시달릴 수밖에 없었다. 전통적으로 왕위는 자식에게 물려주는 것이 왕조사회의 법칙이었는데, 만약 자신의 여자가 다른 남자의 씨앗을 받는다면 자칫 자기 아들이 아닌 자에게 왕위를 물려주는 결과를 낳을 수도 있었다. 이 불안감을 해소하기 위해 왕은 자신의 여자들을 자기 이외의 어떤 남자와도 만날 수 없도록 해야만 했다. 그래서 궁궐을 바깥 세계와 완전히 차단시켰던 것이다. 하지만 문제가 있었다. 그렇다면 궁궐 안의 여자들을 누가 지키며, 누가 그들의 시중을 든단 말인가? 왕비와 후궁들을 수발하고 섬기는 일이야 궁녀들이 맡으면 되겠지만, 그들을 보호하는 역할은 누가 한단 말인가? 군인들에게 그녀들을 지키게 한다면 그 군인들과 궁궐의 여자들이 성관계를 맺을 수도 있는 일이었다. 그렇다고 여군을 길러 여자들을 보호하게 할 수도 없는 노릇이었다. 그런 고민 끝에 탄생한 것이 바로 환관이었다. 남자지만 남성 구실을 하지 못하는 인간의 탄생은 바로 그런 목적 아래에서 이루어졌던 것이다.

그런데 어느 누가 자신의 남성을 포기하고 궁궐로 들어가 환관 노릇을 자처하겠는가? 특히 학식과 능력을 갖춘 신하들이 환관이 될 가능성은 거의 없었다. 그렇다면 왕들은 어떤 사람들을 환관으로 만들었으며, 언제부터 그런 일들이 자행됐을까? 이 의문에 대한 해답은 환관 제도가 가장 먼저 발달하고 성행했던 중국의 역사에서 발견할 수 있다.

중국 역사에서 환관의 기록이 최초로 보이는 것은 은나라의 갑골문이다. 물론 그 이전에도 환관이 있었을 테지만, 문자상으로 기록된 것은 이때가 최초다. 갑골문에 따르면 은나라의 초기 환관들은 전쟁 포로들이었다. 당시 은나라는 서쪽으로 국경을 맞대고 있던 강羌족들과 많은 전쟁을 벌였는데, 이 전쟁을 통해 얻은 포로들을 거세하여 환관으로 삼았다고 한다. 은나라 때의 강족이란 지금 중국 서쪽에 살고 있는 장藏족을 가리킨다.

강족 포로들을 거세하여 환관으로 삼았다는 내용은 은나라 무정왕 때의 기록에 나타난다. 무정왕이 서기전 1300년경 인물이라는 점을 감안할 때, 환관은 적어도 서기전 14세기 이전부터 존재했음을 알 수 있다. 또한 은나라 이전의 하나라 역시 은나라와 비슷한 형태의 왕조국가였으니 하나라에도 환관이 존재했을 것이라 미루어 짐작할 수 있다. 그런데 사마천의 『사기史記』에서는 고자를 만드는 형벌인 궁형이 하나라 이전인 요순 시절에 법으로 정착되었다고 기록하고 있다. 이는 환관이 오제五帝시대에도 존재했음을 의미한다. 따라서 환관이 중국사에 처음 나타난 시기는 적어도 서기전 2500년 이전이라 할 수 있다.

하지만 환관이 궁중의 일원으로 정착하게 된 것은 봉건제도가 확립되었던 주나라 때였으며, 환관이 권력자의 모습으로 역사 속에 최초로 나타난

1 청나라 때 융유태후(광성황후)와 태감들. 황후나 황족 주변에는 사진처럼 항상 4~5명의 환관들이 동행했다. 이들은 단순히 황족을 시중하는 역할을 넘어 정치적으로도 상당한 역할을 했다. 중국사에서 환관의 그런 역할은 춘추시대부터 청조까지 지속되었다.

예는 춘추시대 최초의 패자였던 제나라 환공의 환관 수조竪刁였다.

수조 이후로 중국 역사는 환관을 빼놓고는 설명이 되지 않을 정도로 환관의 역할이 커진다. 특히 시황제의 진황조에서는 환관 조고가 황제 옹립의 주역으로 나서서 급기야 황제의 자리를 노리는 상황으로까지 치달았다.

환관을 중국 역사의 단골 조역으로 만든 나라는 유방의 한황조였다. 특히 한무제는 숱한 문신들을 환관으로 만드는 바람에 환관의 영향력이 확대되어 환관이 황제를 세우고 환관의 딸이 황후가 되는 등 환관의 영향력은 기이할 정도로 확대되었다. 이후로 환관은 중국 황실과 불가분의 관계를 맺게 되었고, 후한과 당, 송을 거쳐 명나라에 이르러서는 무려 10만 명에 달하는 환관 조직이 조정 백관을 지배하는 '환관의 치治'를 구가하였다 (제2장 '중국 역사를 뒤흔든 환관들' 참조).

환관, 우리 역사로 찾아들다   그렇다면 우리 나라에는 언제부터 환관이 존재했을까? 우리 역사에서 환관에 대한 최초의 기록은 『삼국사기三國史記』「신라본기新羅本紀」에서 발견된다. 흥덕왕 즉위 원년(826)의 다음 기록이 그것이다.

흥덕왕 원년 12월에 왕비 장화부인이 죽자, 정목왕후로 추봉하였다. 왕이 왕비를 잊지 못해 슬픔에 싸여 침울하게 지내자 신하들은 글을 올려 새로운 왕비를 맞이할 것을 청했다. 이에 왕이 말하였다.

"외짝 새도 제 짝을 잃은 슬픔에 젖거늘, 하물며 훌륭한 배필을 잃었는데 어떻게 무정하게도 금세 다시 장가를 든단 말인가?"

그렇게 말하고는 끝내 따르지 않았다. 또한 시녀들까지 가까이하지 않았으며, 좌우에 심부름꾼은 오직 환수宦竪 뿐이었다.

위 기록의 마지막 문장에 나오는 '환수'가 바로 환관이다. 그렇다면 신라시대에도 환관이 존재했다는 뜻이 된다. 그러나 불행하게도 『삼국사기』에서 환관의 존재를 확인할 수 있는 기록은 이것이 전부다. 환관 이외에 내관이나 내시에 관한 기록은 몇 군데 보이는데, 이는 왕의 비서기관일 뿐 환관 기관은 아니었다. 따라서 고구려, 백제, 신라 삼국 중에서 환관의 존재를 확인할 수 있는 국가는 신라뿐이며, 그나마도 위에 언급한 흥덕왕 대의 기사가 전부다.

우리 역사에서 내관이 환관들로만 구성된 시기는 조선시대부터인데, 고려시대의 환관은 내시부의 일부로서만 존재했다. 따라서 신라시대의 환관들은 내시부의 일부로 존재했을 것이며, 그것도 아주 극소수에 불과했을 것이라 짐작할 수 있다.

비록 극소수라고 하더라도 신라에 환관이 있었던 것만은 분명한데, 그렇다면 신라는 언제부터 궁중에 환관을 두게 됐을까?

환관 제도가 중국에서 발생한 것이니 만큼 신라도 중국에서 이 제도를 수입한 것으로 보인다. 신라가 중국의 여러 제도를 도입하면서 함께 수입했을 것이다. 신라가 중국 관제를 본격적으로 받아들인 것은 제35대 경덕왕 대였다. 이때 경덕왕은 당나라의 제도를 본받아 관직명을 모두 중국식으로 바꾸었고, 당나라와 친분을 두텁게 하기 위해 해마다 조공 사절을 보냈다. 당나라 현종이 촉 지방을 순방하고 있을 때는 그곳 행재소까지 조공 사신을 보내 인사하기도 했다. 현종이 그 일에 감탄하여 5언10운 시를 직접 써서 경덕왕에게 보낼 정도로 특별한 일이었다.

당시 당나라에서는 환관 제도가 성행하여 환관의 권력이 하늘을 찌를 듯하였다. 현종 대에는 고력사라는 환관이 재상 못지않은 권력을 누리고 있었고, 현종을 이어 황제에 오른 숙종 대에는 환관 이보국이 황권을 장악하여 조정을 혼란스럽게 하였다. 이때에는 조공국에 보내는 사신 일행에

2 서울 노원구 월계동 초안산에 있는 내시묘 전경. 조선의 내시들은 양자를 통해 대를 이었고, 덕분에 내시도 죽은 뒤에 잘 조성된 묘에 안장될 수 있었다. 하지만 조선이 망한 뒤로 내시묘를 돌보는 사람이 없어 비석이 뽑혀지고 석물이 도난당하기도 한다.

환관들이 끼어 있었는데, 신라에서는 그런 당나라와 친밀해지기 위해 궁중에 환관을 들인 것으로 판단된다.

신라는 비록 환관을 두긴 했으나 당나라처럼 환관 제도가 성행하지는 못했다. 『고려사高麗史』「환자宦者」편에 보면 고려 중기까지 환관이 된 자들은 '어렸을 때 개에게 물린 자들'이라고 쓰고 있다. 즉, 고려에는 거세하는 형벌이 없었기 때문에 국가에서 의도적으로 환관을 만들지 않았다는 뜻이다. 고려의 제도가 신라의 제도를 이었다는 점을 상기할 때, 신라의 환관들도 고려의 환관들처럼 사고로 남성을 잃은 자들이었을 것이다.

중국에서는 궁형이 있고, 궁형을 위해 거세전문가 엄공閹工들을 양성했기에 늘 환관이 넘쳐났다. 심지어 궁에 들어가기 위해 스스로 엄공을 찾아가 거세를 하는 자궁自宮도 성행했기 때문에 환관의 공급원은 충분했다. 그러나 신라의 환관들은 사고를 당해 우연히 거세된 자들이었으므로 궁중에서 환관을 원한다고 해서 항상 공급될 수 있는 것이 아니었다. 이것이 신라의 환관 제도를 위협하는 가장 중요한 요인이었다. 게다가 당나라에서는 환관의 횡포로 인해 나라의 기강이 무너지고 조정이 엉망이 되었으니, 이는 신라인들에게 환관에 대한 매우 부정적인 인상을 심어주었을 것이다.

이런 탓인지 몰라도 신라 말기부터 고려 초까지는 환관에 대한 기록이 전무하다. 그렇다면 흥덕왕 대 이후에는 환관 제도 자체가 아예 사라져버린 것일까?

신라 흥덕왕 이후에 환관에 대한 기록이 다시 나타난 것은 고려 제11대 문종 대다. 『고려사』의 「문종세가」에 부기된 이제현의 찬에 보면 문종의 검소한 생활에 대하여 '환관과 급사를 10여 명밖에 두지 않았다'고 예찬한 표현이 있다. 문종에 대한 이제현의 이런 예찬을 뒤집어보면 문종 이전의 왕들은 문종보다 더 많은 수의 환관을 두었다는 해석이 가능하다. 이는 고려 초부터 문종 이전까지 약 100년 동안의 기간에도 환관이 존재했다는 것을 시사한다.

고려 초에도 환관이 존재했다는 것은 신라 경덕왕 대에 도입된 환관제도가 미미한 형태를 유지하며 고려시대까지 계속 존재해 왔다는 근거로 작용할 수 있을 것이다.

씨 없는 수박 엄환을 부르는 명칭들

환관宦官을 부르는 명칭에는 크게 두 부류가 있다. 첫째는 그들이 궁중에 머무는 것에서 비롯된 명칭인 환자宦者, 환수宦竪, 환시宦寺, 폐환嬖宦, 중환中宦, 내환內宦 등이고, 다음은 그들의 신체적 특징에서 기인한 명칭 엄인閹人, 엄자閹者, 엄수閹竪, 엄시閹寺 등이다. 보다시피 첫 번째 부류에는 한결같이 '환宦'이라는 글자가 들어 있고, 두 번째 부류에는 '엄閹'이라는 글자가 들어 있다. 따라서 이들 환관들을 지칭하는 대표적인 한자가 '宦'과 '閹'임을 알 수 있다. 엄환閹宦은 이 두 가지를 합친 명칭이다.

환宦이라는 한자를 분석하면 '궁궐 안에 사는 신하'라는 뜻이 나온다. 집, 궁궐을 뜻하는 '宀' 아래에 있는 '신臣'이라는 글자는 사람이 무릎을 꿇고 엎드려 있는 모양에서 따온 것이므로 원래는 '무릎 꿇은 자'라는 뜻이다. 따라서 환宦은 '궁궐 안에 사는 무릎 꿇은 자'라고 해석될 수 있다.

왕조시대의 신하 개념에는 여자는 포함되지 않으므로 당연히 여기서 '궁궐 안에 사는 신하'는 남자다. 하지만 원래 궁궐 안에는 왕 이외에는 어떤 성인 남자도 살 수 없었기 때문에 이들은 정상적인 남자여서는 안 된다. 즉, 남자 구실을 할 수 없는 남자여야 한다는 뜻이다.

그렇다면 두 번째 부류에 한결같이 들어 있는 엄閹의 뜻은 무엇일까?

엄閹이라는 한자는 문門과 엄奄이 결합된 것인데, 고대에는 門을 빼고 奄만 사용했다. 고대 중국의 국가 제도와 예법에 관한 책인 『주례周禮』와 『예기禮記』에는 모두 환관을 엄인奄人으로 표현하고 있는 것만 봐도 이는 확인된다.

그렇다면 엄奄이라는 글자는 무슨 뜻일까? 이 글자를 분석해 보면 그 뜻을 쉽게 알 수 있다. 奄은 大와 口와 乚의 결합이다. 여기서 大는 사람을 의미하고, 口는 남성의 양물을, 乚는 칼을 의미한다. 이를 풀이하면 '칼로 양물을 잘라낸 사람'이란 뜻으로 곧 고자鼓子를 지칭한다(고자란 북처럼 속이 빈 사람이란 뜻으로 씨가 없는 사람을 뜻한다).

그런데 왜 이 奄에 門이 붙게 되었을까? 그것은 바로 엄인들의 주요 임무 중 하나가 바로 궐문을 지키는 것이었기 때문이다. 대궐의 외곽 성문은 군사들이 지켰지만, 편전을 비롯하여 왕과 왕비, 후궁, 궁녀 등이 머무르는 내궁은 바로 이 엄자들이 지켰던 것이다. 따라서 엄閹이라는 글자는 '대궐 문을 지키는 거세한 남자'를 뜻한다. 그들이 궐문을 지켰기 때문에 환관들을 다른 말로 '문지기'라는 뜻의 혼관閽官 또는 혼시閽侍라고 부르기도 했다.

환관을 내시內侍라고 부르기도 했는데, 그렇다고 내시가 항상 환관만을 지칭하는 것은 아니었다. 환관 제도가 생기기 이전에는 일반 관료들이 내시를 했다. 따라서 환관 제도가 완전히 정착되지 않았던 고려시대에는 환관과 내시를 확연히 구분해서 불렀다.

환관을 사백私白 또는 무명백無名白이라고 부르기도 했다. 이 두 단어에 모두 '희다'는 뜻의 백白자가 들어가는 것은 수염이 나지 않고 피부가 여자처럼 하얀 환관들의 신체적 특징 때문이다. 그런데 여기서 '사백'이라는 것은 일반적인 환관과 좀 다르다. 이는 사사롭게 고환과 음경을 잘라낸 고자들을 지칭하는 말이다. '무명백' 역시 관직이 없는 고자를 일컫는 것으로 사백과 같은 뜻이다.

환관을 또 화자火者라고 부르기도 했는데, 이 명칭에 대해서는 세 가지 해석이 있다.

첫째는 '불에 그을린 것처럼 새까만 사람'이란 의미로 환관의 피부색과 관련이 있다. 중국에서 환관을 가장 많이 생산했던 지역은 남중국의 광동성으로 이곳은 환관이 특산물이라고 할 정도로 많은 환관을 배출했다. 심지어 이곳 상인들은 환관 지원자가 줄어들자, 인신매매를 통해 인도의 환관을 수입해 오기도 했다. 인도 출신 환관들은 '코지야'라고 불리었는데, 그 코지야들이 한결같이 피부가 검었기 때문에 그들을 불에 그을린 사람이란 뜻의 '火者'라고 불렀다는 것이다.

두 번째는 火라는 글자의 모양과 관련된 것이다. 이 글자는 보이는 것처럼 사람 인人과 날아가는 듯한 두 개의 점으로 이루어졌다. 즉, 음낭 두 쪽이 잘려나간 남자의 형상을 하고 있다는 것인데, 그 점에 착안하여 火를 음낭을 잃은 사람을 의미하는 글자로 삼은 것이다.

마지막으로는 환관을 만드는 방법과 관련한 것이다. 환관 제도가 도입된 이래 거세하는 방법으로 자주 사용된 것은 음경과 음낭을 칼로 도려내는 것이었다. 그러나 환관 제도가 정식으로 생기기 전에는 대개 어릴 때 개에게 물려 음낭이나 음경을 잃었거나 또는 아랫도리가 불에 데어 남성이 구실을 못하는 사람을 데려다가 환관으로 삼았다. 화자는 말 그대로 불로 인해 남성을 잃은 사람을 지칭한 셈이다.

화자라는 용어는 환관들이 매우 싫어하는 것이었다. 조선 태종 조에는 명나라 사신들이 조선 조정에 화자라는 용어를 문서에 쓰지 말 것을 요구한 일도 있었다. 당시 명나라 사신 일행 속에는 반드시 환관들이 동행했는데, 그들이 화자라는 용어를 몹시 싫어했기 때문이다. 사실, 화자는 일반인들에게는 '구실을 못하는 놈'이라는 의미의 욕으로 사용되기도 했으니, 그들이 이 단어를 싫어하는 것도 무리는 아니었다.

환관을 지칭하는 것으로 정신淨身이라는 용어도 있다. 이것은 말 그대로 '더럽혀지지 않은 몸'이라는 뜻이다. 즉, 여자와 성관계를 해보지 않은 순결한 몸이라는 의미다. 문자 그대로 보면 좋은 뜻으로 보이지만, 실제로는 '능력을 상실한 놈' 또는 '어린애 같은 놈', '고자 같은 놈' 등의 욕으로 쓰이는 말이었다.

이들 외에도 태감太監 또는 내재內宰라는 용어도 있다. 이는 환관의 관직에서 비롯된 것으로, 환관들이 가장 좋아하던 용어이다. 태감은 환관들이 맡고 있는 궁궐 내부의 각 기관, 즉 내관감이나 어용감, 사설감 등 궁궐 물품을 관리하는 곳의 우두머리를 지칭하는 용어이다. 이들이 환관의 대표자였기 때문에 환관 모두를 부르는 별칭이 된 것이다. 이는 궁관 중에 우두머리인 상궁이란 직책으로 모든 6품 이상의 궁관을 통칭하는 것과 같은 경우다.

내재는 궁궐 안에 머무르는 재상이라는 뜻으로, 환관을 한껏 높인 명칭이다. 사실, 중국 역사 속에는 환관이 재상의 반열에 오른 경우가 수도 없이 많았고, 우리 역사에서도 환관이 재상에 해당하는 1품 이상의 벼슬을 제수받는 경우도 왕왕 있었기 때문에 이 용어가 전혀 터무니없는 것은 아니다.

二. 궁형, 그 비인간적 형벌

궁형의 나라 남자를 환관, 즉 고자로 만드는 것을 궁형宮刑이라고 한다.
중국 이것이 가장 성행한 나라는 중국으로, 우리 역사에는 궁형
이 없었다. 중국에 환관이 많았던 것도 따지고 보면 궁형이 적법한 형벌이
었기 때문이다.

궁형은 한 인간의 성적 기능을 상실시키는 매우 비인간적인 형벌이고,
자칫하면 목숨을 잃을 수도 있는 극형의 하나이기도 했다.

앞에 언급한 은나라 무정왕 때의 갑골문에 보면 이런 내용이 나온다.

'경진년에 점을 치니, 강족을 거세해도 죽지 않는다고 했다.'

이 표현은 당시에는 궁형으로 목숨을 잃을 가능성이 매우 높았다는 사
실을 알려주고 있다. 그 때문에 왕들은 포로들에게 궁형을 가할 때, 점을
치고 길일을 받기까지 했다.

중국 오제시대의 형벌에는 크게 다섯 가지가 있었는데, 이를 흔히 오형
五刑이라고 한다. 당시의 오형은 묵, 의, 월, 궁, 대벽 등이었다.

묵墨이란 얼굴이나 팔뚝에 죄명을 문신으로 새기는 것을 의미하고, 의劓
란 코를 베는 것이며, 월刖이란 뒤꿈치를 자르는 것이다. 이 세 가지보다
독한 형벌이 바로 궁宮이다. 남자는 거세하고 여자는 유폐시킨다. 그리고
마지막으로 가장 중한 형벌인 대벽大辟은 목을 치는 것이다. 궁형은 목을
치는 대벽형 바로 아래에 해당하는 중형이다.

『사기』의 「주본기周本紀」에 따르면 궁형에 해당하는 죄목은 모두 300가지
였다. 그 중에서 가장 대표적인 것이 궁宮을 범한 경우다. 궁이란 여자의
자궁을 의미한다. 불륜 관계를 맺은 남녀가 받는 형벌이 곧 궁형인 것이
다. 순결해야 할 궁을 범한 자들은 다시는 궁을 범할 수 없는 형벌을 받게
되는 것이다. 『상서尚書』의 「여형편呂刑篇」에 이르기를 '궁은 음형이므로 남

자는 생식기를 자르고, 여자는 유폐한다'고 하였다.

　남자의 궁형에는 대개 네 가지 형태가 있었다. 첫째는 음경을 칼로 도려내는 것이고, 둘째는 음경과 고환을 모두 잘라내는 것이며, 셋째는 고환을 막대기나 망치로 때려 깨뜨리는 것, 넷째는 고환을 칼로 잘라내는 것이다. 남자에게 행해진 궁형을 부형腐刑이라 부르기도 했는데, 이는 성기를 절단한 환부에서 오랫동안 살이 부패하는 냄새가 났기 때문이다.

　또 궁형을 행하는 것을 '잠실蠶室로 보낸다'라고 표현했다. 이는 궁형을 당하면 상처가 아물기까지 전혀 바깥 출입을 하지 못하기 때문이었다. 궁형을 당한 뒤에 바람을 쐬거나 감기에 걸리면 대개 사망하기 때문에 궁형을 당한 사람은 상처가 아물 때까지 온도가 일정한 지하에서 지내야 했다. 이 기간은 약 100일 정도로 그 모습이 마치 온실에서 누에를 치는 것과 비슷하기 때문에 '잠실로 보낸다'는 표현이 생겼다.

　한편, 여자가 받는 궁형인 유폐幽閉 역시 남자의 거세 못지않게 고통스런 형벌이었다. 유폐는 단순히 어떤 곳에 가둬둔다는 의미가 아니다. 여성의 생식 기능을 막아버린다는 뜻이다. 이 방법에는 두 가지가 있었다. 첫째는 죽을 때까지 지하 감옥에 가둬두는 것이고, 두 번째는 여성의 생식기를 폐쇄시키는 것이었다.

　여성의 생식기를 폐쇄시키는 방법에는 여러 잔인한 방법이 동원되었다. 그 면면을 보면 먼저 여성의 생식기에서 힘줄을 발라내는 것이 있는데, 이는 돼지나 말 암컷들의 성욕을 없애기 위해 사용되던 방법이었다.

　다음으로 나무 말뚝으로 흉부와 복부를 지속적으로 두드려 여성의 신체 내부에 있는 어떤 부위를 떨어뜨려 음부를 막는 방법이 있었다. 여성 신체의 어느 부위가 떨어져나가는 것인지는 분명히 밝혀지지 않았다. 일설에는 음부의 구석 깊은 곳에 수비골이라는 작은 뼈가 있는데, 그것을 떨어뜨려 음부를 막아버린다는 기록이 전한다. 이렇게 되면 소변은 가리지만 성교는 할 수 없게 된다고 한다. 부인병 중에 음퇴병이라는 것이 있는데, 흔히 이 병에 걸리면 '밑이 빠졌다'는 표현을 쓴다. 이는 자궁이 내려앉는 것을 의미한다. 어떤 이는 유폐란 강제로 자궁을 내려앉게 만드는 형벌이라고 주장하기도 한다.

유폐의 수단으로 여성의 음부를 실로 꿰매거나, 음부의 살을 뚫어 자물쇠를 다는 경우도 있었다. 물론 이 두 경우는 국가의 형법으로 행해진 것이 아니라 개인들이 사사롭게 행한 경우가 대부분이었다.

청나라 초기에 안휘성의 박주에 사는 한 유생이 자기 계집종과 관계를 했는데, 그 처가 이 사실을 알고 질투심을 참지 못해 계집종의 음부에 바늘을 한 움큼 잘라 넣고, 실로 꿰매버렸다. 마을 사람들이 그 사실에 분노하여 관청에 고발하자, 그 고을 관리가 유생의 처를 체포하여 똑같이 그녀의 음부를 실로 꿰맸다고 한다.

또 청나라 순치제(청세조) 연간(1644~1661년)에는 상주에 사는 관리가 유모와 성관계를 맺었는데, 그 사실을 안 부인이 송곳으로 유모의 음부에 두 개의 구멍을 내서 자물쇠를 채우고 열쇠를 우물에 버렸다는 기록도 있다. 유폐는 이렇게 관청에서보다 사가에서 더욱 지독하게 자행되었다.

궁형은 여느 형벌과 달리 육체적인 고통뿐 아니라 성을 잃고 정체성을 상실하는 등 정신적인 면에서도 엄청난 고통을 겪기 때문에 굴욕감을 견디지 못하고 자살하는 사람들도 많았다고 한다.

『사기』를 쓴 사마천도 궁형을 당한 뒤에 여러 차례 죽음을 생각했다는 기록이 있다. 하지만 이 지독하고 비인간적인 궁형이 중국 역사에서 사라진 적은 거의 없었다. 궁형을 폐지시킨 군주로는 한나라의 문제와 안제 정도뿐이었다. 하지만 그 뒤에 궁형은 금세 부활하여 청나라 말기까지 지속되었다.

앞에서 잠시 언급했듯이 궁형에 해당되는 죄목은 수백 가지다. 그래서 엄청나게 많은 사람들이 궁형을 당했는데, 그 숫자는 때로는 너무 많아 헤아릴 수도 없었다고 전한다.

진시황의 호화스런 궁중 생활을 상징하는 아방궁을 보수할 때 시황제는 70만 명을 동원하였는데, 이때 동원된 대다수의 인부들이 궁형을 당한 죄수들이었다는 기록이 있다. 명태조 주원장 시절에는 남경(지금의 하남성 상구현)의 궁성인 근신전을 건축하던 중에 인부들이 노임 인상을 요구하자, 주원장은 화를 이기지 못하고 목수 1천 명을 모두 궁형에 처하기도 했다. 또 주원장의 후손인 영종은 묘족 아이들을 대거 붙잡아 와 무려 1천 5백 명을 한꺼번에 거세하기도 했다.

남북조의 북위에서는 역모에 가담한 자와 그 가족에게 허리를 잘라 죽이는 요참형을 내렸다. 하지만 14세 이하의 사내아이는 죽이지 않고 거세시켰다. 비록 역적의 가족이라고 하지만 나이가 어린 탓에 죽일 수는 없었기에, 자손을 끊어버리기 위해 궁형을 가했던 것이다.

궁형은 때로 권세가에 의해 사사로이 악용되기도 했다. 권세가들이 자신의 처첩과 간통한 남자에 대한 징벌로 궁형을 가하는 경우가 종종 있었던 것이다. 북송시대의 태위였던 양전이라는 인물은 많은 첩과 기생을 거느렸는데, 간혹 그 첩들이 양전을 찾아온 식객들과 놀아나는 일이 발생하곤 했다. 나중에 그 사실을 안 양전은 식객을 붙잡아 침대에 동여매고 엄공을 시켜 음낭을 잘랐다는 기록이 있다. 음낭을 빼앗긴 식객이 십여 일이 지나 정신을 차리고 세수를 했더니, 저절로 턱수염이 빠지고 얼굴이 여자처럼 되었다고 한다.

양전의 식객처럼 불륜을 저지르고 거세를 당했다면 그나마 덜 억울한 경우다. 아무 죄도 없이 거세당하는 경우도 허다했다. 대개 죄 없이 거세를 당하는 사람들은 노비들이었다. 청나라의 건국 시조 누르하치가 1621년에 내린 교지 속에는 노비들을 거세시킬 것을 권유하는 내용도 들어 있었다.

무릇 모든 마을의 우두머리는 집에서 거느리는 하인들을 어려서 거세해야 할 것이다. 그러면 부모는 그 아이 덕에 부귀를 얻을 것이다. 그렇지 않으면 아이가 장성하여 집안의 부녀자들과 사통을 하게 될 것이고, 그 일이 발각되면 죽음에 이르게 될 것이 분명하다. 그러니 자식을 아낀다면 거세하는 것이 좋을 것이다.

이처럼 왕이 궁형을 장려하고 있는 형국이니, 얼마나 많은 사람들이 궁형을 받고 고통스럽게 살았는지 쉬이 짐작이 간다. 중국의 왕조시대는 그야말로 재수 없으면 고자 되는 세상이었던 것이다.

조선에서도 궁형 제도를 두어야 한다는 주장이 대두된 적이 있다. 세종 17년에 형조에서 도둑을 없애는 방도로 중국에서 널리 시행되고 있던 궁형을 받아들여야 한다고 주장했다. 세종은 이것이 너무 비인간적이며 악용될 소지가 있다고 하여 받아들이지 않았다. 이후 세종 25년에도 의정부 등에서 궁형을 실시할 것을 주장했으나 세종은 끝내 받아들이지 않았다. 이렇듯 세종이 강력한 의지로 궁형을 받아들이지 않은 덕에 조선 사람들은 죄를 지어도 씨 없는 남자로 사는 일은 없었다.

거세 전문가 엄공의 환관 만들기
－중국, 이집트, 인도, 중국

환관을 만들기 위해서는 반드시 거세 과정을 거쳐야 했는데, 이것은 결코 쉬운 일이 아니었다. 또한 환관이란 존재가 왕조사회의 중요한 일원으로 등장하면서 거세 방법도 여러 단계를 발전하였다.

거세去勢란 동물 수컷의 불알을 제거하거나 암컷의 난소를 없애버리는 것을 의미한다. 가축을 거세하는 이유는 살을 찌워 덩치를 크게 만들고 동시에 암컷에 대한 욕정을 없애기 위함이다. 암컷에 대한 욕정이 발동하면 매우 사나워져 말을 잘 듣지 않기 때문이다. 조선시대에 명나라나 청나라에 말을 진상할 때는 보통 4~5세 정도 되는 말을 거세하여 기른 후 6세 정도 되었을 때 보냈는데, 이는 거세한 말은 덩치가 크고 튼튼하면서도 성질이 매우 온순하여 말을 잘 듣기 때문이다.

이렇듯 거세는 원래 가축에게 행하던 것인데, 환관이란 존재의 필요성이 생기면서 인간에게 옮겨 적용된 것이다.

인간을 대상으로 거세를 시작하면서 거세에 대한 시술법도 다양해졌다. 초기에는 매우 잔인한 방법으로 이루어지는 경우가 많았다. 짐승에게 하듯 사지를 묶어 놓고 도끼나 칼로 막무가내로 음경을 잘라내고, 음낭은 짓눌러서 깨뜨리는 방법을 사용했다. 이런 시술법에 의존했을 때는 열에 한 명 정도만 살아남고 나머지는 죽었다고 한다. 그러자 사망률을 낮추기 위한 여러 시술법이 고안됐으며, 나라마다 그 방법에 조금씩 차이가 있었다. 고대 이집트에도 환관이 존재했는데, 당시에는 거세를 담당하던 사람들이 대부분 승려 계층이었다. 이들의 거세법은 다음과 같았다. 우선 음경을 질기고 가는 실로 단단히 묶은 뒤에 예리한 칼로 음경을 잘라내었는데, 이는 음경의 통증을 줄이는 동시에 잘라낸 뒤에 지혈을 하기 위함이었다. 하지만 그것으로 지혈이 다 되지 않았기 때문에 잘라낸 뒤에 재나 뜨거운 기름을 환부에 발라 이중지혈을 시켰다. 또 요도에는 금속으로 만든 막대를 삽입하여 오줌을 막았는데, 이는 오줌으로 인한 감염을 막기 위함이었다.

하지만 거세는 이것으로 끝나지 않았다. 거세한 뒤에는 심한 통증과 함께 발열이 일어나기 때문에 환자는 일정한 온도 속에서 몸을 보호해야만 했다. 이집트인들은 이의 일환으로 모래찜질 요법을 사용했다. 다리부터 배까지 뜨거운 모래로 덮어두는 것이다. 이렇게 해두면 음경의 환부로 인한 통증이 줄어들고, 일정한 온도 속에서 환부를 보호할 수도 있기 때문이다. 하지만 이런 시술법으로도 사망률이 60퍼센트에 이르렀다고 하니, 거세의 고통과 후유증이 얼마나 대단한 것이었는지 알 수 있다.

인도에서도 환관을 만들기 위한 거세가 횡행했는데, 인도인들은 이집트인들보다 다소 발전된 시술법을 사용했다. 아편을 이용해 거세 대상자를 마취시킴으로써 통증을 잘 느끼지 못하게 했다. 또한 가는 대나무를 요도 속에 주입하고, 대나무를 움직이면서 그 움직임을 따라 날카로운 손칼로 음경을 잘라냈다. 잘라낸 뒤에는 환부에 뜨거운 기름을 붓고, 기름에 흠뻑 적신 천으로 환부를 싸매어 지혈을 시켰다. 시술하는 동안 피수술자는 도기로 된 의자에 앉아 아편에 취해 잠들어 있었는데, 이때 우유를 먹여 영양공급을 시켰다고 한다. 성공률이 매우 높아 사망률을 현격하게 줄일 수 있는 방법이었다.

중국은 환관이 넘쳐나던 곳인 만큼 거세법도 매우 정교했고, 거세 기술자인 엄공閹工의 숫자도 많았다. 명나라 희종 3년(1623)에 궁궐에서 부족한 환관 인력 3천 명을 모집했는데, 이때 몰려든 환관 지원자가 무려 2만 명이 넘었다고 한다. 또 당시 대궐에서 일하던 환관의 수가 10만 명이 넘었다고 하니, 그들을 생산한 엄공의 숫자도 전국적으로 수백 명은 족히 되었을 것이다.

이들 엄공들은 대개 도자장刀子匠이라 불렸다. 원래 도자장은 작은 손칼을 만드는 장인을 지칭하는 말인데, 엄공을 도자장이라고 부른 것은 아마도 도자장들이 엄공을 겸했기 때문일 것이다.

이들 엄공들은 왕조시대의 장인들이 대개 그러했듯 조상으로부터 기술을 전수받아 대를 이어 거세 장인으로 사는 사람들이었다. 그들은 외진 곳에 허름한 헛간을 마련하고 그곳을 수술 장소로 사용했다. 수술 절차를 살펴보면 이렇다.

수술 전에 먼저 혼서婚書를 작성했다. 이는 일종의 서약서로서 스스로 원해 몸을 정갈하게 만들고 여자가 되어 궁궐로 시집가겠다는 맹세다. 이를 혼서라고 부르는 것은 수술을 하는 순간 남자에서 여자로 되는 것이고, 궁궐로 들어가는 것은 곧 여자가 시집을 가는 것과 같은 것으로 여겨졌기 때문이다.

그 뒤에 3일 동안 온도가 일정하고 따뜻한 밀실에 감금된다. 수술할 사람을 밀실에 두는 것은 감기라든지 전염성이 있는 병으로부터 보호하기 위함이다. 또 밀실에 감금하면 그때부터 굶긴다. 이유는 소변을 최소한 적게 만들고, 수술 중에 고통으로 인해 대변을 배출하는 일을 방지하려는 것이다. 또 수술 뒤에도 대·소변을 참을 수 있게 함으로써 최대한 환부가 감염되지 않도록 하는 것이 목적이었다.

그렇게 3일이 지나면 도자장과 보조공들이 와서 수술을 시작한다. 수술대는 따뜻한 온돌로 되어 있는데, 수술 대상자는 그곳에 반쯤 드러누운 채 팔을 뒤로 짚고 앉는다. 그러면 보조공 한 사람이 그의 허리를 붙잡고 다른 두 보조공은 다리를 붙잡는다. 그런 상황에서 도자장은 다시 한번 후회하지 않겠다는 확약을 받는다. 이때 조금이라도 두려운 기색을 보이거나 주저하면 도자장은 즉시 수술을 취소한다.

마침내 수술이 시작되면 먼저 도자장은 아주 뜨거운 물에 고춧가루를 탄 다음 그것으로 수술 부위를 깨끗이 씻는다. 환부를 정결하게 하고 수술 중 통증을 줄이기 위함이다. 그리고 환부에 마취 성분의 연고를 바르고, 지혈을 위해 하복부와 넓적다리를 단단히 묶은 뒤에 수술을 시작한다.

수술도로는 낫 모양으로 휘어진 예리한 손칼이 사용되었다. 도자장은 이 칼을 이용하여 단번에 음경과 음낭을 동시에 잘라내야 한다. 초기에 거세에 주로 사용되었던 도구는 날이 예리한 손도끼였다. 이는 단번에 잘라낼 수 있는 장점이 있는 반면 세심하지 못하여 상처를 크게 남기거나 환부를 지저분하게 만들 소지가 컸다. 그 뒤에는 한일(一)자 형 칼이나 초생달 모양의 칼이 사용되다가, 낫처럼 안쪽으로 휘어진 곡선형 수술도가 만들어진 것이다. 이 칼은 단번에 거세하면서도 매우 섬세하여 환부를 깨끗하게 만드는 게 특징이었다.

일단 거세 작업이 끝나면 납으로 만든 침이나 나무못을 요도에 삽입하여 오줌을 막는다. 그리고 지혈시키기 위해 환부를 냉수에 적신 종이로 감싸놓는다. 그런 다음 두 사람이 환자를 부축하여 두세 시간 가량 걷게 만든다. 몸에 피를 돌게 하기 위함이다.

이런 일련의 과정이 끝나면 환자는 밀실에서 누운 채로 지내게 된다. 그로부터 3일 동안은 아무것도 먹어서는 안 된다. 물론 물을 마시는 것도 금지된다.

3일이 지나면 요도를 막은 납침을 빼내는데, 이때 오줌이 분수처럼 쏟아져 나오면 성공한 것이다. 그런데 만약 오줌이 쏟아져 나오지 않으면 오줌이 어딘가로 새어나간 것이므로 실패한 것이고, 실패는 곧 죽음과 직결된다. 그러나 비교적 실패율은 낮은 편이었다.

수술에 성공했다고 해도 아직 안심할 단계는 아니다. 만약 수술한 사람이 이후에 감기나 다른 질병에 걸리면 치사율이 매우 높기 때문이다. 수술 후 약 100일 가량이 지나면 환부가 완전히 아물게 되는데, 이 100일 동안은 일절 찬바람을 쐬면 안 된다. 이 기간 동안은 온도가 일정한 실내에서만 생활해야 하고, 다른 사람과의 접촉도 일절 피해야 한다.

이런 과정의 수술은 거세 시술 중에서도 가장 고급에 속하는 것이며, 따라서 비용도 만만치 않았다. 청대 말의 기록에 따르면 이때의 수술비는 약 은화 6냥 정도였다고 한다. 웬만한 초가집 한 채 값이었다. 하지만 당시 환관이 되고자 했던 사람들은 대개 가난뱅이였다. 그런 까닭에 시술을 할 때는 돈을 미리 받거나 반드시 보증인이 있어야 했다.

돈이 없는 경우 자기 손으로 시술하는 자들도 있었다고 한다. 또 관아에서 형벌로 궁형을 행하는 경우에는 죄인이기에 인정 사정 봐주지 않고 무자비한 방법으로 거세를 하는 경우도 많았다고 한다. 이 경우에는 아무래도 사망률이 높을 수밖에 없었을 것이다.

그렇다면 수술을 거쳐 잘려나간 음경과 음낭은 어떻게 처리됐을까? 대개의 환관들은 그것을 방부 처리해서 상자 속에 넣어 밀봉한 후 대들보 위에 걸어두었다고 한다. 당시 환관들은 이것을 '보물'이라고 불렀다는데, 그것을 보존하는 데에는 몇 가지 이유가 있었다. 중국 환관은 벼슬이 높아질 때 이것을 제시하는 것이 관례였다. 대개의 경우 이 관례를 지키지 않으면 승진에서 누락시켰다. 당시 중국 대궐에는 수만 명의 환관이 있었기 때문에 가짜 환관을 막기 위해 이런 관례를 만든 것이다. 이 관례를 '험보驗寶'라고 하는데, 이 일은 환관장이 직접 했다.

때로는 자신의 보물을 미처 챙기지 못하고 환관이 되는 자들도 있었는데, 이 경우에는 도자장이 막대한 이득을 챙기기도 했다. 거세를 한 뒤 양물陽物을 방치한 채 대궐로 들어갔다가 승진할 때에 이르러 험보가 있음을 알고 부랴부랴 도자장을 찾아와 자기 양물을 찾아가는 환관도 적지 않았다. 물론 이때 도자장은 그 양물을 그냥 내주지 않았다. 무려 은 50냥이라는 거금을 요구하는 경우도 있었다. 재미있는 사실은 당사자의 양물을 잃어버렸을 때, 아무것이나 내줘도 무방했다는 점이다.

환관이 자기 양물을 아끼는 이유는 또 있었다. 비록 환관이 되기 위해 몸에서 떼내긴 했지만, 어쨌든 부모로부터 받은 신체를 떼내는 것은 막중한 불효였다. 그런 까닭에 죽은 뒤에 저승에서 부모를 만날 때는 반드시 양물을 다시 달고 만나야 한다고 생각하는 것이다. 그래서 저승으로 떠날 때는 관 속에 반드시 자기 양물을 함께 넣어가는 풍습이 생겨났고, 환관들은 그 풍습을 꼭 지켰다.

환관이 된 자들 중 대다수는 가난을 벗어나기 위해 궁으로 들어간 자들이었다. 또 이 경우 대개 그 부모가 어릴 때 거세시켜 자식을 희생양으로 삼았다. 그런 부모에게조차 효도를 하기 위해 관 속에 자신의 양물을 챙겨 넣었던 환관들의 풍습은 그야말로 정상적인 인간으로 살지 못한 자기 인생에 대한 회한과 눈물로 얼룩진 역사의 상징일 것이다.

조선에서는 누가 거세 시술을 했을까? 우리 역사에는 도자공과 환관의 시술에 대한 기록이 전혀 없다. 실록에 가끔 등장하는 도자공의 수를 늘여야 한다는 기록에서 보이는 도자공은 중국의 엄공들과는 다른 순수한 도자공들이다.

조선은 사사로이 스스로 거세하는 것을 법으로 금지하고 있었고, 출세를 위해 환관이 되려는 풍조가 있었다는 기록도 없다. 조선은 불효를 가장 큰 죄 중의 하나로 다스렸고, 거세는 불효 중에서도 가장 큰 불효에 해당했기 때문이다. 하지만 조선시대로 접어들면서 국가에서 정기적으로 환관을 채용했기에 거세를 담당하는 엄공은 어떤 식으로든 존재할 수밖에 없었다.

조선 태조부터 세조 대까지 국가에서 강제로 거세시켜 환관을 만든 뒤에 명나라에 공물로 바친 기록이 여럿 있는데, 이때 거세를 담당한 곳은 국가 기관이었다. 즉, 조선에서는 거세를 중국처럼 무허가 엄공들이 담당한 것이 아니라 국가에서 직접 엄공을 키워 시술토록 했다는 것이다.

그렇다면 조선 조정에서는 어떤 사람들에게 거세의 임무를 맡겼으며, 여기에 가장 적합한 사람들은 누구였을까?

첫 번째로 떠오르는 것이 의원들이다. 하지만 당시 의원들은 칼을 몸에 대는 수술에는 능하지 않았다. 그들은 오직 약, 침, 뜸 세 가지에 의존해서 치료했다. 심지어 종기까지도 손으로 짜기보다는 고약으로 치료했다. 이는 중국에서도 마찬가지였다. 그런 까닭에 중국에서도 의원들이 궁형의 시술을 하지는 않았다. 따라서 의원은 시술자로 적절하지 않다.

두 번째로 거론될 수 있는 사람들이 손칼을 만드는 도자공들이다. 중국에서는 도자공들이 궁형을 담당했으니, 조선에서도 도자공에게 시술을 맡겼을 법하다. 그러나 중국에서는 거세 시술만으로도 충분히 경제 생활을 영위할 수 있었지만, 조선에서는 가능한 일이 아니었다. 중국에서는 한 해에 궁형을 당하는 자만 해도 수십만 명이고, 환관이 되기 위해 스스로 거세하는 자도 수만 명이나 되었기에 거세 시술은 도자공의 수입원으로 손색이 없었다. 하지만 조선에서는 환관의 총원이 고작 140명에서 300명 정도에 불과했고, 중국에서는 합법화되어 있었던 자궁도 금지되어 있었다. 거기다 환관이 되는 과정도 투명했다. 어린 시절 거세되어 환관의 양자로 들어간 사람이 나중에 환관이 되었다. 환관이 양자를 거세할 때에는 반드시 관아에 알려야 했으며, 그 거세에 대한 비용은 어린아이를 양자로 받아들이는 환관이 부담했다. 이런 상황에서 거세 전문가가 거세 시술만으로 경제 생활을 영위한다는 것은 불가능한 일이었다. 따라서 도자공이나 도자공 출신의 거세 전문가가 거세 시술을 전담했을 가능성은 거의 없다.

마지막으로 거론될 수 있는 자들이 백정이다. 조선시대 백정들은 도축을 전담하고, 말이나 소의 거세 시술도 했다. 또한 정부에서 철저히 관리하고 정부에서 동원령을 내리면 언제든지 복종해야 하는 존재였다. 허락받지 않은 밀도살은 철저히 금지한 것이 대표적인 예다. 만약 백정과 소주인이 공모하여 밀도살했을 때는 가차없이 잡아들여 형벌을 가했다. 세종 때에는 너무 많은 말들이 거세되어 새끼 말의 질이 떨어지자 함부로 거세를 못하도록 법령을 내렸고, 신고하지 않고 말을 거세한 마주馬主와 백정을 벌하기도 했다.

이런 사실들을 종합해 볼 때, 백정은 거세 시술에 가장 적합한 존재다. 조선 사람들은 살육을 싫어하여 야인 출신인 백정들에게 도축을 전담하게 하고, 그들을 천민으로 여겼다. 거세가 생명을 죽이고 피를 보는 도축과는 다르지만, 자칫 생명을 죽일 수 있고 피를 보는 일이었기 때문에 천민이 아니면 맡을 사람이 없었을 것이다. 조선에서는 사람을 치료하는 의원조차 사람의 몸을 만지고 고름을 짜는 일 등 더러운 일을 해야 한다 하여 천민과 비슷하게 취급했다. 그러니 고환과 음경을 잘라내고 엄청난 피를 봐야 하는 거세 시술을 양민이 했을 가능성은 거의 없다. 천민이자 늘 피를 보고 살육을 일삼는 백정만큼 적당한 시술자는 없었을 것이다. 하지만 이에 대한 구체적인 기록이 발견되지 않아 확언할 수는 없다.

조선에서는 중국과 같은 험보 제도가 없었기 때문에 승진할 때 양물을 제시하는 풍습은 없었다. 원래 환관의 양물을 조사하는 험보는 가짜 환관 때문에 생긴 것인데, 조선에는 가짜 환관이 발생할 가능성이 희박했기 때문이다.

三. 궁궐의 기둥이 된 환관 조직

중국의 이미 언급했듯이 중국에서 환관이 존재하기 시작한 시기는
환관 조직 오제五帝 시절부터다. 하지만 초기의 환관은 그저 궁중에서
심부름이나 하는 몸종 정도로 치부되었다. 원래 환관의 신분이 궁형을 당
한 죄인이었기에 그들은 노역의 일환으로 궁중에서 잡일을 했던 것이다.
그러나 춘추시대에 이르면 환관의 입지는 한층 강화된다. 환관은 단순히
궁궐에서 심부름이나 하는 사환의 직분을 벗어나 궁궐과 왕족을 지키는
고유한 업무를 가지게 된다. 뿐만 아니라 재상을 능가하는 권력을 손에 쥐
고 조정을 좌지우지하는 환관도 나타난다. 춘추시대 제나라 환공의 환관
이었던 수조竪刁는 이러한 대표적인 환관으로 환관 정치의 원조로 불리기
도 했다. 더구나 수조는 스스로 거세한 자궁自宮 환관이었는데 당시에 수조
와 같은 자궁 환관이 발생했다는 것은 비록 고자의 처지가 된다 해도 궁궐
에서 사는 것이 멀쩡한 몸으로 궁궐 밖에서 사는 것보다 더 매력적인 일로
치부되었다는 것을 의미한다. 다시 말해서 왕의 총애를 받는 환관의 신분
이 웬만한 신하보다 더 많은 권력을 누릴 수 있었다는 뜻이다.

그렇다면 도대체 환관은 어떤 권력을 얻을 수 있었을까? 『예기禮記』「월
령月令」에 보면 환관의 본분에 대해 이렇게 쓰고 있다.

'엄윤에게 명하기를, 궁 안에 법령을 공표하고 문을 열고 닫는 것을 살
피며, 궁실 문은 반드시 굳게 닫혀 있도록 신중히 해야 한다.'

엄윤閹尹은 엄인, 즉 환관의 우두머리를 지칭한다. 이미 밝혔듯이 '엄閹'
이라는 글자는 '문을 지키는 고자'를 의미한다. 그 고자의 우두머리인 엄
윤의 임무는 궁 안에 법령을 공표하고 궁문을 여닫는 것을 관리 감독하는
것이었다. 이런 환관의 임무에 대해 적어 놓은 『예기』는 공자가 활동하던
춘추시대의 서적이다. 따라서 춘추시대에 이미 환관의 임무가 거의 확정

되어 있었음을 알 수 있다.

『주례周禮』에서는 엄윤을 '내재內宰', 즉 '궁궐 안의 재상'으로 표현하고 있다. 『주례』는 주周나라 왕실의 관직 제도와 춘추전국시대의 각국 제도를 기록한 책으로 후대 중국과 한국 관직 제도의 기준이 된 책이다. 이런 책에 엄윤이 내재로 기록되어 있다는 것은 춘추시대에 이미 환관의 임무가 결정되어 있었음을 재차 확인해 준다.

『주례』와 『예기』에 기록된 환관의 임무는 언제든지 권력으로 변질될 수 있는 요소들이다. 우선 궁궐의 문을 지키고 그것을 열고 닫는 것을 관리 감독했다는 것은 환관이 궁궐 내부의 치안을 맡았다는 것을 의미하는데, 이것은 뒤집어 말하면 임금과 궁궐에 머무르는 왕족들이 환관의 보호를 받았다는 뜻이 된다.

물론 임금을 호위하는 임무는 금위군이 맡고 있었다. 그러나 금위군은 궁궐 바깥의 궁성을 호위하는 임무를 담당했을 뿐 임금과 왕족의 거처에 대한 호위는 환관이 맡고 있었다. 일반 병력은 임금의 사생활 공간으로는 한 발자국도 들어갈 수 없는 것이 당시 법이었기 때문이다.

환관의 임무는 비단 궁궐 문을 지키는 데 한정되어 있지 않았다. 환관의 가장 기초적인 임무는 왕과 왕족들의 심부름꾼으로서의 역할이었다. 그 내용으로는 왕명을 전달하는 것에서부터 임금의 밑을 닦아주는 역할까지 다양했다. 궁궐 내부의 공사나 물품 조달, 음식이나 의복 제공 및 관리 감독 등도 빼놓을 수 없는 역할이었다. 수천 명에 달하는 궁녀를 관리하고 수백 명에 달하는 후궁들을 보호하고 수발하는 것도 그들의 몫이었다. 만약 환관들이 이 일을 하지 않으면 궁궐이 마비될 것은 불을 보듯 뻔한 일이었다.

이렇듯 환관의 업무가 막중하다 보니, 환관의 수도 적게는 수천에서 많게는 수만에 이르게 되었다. 시대가 흐르면서 환관의 수는 점차 늘어났고, 환관의 임무 또한 방대해졌다. 따라서 환관을 일개 사가에서 노비 부리듯 주먹구구식으로 운영해서는 궁궐이 제대로 돌아갈 리 없었을 것이다. 심지어 신하를 크게 둘로 나눠 환관들을 내신內臣이라 하고, 조정의 신하들을 외신外臣이라 부를 지경에 이르게 되었으니 궁궐 일을 하는 수많은 환관들이 조직화되는 것은 필연적인 일이었다.

환관의 조직화는 이미 '엄윤'이니 '내재'니 하는 용어들이 발생한 춘추전국시대에 이루어졌다고 보는 것이 옳다. 그러나 춘추전국시대에는 나라가 모두 소국으로 분할되어 있었기에 환관 조직이 그다지 방대하지는 않았을 것이다. 환관 조직이 방대해지고 체계화되었던 것은 진나라 시황제가 중국을 통일한 이후일 수밖에 없다.

진나라 환관 조직에 대한 세세한 기록은 없지만, 진나라를 몰락으로 이끈 환관 조고에 대한 기록을 살피면 진나라의 환관 조직을 엿볼 수 있다. 시황제가 전국을 순회하다가 죽음을 맞이할 때 조고는 중거부령中車府令의 직책을 맡고 있었다. 중거부령이란 궁중의 어차와 가마를 관리하는 직책이다. 또 이때 조고는 부새령符璽令의 직책을 겸하고 있었다. 부새령은 옥새를 관리하고 황제의 칙서를 보관하는 역할을 하는 환관 부서의 우두머리다. 이 두 직책을 이용하여 조고는 시황제의 막내아들 호해를 황제로 옹립하였고, 그 덕으로 대궐의 중문을 책임지는 낭중령郎中令의 자리에 올랐다. 대궐의 중문이란 일반 신하들이 드나들 수 없는 황제의 생활 공간으로 들어가는 문으로 이 중문의 책임자는 곧 환관의 우두머리를 의미한다.

조고의 직책이었던 중거부령에서 알 수 있는 것은 환관 조직이 업무에 따라 각 부로 나뉘어 있었다는 것이며, 그가 부새령을 겸했다는 것은 한 환관이 몇 몇 직책을 겸임할 수 있었다는 의미다. 또 그가 낭중령이 되었다는 것은 환관 조직 내부에 전체적으로 각 궁문을 담당하는 부서가 있고, 그 우두머리가 있으며, 그 우두머리들의 우두머리가 낭중령이었다는 것을 시사한다. 이렇게 볼 때 진나라의 환관 조직은 각 업무에 따라 부서로 나뉘어져 있었고, 환관들은 조직적으로 궁문과 궁을 맡아 관리했음을 알 수 있다. 하지만 이에 대한 세세하고 구체적인 기록은 남아 있지 않다.

환관 조직은 후대로 내려갈수록 조금씩 방대해지긴 했지만, 진나라에서 명나라에 이르기까지 큰 틀에서는 별다른 변화가 없었기 때문에 환관 조직에 대한 가장 정확한 기록이 남아 있는 명나라 환관 조직을 통한다면 역대 중국 환관 조직의 대략을 짐작해 낼 수 있을 것이다.

명나라 환관 조직을 중국 환관 조직의 기본적인 틀로 삼으려 하는 것은 명나라 시절의 환관 조직이 가장 활성화되었고 방대했을 뿐 아니라 환관 조직에 대한 정보가 가장 확실한 기록으로 남아 있기 때문이다.

명나라 말기의 환관 유약우는 학문적 깊이가 있는 환관으로서 궁정 내부의 실정을 상세하게 기록한 『작중지酌中志』라는 책을 남겼는데, 이 책에는 환관 조직을 매우 자세하게 기술하고 있다.

『작중지』에 따르면 명나라 환관 조직은 12감監 4사司 8국局으로 구분되어 있다. 이를 흔히 24아문衙門이라 하였다.

12감을 구체적으로 열거하자면 우선 궁궐과 왕실의 토목이나 건축 공사, 궁궐에서 사용하는 구리, 놋쇠, 철, 나무 등의 재료로 만든 기구를 공급하고 관리하는 내관감이 있다. 다음으로 어용감이 있는데, 이곳에서는 황제가 쓰는 가구나 오락 기구를 담당한다. 사설감에서는 황제가 순행할 때 필요한 천막이나 우산 등의 용품을 책임지고, 어마감에서는 말이나 코끼리를 관리하며, 신궁감에서는 신궁神宮, 즉 역대 황제들의 신위를 모신 태묘의 관리를 맡는다. 상선감은 황제의 수라와 연회, 제사 등에 쓰이는 음식을 맡고, 상보감은 황제가 사용하는 도장을 담당한다. 황제가 일년에 사용하는 도장이 약 3만 개였으니, 이곳의 일도 적지 않았다. 인수감은 사령장이나 공문서를 보관하고, 직전감은 편전의 청소를 담당한다. 상의감은 황제의 의복을 관리하며, 도지감은 황제가 바깥에 행차할 때 그곳의 도로를 정비하고 경계하는 업무를 맡는다. 사례감은 환관들이 조정을 지배하던 기관으로, 명나라 환관 정치의 중심이 되었다.

12감의 우두머리를 태감太監이라 하는데, 이것은 앞서 언급했듯이 나중에는 환관의 별칭으로 쓰이게 된다. 태감은 정4품 관직으로 웬만한 문관보다 높은 고위직이었다. 후한 말기에는 흔히 십상시十常侍로 불리는 환관들이 황권을 장악하고 있었는데, 사실 이때 조정을 장악한 환관은 12명의 중상시들이었다. 이들 중상시가 바로 12감의 태감들이었던 것이다.

4사는 석신사, 종고사, 보초사, 혼당사 등이었다. 석신사는 궁정에서 사용하는 땔나무를 취급하고, 궁정의 도랑이나 하수구를 관리한다. 종고사는 황제의 외정 행차 시에 음악을 연주하고 길을 안내하는 역할을 한다. 보초사는 환관들의 화장실에 소용되는 휴지를 만드는 곳이고, 혼당사는 환관들의 전용 목욕탕이다.

8국은 무기를 제조하는 병장국, 궁궐에서 일하던 자들이 말로를 보내는 완의국, 은으로 된 하사품을 만드는 은작국, 환관의 모자를 만드는 건모국, 환관의 관복을 만드는 침공국, 비단을 염색하는 내직염국, 환관과 여관의 술과 밀가루를 만드는 주작면국, 야채를 재배하는 사원국 등이다.

각 아문의 역할에서 알 수 있듯이 환관의 주요 업무는 12감에서 맡았고, 나머지 보조 업무는 4사와 8국에서 맡았다. 따라서 환관들이 선호하는 곳은 당연히 12감이었으며, 4사와 8국은 인기 없는 곳이었다.

24아문 외에도 경사방이나 동창 같은 특수한 환관 조직도 있었다. 경사방敬事房은 명나라에서 황제의 규방 문제를 전담하는 환관 기구로서 그야말로 밤의 관계를 전담하는 임무를 맡고 있었다. 이들은 황제가 선택한 후궁을 황제의 침실로 보내는 역할을 했는데, 나체의 후궁을 단지 새털로 만든 털옷 하나로 싸서 업고 침실까지 데려다 주었다.

동창東廠은 명나라 때의 비밀경찰을 지휘하던 환관 조직이었다. 명나라의 비밀경찰 조직은 금의위나 북진무사 등이 맡고 있었는데, 이들을 환관 조직의 2인자 격인 병필태감이 지휘했다. 비밀경찰의 임무는 관리와 신하들의 비리를 캐내고 역모 혐의를 잡아내는 데 있었다. 비록 대신이라고 하더라도 체포할 권한이 있었다. 이 때문에 병필태감의 권력은 재상도 부럽지 않을 정도였다.

동창 이후에 서창西廠이나 내창內廠 같은 비밀경찰 조직이 더 생겼다. 서창은 너무나 비대해진 동창의 조직을 한층 더 효율적으로 만들기 위해 일종의 살빼기 차원에서 만들어진 것인데, 취지와는 달리 서로 견제하는 기능을 하기도 했다. 또 내창은 무종 때의 권력 환관 유근劉瑾이 만든 조직인데, 그가 개인적으로 부린 사조직에 가까웠다.

고려 환관의   고려의 환관 제도는 신라로부터 이어진 것이었다. 신라
성장과 조직화   의 환관 조직이 어떤 형태를 띠고 있었는지는 기록된 바 없다. 다만 신라에는 환관의 수가 극히 적었기 때문에 환관들은 내시부에 예속되었을 것이고, 고려도 이 제도를 답습한 것으로 보인다.

고려 초에 환관이 어떤 소임을 맡았는지는 『고려사高麗史』 「열전列傳」의 「환자宦者」 편에 다음과 같은 짧은 기록이 나온다.

고려는 거세하는 형벌을 쓰지 않았으므로 어렸을 때 개에게 물린 자가 모두 환자로 되었다. 그러나 그들은 내궁이나 내궁의 옥에서 직임을 가졌을 뿐 조정의 관원으로는 되지 못했다.

남성을 거세하는 궁형을 형벌로 두지 않았던 고려는 의도적으로 환관을 양산하지 않았고, 그런 탓에 환관의 수는 극히 적었다. 따라서 고려 중기

까지만 해도 고려의 환관들은 내궁에서 왕이나 비빈의 심부름을 하는 것이 주된 업무였고, 때로는 내궁의 옥을 관리하는 직임을 가졌다는 것이다. 하지만 이때까지만 해도 환관에게는 정식으로 관직이 주어지지 않았기 때문에 조정의 관원이 아니었다.

여기서 말하는 내궁이란 임금과 왕족이 사생활을 누리는 지역이다. 중국의 환관들은 조정에서 정식 벼슬을 받아 내궁의 문을 지키고 관리하는 소임을 맡았지만, 극소수에 불과했던 고려 환관들은 내궁을 지킬 만한 인원이 되지 못했다. 이는 환관들이 조직을 제대로 형성하지 못했다는 의미이기도 하다.

하지만 제18대 의종 대에 이르면 고려의 환관 조직은 일시적으로 큰 힘을 얻게 된다. 의종이 환관 정함을 합문지후 벼슬에 임명하면서 생긴 변화였다. 합문지후는 조회와 의례를 맡아 보는 합문의 정7품 문관 벼슬이었는데, 정함이 이 직위에 임명되면서 환관은 조정의 정식 관원이 된 것이다.

의종이 환관을 합문의 관원에 임명한 것은 환관의 입지를 강화시켜 신하들의 간섭에서 조금이나마 벗어나고자 함이었다. 신하들은 정함의 벼슬을 거둬들일 것을 주청하며 강하게 반발했다. 그러나 의종은 밥을 굶으면서 저항했고, 결국 정함을 합문지후에 임명하는 데 성공했다.

이후 의종은 신하들과 거리를 두고 조정에 잘 나가지 않았고, 필요한 일이 있으면 환관들을 통해 조정에 알렸다. 또 신하들의 말도 모두 환관들을 통해 전해들었다. 그 결과 환관의 힘은 더욱 강화되었고, 환관의 대부로 여겨지고 있던 정함은 왕광취, 백선연 등의 환관들을 키워 세를 불려나갔다.

정함이 죽은 뒤에는 백선연이 의종의 후궁 무비와 결탁하여 권력을 형성하였고, 이러한 환관의 성장은 의종의 정치를 더욱 기형적으로 만들었다. 의종은 환관과 내시부 관원을 중심으로 철저한 측근 정치를 하였고, 개인적으로는 향락과 황음을 일삼으며 조정을 황폐화시켰다. 의종은 자주

궁 밖으로 나가 주연을 즐겼는데, 그것은 왕을 호위하던 금위병들의 불만을 고조시켰다. 이것이 원인이 되어 급기야 정중부 등의 무신들이 반란을 일으켰고, 그것은 의종의 몰락으로 이어졌다.

무신 세력의 반란 이후, 환관의 우두머리였던 왕광취 등은 반란의 핵심 세력을 궁궐 안으로 끌어들여 척살하려 했다. 그러나 이것이 실패로 끝나면서 환관의 무리는 대거 살육되었고, 이후 무신정권 시절 동안 환관은 기를 펴지 못했다.

의종이 쫓겨난 이후 약 백 년 동안 무신정권이 이어졌다. 무신정권은 환관에 대해 매우 강경한 태도를 보였고, 그런 탓에 무신정권 시대에는 환관의 존재는 기록조차 찾기 힘들 정도가 되었다.

환관이 다시 세력을 형성한 것은 무신정권이 몰락하고 고려가 원나라에 복속되면서부터였다. 원나라는 복속한 국가에서 환관을 차출했기 때문에 고려의 환관들도 차출되어 원나라 궁궐에서 일했다. 이때 원나라에 환관으로 간 자들은 대부분 노비 출신이었는데, 대개는 출세를 위해 환관이 된 자들이었다.

원나라로 떠난 환관들 중에는 그곳에서 태감 벼슬을 하며 막대한 권력을 얻은 자들도 많았다. 박불화 같은 인물은 고려인이면서도 원 황실을 좌지우지하여 원나라 정사인 『원사元史』의 「환자宦者」편에 오를 정도로 크게 출세한 인물이었다. 또 이숙, 임백안독고사, 방신우, 이대순, 고용보 등은 원나라 황실을 섬기며 고려 조정에 막대한 영향력을 행사했다.

환관들의 영향력은 왕권을 능가하기도 했다. 재상을 세우고 쫓아내는 일조차 환관의 지시로 이루어지는 일도 허다했고, 심지어 환관이 왕을 세우기도 했다. 방신우 같은 환관은 고려의 국호를 없애려는 원나라 조정의 계획을 무마시키는 등 고려 조정의 백관들이 하지 못하는 일을 해내기도 했다. 이렇게 되면서 고려 조정에서도 환관의 영향력이 확대되었고, 이것은 곧 환관의 수를 크게 늘려 놓았다. 수가 늘어난 환관은 점차 내시부를 장악하였고, 원나라 말기에 이르러서 내시부는 환관의 부서로 인식되기에 이르렀다.

그러나 원나라가 몰락하면서 환관의 입지는 조금씩 약화되었다. 원으로부터 독립 운동을 전개하며 국토 회복에 전력하던 공민왕 시절에는 환관들도 친원파와 반원파로 갈라져 싸웠다. 또 북쪽에서는 홍건적이 쳐들어오고, 남쪽에서는 왜구가 쳐들어오던 시절에는 칼을 들고 외적과 싸워 공을 세우거나 정치적인 혼란 속에서 왕을 위해 목숨을 버리는 충성스런 환관들도 나타났다.

공민왕 대의 환관 김현은 장수로 출전하여 홍건적 100명을 죽이는 성과를 올려 2등 공신에 오르기도 했고, 안도적 같은 환관은 공민왕과 외모가 비슷하여 왕을 대신하여 잠자리에 누워 있다가 살해되기도 했다. 또 이강달은 이때 왕을 업고 달아나 공민왕의 목숨을 구하기도 했다(제3장 '우리 역사를 풍미한 환관들' 참조).

고려의 환관은 이렇듯 원나라에 복속되어 있던 80여 년의 세월 동안 크게 성장하였고, 이는 환관 조직을 확대하는 결정적인 계기로 작용했다. 하지만 원나라 복속 기간 동안 고려의 환관 제도는 철저하게 원나라의 영향력 아래 있었다. 당시 고려의 환관 조직은 원나라에 환관을 공물로 바치는 역할을 했던 것이다. 또 원나라의 영향력에서 벗어난 뒤에도 끊임없이 계속된 전쟁과 정국 혼란으로 인해 환관 제도를 대대적으로 정비할 여유가 없었다. 공민왕과 우왕이 환관 조직을 체계화시키고자 했으나 조직화를 이끌어낼 인물이 마땅치 않아 결실을 보지 못했다. 우왕 시절에는 환관들의 폐단 때문에 내시부가 아예 폐지되었고, 환관들은 궁궐 청소나 심부름을 하는 노비의 처지로 전락했다. 공양왕 대에 이르러 내시부가 다시 부활되었으나 이성계가 위화도 회군을 감행하여 급기야 고려 왕조를 무너뜨리자 환관 조직의 체계화 작업은 조선 왕조의 과제로 남게 되었다.

**가장 이상적인 환관 조직을
만들어낸 조선**　　조선을 건국한 이성계는 환관의 조직화에 남
다른 열정을 보였다. 당시 이성계와 함께 조
선을 개국한 성리학자들은 환관의 병폐를 열거하며 환관 제도 자체를 아
예 없애거나 환관을 둔다고 해도 아주 적은 숫자만 두는 것이 옳다는 주장
을 폈지만 이성계는 이를 받아들이지 않았다.

사실, 이성계가 조선을 건국할 당시에도 환관 없이는 궁궐이 제대로 운
영되지 않았다. 환관을 모두 궁궐에서 내쫓으면 일할 자가 없었던 것이다.
그렇다고 환관이 아닌 자들을 궁궐 안으로 끌어들이기도 쉽지 않았다. 궁
궐 안에서 생활하는 사람은 여자와 어린아이가 대부분인데, 혹여 환관이
아닌 자들을 궁궐 안으로 끌어들이면 그들 여인들의 정절을 보장할 수 없
었던 것이다. 또한 조정의 관원들이란 늘 그렇듯이 임금과 긴장 관계를 형
성하고 있는 경우가 많아 마음대로 수족처럼 부릴 수 없는 존재들이었다.
그에 비해 환관들은 입안의 혀와 같은 면이 있었다. 거기다 환관은 급박한
상황에서는 왕을 지켜줄 유일한 존재였다.

왕이 되기 이전에는 이성계도 환관의 필요성을 절실히 깨닫지 못했다. 그
러나 막상 왕이 되고 보니, 환관 없이는 불편해서 살 수가 없었다. 새롭게
섬기게 된 명나라에서는 환관을 보내라는 요구를 하고 있었다. 명나라에서
는 환관을 사신으로 보내기도 했는데, 그 환관 사신들을 접대하자면 역시
조선에도 환관이 있어야 했다. 여러 모로 환관은 반드시 필요했던 것이다.

그러나 환관 조직을 크게 키우자니 그들에 의한 병폐를 염려하지 않을
수 없었다. 환관의 병폐는 중국사의 고질병이었고, 이성계도 그 점을 잘
알고 있었다. 그야말로 환관 조직이란 없으면 불편하고, 만들면 병폐를 염
려해야 하는 그런 것이었다.

고민 끝에 이성계는 환관 제도가 왕조시대의 필요악이라고 판단했다.
차라리 환관을 양성화하여 합리적이고 체계적으로 운영해야 한다는 생각

을 했다.

이성계에게 이런 생각을 일깨워준 인물은 환관 김사행이었다. 김사행은 공민왕 대에 환관이 된 인물로 원나라 황실에서 일한 적도 있었다. 그는 우왕과 공양왕 시절에 내시부사로 있었고, 조선 건국기에는 이성계를 도와 조선 왕실을 형성하는 데 많은 역할을 했다. 조선 왕조 건국 초기에는 고려 제도가 크게 붕괴되고, 궁궐 내부의 예절과 관습도 제 모습을 잃었다. 이성계는 어떻게 해서든 왕실의 권위를 되찾고 궁궐의 풍속을 복구하려 했으며 그 일에는 왕실의 제도를 훤히 꿰고 있던 김사행이 적임이었던 것이다.

김사행은 원나라의 환관 제도와 고려의 환관 제도를 고려하여 합리적이고 이상적인 환관 제도를 구상했다. 원래 고려의 환관 제도는 환관을 궁궐의 심부름꾼 정도로 인식했기에 그 권한과 역할이 미미했다. 또한 벼슬도 7품에 한정되어 있었다. 그러나 원나라 복속기에 이르자 환관의 입지가 너무 강화되어 그 병폐가 막심했다. 이 때문에 우왕 대에 내시부가 완전히 폐지되었고, 공양왕이 부활시켰을 땐 벼슬이 6품에 한정되었다. 김사행은 이를 적절히 조화시켜 내시부 전체를 환관 조직으로 대체하고, 궁궐의 모든 업무를 환관에게 맡기는 방안을 강구했다. 그러나 환관이 조정의 일에는 일절 나서지 못하도록 권한과 임무를 제한했다.

하지만 고려 말부터 환관은 문신들로부터 심한 비판을 받아왔다. 환관이란 원래부터 출세를 위해 고자가 된 자들이기에 기회만 있으면 재물을 탐하고 권력을 행사하려는 경향이 있었고, 김사행 역시 예외는 아니었다. 그 때문에 1392년 12월에 사헌부 관원들이 김사행을 탄핵하였고, 또한 궁궐에 있는 환관들도 모두 내쫓아야 한다고 주장했다. 환관 제도 자체를 아예 없애자는 말이었다. 이에 대해 이성계는 단호하게 거부권을 행사했다.

이성계의 보호 아래 김사행은 환관을 조직화 하는 데 성공했고, 이것은 조선 환관 조직의 기틀이 되었다. 김사행이 토대를 다진 조선의 환관 제도는 『경국대전經國大典』에서 그 완성된 모습을 찾아볼 수 있다. 환관들로 이루어진 부서는 내시부인데, 그 임무와 구성을 이렇게 요약하고 있다.

내시부는 왕궁에서 음식물 감독, 명령 전달, 궁문 수직, 청소 등에 관한 직무를 맡는다. 인원은 모두 140명이며, 1년에 네 차례 정기적으로 임무를 조정하고 인사를 단행한다. 내시부 관원은 4품 이하는 문무 관리의 출근 일수 규정에 따라 품계를 올려주고, 3품 이상은 임금의 특별한 지시가 있어야 올려준다.

이 외에도 내시부 환관들은 정기적으로 시험을 쳤다. 이 때문에 공부를 열심히 해야 했는데, 그 공부는 35살이 될 때까지 지속되었다. 또 그 시험 결과에 따라 진급이 결정되곤 했다. 그 시험 내용은 보면 이렇다.

시험 성적은 통, 약, 조, 불 등 4등급으로 나눠지는데, 읽은 책을 강론하여 우수한 성적을 얻으면 '통通' 등급을 주고 특별 출근일수 둘을 더해주고, 그 아래 '약略'이면 특별 출근일수 하나를 더해준다. 그리고 평범한 성적인 '조粗'면 출근일수 반일을 더해준다. 하지만 성적이 나빠 '불통不通'이면 출근일수 셋을 감한다.

사서四書 가운데서 하나를 골라 세 곳을 강론하여 '통'을 맞으면 품계를 올려주고 공부도 면제해 준다. 사서 외에도 소학이나 삼강행실에서 세 곳을 강론하여 다섯 부분에서 통을 맞으면 역시 품계를 올려주고 공부도 면제해 준다.

이렇듯 환관 사회에서도 공부를 잘해야만 출세를 할 수 있었다.

환관에게 주어지는 벼슬은 종9품에서 종2품까지 있었다. 종2품은 상선이라 하며 2명이다. 정3품은 상온 1명과 상다 1명이고, 종3품은 상약 2명이다. 정4품은 상전 2명이고, 종4품은 상책 3명이다. 정5품은 상호 4명이고, 종5품은 상탕 4명이다. 정6품은 상세 4명이고, 종6품은 상촉 4명이다. 정7품은 상훤 4명이고, 종7품은 상설 6명이다. 정8품은 상제 6명이며, 종8품은 상문 5명이다. 정9품은 상경 6명이며, 종9품은 상원 5명이다.

이렇게 해서 벼슬이 주어지는 환관의 수는 총 59명이다. 하지만 때에 따라서 환관에게도 정2품 벼슬이 내려지기도 했고, 각 품의 관원 수도 적거나 많았기 때문에 약 60명 정도의 환관이 관직을 가졌다고 보면 된다.

이 60명을 제외한 나머지 환관들은 벼슬이 없는 예비 관원들이다. 예비 관원의 수는 적을 때는 80명 정도이고 많을 때는 200명이 넘었는데, 이들은 관직이 빌 때까지 대기해야 한다. 대기하는 동안 관원들의 업무를 보조하고, 공부도 해야 했다.

그렇다면 이들 내시부 관원들에게 주어지는 소임은 무엇인가? 우선 내시부의 우두머리인 상선의 소임을 보자. 상선尙膳은 임금의 수라를 책임지는데, 상선이 둘인 까닭은 업무를 분담하고 서로 돌아가면서 번을 서기 위함이다. 상선 중 한 명은 본연의 임무에 충실하여 수라간을 지휘하여 임금 및 중전, 대비 등의 수라 챙기는 일을 한다. 두 명의 상선 중에서 나머지 한 명은 내시부사의 임무를 수행한다. 내시부사는 내시부 전체를 관할하고 통솔하는 내시부의 수장이다.

정3품인 상온尙醞과 상다尙茶는 궁궐에서 소용되는 술과 차를 맡은 관원이고, 종3품인 상약尙藥은 말 그대로 약을 담당하고 있기 때문에 내의원의 일과 연계되어 있다.

정4품인 상전尙傳은 임금의 명을 승정원에 전달하는 역할을 하는 직책인데, 흔히 대전 승전색이라고 한다. 대개 대전 환관이라고 불리는 자들이 바로 이들이다.

종4품인 상책尙冊은 3명인데, 매를 기르는 응방을 관리하는 직이 하나 있고, 나머지 두 명은 대전 섭리라고 해서 임금이 필요로 하는 문서나 책 등을 찾아오는 역할을 한다. 또 주방이나 주연장 등의 관리도 이들이 맡는다. 따라서 소주방의 상궁들은 모두 대전 섭리의 지시를 따라야 한다. 왕비전의 명령을 전달하는 중궁의 승전색 역할도 역시 이들이 한다.

정5품인 상호尚弧는 4명인데, 그 소임은 각각 다르다. 1명은 대전의 응방이나 궁방(활궁)에 배치되고, 나머지는 왕비전 주방 담당, 문소전 섭리, 세자궁의 장번 내시 등의 임무가 주어진다. 문소전은 태조와 신의왕후의 신전이고, 장번 내시는 일종의 붙박이 내시라고 보면 된다.

종5품 상탕尚帑은 4명인데, 대전의 창고를 관리하는 상고 1인, 등촉방 다인 1인, 감농監農 1인, 세자궁 섭리 1인 등으로 구분된다.

정6품 상세尚洗 4명은 대전에 소용되는 그릇을 관리하는 대전 장기, 화약방이나 왕비전 등촉방의 끼니를 담당하는 진지, 세자궁 주방, 빈궁의 섭리 등으로 구분되었다.

종6품인 상촉尚燭 4명은 대전, 왕비전 등의 문을 지키는 문차비, 세자궁의 등촉방, 왕비전의 주연 등 잡일을 주관하는 장무 등으로 구분되었다.

그 외에 정7품 상훤尚烜은 세자궁의 문차비나 각 궁의 섭리, 문차비 등을 맡았으며, 종7품 상설尚設은 궁궐 내의 각종 건축물의 보수나 증축을 담당하고, 정8품 상제尚除, 종8품 상문尚門, 정9품 상경尚更, 종9품 상원尚苑 등은 궁궐 내부의 공원을 관리하고, 문차비 명령을 받아 문을 지키는 등 잡다한 일이나 노비들을 부리는 일을 맡았다.

이들 내시부에 대한 규찰은 승정원이 맡고 있었는데, 이는 내시들의 폐해를 막기 위한 조치였다. 또 원래 내시부의 벼슬은 4품을 넘지 않도록 하는 것이 원칙이었으나 임금의 명이 있을 때는 3품 이상의 벼슬이 내려졌다.

고려시대에는 내시부 판사가 정2품직이었는데, 조선에 와서 종2품으로 낮춰진 셈이다. 그러나 고려시대의 내시부 판사에는 환관이 아닌 문관이 임명되었으나, 조선에 와서는 환관의 직책이 된 것이 달라진 점이다. 또 고려에서는 환관에게 7품 이상의 관직을 제수하지 않았고, 고려 말엽에는 아예 벼슬을 내리지 않았지만, 조선에 와서는 내시부를 모두 환관으로 채우고 정식으로 벼슬을 내린 점에서 차이가 난다. 따라서 외견상으로는 내시부의 기능이 고려 때보다 축소된 것처럼 보이지만 환관의 벼슬은 크게 오른 것임을 알 수 있다.

조선은 환관의 벼슬을 높여준 대신 역할은 궁궐의 잡일로 한정시켰다. 이는 고려 왕조가 환관에게 낮은 벼슬을 내리고도 정사에 관련된 업무를 맡긴 것과 대조적이다. 이는 환관들의 삶을 안정시키면서 동시에 환관의 폐해를 막는 이중 효과를 얻는 결과를 낳았다. 덕분에 조선에서는 중국 역사에서 골칫거리로 인식되던 환관의 권력 남용이나 월권의 형태는 거의 찾아볼 수 없게 되었고, 고려 의종 때나 원나라 복속기에 나타났던 환관의 정치도 없었다. 이는 조선의 환관 정책이 중국이나 고려에 비해 매우 탁월한 이상적인 형태였음을 말해주는 것이다(물론 조선의 환관 정책도 왕에 따라 크게 차이가 있었다. 이에 대해서는 뒷부분의 '조선 왕들의 환관 정책 및 주요 환관'에서 별도로 언급하겠다).

四 . 환관의 외형과 성향

환관은 일반적인 남자에 비해 외형상 특이한 면이 여럿 있다. 우선 환관은 수염이 나지 않는다. 수염은 대개 남자의 상징으로 여겨지는데, 이는 남성 호르몬의 작용에 의해 생기기 때문이다. 수염을 돋아나게 하는 남성 호르몬은 안드로겐으로, 이는 고환에서 분비된다. 환관들은 고환을 잘라냈기 때문에 안드로겐을 생산할 수 없고, 그로 인해 수염이 생길 수 없는 것이다. 고환의 또 다른 기능은 정자를 생산하는 것이다. 따라서 고환을 잃은 환관은 정자를 생산할 수 없고, 그로 인해 후대를 이을 수 없다.

고환에서 생산되는 안드로겐은 남성을 대머리로 만드는 역할도 한다. 물론 모든 남성이 대머리가 되는 것은 아니지만 안드로겐이 지나치게 분비되어 그 부작용으로 대머리가 되는 사람이 많다. 대개 안드로겐에 의해 대머리가 되는 경우는 자손에게도 그대로 유전되는 경향이 있다.

고환을 잘라낸 환관의 경우엔 안드로겐이 생산되지 않기 때문에 대머리가 될 소지는 거의 없다. 다만 어른이 되어서 거세를 당한 경우 거세의 고통으로 인해 눈썹이나 머리털이 빠지는 경우는 있다. 하지만 이 경우에는 건강이 회복되면 대부분 털이 다시 돋아난다고 한다.

거세를 당함으로 해서 생기는 또 하나의 외형적 특징은 살이 많이 찐다는 점이다. 거세한 환관들은 남성 호르몬을 생산하고 배출하는 일이 없기 때문에 영양분이 몸 속에 축적되어 비만 증세를 나타내기 십상이다. 흔히 몸이 아주 뚱뚱한 아이들은 생식기가 잘 자라지 않는 경향이 있는데, 이는 영양가의 대부분을 살에 빼앗김으로써 미처 생식기까지 영양소가 제대로 전달되지 않아 생기는 결과다. 이를 역으로 생각하면 환관들이 뚱뚱하게 되는 이유를 쉽게 이해할 수 있을 것이다. 흔히 남성의 1회 사정이 30분 동안 땀을 흘리며 운동하는 정도의 에너지를 방출한다고 한다. 환관들은 일반 남성들이 주기적으로 하는 사정을 평생 하지 않기 때문에 그만큼 에너지 방출이 적어지는데 이것도 비만의 원인일 것이다.

그렇다고 모든 환관이 다 뚱뚱했던 것은 아니었다. 청조 말기에 찍은 환관들의 모습을 보면 오히려 몸이 바짝 마른 경우도 많다. 이들은 대개 아주 어린 시절에 거세된 환관일 가능성이 높다. 거세를 아주 어린 시절에 한 사람은 이미 몸의 대사가 거세한 상태에 맞춰서 진행되기 때문에 자신의 원래 체질대로 체형이 형성될 수 있기 때문이다. 그러나 이미 남성 호르몬이 활동하기 시작하는 14세 이후에 거세한 경우에는 뚱뚱해질 가능성이 높았다.

3 청황조 시절에 환관을 지낸 중국인. 이 환관은 마치 늙은 노파 같다. 환관들은 이처럼 늙으면 외형이 여자처럼 된다.

환관의 또 하나의 특징은 피부가 여성처럼 매우 희고 깨끗하다는 점이다. 청대 말기의 늙은 환관을 찍은 사진을 보면 늙은 남자의 모습이라기보다는 노파의 모습을 하고 있다. 즉, 환관들은 거세한 이후로 여성 호르몬의 영향을 더 크게 받기 때문에 피부가 여성처럼 되는 것이다.

환관은 피부만 여성화되는 것이 아니라 성격도 매우 여성적으로 변한다. 우선 대개의 여성들처럼 말이 많아지고 감정이 예민해진다. 눈물이 많고 공포심도 남성에 비해 많이 느낀다. 목소리도 여성들처럼 가늘고 톤이 높아진다.

그렇다고 모든 환관이 여성적이었던 것은 아니다. 여성들 중에서도 남자보다 힘이 세고 용맹이 높은 사람이 많듯이 환관들 중에서도 장수로서 활약하며 맹위를 떨친 인물도 꽤 있다. 그러나 대개 환관이 일반적인 남성보다 매우 여성적인 것은 사실이다.

과거 왕조시대에 한 남자를 여러 여자가 모시고 살아야 했던 시절에는 여성들은 그 남자를 차지하기 위해 강한 질투심을 드러낸 경우가 많았는데, 환관 또한 처지가 비슷했기에 그런 성향을 보일 수밖에 없었던 것이다. 어쨌든 환관들은 자신이 처한 환경 때문에 일반인들과 다른 매우 특징적인 행동 방식을 드러내기도 했다. 환관들의 행동 방식은 마치 왕궁에서 살아가는 궁녀들의 모습과 유사했다. 이는 환관의 처지가 궁녀와 유사했기 때문일 것이다.

궁녀들은 모두 왕의 여자들이지만 그 숫자가 너무 많아 왕의 시선을 받기란 그야말로 하늘의 별 따기였다. 왕의 여자들 중에 후궁들은 그나마 왕의 눈에 들어 총애를 받은 궁녀들이다. 하지만 그들은 후궁이 된 뒤에도 왕의 사랑을 독차지하기 위해 무한 경쟁을 벌인다. 그 경쟁이 지나쳐 상대를 죽이거나 아예 왕을 죽이는 경우도 발생한다. 대개 그들이 처음 얻고자 한 것은 왕의 사랑이지만, 이후에는 그 사랑을 지키기에 열중하게 되고, 그 이후에는 사랑과 권력이 하나가 된다. 말하자면 사랑이 권력을 쟁취하는 수단으로 전락하는 것이다. 이런 상황에서 왕이 자신의 사랑을 배반하면 그것은 곧 권력을 앗아가는 결과를 낳는다. 이는 급기야 권력을 지키기 위해 왕을 죽이는 사태까지 유발하는 것이다.

사실, 궁녀들이 왕의 총애를 받고자 하는 것은 왕의 사랑을 얻기 위함이 아닐 수도 있다. 그들이 정말 얻고자 한 것은 권력일지도 모른다. 하지만 그들은 왕과 사랑을 나눌 수 있는 존재이기에 그들의 사랑 행각이 반드시 권력을 향해 있는 것만은 아닐 것이다.

그러나 환관의 경우는 어떤가? 궁녀처럼 왕과 함께 지내며 왕의 수족으로 살고 왕의 총애를 받길 원하지만, 그들은 궁녀들과 달리 왕과 육체적 사랑을 나눌 수 없는 몸이다. 그렇다면 그들이 왕의 총애를 통해 얻을 수 있는 것은 무엇인가? 오직 권력뿐이다. 따라서 환관은 기본적으로 모두 권력지향형일 수밖에 없다. 특히 스스로 고자가 된 자궁自宮 환관들은 목적이 오직 부귀와 권력밖에 없다. 하늘과 부모가 준 자신의 남성을 잘라내고, 그 고통과 분노와 모멸감을 참으며 그들이 궁궐로 들어온 유일한 희망은 바로 권력자가 되는 것이었다. 따라서 환관들의 도道는 권력이었다. 권력을 얻는 길이면 가야 하고, 권력을 잃는 길이면 가지 않아야 했다. 권력을 위해서라면 무슨 짓이라도 하는 존재가 바로 그들이었다.

그렇다고 모든 환관이 권력만을 추구했다고 단정할 수는 없다. 다만 그들은 생래적으로 권력을 추구할 수밖에 없는 불행한 인생이며, 권력 지향적인 성향이 일반적인 남성에 비해 훨씬 강할 수밖에 없었다는 것이다. 그들에게 부귀와 영화를 빼면 남는 것이 없었기 때문이다. 다른 남성들처럼 자식이 있는 것도 아니고 아내와 섹스를 즐길 수 있는 것도 아니지만, 권력만 가지면 비록 친자식은 아니라도 양자가 되려는 자들이 줄을 서고 수십 명의 아내를 거느릴 수 있었다. 그들은 늘 그런 유혹에 시달리는 고뇌에 찬 불쌍한 영혼들이었다.

하지만 권력을 얻는 환관은 그 불쌍한 인생들 중 아주 극소수에 불과했다. 나머지는 그야말로 노예처럼 일하고 개처럼 주인을 섬겨야 했다. 또한 비록 권력의 맛을 본 환관이라도 그 정도가 너무 지나쳐 불행한 종말을 맞는 경우가 대부분이었다. 중국 역사 속에서 권력을 가졌던 환관 치고 말로가 비참하지 않은 자가 드물었다. 그들은 대개 권력 앞에서는 자신의 분수를 헤아리지 못했고, 그것이 화근이 되어 죽음을 자초했다.

그럼에도 환관들은 늘 권력을 꿈꿨다. 비록 비참한 종말이 내정되어 있다 하더라도 그들은 권좌에 앉길 원했다. 그만큼 그들은 비참한 처지였던 것이다. 사람이면서 사람 취급을 제대로 받지 못하는 존재, 그랬기 때문에 환관들은 한편으로는 인정이 많았고 남에 대한 동정심도 많았다. 또한 자신이 거세한 것을 평생 부끄럽게 여긴 나머지 그것이 그들의 최대 콤플렉스가 되어 항상 남의 눈을 지나치게 의식하는 성향이 생겼다. 그래서 그들은 물건을 살 때도 꼭 단골집에서만 사는 습성이 있었다. 물론 그 단골집 주인들은 환관들을 아주 기분 좋게 하는 재주가 있는 자들이었다. 환관들은 스스로의 처지가 불행했기에 누군가가 자신을 알아 주거나 떠받들어 주면 정신을 차리지 못할 정도로 좋아했는데, 그들의 단골집 주인들은 바로 그런 환관들의 성격을 잘 파악하고 있는 자들이었다.

환관들은 물건을 살 때 절대 깎는 법이 없었다고 한다. 물건을 깎으면 자신이 얕보일까봐 걱정했던 것이다. 오래 다닌 단골집이라도 그곳 주인이 기분을 상하게 하면 절대 다시는 그 상점을 찾지 않는 것도 그들의 특징이라면 특징이었다.

五. 환관의 교육과 사생활

환관 학교   중국에서는 원래 환관들에게 글을 가르치지 않았다. 환관이 글을 알면 정치에 간여하게 된다는 이유 때문이었다. 환관의 중요한 임무 중 하나가 임금의 명을 조정에 전달하는 것인데, 이때 환관은 두 가지 방식으로 왕명을 전달했다. 첫째는 임금이 말한 그대로 토씨 하나 빠뜨리지 않고 조정에 전달하는 것이었고, 다른 하나는 임금이 내리는 글을 원본 그대로 조정에 전달하는 것이었다. 이 전달 과정에서 뭔가 변조를 꾀했다가 발각되면 환관은 목숨을 잃거나 중벌을 당했다. 특히 글로 써서 내린 교지나 비답이 변조되면 국가적인 중대 사건이 발생할 수 있었다. 환관에게 글을 가르치지 않은 것은 바로 이런 일을 방지하기 위함이었다. 환관이 글을 알아 마음대로 교지의 내용을 바꾸는 사태를 미연에 막기 위해서다.

그러나 환관이 글을 모른다는 것은 환관을 부리는 임금의 입장에서도 결코 편한 일이 아니었다. 그 때문에 임금 중에는 글을 아는 환관을 선호하는 사람도 꽤 있었다. 진나라의 시황제는 환관 조고를 매우 신임했는데, 조고는 글을 아는 차원을 넘어서 학문에도 매우 밝은 인물이었다. 시황제는 조고의 그런 면을 좋아하여 자신의 막내 아들 호해에게 법을 가르치도록 하기도 했다.

한무제는 많은 문신들을 환관으로 만든 것으로 유명한데, 그 중에는 『사기』의 저자 사마천도 있었다. 한무제는 죄를 지은 문신을 환관으로 만든 뒤에 자신의 비서로 부리며 여러 모로 아주 요긴하게 부렸다. 심지어 조정에 내리는 비답조차도 환관들에게 받아쓰게 했다.

중국 황제들의 이런 면들이 쌓여 명황조 시절에는 아예 환관들을 가르치는 학교가 생기게 되었는데, 이를 내서당內書堂이라 했다. 환관이 내서당에 입학하는 시기는 10세를 전후해서다. 학생 수는 대개 300명 이하였고, 교사들은 모두 한림원의 학사들이었다. 학생들이 배우는 과목은 우선 환관들의 내규에 해당하는 내령, 즉 내정의 규칙을 비롯하여 천자문, 효경, 논어, 대학, 중용, 맹자 등이었고, 이 외에도 대표적인 시와 중국 백성들의 성씨에 대해서도 배웠다. 시험은 암기, 읽기, 해석, 쓰기 등의 형태로 치러졌고, 성적이 나쁜 학생은 벌을 받아야 했으며, 성적이 좋은 학생은 환관 임용시에 좋은 자리에 배치되었다.

하지만 내서당에서 모든 환관들을 가르칠 수는 없었다. 명황조 시절에는 환관의 수가 10만에 육박했기에 내서당에 입학할 수 있는 환관은 일부에 불과했다. 이 때문에 내서당 출신 환관들은 '정도正途'라고 불리며 특별 대우를 받았다. 내서당을 졸업한 환관은 조정 관료로 치면 과거에 합격한 정도의 대접을 받았고, 실력도 그에 못지않았다. 그런 까닭에 일반 환관들은 길에서 내서당 출신 환관을 보면 자신이 비록 연장자라 하더라도 머리를 숙여 인사를 하는 것이 관례였다.

내서당은 중국에만 있던 것은 아니었다. 조선의 환관들도 체계적으로 학문을 익히고 배우는 곳이 있었다. 비록 내서당과 같은 별도의 학교를 설치하지는 않았지만, 환관은 모두 일정 수준 이상의 공부를 해야만 했다. 따라서 환관 조직에 학자들이 배치되어 가르쳤다.

조선의 환관들이 주로 배웠던 것은 내정의 규율과 논어, 대학, 중용, 맹자 등의 사서, 소학과 삼강행실 등이었다. 하지만 삼경은 가르치지 않았다. 조선인들은 사서를 한문과 유학을 알기 위한 기본 서적으로 인식하고 있었고 시경, 서경, 역경 등의 삼경은 그보다 한 단계 위로 보았다. 따라서 양반 선비들은 반드시 삼경을 읽었지만, 환관들에게까지 삼경을 읽힐 필요는 없다고 보았던 것이다.

환관들은 일정 수준 이상이 되어야 공부를 그만둘 수 있었다. 만약 일정 수준이 되지 않으면 35세까지 의무적으로 계속 강의를 들어야 했다. 그러나 35세가 되면 공부를 면제해 준다. 이는 종친들의 학교인 종학에서 40세가 되면 공부를 면제해 주는 것과 같은 이치다.

환관들의 공부 성적은 즉시 생활과 직급에 반영되기 때문에 공부를 잘하는 것은 출세의 지름길이었다. 성적이 좋으면 품계보다 높은 벼슬에 임용되고, 성적이 특출난 환관은 일찍 공부를 끝내고 일에만 열중할 수 있었기 때문이다.

이렇듯 환관들도 일정한 과정의 교육을 받았던 까닭에 환관에게도 학문적 스승이 있게 마련이었다. 조선시대 관리들은 은근히 환관의 스승이 되는 것을 좋아했는데, 이는 환관을 가르친 경력이 관리 생활에 큰 도움이 되었기 때문이다.

중국이든 우리나라든 조정의 대신들은 늘 환관을 경계해야 한다고 역설하고 겉으로는 환관을 경멸하는 듯한 태도를 보였지만, 실상은 환관들을 매우 후대했다. 아무리 임금과 친밀한 신하라고 하더라도 환관보다 임금에게 가까이 다가갈 수 있는 신하는 없는 법이다. 이 때문에 환관의 말 한마디가 자신을 죽일 수도 있고 살릴 수도 있다는 것이 신하들의 지배적인 생각이었다. 그런 탓에 임금을 곁에서 모시는 환관은 재상이라도 함부로 대하지 않았다. 우리가 흔히 보는 사극에서는 신하들이 환관에게 말을 함부로 하고, 아랫사람 다루듯 하는 경우가 많은데, 실상은 전혀 그렇지 않았다. 오히려 높은 신하일수록 환관에게 친절하고, 가급적 그들에게 잘 보이고자 했던 것이 당시의 현실이었다.

환관 부부　　환관도 부부 생활을 하는가? 물론이다. 하지만 모든 환관이 부부 생활을 할 수 있었던 것은 아니다. 환관들은 대부분 부부 생활을 원했지만 누구에게나 그것이 가능하지는 않았다.

환관의 부부 생활에 대해서는 중국 환관과 우리 환관으로 나눠서 이야기하는 것이 좋겠다.

우선 중국 환관에 대해서 언급하자면, 중국에서는 원칙적으로 환관은 부부 생활을 하지 못하도록 되어 있었다. 따라서 중국 환관들의 부부 생활은 몰래 불법적으로 이루어질 수밖에 없었다. 그것도 주로 궁녀들과 연분을 맺는 방식이었다.

환관들은 궁궐밥을 어느 정도 먹고 나면 은밀히 궁녀들과 연분을 맺고 부부 맹약을 맺었다. 환관의 남녀 관계를 '대식代食'이라고 불렀는데, 대개 궁녀들이 그 대식의 대상이 되곤 했다. 황실 내부에서도 그런 사실을 알고 있었지만 모르는 척하곤 했다.

한번 부부 맹약을 맺은 궁녀와 환관은 죽을 때까지 그 인연을 끊지 않았고, 대개는 둘 중 하나가 죽어도 이후에 다른 사람과 부부의 연을 맺지 않았다고 한다. 나름대로 정절을 지키며 살았던 것이다.

물론 중국 환관들 중에도 공공연히 여자를 들여 아내로 삼은 자들이 있었다. 심지어 첩이 수십 명에 달하던 환관들도 있었다. 이때 환관과 사는 여자를 식모와 비슷한 뜻의 '채호菜戸'라고 불렀는데, 특히 명나라 시절의 환관들은 어느 정도 재산을 얻으면 누구나 채호를 두고 지냈다고 한다.

중국 환관과는 달리 우리 환관들은 공식적으로 부부 생활을 했다. 즉, 혼례를 올리고 가정을 꾸리고 살았다는 것이다.

환관의 부부 생활이 언제부터 공식적으로 인정됐는지는 알 수 없지만, 고려시대 환관들 중에도 아내가 있었던 자들이 많았다. 특히 원나라 복속기에는 딸을 환관의 아내로 보내기 위해 줄을 대는 경우까지 있었다. 원나라에 가서 출세한 환관들은 재상보다 힘이 좋았던 시절이라 앞다투어 환관과 인척관계를 맺으려 했던 것이다. 고려시대에는 환관과 인척이 되어 졸지에 중앙의 높은 벼슬을 얻은 경우도 부지기수였다. 방신우, 고용보, 박불화 등 원나라의 환관이 되어 엄청난 권력을 행사했던 환관들의 처가 족들은 한낱 천인에서 지방관이나 중앙 관료로 진출하여 큰 세력을 형성하기도 했다.

하지만 조선시대에 이르면 이런 폐단은 거의 사라진다. 조선은 환관의 신분을 확실히 보장해 주는 대신 환관이 정치에 간여하지 못하도록 철저히 막았기 때문이다. 대신 조선 왕조는 환관에게도 결혼할 권리를 주고, 가정을 이룰 수 있도록 제도적으로 뒷받침했다. 덕분에 환관들도 매우 안정된 생활을 할 수 있었다.

조선의 이러한 정책은 환관들의 폐단을 막는 데도 크게 기여했다. 중국 환관들은 가정이라는 개념이 없었기 때문에 책임감이 없고 행동이 가벼운 경향이 있었다. 그러나 조선의 환관들은 자신이 지켜야 할 가정이 있고 그 가정의 가장으로서 책임이 무거웠기 때문에 중국 환관에 비해 행동이 조심스러울 수밖에 없었던 것이다.

환관의 자식　　　환관들에게도 자식이 있었다. 물론 씨 없는 수박이었던 환관이 자식을 낳을 수는 없었다. 대신 양자를 들였다.

먼저 중국 쪽을 살펴보면, 우리가 익히 알고 있듯이 중국 삼국시대의 영웅 조조도 환관의 양자의 아들로 알려져 있다. 후한 말기 당시에는 환관들이 득세했으므로 환관의 양자가 되는 것은 출세를 위한 좋은 수단이었다. 조조가 당대의 영웅으로 성장할 수 있었던 것도 그런 기반이 크게 작용했다.

중국의 환관들 중에 권세를 얻은 자들은 한결같이 양자를 두었다. 굳이 그들이 양자를 두지 않으려 해도 그들의 권세를 필요로 하던 자들은 환관의 양자가 되지 못해 안달이었다. 특히 환관이 천하를 지배하던 후한시대나 명황조 시절에는 더욱 그랬다.

중국 환관들의 양자는 크게 두 종류다. 환관으로서 환관의 양자가 되는 경우와 환관이 아닌 자가 양자가 되는 경우다.

환관의 양자로 입양되어 환관으로 사는 자들은 10세 이하의 어린 시절에 입양된 경우였다. 대개 이들은 부모가 팔아먹은 아이들이거나 죄수의 아이들이다. 그들은 입양되면 즉시 거세 당하고, 그로부터 1년쯤 지나면 바로 환관 수업을 받는다. 그리고 양부의 지도와 보호 아래 환관으로 성장하게 된다.

하지만 환관이 아닌 양자는 의미가 좀 다르다. 이 경우에는 일종의 협력 관계라

4 조조는 삼국시대의 영웅으로 환관 조등의 손자다. 조등은 환제를 세운 공으로 큰 권세를 누린 환관인데, 조조의 아버지 조숭을 양자로 삼았던 것이다. 덕분에 조조는 어린 나이에 벼슬길에 오르는 행운을 얻었지만 당시 권세를 쥐고 있던 환관 건석의 친척을 죽이는 바람에 환관들과 대립하기도 했다.

볼 수 있다. 환관은 어차피 천출賤出이기 때문에 마땅히 의존할 만한 곳이 없다. 그런 환관이 권좌에 오르면 지방의 유력가나 중앙의 정치가들이 손을 내밀게 마련이다. 그래서 서로 의견이 일치되면 손을 잡는데, 그 수단으로서 양자 관계를 맺는 것이다.

우리 역사에서 환관과의 양자 관계는 중국보다는 좀 단순하고 순수한 편이다. 우리는 주로 환관 제도를 유지시키는 수단으로 양자 제도를 두었기 때문이다.

이미 언급했듯이 우리 환관들은 아내를 들여 가정을 꾸렸는데, 양자도 그 가족의 일원이었다. 물론 환관의 양자 역시 환관이 되어야만 했다. 조

선 왕조는 환관들의 혼인을 인정함으로써 자연스럽게 환관을 확보하는 매우 현명하고 현실적인 정책을 구사했던 것이다. 덕분에 조선 왕조는 중국처럼 환관을 대량 생산하기 위해 숱한 아이들을 붙잡아 오는 야만적 행위를 자행하지 않아도 됐다.

환관들이 양자를 들이는 과정에 대해서는 어떤 기록도 남아 있지 않다. 다만 조선 환관들의 양자들 중에는 양부와 성씨가 같은 자가 있고, 다른 자가 있다는 것은 확인된다. 양부와 성이 같은 환관은 양부와 같은 집안 출신이고, 양부와 성이 다른 환관은 같은 집안 출신이 아니라는 뜻이다. 양자를 여러 명 들인 경우도 있었는데, 이때 양자들 간에 성씨가 다른 경우도 꽤 있었다. 한 명은 양부와 성씨가 같고, 한 명은 양모와 성씨가 같은 경우도 있다. 이 경우 친가와 처가에서 각각 양자를 데려 왔다는 뜻이다.

이렇게 볼 때 조선의 환관들은 일차적으로 자기 본가에서 양자를 들이는 것을 원칙으로 했고, 그것이 용이하지 않을 때는 처가나 다른 집안에서 데려왔다는 것을 알 수 있다.

환관 족보　　　환관들도 양자를 통해 대를 이었기 때문에 족보가 있었다. 환관의 족보는 『양세계보養世系譜』라는 이름으로 현재까지 전하고 있으며, 이곳에는 조선시대 환관 집안들의 여러 계파가 함께 등재되어 있다.

『양세계보』는 조선시대에 만들어진 환관 족보로, 이 족보를 처음 만든 사람은 정조 대의 내관이었던 이윤묵이다. 그는 이 책의 서문에서 내시 집안은 양자를 통해 계통을 이었기 때문에 모두 성씨가 달라 미처 족보가 마련되지 못했다며 비록 혈육은 아니지만 키워준 은혜에 보답하는 뜻으로 족보를 만들었다고 쓰고 있다. '양세계보'의 '양세養世'라는 것은 양자를 후세로 삼아 대를 이었다는 뜻인데, 이는 환관 집안에서만 있을 수 있는 일이므로 '양세계보' 라는 것은 곧 환관 족보를 의미한다.

이윤묵이 『양세계보』를 묶은 시기는 순조 5년(1805)이고, 이후에 그의 7대 손인 문건호에 의해 중수 작업이 이뤄져 보완되었다.

이 책에는 각 조상들의 출생지, 벼슬, 부인, 양자, 사망일, 묘지 등에 대해 간단하게 씌어 있다. 예컨대 「양세계보약보」의 계동파桂洞派 편을 보면 윤득부尹得富를 시조로 삼고 있는데, 그는 한양 계동에서 출생하여 환관이 되었으며, 가선대부 벼슬을 받고 상선에 올랐다. 부인은 정부인 이씨고, 장남 안중경을 비롯하여 김계경, 이인경 등 세 명의 양자를 들여 대를 이었다. 무덤은 한양 동북쪽의 양주 해등촌 우이동 계성리에 마련되었고, 묘를 마련한 때는 홍치 원년(1488 무신년) 12월 17일이라고 쓰고 있다.

계동파의 시조인 윤득부는 세종 대부터 성종 대까지 내관 벼슬에 있던 인물이고, 그의 양자 세 명도 모두 내관 벼슬을 지냈다.

5 6 조선시대에 만들어진 환관 족보 『양세계보』. 내시에게도 족보가 있었다는 사실을 의아하게 생각할 사람이 많을 것이다. 그러나 내시도 부부생활을 했고, 양자를 뒀으며, 무덤도 마련했으므로 족보가 있는 것은 당연하다. 사진(오른쪽)을 통해 알 수 있듯이 양자를 통해 계통을 이었기 때문에 모두 성씨가 다르다.

계동파는 윤득부를 시조로 22세까지 등재되어 있다. 이들은 모두 내관으로 등용되었을 테지만 『조선왕조실록』에서는 이들 중 일부의 이름만 찾아볼 수 있다.

『양세계보』에는 실록에 등장하는 이름 있는 환관들 중 상당수가 누락되어 있는데, 이것은 정치적 소용돌이에 휘말린 수많은 환관 집안이 피해를 입어 대를 잇지 못한 까닭이다. 예컨대 조선 초에 환관 제도를 정착시킨 김사행이나 조순 같은 인물은 등재되어 있지 않은데, 이들은 태종의 정난 후 모두 참살되었고 그 양자들도 모두 죽었기 때문이다. 연산군 대의 김처선이나 영조 대의 박상검 등 정치 사건에 깊숙이 개입했던 환관들도 모두 마찬가지다. 그런 의미에서 보자면 『양세계보』에 등재된 환관들은 수백 년의 혼탁한 조선 정가의 풍랑 속에서 끈질기게 목숨을 부지한 처세술의 대가들이었는지도 모른다.

가짜 환관　　　역사에는 가끔 환관이 아니면서 환관 행세를 한 자들도 있었다. 그 대표적인 인물은 진시황 시절의 노애라는 자였다. 노애는 원래 진시황의 천하통일에 크게 기여한 여불위의 충복이었다.

여불위는 시황이 천하통일의 기반을 닦아 전국시대를 종결시키는 데 결정적인 공헌을 한 걸출한 인물이다. 원래 장사꾼이었던 그는 양책(지금의 하남성 우현) 사람이다. 그는 장사를 해서 큰 부자가 됐는데, 부를 축적한 뒤에는 정치에 관심을 가졌다. 여러 나라를 돌며 세상 물정을 훤히 익힌 여불위는 자신의 정치적 기반을 얻기 위해 조나라에 인질로 와 있던 별 볼일 없는 진나라 왕자 자초子楚를 후원하여 진왕으로 만들고, 이후 진시황을 자초의 후계자로 만들어 천하통일의 기반을 닦았다.

진시황은 여불위의 첩 중에 하나였던 주희라는 여자 소생이었다. 자초를 후원할 당시 여불위는 여러 첩들을 거느리고 있었는데, 그 중에서 주희가 자초의 마음을 사로잡았다. 자초가 주희를 보고 몹시 반하여 자기에게 달라고 하자, 여불위가 그 청을 들어주었다. 당시 주희는 이미 여불위의 아이를 임신하고 있었지만, 그 사실을 숨기고 자초와 관계하였고, 산기가 찼을 때 아들을 낳으니 그가 바로 정(政, 시황제)이었다.

자초가 효문왕에 이어 왕위에 올라 장양왕이 되었다. 그러나 그는 즉위한 지 불과 3년 만에 죽었다. 여불위는 13세의 어린 태자 정을 지지하여 왕위에 앉혔고 덕분에 여불위는 어린 왕을 끼고 조정을 장악할 수 있었다. 그때부터 진나라는 그야말로 여불위의 나라라고 해도 과언이 아니었다.

여불위는 정의 어머니인 태후 주희와 사통하며 궁궐을 장악했고, 자신의 집으로 수많은 식객들을 끌어들이고 그 중에서 인재를 발탁하여 조정에 배치했다. 또한 뛰어난 문사들을 모아 20만 자가 넘는 『여씨춘추呂氏春秋』를 편찬했다.

세월이 흘러 어느덧 진왕 정은 성인이 되어 왕권을 강화했다. 그에 따라 여불위의 힘은 상대적으로 약화되었다. 그 무렵, 여불위는 혹여 자신과 태후가 사통하는 사이라는 사실이 들통날까봐 전전긍긍했다. 이때 여불위의 고민을 해결한 것이 바로 노애였다.

노애는 남근이 유달리 큰 덕분에 여불위의 심복이 된 자였다. 여불위는 태후의 관심을 끌기 위해 노애로 하여금 남근에 끈을 묶어 오동나무 수레바퀴를 끌게 하였고, 그 소문을 들은 태후는 노애를 얻고 싶어했다.

태후가 애원하는 눈빛으로 여불위에게 말했다.

"노애를 내 곁에 둘 방법이 없겠소?"

여불위가 눈을 반짝이며 대답했다.

"궁형에 해당하는 죄를 지었다고 고발하고, 궁형에 처한 척 속이고 환관 행세를 하게 하면 될 것입니다."

"옳거니, 그런 방법이 있었군요."

여불위는 곧 노애를 관가에 고발하여 궁형을 받도록 했다. 태후는 형리에게 몰래 돈을 주고 궁형을 행하지 못하도록 했다. 그리고 노애의 수염과 눈썹을 모두 뽑아 고자로 보이게 하여 환관을 만들었다.

태후는 노애와 사랑을 나눈 뒤 임신을 하게 되자, 거짓으로 점을 쳐서 액운을 피해야 된다는 구실을 만들어 궁궐 바깥에 나가 살았다. 덕분에 노애와 태후는 더욱 가까이 지내며 두 명의 아들까지 낳았다.

태후와 부부 사이가 된 노애는 태후가 누리던 모든 권력을 자신이 행사했다. 수천 명의 노비를 거느린 거대한 저택도 소유하게 되었으며, 엄청난 봉토와 봉작을 받아 장신후에 봉해지기까지 했다. 이 모든 것이 태후가 진왕을 압박한 결과였다.

7 시황제始皇帝는 은 전국시대를 종결시키고 중국 대륙을 통일하여 중앙 집권적 권력 구조를 만들어낸 최초의 황제다. 그가 황제에 오른 뒤에 모후의 정부였던 노애가 가짜로 환관 행세를 하며 권력을 장악했으나 그는 노애를 물리치고 나라를 안정시켰다. 하지만 그가 죽은 뒤에는 그의 환관이었던 조고가 권력을 장악하여 진황조를 몰락으로 몰아간다.

그쯤 되자, 그들은 또다른 욕심이 생겼다. 왕을 죽이고 자신들의 아들을 왕으로 세우려는 엄청난 음모를 꾸미게 된 것이다. 하지만 욕심이 과하면 화를 부르게 마련인지라 그들의 음모를 왕에게 고해바친 신하가 있었다.

"실은 노애는 환관이 아닙니다. 그는 남근을 그대로 달고 있으면서 수염과 눈썹을 뽑아 사람들의 눈을 속였을 뿐입니다. 심지어 태후와 관계하여 아들을 둘이나 낳았습니다. 설상가상으로 주군께서 승하하시면 자신의 아들을 왕으로 세우겠다고 벼르고 있다 하옵니다."

그 소리를 듣고 진왕 정이 관리를 동원하여 내막을 조사하자, 노애는 왕

8 하남성 대총두촌에 있는 여불위의 묘 – 여불위는 원래 장사꾼이었으나 스스로 세상을 파는 장사꾼이 되기로 결심하고 조나라에 볼모로 와 있던 진秦나라의 공자 자초를 후원하여 정치가로 성장했다. 또한 그는 재상으로 있으면서 어린 나이에 왕위에 오른 진시황을 도와 대륙을 통일시켰고, 수많은 학자들을 동원하여 『여씨춘추』를 만들어내기도 했다.

의 옥새와 태후의 인장을 위조하여 반란을 일으키고자 했다. 그러나 진왕이 선공을 가하여 노애의 군대를 무너뜨렸고, 노애는 달아났다. 진왕은 노애의 목에 현상금을 걸었고, 결국 노애는 생포되어 처참하게 죽었다.

진왕 정은 노애의 삼족을 모두 멸하고, 태후가 낳은 두 아들도 죽였다. 또한 노애의 가신과 노애의 측근들도 모두 처벌하고, 노애를 태후에게 붙여준 상국 여불위도 유배 조치하였다. 유배된 여불위는 죽음의 공포에 떨다가 결국 스스로 독주를 마시고 자살했다.

이 노애 사건 이후 궁중에서는 가짜 환관이 입궁하는 것을 방지하는 방도를 마련하게 했는데, 그것이 바로 험보다. 즉, 승진할 때마다 환관들은 자신의 양물을 환관의 우두머리에게 내놓고 자신이 확실히 환관임을 확인

시켰던 것이다.

어떤 환관들 중에는 음경을 잘라냈다 하더라도 다시 자라나는 경우도 있었다고 한다. 이 때문에 환관이 궁녀를 상대로 음행을 저지르다 적발되는 경우도 있었다. 또 권력을 가진 환관들 중에는 어떻게 해서든 자신의 음경을 복원시키려고 별별 수단을 다 동원하기도 했다. 하지만 어떤 영약을 먹어도 잘라낸 음경이 다시 살아난 경우는 없었다.

조선 태조 대에도 가짜 환관이 있어 죄를 물어 섬으로 쫓아냈다는 기록이 있다. 태조 대의 환관들은 고려 대에 거세한 자들인데, 그 중에는 음경만 잘라내고 음낭은 그대로 둔 경우가 많았다. 이 경우에는 수염도 그대로 붙어 있고, 때로는 음경이 다시 자라는 경우도 있었다. 아마 태조 대의 가짜 환관은 그런 자였던 모양이다.

六. 조선 왕들의 환관 정책 및 주요 환관

조선은 태조 대에 환관의 조직이 거의 완성되었지만, 환관에 대한 대우나 정책은 왕마다 조금씩 차이를 보이고 있다. 건국 초기의 환관은 제도 정비에 공헌한 덕에 비교적 후한 대접을 받았다. 그러나 성질 사나운 태종과 깐깐한 세종은 환관의 업무를 궁궐 내부의 잡무에 한정시켰고, 월권을 하거나 눈에 거슬리는 짓을 하면 강력하게 처벌하였다. 덕분에 세종시대를 거친 뒤로는 환관이 함부로 권력을 행사하는 일은 거의 사라졌다.

이후 세조가 단종을 내쫓고 왕위를 차지하면서 환관들은 대거 노비로 귀속되었고, 심지어 환관 제도 자체를 없애자는 주장까지 대두되는 실정이었다. 다행히 환관의 필요성을 절감한 세조가 노비로 있던 환관들을 다시 궁으로 불러들이면서 환관 혁파론은 누그러졌다. 세조는 자신의 혁명에 동참했던 환관들은 지나칠 정도로 극진히 대접했다. 공신으로 대우한 것은 물론이고 관례를 어기고 1품 벼슬을 내리기도 했다. 이 때문에 세조 대에는 오히려 환관의 권력이 강화되고 위상이 승격되는 현상이 일어났고, 그런 경향은 성종 대까지도 이어진다.

환관의 대우는 왕의 성향과 시대 상황에 따라 매우 달랐다. 연산군 같은 폭군은 자기에게 충성만 하면 벼슬을 높여 주거나 상을 내리곤 했지만 자기에게 조금이라도 반감을 보이면 가차없이 죽이거나 무서운 형벌을 가했다. 그 때문에 환관들은 늘 임금의 눈치를 살피며 살얼음판을 거닐어야만 했다.

선조나 인조처럼 외적의 침입을 받아 궁궐을 버리고 몽진을 떠나는 신세가 되었던 임금들은 마지막까지 자신을 보필한 유일한 존재가 환관이라며 신하들의 반대를 무릅쓰고 환관을 공신으로 대접하고 군의 칭호까지 내리기도 했다.

명종처럼 어릴 때 왕위에 올라 모후의 지독한 간섭에 시달린 인물은 비록 환관이 전횡을 일삼더라도 그것이 모후와 연관된 일이면 모르는 체하기 일쑤였다.

광해군처럼 서자로서 어렵사리 왕위에 올라 가급적 주변에 적을 만들지 않기를 원했던 왕은 환관이 비록 쓴소리를 하더라도 웃어 넘기거나 그냥 주의를 주는 것으로 벌을 대신하곤 했다.

전체적으로 보면 후대로 갈수록 왕들의 환관에 대한 입장은 다소 강경해지는 양상을 보이는데, 이는 당파 정치와 무관하지 않다. 조선은 선조 대에 붕당이 합법화되었고, 이후로 조정은 늘 치열한 당쟁을 지속했다. 당쟁의 양상은 후기로 갈수록 한층 격화되었고, 이 당쟁에 환관이 가담하기도 했다. 특히 경종과 영조의 세력 다툼이 한창 벌어지고 있을 때는 환관이 유력한 왕위 계승권자를 위협하거나 살해하려는 시도를 하기도 했다. 이 과정에서 환관은 정치적 희생자가 되었는데, 그것은 결과적으로 환관의 입지를 약화시키는 요인으로 작용했다.

환관의 입지는 순조 이후로 더욱 약화되었다. 외척들이 독재와 전횡을 일삼으면서 환관이 왕에게 영향력을 행사하지 못하도록 강력하게 단속했기 때문이다. 이런 양상은 고종 대까지 지속되었다. 설상가상으로 고종 대에는 외세의 침입으로 왕실의 힘이 극도로 약해져서 결과적으로 환관 제도 자체가 혁파되고 말았다. 환관의 존재 이유가 왕실을 유지하기 위함이었으니, 존재의 뿌리인 왕실의 붕괴는 필연적으로 환관의 소멸로 이어졌던 것이다.

조선의 환관 정책을 이렇게 대략적으로 요약했는데, 이것만으로는 조선 시대 전체의 환관 정책을 알기 힘들다. 좀더 구체적인 사실과 그에 관계된 주요 환관들을 언급하면서 조선 왕들의 환관 정책을 알아본다.

1. 태조에서 성종까지

환관의 지나친 권력을 묵과한 태조　태조가 조선을 건국했을 때 그와 함께 조선을 건국했던 많은 신료들은 환관을 멀리할 것을 주청했다. 태조 원년 7월 20일 사헌부에서 올린 상소문을 보면 신하들은 진나라의 조고, 한나라의 홍공과 석현, 당나라의 이보국, 구사량 등을 언급하며 환관이 준동하면 나라가 망한다고 역설하고 있다.

당시 활동하던 주요 환관은 김사행을 비롯하여 조순, 이득분, 이강달, 윤상, 이광, 한계보 등이었는데, 이들은 모두 고려 대에 환관이 된 자들이었다. 태조는 신하들의 반대에도 불구하고 이들에게 도성을 쌓고 궁궐 짓는 일을 감독하게 했다. 특히 김사행과 조순에게는 2품의 높은 벼슬을 내려 공신으로 대접했기에, 그들 환관들은 엄청난 권력을 행사했다. 조순은 자기와 친한 사람이 생원 시험에 떨어지자 청탁을 넣어 부정 합격시키려다 발각되기도 했다. 또 당시 판서 벼슬인 호조전서로부터 뇌물을 받아 챙기기도 했다. 태조는 이 사실을 알고도 그를 그저 고향에 안치하고 직첩을 회수하는 정도로 벌을 대신했다. 얼마 뒤에는 신하들의 극한 반대에도 불구하고 조순을 다시 궁궐로 불러들였다. 또 왕명을 출납하고 궁궐의 숙위와 궁궐을 함부로 출입한 죄인들을 신문하는 일도 모두 환관에게 맡겼다.

이런 탓에 태조 시절에는 환관의 힘이 막강하였다. 심지어는 대신들이 모여 환관에게 잔치를 열어주는 일도 있었다. 환관을 접대한 인물들은 정도전, 조준, 남은 등과 같은 쟁쟁한 혁명 공신들이었다. 이들은 조순에게 말을 선물로 바치기도 했다. 이들 혁명 공신들이 조순에게 말을 선물한 것은 명나라에 공물로 바쳐졌던 환관 신귀생이 조선에 사신으로 왔을 때 자신을 환대하는 잔치 자리에서 태조에게 칼부림을 하는 것을 조순이 말렸기 때문이다. 신귀생이 태조에게 칼부림을 한 것은 자신을 명나라에 공물로 바친 것에 대한 앙갚음 차원이었다. 태조는 명나라 사신 신분인 그에게 별다른 벌을 내릴 수 없었다. 과거 신귀생의 상관이었던 조순만이 신귀생을 달래 분을 참게 할 수 있었던 것이다.

조순에 이어 내시부사에 오른 이득분 또한 권세를 누린 인물이었다. 그는 신덕왕후 강씨의 신임을 얻고 있었는데, 태조는 신덕왕후의 병세가 위독하자 이득분의 집에서 치료하도록 하기도 했다. 사가에 왕비가 머물렀다는 것은 그만큼 그 집이 화려하고 거대했다는 것에 대한 방증이기도 하다. 결국, 신덕왕후 강씨는 이득분의 집에서 생을 마감했고, 왕후가 그곳에 누워 있는 동안 태조는 수차례 이득분의 집으로 거둥했다.

9 태조는 도량이 넓은 인물로 성품이 너그러워 자신의 주변 사람들을 편하게 대해줬다. 그런 탓에 태조 시절에는 환관들이 함부로 행동하고 권력을 부리며 뇌물을 받는 일이 잦았다. 하지만 환관의 제도적 정착에 몰두했던 그는 그런 일들은 모두 사소한 시행착오로 인식했다.

이렇듯 태조는 자신의 환관들에게 신뢰와 총애를 아끼지 않았다. 그러나 이방원이 세자 방석과 방번을 죽이는 '제1차 왕자의 난'을 일으키면서 환관들의 영화는 끝이 났다. 이방원은 태조가 가장 총애하던 환관인 김사행과 조순을 참형에 처해버렸던 것이다.

환관에겐 호랑이처럼 굴었던 태종　　왕자의 난으로 조정을 이방원이 장악하자, 태조는 왕위를 버리고 함흥으로 떠나버렸다. 이후 정종이 왕위에 올랐을 때, 조순 밑에 있던 이득분과 이강달은 유배 중이었다. 하지만 마땅히 부릴 만한 환관이 없던 정종은 그들을 용서하고 다시 불러들이려 했다. 이에 신하들은 이득분이 불사를 크게 일으켜 나라의 재정을 축냈다며 용서하지 말 것을 주청했고, 김사행과 조순처럼 참형에 처할 것을 요구하기까지 했다. 정종은 신하들이 그간 가만히 있다가 자신이 그들을 용서하자 그런 주청을 한다며 발끈 화를 냈다. 덕분에 이득분과 이강달은 목숨을 구할 수 있었다.

정종이 물러나고 태종이 왕위에 올랐을 때는, 이광이 내시부사에 올랐다. 그도 역시 태조의 환관으로 있던 자였으나 당시에는 직급이 낮아 큰 화를 당하지는 않았다. 태종은 태조나 정종에 비해 환관들을 매우 엄하게 다루었다.

태종의 태도에 결정적인 요인이 된 것은 '조사의의 난'이었다. 조사의는 신덕왕후의 혈족인 강현 등과 더불어 태조의 복위를 꾀했고 급기야 군대를 일으켰는데, 이때 환관 김완과 함승복이 가담했다. 김완은 당시 궁궐과 함흥을 오가며 태상왕 이성계를 문안하곤 하였다. 이 과정에서 김완은 태조가 조사의를 통해 복위를 꾀한다는 것을 알게 되었다. 그러나 태조의 환관이었던 그는 이 사실을 조정에 알리지 않았다. 또 함승복은 은밀히 조사의의 세력과 결탁하여 조사의가 군대를 이끌고 궁궐로 들어오면 내응하기로 했다가 후에 그 사실이 발각되어 처형되었다.

태종은 환관들을 매우 거칠게 다루었는데, 여기에는 몇 가지 이유가 있었다. 즉위 초기에 후궁을 지나치게 많이 두어서 원경왕후 민씨가 태종의 행동을 몹시 못마땅하게 여기고 있었다. 그런 상황에서 또 후궁을 더 들이자, 민씨는 자신의 상궁과 환관들을 시켜 새로 태종과 가까이 한 궁녀를 정비전으로 데려오게 한 후 상궁과 환관들로 하여금 힐문하게 했다. 나중에 그 사실을 안 태종이 흥분하여 정비전의 시녀와 환관 20여 명을 궁궐에서 내쫓아버렸다.

태종은 또 명나라의 환관들이 사신들과 함께 오는 것을 몹시 못마땅하게 생각했다. 환관이 사신으로 오면 왕이 직접 나가 환관 앞에 무릎을 꿇고 황제의 교지를 받들어야 했는데, 이것이 영 마음에 들지 않았던 것이다. 하지만 그들이 황제의 칙사인 만큼 잔치도 베풀고 함께 웃고 떠들어야 했으니, 그 속내가 좋을 리 없었다. 한번은 명나라 환관 황엄이 태평관 잔치 자리에서 태종에게 말을 함부로 하자, 태종은 화가 나서 자리를 박차고 일어나버린 일도 있었다. 이튿날 사신이 와서 황엄이 그런 태도를 보인 것은 태종이 성질이 고약하여 사신을 거만하게 대접했기 때문이라는 말을 하였다. 하지만 사신은 태종이 다시 화를 낼까봐 황제가 그런 말을 하는 황엄을 꾸짖었다는 말을 덧붙였다.

어쨌든 이런 일련의 사건들로 인해 태종은 환관들에 대해 점점 더 완강한 태도를 보였다. 태종은 원래부터 성질이 급하고 사나워 화가 나면 환관들을 쥐 잡듯 했는데, 총애를 받던 환관 노희봉조차 환관 일을 못하겠다며

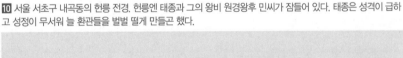

10 서울 서초구 내곡동의 헌릉 전경. 헌릉엔 태종과 그의 왕비 원경왕후 민씨가 잠들어 있다. 태종은 성격이 급하고 성정이 무서워 늘 환관들을 벌벌 떨게 만들곤 했다.

관모를 내팽개칠 정도였다.

태종은 환관의 작은 실수도 용납하지 않았다. 자신의 말을 토씨 하나라도 잘못 전달하면 가차없이 매질을 했고, 세자가 공부를 하지 않으면 세자 대신 동궁의 환관들을 끌고가 매를 쳤다. 전균 같은 환관은 물을 어정御井이 아닌 다른 우물에서 길어온 것을 보고하지 않았다고 하여 의금부에 갇히기도 했다. 화가 나면 물불을 안 가리고 환관들을 무섭게 몰아붙였기 때문에 대부분의 환관들은 태종이 화가 나면 옆에 가는 것조차 두려워할 정도였다.

태종의 그런 태도는 결과적으로 환관들의 전횡을 막는 데 크게 일조했다. 태조 시절에는 환관들이 함부로 권력을 행사하고 대신들과 한 자리에서 술을 마시는 일도 잦았지만, 태종 시절의 환관들은 몸을 사리기에 여념이 없었다.

깐깐한 원칙으로 환관을   태종의 까탈스런 성격 때문에 세종 대에는 환관
꼼짝 못하게 만든 세종   들이 말썽을 부리는 일이 거의 사라졌다. 더구
나 세종이 왕위에 올랐을 때는 늙은 환관들이 거의 모두 죽고, 엄자치, 전균, 송중 등의 젊은 환관들뿐이었다. 세종 즉위 초에는 태종의 환관 노희봉이 있었으나 이내 죽었다. 그 때문에 궁궐 일을 잘 알지 못하는 젊은 환관들만 부려야 했다. 세종 중기의 엄자치, 말기의 김득상 정도가 승전색으로 있으면서 세종의 신임을 얻었는데, 그들 역시 함부로 권세를 부리는 일은 없었다.

세종의 환관에 대한 대우는 태종보다 한층 더 깐깐했다. 환관에게 과전을 지급할 때는 임금의 특지가 내린 것 외에는 주지 말라고 했고, 환관의 과전이 같은 급의 조정 관료보다 많지 않게 했다. 그 이전에는 대개 환관

들이 조정 관료들보다 많은 과전을 받았는데, 세종은 그 점을 못마땅하게 여긴 것이다.

당시 조신들은 대전환관인 승전색을 은밀히 집으로 초청하여 술을 대접하곤 했다. 세종은 이 일도 매우 못마땅하게 생각했다. 심지어 당시 도승지였던 조서도 승전색이었던 이촌에게 뇌물성 술을 사곤 했다. 거기다 공공연히 이촌의 과전을 올려줄 것을 상언하기도 했다. 세종은 조신들이 승전색에게 주는 술이나 승전색의 과전을 높여 달라는 청을 모두 뇌물로 인식하고 엄하게 질책했다.

환관들은 대궐에서 쓰는 물품을 빼내는 일도 잦았는데, 세종은 이것을 추호도 용납하지 않았다. 물품을 빼내다가 걸린 환관에 대해서는 지위에 관계없이 중형으로 다스렸다. 심지어는 사형을 시킨 경우도 있었다. 이전 왕들이 환관들에게 온정을 베푼 것과는 매우 대조적이었다. 환관들을 무섭게 다루기로 유명했던 태종도 환관의 잘못에 대해서는 형률을 곧이곧대로 적용하지 않았는데, 세종은 일체 예외가 없었다. 원칙주의자였던 세종은 상벌이 분명하고 잘잘못을 정확하게 가리는 성격이었기에 범법 행위에 대해서는 용서하지 않았다. 다만 세종은 태종처럼 함부로 환관을 때리거나 환관들에게 화풀이를 하지는 않았다.

세종은 환관들을 지방에 자주 출장을 보냈다. 그것도 환관 중에 믿을 만하고 깨끗한 인물만 골라 보냈다. 그들이 심부름으로 가야 할 곳은 육진이나 사군을 개척하던 최전방 오지거나 금이나 수정 같은 진기한 광물을 캐내는 탄광이었다. 이런 오지에 가장 많이 다녀온 인물이 엄자치였다. 엄자치는 세종의 심부름으로 육진을 개척하던 김종서나 사군을 개척하던 최윤덕에게 누차 다녀왔고, 배를 타고 춘천으로 가서 동해에서 조달한 해산물을 싣고 오기도 했다.

세종은 그에게 밀지를 주거나 말로써 어명을 전달토록 하는 소임을 안

졌다. 김종서나 최윤덕의 보고 또한 편지나 말을 통해서 세종에게 전달되었다. 세종이 이런 일을 굳이 최측근인 환관에게 시킨 것은 비밀을 유지하기 위해서였다. 북방 정책이 밖으로 새나가면 그곳에 사는 야인들이 불안해할 것이고, 그것은 자칫 여진족과 조선군 간의 치열한 영토 싸움으로 비화될 수 있었기 때문이다. 세종은 그런 사태를 막기 위하여 가장 신임하던 환관을 보냈던 것이다.

세종 시절에도 고려 때처럼 중국의 요구에 따라 환관을 바쳤는데, 세종은 명나라에 근무하는 환관을 적절히 이용할 줄도 알았다. 원래 조선의 사신과 명나라에 가 있던 환관은 사사로이 대화를 할 수 없게 되어 있었지만, 예외의 경우가 있었다. 명나라에 가 있는 환관의 부모가 죽었을 때는 친상을 알리고 환관을 본국으로 소환해 올 수 있었다. 세종은 이런 상황을 이용하여 환관으로부터 요동 지역의 상황을 세세하게 알아내곤 했다.

세종도 태종처럼 환관이 사신으로 오는 것을 매우 못마땅하게 생각했다. 명나라에서 봉명 사신으로 환관을 보내 오자, 세종은 이렇게 한탄했다.

"예로부터 천하 국가의 어지러움이 환시로 말미암았는데, 봉명 사신으로 오는 자가 모두 이런 무리들이니 중국의 정사도 알 만하다."

비록 명나라가 대국이긴 하지만 환관을 사신으로 보내는 것으로 봐서 조정의 꼴이 형편없을 것이라며 혀를 차는 내용이었다.

혁명을 도운 측근 환관만
총애했던 세조

문종, 단종
조를 대표

하는 환관은 세종 조에서 성장한 엄자
치와 전균이었다. 엄자치를 매우 신임
하던 문종은 그에게 군기감을 내사하
게 했고 부정부패를 밝혀내 치죄하게
하기도 했다. 단종 역시 엄자치와 전균
을 매우 신뢰하여 엄자치를 영성군에,
전균을 강천군에 봉군하였다. 또 2품
이상의 고위 벼슬을 내려 공신으로 대
우했다. 당시 어린 단종으로서는 가장
믿을 만한 신하가 엄자치밖에 없었던
탓이었다. 엄자치는 세종의 후궁 혜빈
양씨, 안평대군, 김종서와 황보인 등의

12 세조는 왕위를 찬탈한 까닭에 의심이 많아 주로
측근들만으로 정치를 했다. 따라서 세조 시절엔 자신
의 거사에 도움준 환관만 우대하고 나머지는 찬밥 신
세로 전락시켰다.

고명 대신과 손잡고 단종의 왕위를 지키려고 애썼다. 이 때문에 왕위를 노
리고 있던 세조 세력과는 대립할 수밖에 없었다.

세조가 권력을 잡은 뒤에 가장 먼저 취한 조치가 정적을 제거하는 것이
었는데, 엄자치도 여기에 포함되었다. 하지만 엄자치는 단종이 신임하던
환관이었기에 함부로 죽이지는 못했다. 당시 세조의 측근들은 연일 엄자
치를 극형으로 다스려야 한다는 상소를 올렸으나 단종은 끝내 받아들이지
않고 관노로 삼으라는 명을 내렸다. 결국, 엄자치는 단종의 배려로 제주
관노로 가게 되는데, 제주로 가는 도상에서 죽는 바람에 참형은 면할 수
있었다. 만약 엄자치가 살아 있었더라면 필시 세조는 왕위에 오른 뒤에 죽
였을 것이다. 실제로 단종이 왕위에 있는 중에도 세조의 측근이었던 대사
헌 최항은 엄자치가 죽은 줄도 모르고 참형에 처할 것을 청했을 정도였다.

단종의 측근 환관이었던 전균은 엄자치와 다른 길을 걸었다. 그는 일찌감치 대세를 파악하고 세조 편에 가담하였다. 덕분에 세조가 권력을 잡아 영의정에 오른 직후 그는 정난공신에 올랐다. 물론 판내시부사 자리도 그의 몫이었다. 섬기던 임금을 배반하고 힘을 좇았던 전균 같은 무리에 대해서 세조는 극진한 대접을 아끼지 않았던 것이다. 그러나 조금이라도 단종과 가까운 환관들은 모조리 관노로 만들어 지방으로 보내버렸다. 세조의 정치는 철저한 측근 정치였는데, 환관 정책 역시 그런 차원에서 이루어졌다.

전균 외에도 세조 시절을 대표하는 환관으로 홍득경, 이전기, 길귀생, 윤득부가 있다. 이들 역시 전균과 마찬가지로 섬기던 임금을 버리고 세조 편에 섰다. 그들은 세조가 거사에 성공한 후에 김종서 편에 섰던 신하들의 집을 하사받고 동지내시부사, 첨내시부사, 좌승직, 우승직 등 내시부의 요직을 모두 차지했다. 윤득부는 특히 매를 잘 다룬 덕분에 세조가 매우 아꼈다.

세조가 왕위에 올랐을 때 함께 혁명에 가담한 신하들의 상당수가 환관 제도 자체를 없애야 한다고 주장했지만, 세조는 받아들이지 않았다. 오히려 지방에 관노로 보냈던 환관들을 다시 궁으로 불러들였다. 막상 임금이 되고 나니, 환관의 필요성을 절감하지 않을 수 없었다. 마지막까지 임금을 지키고 보호해줄 유일한 존재가 환관뿐이라는 것을 그도 깨달은 것이다.

하지만 세조는 관노로 보냈던 환관들을 주위에 두지 않았다. 자신의 혁명을 도왔던 환관들만 총애하였고, 그 중 대표자라고 할 수 있는 전균의 경우 공신으로 삼은 것은 물론이고 군의 칭호까지 내렸다. 단종 대에 엄자치와 전균에 대해 군의 칭호를 내린 것을 세조 자신이 측근들을 내세워 비난해 놓고, 자신 또한 환관에게 군의 칭호를 내렸으니 자기 모순이 아닐 수 없었다. 거기다 세조는 전균을 종1품의 벼슬에 올려놓아 문신들의 빈축을 샀다. 세조는 자기와 뜻을 함께 했던 환관에게는 온갖 상과 재물, 권력을 내렸지만, 그렇지 않았던 환관들은 철저히 밟았던 것이다.

환관의 위상을 지나치게 격상시킨 성종

세조 대에 권세를 누렸던 환관들은 예종 대에도 한껏 영화를 누렸다. 불과 1년 남짓한 예종의 재위 기간 동안 무려 7명의 환관이 군의 칭호를 얻었다. 단종 조에 엄자치와 전균이 봉군되었다가 취소된 이래 세조가 전균을 다시 봉군한 것이 전조에서 유일하게 환관에게 내린 군호였다. 전균을 봉군한 세조의 전례 때문에 예종 조에는 무려 7명이 봉군되는 결과가 나타나게 된 것이다.

성종 대를 대표하는 환관은 신운이었다. 신운 역시 세조의 혁명에 가담하여 공신에 오른 환관으로, 세조 초기에는 좌승직에 올랐다가 성종 대에 와서는 숭정대부에 오르고 흥양군에 봉군되었다. 숭정대부는 숭록대부와 함께 종1품 벼슬이다. 원래 환관은 비록 원종공신이라 해도 정3품 당하관인 통훈대부까지만 오를 수 있었고, 임금의 특별 명령이 있더라도 종2품까지로 한정되는 것이 관례였다. 그러나 성종은 이를 어기고 신운을 종1품 벼슬에 올린 것이다. 이는 모두 세조가 전균을 종1품에 올린 전례로 인한 것이었다.

이때 성종이 신운에게 종1품 벼슬을 내린 까닭은 세조의 왕비 정희왕후의 국상 중에 고생을 많이 했다는 것이었는데, 이에 대해 문신들은 극렬하게 반대했다. 종1품은 재상에 해당하는 벼슬인데, 어떻게 환관에게 재상 벼슬을 내릴 수 있느냐는 것이었다. 더구나 환관이 의당 해야 할 일을 했을 뿐인데, 그에 대한 상으로 종1품 벼슬을 하사하는 것은 지나친 처사라는 주장이었다. 그 때문에 신운에게 내린 벼슬을 거둬달라는 상소가 연일 이어졌지만 성종은 끝내 받아들이지 않았다. 왕의 뜻이 확고하다는 판단을 내린 대간도 이 문제를 어물쩍 넘겼고, 당시 사관은 이에 대해 대간을 강력하게 질타하며 장래의 폐단을 염려하였다.

하지만 성종은 문관들의 그런 지적을 대수롭지 않게 여겼다. 성종이 환관 신운의 조카 신계종을 문반인 내자시 판관으로 삼자, 당시 대사간이었던 안관후는 그것의 부당함을 간곡하게 아뢰었다. 신운이 높은 환관인데,

조카마저 문반의 높은 벼슬에 오른다면 차후로 권좌를 좌우할 수 있다고 염려했던 것이다. 그러나 성종은 오히려 안관후를 나무라며 건의를 받아들이지 않았다. 대개 환관 집안 출신은 무반에는 오를 수 있어도 문반에는 오를 수 없었다. 그들에게는 무반의 높은 벼슬도 주지 않았고, 또 문반 벼슬은 주지 않는 것이 상례였는데, 이를 어긴 것이다. 성종이 이런 관례를 어긴 것은 이 일뿐 아니었다. 대전 환관이었던 안중경의 동생 안중좌가 과거에 합격하자 문반 벼슬을 내렸던 것이다. 이에 대해 대사헌 채수가 차자를 올려 반대하자, 성종은 이렇게 말했다.

"내 아이를 안중경의 집에서 길렀고, 그때 나는 아이를 조심해서 길러 탈이 없으면 벼슬을 제수하겠다고 약속했다. 그런데 지금 안중경의 품계가 높아 더 이상 높은 벼슬을 줄 수 없기에 동생 안중좌에게 벼슬을 제수하도록 특지한 것이다. 그러니 다시는 논하지 말라."

성종은 이렇듯 주변의 환관들에게 매우 후했다. 성종 당시에 환관들 중에서 2품 이상의 벼슬을 받은 자들이 여러 명이었다. 문신들이 환관들을 지나치게 대우하지 말 것을 주청하면 성종은 심하게 화를 내며 다시는 말을 꺼내지 못하게 했다.

성종이 이토록 환관들에 대해 후한 대접을 한 것은 그가 어린 나이에 왕위에 올라 환관의 도움을 많이 받았기 때문이다. 13세의 어린 나이에 왕위에 오른 그에게 궁궐의 예법을 가르친 것도 환관이었고, 수렴청정을 하던 할머니 정희대비와 그를 연결시켜준 것도 환관이었다. 또 정희대비가 죽은 뒤에 어머니 인수대비의 뜻을 대전에 전달해주는 역할 역시 환관이 맡았다. 그렇다 보니, 정희대비나 인수대비는 환관에게 높은 벼슬을 내려주길 원했고, 성종 또한 어머니와 할머니의 청을 받아들이지 않을 수 없었던 것이다. 어쨌든 그런 탓에 성종 대에는 환관의 위상이 전례 없이 격상되는 결과를 낳았다.

2. 연산군에서 현종까지

오직 복종만을
강요했던 연산군

연산군 시대의 환관들은 처신하기가 매우 곤란했다. 연산군의 성격이 워낙 불같은 데다 무오사화, 갑자사화 등 엄청난 정치 사건들이 연달아 일어났고, 연산군의 학정 또한 계속되었기 때문이다.

연산군은 성격이 매우 독선적이라 자기에게 반항하는 자는 절대 살려두는 법이 없었고, 조금이라도 비위에 거슬리는 행동을 하면 가차없이 벌을 주었다. 반면에 자신에게 충성하고 반론을 제기하는 일 없이 시키는 일에만 충실한 자에게는 잘 대해주는 편이었다. 하지만 잘 대해주다가도 마음이 변하면 가차없이 매를 치는 무서운 면모를 보였다.

연산군 시대의 대표적인 환관으로는 김처선과 김자원을 비롯하여 설맹손, 박경례, 서수진, 김중산 등을 들 수 있다. 이들의 삶은 당시의 정치적 소용돌이 못지않게 부침이 심했다. 특히 김처선과 김자원의 삶은 극명하게 갈렸다. 김처선은 연산군이 사화를 일으켜 살육을 일삼자, 살육을 그만하라고 충언하다가 처참한 죽음을 당했다. 그러나 김자원은 무오사화와 갑자사화에 모두 공을 세웠다고 하여 공신에 올랐다. 물론 김자원도 항상 사랑만 받은 것은 아니었다. 명을 제대로 수행하지 않았다 하여 태장을 맞은 것만도 수백 대였고, 부름을 받고 빨리 오지 않는다고 하여 벌은 받은 것도 여러 번이었다. 김자원은 성종 조에도 거만한 태도로 인해 여러 차례 벌을 받은 적이 있었는데, 연산군은 김자원이 조금이라도 거만한 태도를 보이면 용서하지 않았던 것이다. 설맹손이나 박경례, 서수진 등도 김자원의 경우와 크게 다르지 않았다. 연산군이 한밤중에 사냥을 한다고 하자 대간들이 불가함을 상소한 일이 있었는데, 이때 은근히 그 뜻에 동조한 설맹손, 박경례, 서수진 등은 매를 맞고 지방으로 쫓겨가 관노 신세가 되었다.

13 서울 도봉구 방학동에 있는 연산군의 묘. 연산군은 독선적인 성격이었기에 자신에게 충성하는 자는 극진하게 대접하고 반항하는 자는 가차없이 죽였다. 그런 까닭에 연산군 시절의 환관들은 늘 죽음의 공포에 시달려야 했다.

또 김중산 같은 경우는 연산군이 활을 쏘라고 명했는데, 활을 쏘지 않았다는 이유로 태장의 벌을 받기도 했다.

연산군은 환관들의 이름을 중국의 예에 따라 모두 외자로 바꿔야 한다고 생각했다. 그래서 김자원은 김신, 설맹손은 설충, 박경례는 박서, 황언손은 황양, 김영진은 김인, 서수진은 서온으로 개명했다.

이렇듯 연산군은 한번 마음먹은 것은 옳고 그름을 떠나 무슨 방법을 써서라도 반드시 행동으로 옮기는 성격이었기에 옆에서 시중 드는 환관들의 입장은 늘 곤란하였다. 연산군이 전국에서 미녀들을 뽑아들여 흥청망청 놀아날 때는 미녀들을 구하기 위해 전국으로 다녀야 했고, 피바람을 일으키며 살육 행진을 할 때는 그 일을 도와야만 했다. 그야말로 연산군 대의 환관들은 임금이 시키는 대로 해야만 살아남을 수 있었던 것이다.

환관을 인간적으로　　반정으로 왕위에 오른 중종은 비교적 환관들에게 너
대우했던 중종　　그러운 편이었다. 이 때문에 내관들이 행동을 함부로
하는 일도 잦았다. 특히 내관들은 자주 휴가를 내서 고향에 다녀왔는데,
그때마다 말을 타고 고향 마을을 돌아다녀 헌부의 탄핵을 받기도 했다. 하
지만 중종은 내관에 대한 탄핵은 거의 받아들이지 않았다. 심지어 궁궐의
물건을 팔아먹은 내관에 대해서도 작은 벌로 다스린 후 다시 임용한 일도
여러 차례 있었다.

중종 대의 대표적인 환관으로는 임세무, 김연손, 이숙춘 등을 들 수 있
다. 임세무는 중종 18년에 장 100대에 해당하는 중죄를 저질렀으나 중종은
죄를 감싸주었다. 이 때문에 여러 차례 헌부에서 상소를 올렸으나 중종은
받아들이지 않았다. 이숙춘은 기생을 말에 태우고 고향 마을을 돌아다니
는 죄를 저질렀으나 역시 벌주지 않았고, 김연손은 어명을 잘못 전달하는
큰 죄를 저질렀으나 그 내막을 캐는 것으로 사건을 종결하기도 했다.

경빈 박씨가 세자를 모해한 일로 유배되었을 때 대간에서 환관 최침, 조
익, 장승선 등이 은밀히 경빈과 손잡고 동궁에 불경한 죄가 있다며 궁중에서
내쫓아야 한다고 여러 차례 상소했지만 중종은 끝까지 받아들이지 않았다.
중종은 그들이 그저 환관의 직분에 충실했다고 판단하고 있었던 것이다.

중종은 환관들에게 매우 인간적인 편이었다. 아픈 데가 있으면 굳이 의
원을 부르지 않고 환관의 의견을 묻는 일이 많았고, 종기가 났을 때는 대
전 환관에게 직접 환부를 보여주며 고름이 얼마나 잡혔는지 묻기도 했다.
환관이 자신의 사사로운 물음에 대해 제대로 대답하지 못해도 화내거나
탓하는 일이 없었다.

**환관의 발호를
묵과했던 명종**   중종이 죽고 8개월의 짧은 치세를 남기고 죽은 인종에 이어 어린 명종이 들어서자, 환관의 입지는 종전보다 훨씬 강화되었다. 왕이 어린 까닭에 문정대비가 섭정을 하였고, 이는 곧 환관들의 입김을 강화시키는 결과를 초래했다. 왕이 어릴수록 환관의 운신 폭은 넓어졌고, 권세를 부릴 가능성도 높아졌다.

명종 대를 대표하는 환관인 박한종은 이런 역학 관계를 적절히 이용하여 엄청난 권세와 부귀를 손에 쥐고 조정을 쥐락펴락한 인물이었다. 그는 문정대비의 충복으로 일하면서 윤원형과 문정대비의 중개자 역할을 하였고, 정난정과 함께 보우를 끌어들여 유림과 대결하기도 했다. 조정 대신들로부터 뇌물을 받아 재물을 축적하는 것이 지나쳐 나라를 무너뜨리는 삼대 원흉으로 지목될 정도였다. 그럼에도 박한종은 죽은 뒤에 1품 공신이 된 희대의 환관 재상이라 할 수 있다.

박한종 외에도 명종 대에는 권세를 누린 환관들이 많았다. 박한종의 양자 박세겸을 비롯하여 문계종, 최한형 등이 그들이다. 박세겸은 양부의 권세를 믿고 공공연히 뇌물을 받곤 했는데, 함경도 덕원 땅에 내려가 어명을 핑계로 역마를 타고 돌아다니며 뇌물을 거두기도 했다.

문계종과 최한형은 대전 환관으로서 명종과 문정대비의 연결고리 역할을 했는데, 그들도 박한종과 결탁하여 숱한 뇌물을 받고 권세를 부린 대표적인 환관이었다. 그들은 왕명을 위조하기도 했고, 어린 왕을 회유하여 엉뚱한 왕명을 내리게 하기도 했다.

명종 대에 이렇듯 환관들의 발호가 심했던 것은 모두 문정대비의 지나친 권력욕 때문이었다. 문정대비는 명종이 친정을 한 뒤에도 계속해서 정치적 영향력을 행사했고, 그 과정에서 환관들을 심부름꾼으로 이용했다. 이에 따라 자연스럽게 환관의 힘이 커졌고 환관이 조정을 좌지우지할 정도로까지 성장했던 것이다. 명종은 지나치게 모후에게 의존하여 환관을 제대로 다스리지 못했고, 박한종 같은 환관을 지나치게 우대하여 당시 선비들의 빈축을 사기도 했다.

많은 환관을 공신으로 삼은 선조와 광해군

선조는 방계로서는 최초로 왕위에 오른 임금이었기에 궁중 생활을 잘 몰랐고, 그 때문에 환관에게 관대할 수밖에 없었다. 선조 대에는 정여립 사건이 일어나 조정이 몹시 혼란스러웠고, 설상가상으로 조일전쟁(임진왜란)이 발발하여 왕이 의주로 몽진을 가는 신세가 되었다. 그런 상황에서 끝까지 곁에 남아 있던 존재는 환관뿐이었기에 선조는 자신을 지켜준 환관에 대해 각별한 마음을 가질 수밖에 없었다. 이는 환관들을 매우 후대하는 원인이 되었다.

선조 대의 주요 환관으로 이봉정, 방준호, 김양보, 김기문, 김봉, 민희건 등을 들 수 있다. 이들 중에는 전쟁 중에 왕을 호종한 공으로 작위를 받고 공신 목록에 오른 인물도 있었다.

이봉정은 선조가 도성을 버리고 의주로 쫓겨가면서 왜군을 어떻게 막을지 고민하자 명나라 황제에게 상주하여 원병을 청하는 것이 어떠냐는 의견을 내놓았다. 선조는 그 말을 듣고 비변사에서 이 문제를 의논하라고 했고, 결국 채택되어 명나라 군대를 청하게 되었다. 이 사실은 선조가 이봉정을 공신에 녹훈했을 때 신하들이 반발하자 이봉정의 공을 드러내기 위해 밝힌 내용이었다. 하지만 당시 문신들은 왕이 중대한 국사를 신하들과 상의하지 않고 내시와 상의했다고 비판하였다. 만약 전쟁과 같은 비상 상황이 아니었다면 이봉정은 내시가 국사에 관여한 죄로 큰 벌을 받았을 것이다. 그러나 상황이 상황이었던 만큼 그것은 죄가 아닌 공이 될 수 있었다.

방준호는 왜란으로 종묘가 모두 불 탄 가운데 선조가 한양으로 돌아왔을 때 종묘와 사직의 신주를 모시는 일에 자신의 집을 제공하였고, 김양보는 정여립 사건이 일어났을 때 선전관과 함께 정여립 일당을 토벌하는 데 참여했으며, 임금의 몽진을 보필하여 호성공신 3등에 오르기도 했다. 김기문은 왜란 중에 세자 광해군에게 다녀오다가 이몽학이 반란을 일으켰다는 소식을 듣고 첩보로 알린 덕에 벼슬이 올랐고, 김봉, 민희건 등도 비슷한 명목으로 벼슬이 높아지고 공신에 올랐다. 이들 외에도 안언봉, 박충경, 임우, 김응창 등 공신이 된 내관이 10여 명 더 있다.

이렇듯 선조 대에는 임진왜란이라는 특별한 사건으로 인해 많은 내관들이 공신 목록에 올랐으며 환관들은 후한 대접을 받았다. 선조는 대신들이 듣는 자리에서 공공연히 왜란 중에 끝까지 자신을 지킨 사람은 환관밖에 없었다며 신하들을 질책하기도 했다.

광해군도 선조 대에 공신에 오른 환관들을 우대했다. 광해군 역시 왜란 중에 환관들의 도움을 많이 받았기 때문이다. 광해군은 왕위에 오르자 곧 이들 내관들의 벼슬을 올려줬는데, 문신들은 대거 반발하며 올린 벼슬을 다시 환수하라고 주장했다. 하지만 광해군은 끝내 벼슬을 환수하지 않았다.

이렇게 왕이 환관들을 노골적으로 두둔하다 보니, 환관들의 태도가 매우 거만해지는 문제가 생기기도 했다. 환관이 왕의 시급한 명을 제때 이행하지 않아 광해군이 단단히 마음을 먹고 그들을 벌주기도 했다. 그러나 환관들의 나태한 태도는 쉽게 변하지 않았다. 방준호 같은 늙은 환관은 왕의 국정 처리 태도에 대해 빈정거리기도 했는데, 광해군은 그냥 웃어 넘겼을 뿐 크게 질책하지 않았다.

광해군 대에는 나이 많은 내관들이 물러나거나 죽어서 대전에서 일할 승전색이 모자라는 지경에 이르기도 했다. 대전의 일을 원만하게 하기 위하여 광해군은 초상 중에 있던 한신, 최대청, 최봉천, 김인 같은 환관들을 불러들이기도 했다.

계속된 전란에 지쳐   인조반정으로 광해군이 내쫓기면서 환관들의 처지
자포자기한 인조   는 크게 변했다. 광해군 대에 공신에 오른 내관이나
벼슬이 높아진 내관들은 대부분 강등되거나 공신 목록에서 삭제되었다.
반대로 광해군 대에 역모와 관련하여 유배되거나 쫓겨났던 환관들은 벼슬
을 다시 받고 궁궐로 돌아와 공신에 오르기도 했다.

　황대익은 능창군 사건 때 이미 죽은 능창군의 옷을 벗기는 등 인조 집안
인물에 대해 가혹한 짓을 했다는 이유로 반정 이후 가장 먼저 철퇴를 맞은
환관이었다. 오대방은 칠서의 난과 관련하여 혐의를 받고 유배되었던 인
물인데, 인조반정 이후 풀려나 궁으로 복귀했다. 이후 오대방은 월권을 행
사할 수 있을 정도로 환관으로서는 지나친 권력을 누리게 되었다.

　인조는 왕위에 오른 직후에 이괄의 난을 맞아 공주로 몽진을 가야 했다.
이때 환관 최언순은 왕을 끝까지 호종했다 하여 종1품 벼슬을 받고 공신에
올랐다.

　이후 인조는 정묘호란과 병자호란을 겪으면서 또다시 도성을 버리고 몸
을 피해야 하는 사태를 당했고, 결국 청나라에 항복하는 수모를 겪었다.
이런 일련의 난국은 환관들에게도 큰 영향을 끼쳤다.

　임진왜란처럼 승리한 전쟁에서는 환관들이 왕을 호종한 공을 높게 평가
받았지만, 인조의 치욕적인 항복으로 끝난 병자호란에서는 환관들도 고생
의 대가를 받지 못했다. 오히려 청나라 사신들에게 불려가 곤욕을 치러야
했다. 그런 상황에서 한여기 같은 환관은 심양에서 장군 임경업과 은밀히
내통하여 무언가 새로운 일을 도모하려다 발각되어 내쫓기기도 했고, 백
대규 같은 환관은 임금에게 올리는 상소에 사사로운 상소를 끼어 넣은 죄
로 궁궐에서 내쫓기기도 했다. 대전 환관 서후행은 승지와 술을 먹고 궁궐
안에서 비틀거리고 다니기도 했으며, 인조의 후궁 조씨와 결탁하여 소현
세자와 세자빈을 모함하는 환관도 있었다. 인조가 청에 항복한 뒤로 환관

들의 기강이 크게 해이해졌고, 궁궐도 어수선해졌기 때문이다.

환관의 기강이 무질서하게 된 것은 청나라 사신들 탓도 있었다. 그들은 인조와 왕실에 대한 궁금한 일들을 환관에게 묻곤 했다. 이 때문에 환관과 청나라 사신의 관계가 가까워졌고, 왕이나 신하들은 환관을 통해 청나라 사신에 대한 정보를 캐내야 했다. 이런 까닭에 환관들의 입지는 기형적으로 강화되었고, 그것은 환관들이 우쭐거리고 다니는 원인이 되었다. 하지만 인조는 그들을 제어하거나 질책하지 않고 방관으로 일관했다. 그는 이미 여러 번의 전란과 삼전도의 치욕을 겪은 후유증으로 자포자기 상태에 있었던 것이다.

환관의 기강을 다잡은 효종과 지나치게 너그러웠던 현종　효종은 왕위에 오르면서 해이해진 환관의 기강을 다잡기 시작했다. 효종 즉위기에 환관의 우두머리 격이었던 나업은 인평대군이 연경으로 떠나던 날 교만하게도 버젓이 가교를 타고 나와 환송했다. 효종은 이 소식을 듣고 환관들의 거만한 태도를 더 이상 묵과하지 않겠다며 나업을 잡아다 치죄할 것을 명했다.

환관들 중에는 부마나 왕자들의 집에서 일하는 차지내관들도 있었다. 이들은 왕실 혈족들의 연줄을 이용해 불법적인 권력을 행사하거나 월권을 행하는 일이 잦았다. 효종은 이런 일에 대해서도 일체 용납하지 않았다. 사헌부에서 환관의 월권 행위나 불법 행위에 대한 보고가 올라오면 가차 없이 치죄하여 형벌로 다스리도록 했다. 내관들은 상의원에서 일하는 사람들을 압박하여 사사로이 일을 시키거나 이익을 챙기는 일이 잦았는데, 이런 일도 물색하여 벌을 주도록 조치했다. 그러나 효종의 강력한 대처에도 불구하고 환관들의 태도는 쉽게 변하지 않았다.

효종이 죽고 현종이 왕위에 오르자, 다시 환관들은 슬슬 눈치를 보며 불법을 저질렀다. 효종의 능을 마련하는 일을 하면서도 물품을 빼돌리는 등 사익을 취하다가 발각되어 형벌을 받은 환관도 있었다.

하지만 현종은 환관들에게 매우 너그러운 편이었다. 관원들 중에서 내관과 언쟁을 하다가 궁중으로 끌려들어가 곤장을 맞는 사태가 일어나도 눈감아 줄 정도였다. 현종의 이런 처사에 대하여 사관들은 왕이 노골적으로 내관 편만 든다는 비판적인 기록을 남기고 있다.

왕의 비호가 이렇듯 강력했으므로 내관들의 오만함은 극에 달했고, 재상들은 나서서 내관들을 제어해줄 것을 요청하였다.

특히 방자하고 건방진 환관으로 찍힌 인물 윤완은 현종 초기부터 신하들로부터 끊임없이 탄핵을 받았다. 그는 공조참판과 사이가 좋지 않아 공조의 관리를 붙잡아와 매를 쳐서 옥에 갇히기도 했다. 그러나 현종은 이내 그를 풀어줬다. 이후 윤완은 한층 오만방자한 태도를 보였고, 그런 그의 행동은 현종 말기까지 지속되었다. 문신들과 윤완은 누차에 걸쳐 계속 충돌하였다. 계속된 충돌 끝에 윤완은 산릉을 조성하는 과정에서 감독을 제대로 하지 못한다 하여 탄핵되었고, 급기야 벼슬에서 내쫓겼다. 현종은 윤완에 대한 미련을 버리지 못하고 다시 벼슬을 내렸으나 대신들의 강한 반대에 부딪쳐 벼슬을 거두어야 했다.

3. 숙종에서 순종까지

환국 정치로 환관의   환관에 대해 지나치게 관대했던 현종의 영향으로
힘을 키워준 숙종   숙종 즉위 초의 환관들은 매우 오만한 태도를 보였
다. 더구나 숙종이 14세의 어린 나이로 왕위에 올랐기에 환관의 영향력은 점점 커지고 있었다.

당시 주요 환관으로는 조희맹과 이순수, 육후립, 김현 등이 있었다. 이들은 서로 무리를 이루어 세력을 형성하기도 했다. 이들은 숙종이 머무는 양지당에 기녀들을 끌어들여 거문고를 뜯고 노래를 부르게 하기도 했다. 사헌부에서 이를 탄핵하여 오십여 차례에 걸쳐 조희맹과 육후립, 이순수 등을 벌줄 것을 청했지만, 숙종은 받아들이지 않았다. 당시 어린 숙종으로서는 자기를 지켜주고 여러 일들에 대해 조언하는 환관들을 내칠 수 없었던 것이다. 환관들의 횡포와 폐단은 숙종 재위 4년에 이르러서도 그대로 이어진다. 환관 육후립은 공주가 평산의 온천에 행차하는 것을 빙자하여 그곳 백성들에게 엄청난 재물을 거둬들였다. 이 일로 대신들까지 나서서 육후립을 벌줄 것을 상소했으나 숙종은 그런 사실을 믿지 않으려 했다.

숙종의 환관에 대한 태도는 재위 6년(1680)의 경신환국을 기점으로 조금 변하였다. 경신환국 당시에 환관 조희맹, 육후립, 정태주 등이 남인과 손잡고 소위 삼복 형제인 복창, 복선, 복평과 친하게 지냈다. 이들 삼형제가 허적의 서자 허견과 함께 난을 도모하다 발각되어 역모죄에 몰리자, 그들 환관들은 모두 유배되었다.

이 사건 이후로 숙종은 환관들을 엄하게 대했다. 그러나 환관의 횡포와 불법은 쉽게 사그라들지 않았다. 숙종 14년에는 내관 김현이 궁중의 물품을 마음대로 빼내 팔아치우기도 했는데, 숙종은 그를 귀양보내는 것으로 문제를 매듭지었다.

숙종 26년에는 내관 이동설, 신우석, 김준완, 박중경 등이 궁녀의 방자(房子 : 궁녀를 시중드는 식모)들인 자근열, 월금, 순금, 영업 등과 서로 친분 관계를 맺고 정기적으로 만나 함께 놀다가 붙잡히는 사건이 발생했다. 이들은 수십 차례 고문을 당하며 심문을 받았으나 끝내 간통한 일을 부인하며 서로 의형제를 맺어 정기적으로 만나 친하게 지냈을 뿐이라고 항변했다. 숙종은 이들 네 환관이 상대한 여자들이 궁녀가 아니라 방자임을 감안하여 그들을 극형으로 다스리지 않고 섬으로 유배시키는 것으로 끝냈다.

숙종 30년에는 환관들이 술에 취하여 병조의 병사와 관원들을 심하게 때린 사건이 발생했다. 환관들은 그들 관원들이 근무를 태만히 하여 궁중에 함부로 잡인을 들였다고 말했는데, 조사해보니 잡인을 들인 적은 없었다. 숙종은 이 일로 그들 환관 4명을 모두 파직했다. 하지만 더 이상의 큰 벌은 주지 않으니, 당시 식자들은 환관이 조정을 두려워하지 않고 교만하고 횡포하다며 근심했다고 한다.

환관들이 사적인 청탁을 받아 조정에 벼슬자리를 부탁하는 일도 잦았다. 그런 일들이 보고될 때마다 숙종은 해당 환관을 법에 따라 처벌했지만 환관들의 태도는 크게 변하지 않았다.

환관들이 그렇듯 조정을 두려워하지 않은 것은 당시 조정이 매우 불안정했기 때문이다. 숙종은 이른바 '환국 정치'를 통하여 자주 당의 세력을 바꿨고, 이 때문에 남인과 노론, 소론이 치열한 정쟁을 벌였다. 정쟁의 결과로 당인들이 대거 유배되고, 새로운 당이 조정을 장악하는 사태가 반복되었다. 당시 정치인들은 임금의 내심을 파악하기 위해 임금의 측근 환관들에게 줄을 대야 했고, 환관은 그런 상황을 이용하여 권력을 형성했다. 이런 탓에 숙종 말기까지 환관의 횡포는 여전히 계속되었다.

환관을 제자리에   권력을 향한 환관의 행보는 경종 대에 이르러 한층 거
돌려놓은 영조   세진다. 병약한 경종이 들어서자 조정은 왕위다툼에
시달렸고, 그것은 급기야 박상검 사건으로 이어졌다. 경종의 대전 환관이었던 박상검은 경종의 묵시 아래 세제 금(영조)을 죽이려 했고, 영조는 그 점을 역이용하여 반격을 가했다. 영조는 박상검, 문유도 등의 대전 환관들이 소론의 과격파인 김일경과 결탁하여 자신을 죽이려 했다며 그들을 벌

줄 것을 요청했다. 경종은 처음에는 영조의 주장을 받아들이지 않았지만, 노론의 강력한 반격에 밀려 결국 자신의 측근인 박상검과 문유도 등을 죽이기에 이르렀다.

이 사건 이후 경종의 측근 세력은 급격히 약화되었고, 독살설이 유포된 가운데 경종이 죽고 영조가 왕위에 올랐다. 영조는 즉위 기간 내내 박상검의 사건을 거론하며 환관이 조정의 일에 간여하는 것이 얼마나 위험한 일인지 상기시켰고, 그것은 환관들을 크게 압박하는 요인으로 작용했다.

영조 7년에 젊은 환관 최필웅이 궁궐 담장을 넘다가 발각된 사건은 환관의 입지를 더욱 악화시켰다. 이 사건은 곧장 역모로 간주되어, 관련된 인물들이 줄줄이 옥에 갇혔다. 환관들은 혹시 자신의 이름이 거론되기라도 할까봐 숨을 죽였다.

이렇듯 영조의 즉위는 환관들의 입지를 크게 축소시켰다. 그 무렵, 환관 정중명이 수하들을 이끌고 지나가다 병조판서 김재로를 만났는데, 모르는 척하고 지나는 사건이 있었다. 김재로는 결코 그것을 용납하지 않았다. 그는 곧장 영조에게 달려가 정중명을 벌줘야 한다고 주장했다. 일개 환시가 감히 조정 백관이 지나가는데 고개를 숙이지 않는 것은 있을 수 없는 일이라는 것이었다. 영조는 김재로의 의견을 받아들여 곧장 정중명을 파직시켜버렸다. 전조에서는 기껏해야 질책이나 한번 듣고 지나갔을 일이 곧장 파직으로 이어지자 환관들은 몸을 사리기 시작했다.

영조는 환관들이 조금만 잘못해도 가차없이 벌을 내렸다. 영조의 환관에 대한 태도는 재위 32년 1월 30일의 다음 기사에 명확하게 드러나고 있다.

임금이 중관을 부리는 데 자못 준엄하여 조금만 잘못을 하여도 곧 벌을 주고 용서하지 않았다. 일찍이 옆에 있는 신하에게 임금이 이렇게 말했다.

"궁중과 부중은 일체가 되므로 환시로서 죄가 있는 자는 반드시 왕부, 추조로

하여금 감률하도록 하게 하였으니, 무릇 부자와 형제를 서로 얽어 이간하는 자들이 이 무리이기 때문이다. 내가 즉위한 지 30년에 참언에 동요되지 않았음을 장담할 수 있다. 어제 협시 내관의 제복祭服을 보았더니 패옥을 차고 있었다. 이들 무리가 어찌 감히 조신들과 같을 수가 있는가? 내가 패옥을 제거하라고 명하였으니, 미리 싹수를 자르기 위함이다."

영조의 이런 강력한 의지는 이후에도 계속 이어졌다. 덕분에 영조 시대에는 환관이 그야말로 자기 소임에만 충실할 수밖에 없었다.

정조 이후 환관의
호랑이로 등장한 외척

영조 말기에 이르자 환관들이 당쟁에 가담하는 일들이 나타났다. 당시 영조는 노환으로 누워 제대로 정사를 돌보지 못했고, 정사는 화완옹주와 노론 세력이 좌우했다. 그런 상황에서 내관 이홍록, 김수현 등은 노론과 짜고 당시 세손이던 정조를 협박하고 죽이려 했다. 결국, 그들 환관들은 정조가 왕위에 오르면서 모두 참살되었고, 그것은 환관들의 영향력을 한층 약화시켰다.

정조가 정적을 제거하기 위해 홍국영에게 힘을 실어주었는데, 그것은 환관 이지사의 권세를 키우는 결과가 되었다. 이지사는 대전 환관으로서 홍국영과 정조 사이의 뜻을 전해주는 역할을 하며 힘을 키워나갔다.

그러나 이지사는 홍국영의 몰락과 함께 힘을 잃었다. 당시에는 왕에게 올리는 약을 이지사 자신이 개인적으로 지어 올렸다는 보고가 있었고, 이지사가 지은 약을 먹고 사람이 죽었다는 상소도 있었다. 그 때문에 정조는 이지사를 참형으로 다스리려 했지만, 그것은 이지사가 충정에서 한 일이라는 환관들의 만류를 받아들여 유배형으로 끝냈다. 이지사는 다시 돌아와 정조를 섬겼는데, 이후로는 크게 문제를 일으키지 않았다.

정조는 환관의 월권을 차단하기 위해 환관과 조정의 관리가 함부로 만날 수 없게 하는 제도를 정착시켰다. 또 임금의 말을 전할 때도 공식적인 장소에서만 하도록 했고, 임금의 명이 담긴 글을 전할 때는 일정한 장소에 서찰함 같은 것을 마련하여 간접적으로 전하도록 했다. 이 결과 환관들의 횡포는 크게 줄어들었다.

이 같은 기조는 순조 대에도 이어졌다. 순조 역시 환관들에 대해서는 매우 강력한 면모를 보였고, 환관이 죄를 지었을 때는 직접 처리하지 않고 항상 의금부에 넘겨 조정에서 처리하도록 했다.

이런 까닭에 순조 대의 환관들은 크고 작은 잘못 때문에 유배되는 일이 잦았다. 정조 대의 환관 이지사의 양자였던 양대의는 꽤 힘있는 환관이었으나 궁중의 화재 사건 때문에 유배지에서 생을 마감했고, 이언식, 방득현, 박민서, 김성완, 김승업, 이지형, 이장윤, 주종흡 등도 거의 유배되었다.

순조 대부터 조정을 장악한 외척은 전대 왕들보다 환관에 대해 더욱 엄해졌다. 외척은 환관의 작은 잘못도 그냥 지나치는 법이 없었다. 심지어 환관이 조정의 관료와 친분만 생겨도 가차없이 궁궐에서 내쳤다. 그럼에도 왕은 외척 세력에 눌려 환관을 보호할 수 없었다.

외척의 힘이 더욱 강해진 헌종, 철종 대에는 기록이 미미할 정도로 환관의 입지가 좁아졌다. 이때의 환관들은 관리들과 사사로이 알고 지내는 것도 제한되었으며, 오직 임금의 시중을 들고 궁궐의 잡일만 했던 것으로 보인다. 그런 상황에서도 간 큰 환관들은 여전히 뇌물과 권력에 눈독을 들이고 있었다. 철종 대의 환관 이태형, 도유화 등은 지방 관리와 친분을 맺고 권세를 행사하려다 발각되어 섬으로 유배되기도 했으니 말이다. 하지만 이때 왕실은 이미 몰락의 길을 걷고 있었고, 왕실의 몰락과 함께 환관의 존재도 빛을 잃고 있었다.

고종 즉위 후 흥선대원군이 정권을 잡으면서 환관의 입지는 더욱 약해졌다. 더욱이 나라 살림이 어려워져 환관의 수를 줄여야 할 형편이었다. 임오군란, 갑신정변, 을미사변 등의 잦은 정변에서 많은 내시들은 참변을 당해야 했다. 갑신정변 때에는 고종의 환관 유재현이 임금 앞에서 참살되기도 했다. 갑오경장 때에 내시부가 내시사로 개편되자 우리 역사에서 공식적인 환관 제도는 사라지고 말았다. 이후에도 환관이 궁중에 있긴 했으나 궁녀와 같은 대접을 받았고, 새로운 환관은 채용되지 않았다. 그때의 환관 중 일부는 고종과 순종을 보필하며 마지막까지 환시로서의 역할을 다했다.

제2장

중국 역사를 뒤흔든 환관들

춘추시대
– 환관 정치의 원조 수조

중국에는 오제五帝 시절부터 이미 환관이 존재했었다. 역사 속에서 환관에 대한 구체적인 기록이 나오는 것은 그로부터 세월이 많이 흐른 춘추시대부터다. 특히 권좌에 올라 국정을 좌우하고 나라를 혼란으로 몰고간 환관의 출현은 이때가 처음이다. 환관 정치의 원조로 불리는 수조竪刁가 바로 그 주인공인데, 수조 이후로 중국사는 환관을 빼놓고 이야기하기 어렵게 되었다.

춘추시대란 공구(孔丘, 공자)가 지은 노魯나라 역사서 『춘추春秋』에 기록된 시기로서 노나라 은공 원년(서기전 722년)에서부터 애공 14년(서기전 481년)에 이르는 241년 동안을 일컬으며, 왕조로 본다면 주周나라 때다.

주왕조는 제13대 평왕 때인 서기전 770년에 도읍을 호(鎬, 지금의 산서성 서안시 서남쪽 일대)에서 동쪽의 낙읍으로 천도한 것을 기점으로 서주와 동주로 나뉜다. 춘추시대는 바로 동주시대에 해당한다.

서주시대가 천자가 제후들을 지배하던 시대였다면, 동주시대는 천자는 유명무실한 상태로 전락하고 제후들끼리 세력을 다투던 시대라고 할 수 있다. 그런 까닭에 이 시기에는 천자 대신 제후국의 패자霸者들이 지배력을 발휘하였다. 흔히 '춘추오패'라 부르는 말이 있는데, 이는 춘추시대를 대표하는 다섯 패자를 지칭한다. 춘추오패 중 제일 첫째가 바로 제나라의 환공이었는데, 수조는 그의 환관이었다.

수조는 일개 환관이었지만 춘추시대 최초의 패자국이었던 제나라를 한 손에 쥐고 흔들었던 인물이다. 기껏해야 심부름이나 하고 밥 짓고 청소나 했을 법한 환관이 어떻게 한 나라의 권력을 장악할 수 있었을까? 그 열쇠는 바로 수조의 주군이었던 환공의 지나친 총애에 있었다.

제나라 환공은 흔히 강태공으로 알려진 태공망의 14대손이며, 이름은 소백이다. 그는 관포지교의 우정으로 유명한 관중과 포숙아의 활약으로 춘추시대 최초로 패자의 자리에 오른 인물이기도 하다.

패자가 된 환공은 관중의 조언을 충실히 받아들여 안으로는 백성에게 선정을 베풀고 위로는 주나라 왕실을 극진히 떠받들었다. 그리고 주변의 제후국들에게는 후덕하고 명민한 처신으로 인심을 얻었다. 분란이 일어난 나라를 공격하여 영토를 얻으면 반드시 회맹한 나라에 나눠줬고, 각 지역에서 생산되는 물품들을 유통시키는 데 있어서도 합리적인 중재를 행했다. 덕분에 중원은 칼을 거두고 평화를 유지했고, 백성들은 태평성세를 구가했다. 그런 세월이 지속되자 어느덧 환공의 마음은 안이해졌고, 한편으로는 패자로서 교만해지기도 했다. 그 교만과 안이함을 비집고 들어가 환공의 마음에 또아리를 튼 인물이 바로 환관 수조였다.

수조는 원래 궁궐에서 환공의 말벗이나 하고 안마나 심부름을 하던 어린 소년이었다. 그런데 수조가 14세가 되자, 환공은 궁궐의 법도에 따라 그를 내보내야만 했다. 궁궐에는 왕 이외 어느 장성한 남자도 머물 수 없었던 것이다. 장성한 사내아이가 궁궐을 들락거리면 후궁이나 궁녀들의 순결이 보장될 수 없었기 때문이다. 그러나 환공은 수조를 곁에 두고 싶어했고, 수조 또한 환공 곁에 있고 싶어했다. 그래서 수조가 선택한 것이 바로 자궁自宮, 즉 스스로 거세하여 환관이 되는 일이었다.

자신의 곁에 머물기 위해 남성으로서의 삶을 포기하고 환관이 된 수조를 환공은 몹시 총애했다. 수조 또한 그 총애에 대한 보답으로 환공의 수족이 되어 그야말로 입안의 혀처럼 굴었다. 환공은 어딜 가도 수조를 데리고 다녔고, 모든 명령을 수조를 통해 신하들에게 알렸다. 그것은 결과적으로 수조에게 막강한 권력을 안기는 계기가 되고 말았다.

수조는 환공의 까다로운 입을 만족시키기 위해 백방으로 수소문하여 뛰어난 요리사를 동원하였고, 환공의 색욕을 충족시키기 위해 아름다운 여자들을 궁으로 끌어들였다.

수조가 끌어들인 요리사 중에 역아易牙란 자가 있었다. 역아는 출세를 위해서는 무슨 짓이라도 하는 인간이었다. 심지어 환공의 입맛을 충족시키기 위해 자신의 어린 아들을 요리하여 바치기도 할 정도였다. 덕분에 그는 최고의 요리사로 인정받았다.

환공이 역아의 음식에 빠져 있는 동안 역아는 환공의 여자와 관계를 맺고 있었다. 환공의 애첩 공희와 은밀한 정사를 즐기고 있었던 것이다.

그 무렵, 환공의 애첩 갈영의 오빠이자 위나라의 공자인 견방이란 자가 제나라를 찾아와 환공을 섬기고자 했다. 환공은 견방을 흔쾌히 받아들였는데, 이후로 견방은 수조와 역아와도 친해졌다.

환공은 젊은 시절의 총명함을 잃고 점차 듣기 좋은 소리에만 귀 기울이는 늙은 소인배로 전락해가고 있었다. 그는 쓴소리는 듣지 않으려 했고, 관중과 같은 재상을 만나는 것도 골치 아프게 생각했다. 그는 말 잘 듣는 수조나 역아, 견방과 같은 무리의 말에만 귀를 기울이며 향락에 젖어 지냈다. 환공의 태도가 그렇다보니, 궁중의 모든 일은 수조의 무리에 의해 결정되었는데, 국가 대사까지도 그들 무리가 좌우했다.

보다 못한 재상 관중이 그들을 멀리할 것을 주청했지만, 환공은 받아들이지 않았다. 그때 관중은 이미 중병에 걸려 죽음을 앞둔 노인이었다. 그는 머지않아 그들 때문에 나라가 패망할 것이라며 한탄하며 숨을 거두었다.

관중이 죽자, 수조는 조정을 급속도로 장악해갔다. 관중에 이어 습붕이 재상에 올랐지만 이내 죽었고, 다시 포숙아가 재상에 올랐지만 그도 명이 길지 못했다. 포숙아도 죽으면서 관중처럼 제발 그들 세 사람을 멀리하라고 환공에게 충고했다.

나라의 양대 기둥이었던 관중과 포숙아가 죽자, 그때서야 환공은 그들의 뜻을 받아들여 견방과 역아를 궁 밖으로 쫓아냈다. 그러나 차마 수조는 쫓아내지 못했다. 이미 수조의 시중에 길들여져 있었던 까닭에 단 하루도 수조를 떼놓고 살 수가 없었던 것이다.

역아를 내쫓자 모든 음식이 입에 맞지 않았으며, 역아의 정부 공희는 역아의 음식을 먹지 않으니 살맛이 나지 않는다는 식으로 역아를 다시 궁으로 불러들일 것을 요청했다. 환공은 못 이기는 척 공희의 의견을 받아들여 이내 역아를 다시 궁으로 불러들였다.

궁으로 돌아온 역아는 수조와 공희 두 사람과 짜고 새로운 음모를 진행했다. 환공이 늙고 병들어 죽을 날이 멀지 않았다고 판단한 그들은 공희의 아들 무궤를 후계자로 만들 심산이었다.

환공에게는 세 명의 정부인이 있었으나 그들은 모두 아들을 낳지 못했다. 나머지 여섯 명의 애첩들에게서 태어난 서자 중 한 명을 후계자로 삼아야 했다.

환공은 오래 전에 관중과 상의하여 정희의 소생 소(훗날의 효공)를 태자로 삼고 송나라에 맡겨뒀었다. 그런데 환공이 병이 들어 드러눕자, 수조의 무리는 환공과 신하들의 접촉을 완전히 차단하고 무궤를 후계자로 삼는 계획을 현실화시켰다.

그런 사실을 새까맣게 모르던 환공은 죽음을 예감하고 송나라에 기별하여 태자 소를 불러들였다. 그런 가운데 환공이 죽었다. 역아와 수조는 환공의 유언을 조작하여 무궤를 받들어 군주의 자리를 잇도록 했다. 이에 목숨의 위협을 느낀 태자 소는 급히 송나라로 달아났다. 조정의 대신들이 무궤의 군주 계승에 반발하자, 역아는 군대를 동원하여 그들을 무참히 살육하고 정권을 장악했다.

군주에 오른 무궤는 군권을 역아에게 맡기고, 수조에게 조정을 맡겼다. 한편, 태자 소는 송나라 군주 양공에게 도움을 청했고, 양공은 군대를 이끌고 제나라로 향했다. 또한 조나라와 위나라의 군대가 연합하여 함께 제나라로 밀려들었다.

그 소식을 들은 무궤는 역아에게 군대를 안겨 송나라 군대를 막도록 했다. 이때 역아는 대신 국의중과 고호에게 수도 임치를 수비하도록 했는데, 국의중과 고호는 그 기회를 이용하여 무궤의 세력을 없앨 계획을 꾸몄다. 그리고 마침내 조정을 장악하고 있던 수조를 죽이고, 이어 역아와 무궤를 죽이는 데도 성공했다. 덕분에 태자 소는 피 한 방울 흘리지 않고 궁궐로 입성하여 제나라 군주의 자리에 올랐다.

효공이 군주의 자리에 오르자 주변국에 가 있던 나머지 네 동생들이 군대를 일으켜 싸움을 걸어왔다. 효공은 송나라 군대에 의지하여 그들을 제압하는 데 성공했지만, 이후로 제나라는 끊임없는 내분으로 국력을 잃어갔고, 동시에 패자의 자리도 내줘야 했다.

진황조 – 황제 위의
환관 조고

춘추시대 이후 제후들의 각축은 한층 심해졌고, 주나라 왕실의 위상은 더욱 보잘것없이 전락하였다. 춘추시대만 해도 제후들은 형식적이나마 주나라 왕을 천자로 떠받들며 스스로 왕이라고 참칭하지는 않았으나, 전국시대에 이르자 힘있는 제후들이 모두 왕을 자처하고 나섰다.

전국시대에 주도권을 잡았던 나라를 일컬어 흔히 전국칠웅戰國七雄이라고 하는데, 이들 국가를 열거하자면 진, 초, 연, 한, 위, 조, 제 등이다.

칠웅의 쟁탈은 200여 년간 지속되었으나 결국에는 진에 의해 쟁탈이 끝났다. 서쪽의 맹주였던 진의 국력이 점차 강대해져 나머지 6국을 위협하였고, 6국은 서로 합종合從과 연횡連衡을 거듭하며 진에 저항했지만 하나씩 무너지기 시작하더니, 결국 진에 의해 대륙이 통합되었다. 그 통일 대업을 이룬 인물은 진왕 정이었으니, 그가 바로 진秦의 시황제始皇帝이다.

조고趙高는 시황제의 환관이었다. 그는 진시황 아래에서 중거부령中車府令으로 있다가 시황제의 죽음을 틈타 권력을 잡았다. 그 위세는 황제를 능가하였고 정치적 암수는 당대의 모략가 이사를 앞질렀다. 스스로 승상의 자리에 올라 조정을 좌지우지하였고, 황제까지 마음대로 갈아치우는 무소불위의 권력을 누렸다.

14 '지록위마'라는 고사성어로도 유명한 이 이야기는 환관이자 승상이었던 조고가 신하들의 속내를 파악하여 적군과 아군을 구별하기 위해 사용한 술책이었다. 이후 조고는 황제보다도 더 강력한 권력을 누리며 독재 정치를 펼쳤다.

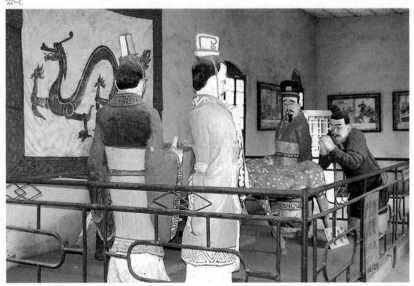

조고는 조나라의 왕족 출신으로 학문에도 밝은 인물이었다. 그는 형법 해석에 매우 뛰어나서 시황제의 아들 호해에게 형법을 가르쳤고, 시황제의 총애를 받을 수 있었다.

시황제는 통일 대업을 완성한 이후 천하를 순행하게 되는데, 이 순행 길을 막내아들 호해와 재상 이사, 환관 조고가 수행했다. 사서에 조고가 역사의 전면에 등장하는 것은 바로 이 장면부터다.

시황제가 순행에 나섰을 때, 조고는 환관 생활 20년 만에 중거부령의 직책에 올라 있었다. 중거부란 궁중의 어차와 가마를 관리하는 부서인데, 조고는 그곳의 우두머리였던 것이다. 거기다 그는 옥새를 출납하는 부새령符璽令이란 중책도 함께 맡고 있었다. 이런 일들은 환관이 맡는 것이 당시의 상례였는데, 황제의 두터운 신임을 받지 못하고서는 욕심 낼 수 없는 자리였다.

순행에 나선 시황제는 서기전 210년에 자기 땅을 다 둘러보지도 못하고 사구에서 죽음을 맞이한다. 시황제는 죽으면서 태자 부소에게 편지를 써 보내게 했다. 그 내용인즉, 군대는 몽염에게 맡기고 함양에 와서 자신의 영구를 맞아 장사지내라는 것이었다. 물론 부소에게 그런 편지를 보낸 것은 그에게 황위를 잇게 한다는 의미이기도 했다.

시황제는 편지를 봉했지만, 미처 사자에게 내리기 전에 숨을 거두고 말았다. 그리고 그 편지와 옥새는 모두 조고가 가지게 되었다.

차기 황제 선택의 결정적인 요건이라고 할 수 있는 이 두 가지 물건을 손에 쥔 조고는 호해를 설득하여 황위에 오를 것을 권하고, 승상 이사까지 끌어들여 호해의 황위 계승을 성사시켰다.

조고는 시황제의 조서를 꾸며 호해를 태자로 세우고, 부소와 몽염에게는 자결하라는 편지를 보냈다. 부소는 그 편지를 시황제의 것으로 알고 자결하였고, 몽염은 자결을 거부하다가 감옥에 갇혔다.

사자가 돌아와 부소의 자결 소식을 전하자, 호해와 이사, 조고가 몹시 기뻐했다. 그들은 곧 함양으로 돌아와 시황제의 붕어를 발표하고, 호해를 황제에 오르게 했다. 조고는 대궐 중문을 책임지는 낭중령의 자리에 올랐다. 이때부터 조고는 황제를 능가하는 막강한 권력을 누리게 되었다. 호해는 정치를 제대로 몰랐던 터라 정사 처리를 모두 조고에게 물어서 했고, 신하와 황자들의 치죄도 모두 조고에게 맡겼다.

그 무렵 옥에 갇혔던 몽염은 죽고 그의 아우 몽의가 변방을 지키고 있었다. 호해와 조고는 아무래도 몽의가 마음에 걸렸다. 그래서 몽의에게 역모의 죄를 씌워 죽이고, 황위를 위협하는 시황제의 아들 12명을 저자에 끌어내 처형했다. 또 공주 10명을 기둥에 묶어 창으로 찔러 죽이고, 그들과 관계된 모든 사람을 역모로 몰아 죽였다.

호해는 죽은 시황제를 위해 아방궁을 확대하고 황제의 전용 도로를 닦았다. 그 때문에 수많은 백성들이 부역에 시달리고 가난에 허덕였다. 거기다 형법은 지나치게 가혹하여 조정 대신들과 백성들이 두려워서 함부로 말도 못할 지경이 되었고, 세금은 날로 무거워져 백성들은 고통으로 신음했다.

그 고통을 견디지 못한 백성들이 곳곳에서 반란을 일으켰고, 초 땅의 수비병이었던 진승과 오광이 군대를 일으켜 산동에서 봉기하는 사태가 일어났다. 이 사건을 기화로 기회를 노리고 있던 준걸들이 마구잡이로 봉기하여 왕을 자처하는 바람에 전국은 온통 전화에 휩싸였다. 도성까지 진출하여 대궐 입구까지 밀고 올라온 반란군도 있을 지경이었다.

승상 이사는 이 사태를 해결하기 위해 호해를 만나 해결책을 상소하려 했지만, 번번이 조고에게 막혀 뜻을 이루지 못했다. 조고는 역모죄를 씌워 이사마저 죽여버렸다. 최대의 방해물이었던 이사를 제거한 조고는 곧 조정을 손안에 넣고 황제보다 더 강력한 힘을 가지게 되었다. 호해는 그런 조고를 승상으로 삼고 모든 일의 처결을 맡겼다. 하지만 조고는 거기에 만족하지 않았다. 조정을 완전히 장악하고 호해를 죽인 뒤 황제에 오르고자 했다.

조고는 그런 결심을 하고 아군과 적군을 구분하기 위해 한 가지 계책을 썼다. 대신들이 모두 모인 자리에 사슴을 끌고와 호해에게 말이라고 거짓말을 했다. 그러자 이에 대신들까지 모두 사슴을 말이라고 하였다. 이것이 그 유명한 지록위마指鹿爲馬 고사다.

그렇게 대신들이 모두 자신에게 굴복하는 것을 확인한 조고는 황제가 몸을 깨끗이 하지 않아 정신이 혼미하여 말을 사슴으로 잘못 알아본 것이니 상림원에 들어가 하늘과 땅에 제사를 올리고 반성해야 한다고 했다.

호해는 그 말을 믿고 상림원에 들어갔지만, 그곳에서 반성은 고사하고 매일같이 사냥만 했다. 하루는 호해가 사냥을 하는데, 지나가던 사람이 길을 잘못 들어 상림원으로 들어왔다. 호해는 그를 괘씸하게 생각하여 쏘아 죽였다. 조고가 그 말을 전해듣고 호해에게 충고했다.

"천자가 아무런 이유 없이 사람을 죽이는 것은 천제가 금하는 바입니다. 또 그리 되면 귀신도 폐하의 제사를 받지 않을 것이며, 하늘도 재앙을 내릴 것입니다. 그러니 마땅히 궁에서 멀리 떨어져서 재앙을 피하는 것이 좋겠습니다."

조고의 속셈은 호해를 궁궐 밖으로 유인하여 죽이고, 스스로 천자의 자리에 오르는 것이었다. 조고의 속내를 알 리 없는 호해는 순진하게도 조고가 시킨 대로 망리궁으로 나가 근신하며 지냈다. 호해가 황궁을 나간 지 사흘째 되던 날 조고는 망리궁으로 찾아가 호해에게 고했다.

"폐하, 산동의 군도들이 크게 일어나 쳐들어왔습니다."

호해는 곧 망루에 올라 아래를 내려다보았다. 들판에 흰옷을 입은 자들이 창검을 들고 달려오고 있었다. 그들은 조고가 황제의 조칙이라고 속이고 흰옷을 입고 망리궁으로 향하도록 한 근위병들이었다.

"저들이 정녕 난도들이라면 이제 이곳으로 쳐들어와서 짐을 죽일 것이 아닌가!"

호해가 두려움에 떨자 조고가 말했다.

"폐하, 저들이 들어오면 저들에게 붙잡혀 처참하게 죽을 것입니다. 그럴 바에야 차라리 자진하여 비참한 죽음은 면하는 것이 좋을 것입니다."

호해는 조고의 말에 따라 칼을 들어 자살하고 말았다. 호해의 죽음을 확인한 조고는 곧 옥새를 꺼내 자신이 차고 망리궁을 나왔다. 그러면서 조고는 생각했다.

'이제 내가 황제의 옥좌에 올라?'

그러나 조고는 이내 고개를 가로저었다.

"내가 황제의 자리에 오르면 대신과 백성들이 모두 등을 돌리고 나를 죽이려 할 것이다."

조고는 고민 끝에 진시황의 장자인 부소의 아들 자영을 황제에 앉히기로 하고, 자영에게 옥새를 넘겼다. 자영은 즉위하기는 했지만, 병을 핑계삼아 대궐로 들어오지 않았다. 그리고 환관 한담과 아들들을 불러 은밀히 말했다.

"내가 대궐로 들어가지 않으면 필시 조고가 찾아올 것이다. 그때를 놓치지 말고 너희들은 조고의 목을 쳐야 할 것이다."

자영의 예상대로 조고가 병문안을 오겠다는 전갈을 보내왔다. 자영은 기회다 싶어 조고를 불러들였고, 조고는 무방비 상태로 찾아들었다. 그때 환관 한담이 조고를 급습하여 척결하였다. 그토록 잔꾀에 능하던 조고도 결국에는 이렇게 파국을 맞았던 것이다.

조고를 제거하는 데 성공한 자영은 곧 조고의 삼족을 모두 주살하고, 황제의 권위를 회복하는 데 주력했다. 하지만 때는 너무 늦은 상태였다. 천하는 이미 유방과 항우가 양분하여 패권을 다투고 있었고, 황제는 그야말로 유명무실한 존재로 전락한 뒤였다. 그런 까닭에 자영은 황제에 오른 지 불과 3개월 만에 수도 함양으로 들어온 유방의 포로가 되었다. 유방은 자영을 함양의 관리에게 맡겼는데, 항우가 함양으로 와서 자영의 목을 베었다. 이로써 천하를 통일했던 진나라 황실도 종말을 고하고 말았다.

한황조 – 『사기』를 저술하여   진의 멸망은 조고가 권력을 장악하면서 시
중국사의 아버지가 된 사마천   작하여 진승과 오광이 주도한 농민봉기에
의해 본격화되었다. 진승과 오광은 왕후장상의 씨가 처음부터 정해진 것은 아니라는 말로 군중을 선동하여 봉기를 일으켰고, 그들의 세력은 급속도로 성장하였다. 그들은 순식간에 안휘성을 점령하더니, 수개월 만에 수십만 명의 병력을 형성하여 수도 함양으로 밀고 올라왔다.

그들의 봉기는 농민군이 진의 장수 장함에게 패하면서 세력이 약해졌고, 설상가상으로 내분이 일어나 진승과 오광이 부하 장수에게 살해됨으로써 6개월 만에 실패로 막을 내렸다.

이후 패현의 농민 출신 유방과 초나라 귀족 출신 항우가 양대 세력을 형성하고 각각 한漢과 초楚를 국호로 내세우고 대립했다. 항우와 유방의 싸움은 초기에는 세력이 강했던 항우에게 유리하게 전개되었으나 유방이 장량, 한신과 팽월 등의 뛰어난 수하들의 도움으로 상황을 반전시켜 승리함으로써 진황조 이후 또다시 중국은 통일되었다.

항우가 죽은 지 두 달 만에 유방은 황제에 즉위하여 한황조를 개창하였다. 고조 유방 이후로 한황조는 혜제, 여후, 문제, 경제를 거쳐 무제에 이르렀을 때 최대의 번영기를 맞이했는데, 사마천은 바로 무제의 환관이었다.

사마천司馬遷은 서기전 145년 태사공(太史公 : 천문과 역사를 맡은 관리) 사마담의 아들로 황하 북쪽의 용문(섬서성 한성현 북쪽)에서 태어났다.

사마씨는 원래 주周나라 왕실에서 대대로 역사 기술을 맡은 집안이었으나 춘추전국시대에는 병법가로 변신하여 지냈으며, 진황실에서는 장수로

활약하였고, 한황조에 이르러 사마담이 가업을 되찾아 역사에 종사하였다.

사마담은 천문학, 역학, 도가의 사상 등 여러 학문을 두루 공부하였고, 제자백가의 학문을 음양가, 유가, 묵가, 명가, 법가, 도가 등 여섯 학파로 나눠 그 특징과 성격을 규명하기도 했다. 또한 아들 사마천에게도 태사공의 소임을 가르치고, 고전과 지리를 익히도록 했다.

사마천은 스무 살에 천하를 돌아보고 싶은 마음에 여행을 떠났다. 그의 여행은 2년여 동안 지속되었는데, 이때 그는 우선 남쪽으로 가서 양자강과 회수의 강변을 따라 다니다 회계산에 올라 우임금의 무덤이 있는 우혈과 순임금이 묻힌 구의산을 둘러보았고, 완수와 상수를 따라 돌아다녔다. 또한 북쪽으로 행로를 틀어 문수와 사수를 건너 제나라와 노나라에서 유학 강의를 듣고 산동성의 역산을 돌아 강소성과 하남성과 호북성을 거쳐 귀가했다.

이 기나긴 여행에서 보고 들은 일들은 그가 훗날 『사기史記』에서 인물을 평가하고 역사를 해석하는 데 중요한 단초를 제공하기도 했다.

여행에서 돌아온 그는 벼슬길에 나서 낭중이 되었다. 이후 그는 임무를 받아 서쪽의 파촉을 정벌하고, 남쪽의 앙, 작, 곤명 등의 지역을 공략하고 서기전 110년에 돌아왔다.

그가 돌아왔을 때, 아버지 사마담은 중병에 걸려 있었다. 사마담이 병에 걸린 것은 무제가 하늘에 올리는 제사인 봉선제에 참여하지 못한 안타까움 때문이었다. 사마담은 죽어가면서 아들에게 공자의 『춘추』 이래 제대로 된 역사서가 없으니 『춘추』를 이어 후대에 역사를 남기라는 유언을 남겼고, 사마천은 아버지의 유언을 실천하기 위해 서기전 108년에 역사 소임을 맡은 태사령이 되어 드디어 역사 저술을 시작했다.

그가 저술을 시작한 지 10년쯤 되던 해에 그의 일생을 좌우하는 엄청난 사건이 터졌다. 서기전 99년에 한나라 장군 이릉이 5천의 군대를 이끌고 북방의 흉노를 치기 위해 떠났다가 흉노의 작전에 말려 포위되는 바람에 대다수의 병력을 잃고 적에게 항복하고 말았다. 무제는 이 소식을 듣고 크게 진노했다. 천자의 장수가 한낱 야인들에게 항복했다는 것은 나라의 수치이고 동시에 무제 자신의 수치라고 여겼던 것이다.

무제는 곧 대신들을 모아놓고 이릉의 죄를 따지고 그의 혈족을 모두 죽이고자 했다. 조정 대신들의 의견도 무제의 뜻과 다르지 않았다. 그런데 이런 상황에서 사마천은 이릉을 변론하는 글을 올렸다. 이릉은 뛰어난 인물이나 중과부적으로 적에게 항복한 것뿐이니 그의 실패를 너무 탓하지 말고, 또한 그의 가족들도 살려달라고 했다.

15 사마천은 한무제에 의해 환관이 되었던 수많은 지식인을 대표하는 인물이다. 무제는 환관인 그를 불러다 비서실장격인 중서령에 임명했으며, 그는 이 직책에 있으면서도 은밀히 『사기』를 집필하여 중국 역사의 아버지가 되었다.

사마천은 무제가 이릉의 일로 얼마나 자존심이 상해 있었는지 잘 모르고 있었다. 사마천의 글을 읽고 무제는 무섭게 화를 내며 당장 사마천을 잡아다가 감옥에 가두라고 명했다. 무제는 욕심이 많고 성미가 급했으며, 한편으로는 냉철하고 잔인한 위인이었다. 자신의 심기를 건드린 신하에 대해서는 가차없이 처벌하는 냉혹한 성격이었다. 당시 황궁의 감옥에 수용된 죄인의 평균 숫자가 7만 명이 넘을 정도였다. 그들의 상당수는 관료나 장수였다. 매우 뛰어난 학자들도 많았지만, 무제는 인정사정 보지 않고 그들의 목을 치곤 했다.

많은 대신들이 무제에게 인재를 아끼라며 비록 죄인이라 하더라도 죽이지 말고 다시 쓸 수 있도록 배려해달라는 상소를 올리자, 무제는 오히려 그들을 잡아다가 궁형을 가하고 환관을 만들어버렸다. 이런 탓에 무제 시대의 환관 중에는 대신, 학자, 장수 출신들이 많았고, 그것은 지식이 일천했던 환관 계층의 지식 수준을 크게 끌어올렸다.

당대 환관 중에는 외척으로서 큰 세력을 형성했던 이연년이나 곽광, 황자를 키워 황제에 올린 장하, 딸을 황후로 만든 허광한 같은 인물이 나오기도 했다. 무제가 숱한 인재를 환관으로 만들고 그들을 중용하여 주변에 배치했기 때문에 환관이 황실의 외척이 되는 사태가 일어난 것이다.

무제가 중용하여 아꼈던 환관 중에 『사기』의 저자 사마천도 끼어 있었다. 감옥에 갇힌 사마천에게도 궁형이 내려졌다. 이때 사마천은 40대 후반으로 접어드는 초로의 나이였다. 궁형을 받은 뒤에 사마천은 수치심과 분노로 죽음을 생각하기도 했다. 그러나 아버지가 남긴 유언을 생각하며 차마 죽지 못했다. 그는 후대에 남길 사서를 쓰는 데 열정을 쏟기로 결심했다.

그런 가운데 무제는 그를 궁으로 불러들여 환관으로 삼고 중서령中書令의 관직을 내렸다. 황제의 궁정 비서실장에 해당하는 벼슬이었다. 황제가 조정에 내리는 명을 전달하고 조정의 보고를 황제에게 전달하는 매우 중요한 직책이었던 것이다. 환관으로 그런 중책을 맡은 경우는 사마천이 처음이었다. 사마천이 비서실장의 원조가 된 셈이다. 사마천이 중서령을 맡은 것을 시작으로 중국사에서는 환관이 황제의 비서실장 노릇을 하는 사례가 많아졌고, 그것은 훗날 환관들의 폐해를 초래하는 원인이 되기도 했다.

사마천은 중서령의 임무를 수행하는 중에도 은밀히 역사를 기술하고 있었다. 그는 이미 태사령의 직분이 아니었기 때문에 역사를 기록하는 소임을 수행할 수 없었다.

사마천이 무려 20여 년에 걸친 대장정을 끝냈을 때는 주군 무제는 죽고 소제가 즉위한 뒤였다. 그는 자신이 저술한 역사서의 제목을 『태사공서太史公書』라고 붙였는데, 이것이 오늘날의 『사기』다. 본기와 세가, 표, 서, 열전 등을 합쳐 총 130권에 달하는 『사기』를 완성한 뒤에 그는 필사본을 한 부 더 만들었다. 혹여 세상에 나와보지도 못하고 불살라질 것을 염려하여 각기 다른 사람에게 한 질씩 맡겨 보관토록 하기 위함이었다.

그는 『사기』를 쉽게 공개하지 않았다. 그것이 화근이 될까 두려워 자신이 죽기 전에는 결코 세상에 내놓지 말라고 했다. 그가 언제 어떻게 죽었는지는 기록되지 않았다. 혹자는 사마천이 아버지의 유지를 받들어 『사기』를 완성했으므로 자살했다고도 한다.

그의 유언대로 『사기』는 사마천이 죽은 뒤에 세상에 나왔다. 선제(서기전 73년~49년) 때 사마천의 외손자 양운이 처음으로 세상에 알렸고, 이후 수많은 사본이 편찬되었다. 그리고 한황조를 무너뜨린 외척 왕망의 시대에는 사마천의 후예를 찾아내 사통자史通子에 봉하고 역사 서술의 소임을 맡겼다.

『사기』는 이후로 역사 서술방식의 전형이 되었다. 역사 서술방식에서 가장 유행한 것이 기전체紀傳體인데, 이는 『사기』의 본기와 열전 형식을 모범으로 삼은 것이다. 『한서漢書』, 『후한서後漢書』, 『삼국지三國志』 등의 중국 사서는 물론이고, 『삼국사기三國史記』, 『고려사高麗史』 등의 우리 사서도 그 형식을 모범으로 삼아 엮은 것이다.

사마천은 비록 중년에 환관이 되어 중서령의 직책을 수행하며 황제의 비서로 살았지만, 목숨을 부지한 유일한 목적은 오직 『사기』를 남기기 위함이었으니, 그를 환관으로 부르는 것보다는 태사공으로 불러주는 것이 옳을 것이다. 그것이 그의 소원이기도 했다.

후한황조 – 환관의
황금시대를 구가한 환관들

한황조는 무제 이후 90여 년간 유지되었는데, 소제, 선제, 원제, 성제, 애제로 이어져 평제 때인 서기 5년에 외척 왕망에 의해 몰락했다. 왕망은 황제에 즉위한 후 국호를 신新이라 하였고, 신황조는 18년 동안 유지되다가 서기 23년에 녹림군에 의해 붕괴되었다.

이후 중국 대륙은 한동안 혼란에 휩싸였지만 한나라 황실의 적통임을 내세워 세력을 결집한 유수에 의해 평정되었다. 서기 25년에 유수가 황제에 즉위하여 한漢의 국호를 그대로 이으니 곧 후한後漢(동한) 황조이며, 그는 광무제로 불리게 된다.

무제로부터 광무제에 이르는 동안 환관의 입지에도 커다란 변화가 있었다. 무제 때에 많은 식자층이 환관이 된 이후 환관은 한층 더 조직화되고 세력도 강해졌다. 그들은 궁중을 장악하였고, 조정 대신의 인사권까지 장악해 나갔다. 환관들은 비단 내직뿐 아니라 지방직의 인사에도 간여하여 많은 이득을 챙겼고, 당파를 형성하여 자신들에게 적대적인 관리들을 척결하기까지 했다. 이쯤 되자, 조정의 백관은 환관 지지 세력과 반대 세력으로 갈라져 싸우는 양상이 되었다.

선제 때의 홍공이나 원제 때의 석현 같은 인물은 환관 세력의 핵심이었다. 그러나 환관의 위세는 성제 때에 석현이 쫓겨나면서 급격히 약화되었고, 환관들이 차지하고 있던 힘의 공백은 외척들이 채웠다. 외척의 발호는 환관의 입지를 더욱 약화시켰고, 급기야 외척 왕망이 한황조를 몰락시키기에 이르렀다.

왕망이 무너진 뒤 광무제가 후한을 세우고 황실을 수습했다. 후한황조는 광무제로부터 명, 장, 화, 상, 안, 소, 순, 충, 질, 환, 영, 소, 헌제까지 약 14대 195년간 지속되었다.

광무제는 전한 시절의 환관에 의한 폐단을 잘 알고 있던 터라 환관의 업무를 궁궐 내부에 한정시키고, 나머지 정사와 관련된 업무는 모두 조정의 신하들에게 넘겼다. 외척들을 요직에 기용하지 않음으로써 외척의 힘도 크게 약화시켰다.

광무제의 강력한 정책에 힘입어 후한황조는 개국 이후 약 80년 동안은 안정된 모습을 보였다. 이 기간 동안은 환관들도 국가에 매우 이로운 방향으로 움직였다. 화제 시절에 중상시에 오른 채륜 같은 환관은 재주와 학문을 겸비한 인물로서 종이를 발명하여 인류사에 큰 발자국을 남기기도 했다.

하지만 환관들은 다시 힘을 키울 기회를 엿보았고, 마침내 제6대 안제 때에 이르러 외척 두씨 일족과 서로 세력을 다투는 사태를 맞이했다. 이 싸움에서 환관이 승리했으니 다시 환관의 시대가 도래했다.

이윤과 강경으로 대표되는 안제 때의 환관들은 막강한 권력을 행사하며 한나라 말기의 영화를 되살렸다. 안제가 궁궐 바깥에서 급사하는 사태가 벌어지자 이윤 등의 환관은 황후 염씨와 결탁하여 허수아비 황제를 세울 음모를 꾸몄다. 이는 곧 황태자 세력과의 싸움으로 번져 염씨를 지지하는 환관과 황태자를 지지하는 환관이 서로 갈라져 싸웠다. 결과는 황태자 편의 승리였고, 백관들도 이 결과를 다행스럽게 여겼다.

그들 환관들의 도움으로 황제에 오른 황태자가 바로 순제였다. 순제는 자신을 황제로 만들어준 환관들을 극진히 대접했다. 이후로 환관의 힘이 극대화되어 황제가 환관의 허수아비로 전락하는 사태로 이어졌다. 순제 이후 약 100년 동안 후한 역사는 환관의 황금시대였다.

이 시대에는 지방의 제후들도 환관의 힘을 빌리지 않고는 힘을 얻지 못했다. 환관에 의지해서 제후의 반열에 오른 자도 부지기수였다. 환관의 양자가 된 덕에 번창한 가문도 한

16 광무제는 후한을 일으킨 황제로 한 고조 유방의 9세손이며, 묘호는 세조이고, 이름은 수秀다. 그는 환관의 폐단을 잘 알고 있던 터라 환관의 기능을 궁궐 내부 업무에 한정시켰고, 덕분에 후한시대 초기에는 환관의 병폐가 눈에 띄게 줄어들었다.

둘이 아니었다. 삼국시대의 영웅 조조 같은 인물도 환관의 양자 집안에서 자랐기 때문에 재물과 권세를 얻어 출세가도를 달릴 수 있었던 것이다.

이 환관의 시대를 이끈 대표적인 환관으로 조등曹騰, 조절曹節, 왕보王甫, 여강呂强, 조충趙忠, 장양張讓 등을 들 수 있다.

이들 중에서도 조충과 장양은 후한 말기의 황조 몰락에 결정적인 원인을 제공한 인물들이었다. 조충과 장양의 힘이 가장 극대화되었던 시기는 영제 이후인데, 당시 이들 두 사람을 비롯한 12명의 우두머리 환관들을 일러 십상시十常侍라 하였다.

영제는 조충과 장양을 부모처럼 생각하여 아부阿父와 아모阿母로 부를 정도로 그들을 존중하였다. 그런 탓에 조정은 물론이고 황실과 황위까지 모두 그들의 손아귀에 있었다.

이들 두 사람은 어릴 때 궁문의 급사로 일하다가 환제 때에 황문을 지키는 젊은 환관이 되었고, 이어 환관 세력의 확장에 공을 세워 도향후에 봉해졌다. 그리고 영제 때에 이르러 마침내 중상시에 올라 당시 환관 집단의 핵심 세력이었던 조절, 왕보 등과 함께 열후에 봉해졌다. 조절이 죽은 후에 조충이 대장추에 올랐고, 장양은 감노전의 우두머리가 되어 조정을 장악했다.

이들 두 사람은 나라의 경제권도 한손에 쥐고 있었는데, 그와 관련한 일화 하나가 전해지고 있다. 당시 맹타라는 장사꾼이 있었는데, 그는 여유가 생기면 항상 장양과 조충에게 많은 선물을 안겨다주었다. 덕분에 맹타는 그들의 신뢰를 얻을 수 있었는데, 어느 날 장양이 맹타를 불러 이렇게 말했다.

"네가 원하는 것이 있으면 말해봐라. 들어줄 수 있는 것이면 무엇이든 들어주겠다."

그러자 맹타는 다소 엉뚱한 청을 넣었다.

"다른 청은 없사옵고, 다만 한 가지 청이 있습니다."

"무엇인지 말해보라."

"무례한 말이지만 사람들이 지켜보는 가운데 조충이 제게 절을 한 번 하게 해주십시오. 제 청은 그게 전부입니다."

"그거 참 요상한 청이로군. 벼슬자리를 달라는 것도 아니고, 땅을 떼달라는 것도 아니고…… 크게 어려운 부탁도 아니니, 그렇게 함세."

당시 장양의 집 앞에는 항상 그에게 줄을 대기 위한 빈객이 늘어서 있었다. 대문 앞은 인파로 장사진을 이뤘는데, 그 수가 무려 수천 명이나 될 정도였다. 그들은 대개 수레에 물건을 가득 싣고 몇 날 며칠이든 죽치고 앉아 차례를 기다렸다.

그 행렬 속에 맹타가 끼어들었다. 맹타는 굳이 앞에 나서지도 않고, 그저 사람들 뒤쪽에 수레를 타고 앉아 있었다. 그런데 대문이 열리더니 조충이 수하들을 이끌고 나와 사람들을 뒤로 물리며 맹타 앞으로 다가가 절을 했다. 그러자 맹타는 그저 고개만 끄덕이고 수레에 올라탄 채 조충의 인도를 받아 대문 안으로 사라졌다. 그리고 이내 대문이 다시 닫혔다.

그 모습을 지켜본 사람들은 앞을 다퉈 맹타에게 뇌물을 바치기 시작했다. 맹타는 그 물건들을 장양과 조충에게 나눠줬고, 그들은 그에 대한 대가로 맹타를 양주의 자사로 만들어줬다.

장양과 조충을 위시한 십상시들은 한결같이 이렇게 뇌물을 받아 챙기고 매관매직을 일삼았다. 그렇다보니, 국고는 점점 비고 십상시의 창고는 재물로 넘쳐났다. 십상시들은 궁궐보다 더 웅장한 궁실과 누각을 짓고 살았고, 수천 명의 노비를 거느리고 살았다. 그러나 영제는 그 사실을 제대로 알지 못했다. 십상시들은 영제의 눈과 귀를 철저하게 가렸기 때문이다. 황제의 무능은 곧 백성들의 곤궁으로 이어졌다.

세월이 흐를수록 백성들의 불만은 높아갔다. 곳곳에서 농민봉기가 이어졌다. 농민봉기는 안제 때부터 간간히 일어나기 시작하여 영제 때에 이르러서는 걷잡을 수 없는 사태로 확산되더니, 급기야 영제 말기인 184년에는 장각이 황건군을 일으켜 천하를 휩쓸었다.

사태의 심각성을 인식한 영제는 신하들에게 방책을 물었다. 조정에서는 간간히 십상시의 전횡을 비판하는 목소리가 나왔다. 환관 세력 내부에서도 그런 주장을 하는 이가 있었다. 중상시 중 하나였던 여강이었다. 여강은 환관이었으나 장양과 조충 같은 무리들이 조정을 장악하고 국가 기강을 무너뜨리는 것을 강력하게 비판했다. 여강은 십상시들의 역공을 받아 역적으로 몰려 죽고 말았다.

그런 상황에서 황건적의 난은 점차 심각한 양상으로 번져갔다. 영제는 조정 중신들에게 방책을 물었으나 중신들은 우선 십상시를 처단해야 한다는 견해를 피력했다. 그러나 십상시는 영제를 떠받들고 있는 근위 세력이었기 때문에 영제는 조정 대신들보다 환관들을 더 신뢰하였고, 결국 환관을 앞세워 황건적의 난을 해결하려 했다.

하지만 영제는 황건적의 회오리가 채 사라지기도 전에 병으로 숨을 거두었다. 영제에게는 변과 협, 두 명의 아들이 있었는데, 둘 다 너무 어렸다. 영제의 이른 죽음은 십상시에게도 치명타였다. 황제가 어리면 자연히 외척이 판을 치게 마련이고, 외척이 득세하면 환관의 영향력은 줄어들 수밖에 없었던 것이다.

십상시는 변과 협 중에 협을 택했다. 변은 외척 세력이 강한 데 비해 협에게는 세력이 별로 없었기 때문이다. 십상시들은 곧 협을 황제에 올리고 변의 세력을 모두 죽이기로 결심했다. 그러나 그 계획은 사전에 누출되어 변의 세력에게 역공의 기회를 제공하고 말았다. 변의 외숙 하진이 대장군으로 있었는데, 그가 십상시의 계획을 알고 군대를 동원하여 선수를 친 것이다.

하진의 선수로 변이 황제의 위를 잇고 권력은 하진이 장악해나갔다. 그러나 십상시의 세력이 워낙 강해 쉽사리 환관 세력을 제거할 수 없었다.

이에 하진은 하동에서 동탁의 군대를 불러들여 환관 무리를 밀어낼 계획을 짰다. 하지만 장양 일당은 용케 이 기밀을 알아내고 오히려 하진을 황궁으로 불러들여 처단해버렸다.

하진이 죽자, 원소가 수천의 군대를 거느리고 황궁으로 들어가 환관 수천 명을 도륙했다. 이에 놀란 장양과 조충은 어린 황제인 소제 변과 황자 협을 데리고 궁 밖으로 달아났다. 군대가 뒤를 추격해오자, 그들은 살 길이 없을 것으로 판단하고 강물에 몸을 던져 자살했다. 이로써 백 년 가까이 이어지던 환관의 시대는 종말을 고했고, 중원에서는 영웅호걸이 앞다투어 일어나 삼국시대의 서막을 열었다.

당황조 – 황제를 마음대로 갈아치우는 환관들

후한이 몰락한 후 약 60여 년 간 위, 촉, 오의 삼국이 형성되어 서로 세력을 다퉜는데, 촉과 오에 비해 위의 세력이 상대적으로 강했다. 위나라를 이끌고 있던 조조의 세력은 아들 조비에 이르러 후한의 마지막 황제 헌제를 폐위하고 정식으로 위나라 황제에 올랐고, 221년에는 유비가 촉한의 황제에 올랐으며, 손권 또한 230년에 오의 황제를 칭하였다. 이로써 삼국이 정립되었다.

이후, 위에서는 조씨 황실의 힘이 약화되고, 권신 사마의의 세력이 강화되어 그 힘이 황실을 능가했다. 사마씨는 263년에 촉한을 무너뜨리고 그 여세를 몰아 사마염을 황제에 앉혔으며, 국호도 위魏에서 진晉으로 바꿨다. 사마염(무제)은 280년에 건업을 공격하여 오나라를 멸망시키고 다시금 중원을 통일했다.

진의 무제 사마염이 죽은 뒤, 다시 혼란이 찾아왔다. 사마염은 사마씨 일족을 전국의 제후로 봉하여 중앙집권을 확립하고자 했는데, 이것이 화근이 되어 서로 권력을 차지하기 위해 사마씨들끼리 치열한 전쟁을 벌였다. 이 때문에 무제를 이어 황제에 오른 혜제는 혼란 중에 독살되었고, 허수아비 황제 회제가 옹립되자 곳곳에서 반란이 일어났다. 저족에서는 이웅이 왕을 자칭하며 대성국을 세웠고, 흉노족 유연은 한을 세웠다. 이로써 이른바 변방 5족의 '5호 16국' 시대의 불길이 당겨졌다.

유연은 아들 유총과 함께 진의 수도 장안을 공격하여 무너뜨리고 진(서진)을 몰락시켰다. 이렇게 되자, 사마예가 남쪽 건강(지금의 남경)에 도읍을 정하고 또 사마씨의 황실을 이었다(이를 흔히 동진이라 한다).

동진은 11대 103년간 지속되었고, 이 기간 동안 저족, 흉노족, 선비족, 갈족, 강족 등의 변방 5족은 16국의 건국과 몰락을 반복하며 대륙의 북방을 장악하고 있었다.

삼국과 양진, 16국시대에는 이렇듯 황실의 힘이 약하고 혼란이 지속되고 있었기에 환관의 세력이 성장할 틈이 없었다.

동진 황실은 420년에 권신 유유에 의해 무너졌고, 유유는 황제에 올라 국호를 송宋으로 바꿨다. 송이 건립될 당시 북쪽에는 선비족 탁발씨가 세력을 확대하고 나머지 국가들을 무너뜨려나갔다. 탁발씨는 국호를 위魏라 하고 탁발규가 황제에 오르니, 이로써 남쪽에 송황조, 북쪽에 위황조가 성립되어 남북조시대가 열렸다.

남북조의 성립은 이전에 비해 황실의 안정을 가져왔고, 그 안정은 곧 환관의 세력을 급격히 키웠다. 북조의 위에서는 환관의 힘이 크게 성장하여 452년 제3대 태무제가 환관에게 살해당하는 사건이 일어나기도 했다. 후한황조에 비해 남북조는 규모가 작았고, 따라서 환관 세력 또한 상대적으로 약한 편이었다.

남북조는 남조가 송, 제, 양, 진으로 이어지며 몰락과 건국을 거듭했고, 북조는 북위, 동위, 서위, 북제, 북주 등으로 황실을 바꾸며 변화와 발전을 지속했다. 그리고 양견이 581년에 북주의 황실을 몰락시키고 황제에 올라 수隋를 세웠다. 수문제 양견은 589년에 남조의 진을 무너뜨리고 마침내 다시 천하를 통일했다.

그러나 수의 천하통일은 오래가지 못했다. 수문제는 15년간 천자의 자리에 있다가 자신의 태자 양광에게 살해되었고, 양광은 무리하게 고구려를 침입하다가 전쟁에 시달린 농민들의 봉기로 재위 13년 만에 무너졌다.

수황조가 무너지자 이연이 당唐황조를 일으켰다. 당황조는 618년에 일어나 약 300년 가까이 지속되었고, 당황실은 다시금 엄청난 숫자의 환관을 양산했다.

당황조 초기에는 태종 이세민의 강력한 단속으로 환관이 별로 득세하지 못했고, 고종 이후로 측천무후, 중종의 비 위황후, 측천의 딸 안락공주 등의 여성들이 득세하는 바람에 환관의 힘은 크게 강화되지 않았다.

환관이 두각을 나타내기 시작한 것은 중종 대의 양사욱부터였다. 양사욱은 중종의 황태자 위왕의 반란을 물리치는 데 큰 공을 세워 신임을 얻었다. 중종이 위황후와 안락공주에 의해 독살되자, 현종이 양사욱과 연합하여 위황후와 안락공주를 죽이고 즉위함으로써 황실은 안정을 되찾았다. 이 과정에서 환관 세력의 도움이 컸으므로 현종 대부터 환관의 힘은 크게 강화되었다. 여기에는 현종의 충복 고력사高力士의 힘이 크게 작용하였다.

고력사는 원래 성씨가 팽이며, 어린 시절에 영남의 토격사로 갔던 이천리에게 붙잡혀 궁으로 끌려온 뒤 거세되어 환관이 되었다. 소환小宦 시절에 그는 측천무후를 수발하다가 잘못을 저질러 궁 밖으로 쫓겨났는데, 그를 불쌍히 여긴 늙은 환관 고연복이 양자로 삼아 고씨 성을 주고 길렀다.

고력사의 운명을 가른 것은 고연복의 주선으로 번왕(지방을 다스리는 황자) 시절의 현종을 만난 일이었다. 당시 권력은 측천무후에게 쥐어져 있었고, 현종은 몸을 도사리며 기회를 엿보고 있던 중이었다. 때문에 지방에 떨어져 있던 그에게 도성 장안의 소식을 전해줄 사람이 필요했는데, 그 역할을 고연복이 하고 있었던 것이다. 현종을 주군으로 섬긴 고력사는 현종의 반정에 가담하여 공신이 되었고, 일약 3품 벼슬인 우감문장군이 되었으며 오래지 않아 1품 표기대장군에 올랐다.

이후 고력사는 재상 못지않은 힘을 얻었고, 엄청난 재력을 형성하여 황제 못지않은 호화스런 생활을 했다. 당시 고력사의 힘은 황태자를 능가할 정도였다. 훗날 숙종에 오르는 황태자가 그를 형이라고 부를 정도였다. 이러한 고력사의 출현은 후한 몰락 이후 500여 년 만에 환관을 권력의 중심으로 이동시킨 일대 사건이 아닐 수 없었다.

그러나 그의 영화는 안녹산의 난이 일어나면서 끝이 난다. 이란인 아버지와 돌궐인 어머니 사이에서 태어난 안녹산은 엄청난 거구였고, 신임받는 장수였다. 그는 덩치에 걸맞지 않게 정치적 술수에도 능해 현종의 애첩 양귀비의 양자가 되기도 했다. 이후 안녹산은 현종의 총애를 얻으면서 거만해졌고, 양귀비의 오빠이자 재상이었던 양국충과 세력을 다투기에 이르렀다.

양국충과 극심한 대립을 지속하던 안녹산은 군대를 이끌고 장안으로 달려와 도성을 장악하고 스스로 황제에 올랐다. 그러나 안녹산은 후계자 문제로 자식들간에 싸움이 일어나 장자 안경서에게 살해되었다.

당시 안녹산 휘하에 있던 사사명은 안경서가 아버지 안녹산을 살해하고 자칭 황제에 오르자 정부군에 복귀해버렸다. 그런데 현종에게 황위를 물려받은 숙종이 이광필을 시켜 자신을 암살하려고 하자 사사명은 반란을 일으켰다. 사사명은 휘하 군대 13만으로 반란을 일으켜 정부군을 격파했으며, 다시 안경서마저 죽이고 자신이 황제로 등극했다. 그러나 사사명 또한 자식들간에 후계자 문제가 치열해져서 아들 사조청에게 죽임을 당했다. 이 안녹산과 사사명의 난을 합쳐서 대개 안사의 난이라고 한다.

안사의 난 중에 현종은 몽진을 떠났고, 고력사 또한 현종을 따라 황궁을 나가야 했다. 현종은 2천 명의 호위병을 이끌고 사천으로 가고 있었는데,

그 도중에 호위병들이 반란을 일으켰다. 반란군은 나라를 망국지경으로 몰고간 양국충과 양귀비를 죽이라고 했고, 현종은 눈물을 머금고 양국충과 애첩 양귀비를 죽였다. 이때 양귀비의 숨통을 끊은 사람이 고력사였다. 현종이 그를 시켜 죽이게 했던 것이다.

자신의 애첩까지 죽이며 겨우 목숨을 보전한 현종은 이미 늙고 병들어 있었다. 그런 상황에서 현종은 황위를 내놓고 운남성으로 쫓겨가야 했고, 고력사는 황제를 제대로 모시지 못한 죄를 받기 위해 장안으로 호출되었다. 숙종의 환관 이보국李輔國이 그의 목숨을 노리고 있었던 것이다.

장안으로 돌아가던 고력사는 도상에서 주군 현종이 죽었다는 소식을 접했고, 그 또한 죽음을 예감하며 비상을 입에 넣고 자살했으니, 때는 760년이었다.

고력사에 이어 권력을 잡은 환관은 고력사를 죽이려 했던 이보국이었다. 이보국의 본명은 정충이며, 어릴 때 환관이 되었다. 그는 얼굴이 너무 못생겨 황제나 황후 주변에 기용되지 못하고 나이 마흔 살이 되도록 마구간지기를 했다. 그러나 고력사의 눈에 띄어 황태자의 말을 돌보게 되었다.

그 뒤 안녹산의 난이 일어났는데, 이 사건은 그에게 천재일우의 기회였다. 그는 환관의 우두머리 고력사를 제거하고 자신이 그 자리에 오를 계획을 세웠다. 이를 위해 현종과 숙종을 이간질시켜 현종의 입지를 크게 약화시켰다. 그것은 곧 숙종의 황제 즉위로 이어졌다. 숙종이 황제가 되면서 그는 일약 황제의 최측근 환관이 되었고, 반대로 고력사는 끈 떨어진 갓 신세로 전락했다.

숙종이 황제가 된 뒤 이보국은 자신과 친분을 쌓은 후궁들의 힘에 의존하여 병부상서의 벼슬에 올라 병권을 장악했고, 숙종이 병에 걸려 눕게 되자 황권마저 마음대로 했다. 숙종의 황후 장씨는 그런 이보국의 행동을 몹시 못마땅하게 생각하고 그를 죽이려 했으나 마땅한 방도를 찾지 못했다. 오히려 이보국의 역공을 받아 명줄을 내주고 말았다.

숙종이 죽은 뒤, 이보국은 장황후의 아들 대종을 황제에 올렸다. 이보국은 대종을 겁 많고 멍청한 인물, 즉 허수아비로 세워놓기에 적임이라고 판단했다.

대종이 황제에 오른 뒤 이보국은 조정을 완전히 장악하고 국정을 마음대로 했다. 대종은 그가 시키는 대로 움직이며 별다른 반발을 하지 않았다.

이보국은 휘하에 숱한 환관들을 키워 그들을 통해 조정을 장악해 나갔다. 그 중에 정원진程元振이란 자가 있었는데, 이보국은 그를 총애하여 장군으로 삼고 군대를 통솔하게 했다. 그러나 호랑이 새끼를 키운 꼴이었다. 정원진은 이보국의 자리를 차지하기 위해 대종에게 손을 내밀었고, 대종은 정원진의 힘을 빌어 이보국을 내쫓을 마음을 품었다.

대종은 우선 이보국에게 왕위를 내리고 지방으로 내보냈다. 대신 군권을 회수했다. 이미 정원진에게는 표기대장군의 직책을 내려 군권을 장악토록 한 뒤였다. 군권이 사라진 이보국은 그야말로 발톱 잃은 늙은 호랑이 신세로 전락하여 벽촌인 박릉군에서 쓸쓸히 지내다가 피살되었다. 피살된 그의 시신에는 이상하게도 머리와 오른팔이 없었다. 대종은 나무로 머리와 팔을 만들어 장례를 치러주도록 했다. 자신이 자객을 보내 그를 죽였다는 오해를 불식시키기 위한 조처였다.

이보국 이후 권세를 잡은 환관은 어조은魚朝恩이란 자였다. 703년생인 이보국에 비해 어조은은 그보다 열아홉 살 어린 722년생이었다. 처음에는 황문의 급사로 있다가 숙종이 안녹산을 죽이고 황제에 오른 안경서를 토벌할 때 군대를 감독하는 감군監軍으로 파견되어 승전에 공을 세워 신임을 얻었다. 대종 때에 토번의 군대가 20만 대군을 이끌고 공격해오자 대종은 장안을 버리고 도망가는 신세가 되었다. 이때 피난길에서 대종을 호위한 공로로 신임을 얻었고, 반대로 당시 권세를 누리고 있던 정원진이 토번군에 침략을 허용한 책임을 지고 쫓겨나자 어조은은 환관의 우두머리로 부상했다. 어조은을 신임한 대종은 그를 금위군의 수장으로 임명했고, 이후 어조은은 고관대작으로 승진했다.

어조은은 학문에 관심이 많아 스스로 많은 공부를 했지만, 학식은 대수롭지 못했는데 국자감을 맡게 되었다. 일개 환관이 당나라 최고 학부의 총장이 된 셈이다. 물론 실력보다는 권력으로 얻은 자리였다.

이후 그는 죽은 장경태후를 위해 절을 짓는다며 엄청난 재물을 끌어모았다. 이 때문에 백성들의 원성이 매우 높았다. 또한 그는 자신의 어린 양자 어영휘에게 나이에 맞지도 않는 높은 벼슬을 내리도록 대종을 압박했다.

그 무렵, 어영휘는 부자들을 협박하여 재물을 뜯어내고 심지어 살인을 일삼기도 했다. 그 소식을 들은 대종은 분노하여 당시 재상이던 원재의 건의를 받아들여 어조은의 관직을 박탈해버렸다. 위기감을 느낀 어조은은 금위대장을 매수하여 군권을 되찾고자 했으나 재상 원재와 대종의 반격을 받아 죽음으로 내몰렸다.

대종은 어조은을 제거하기 위해 궁중에 연회장을 마련한 후 그를 초청했다. 황제의 초청이 있자, 잔뜩 목에 힘을 주고 연회장으로 찾아든 어조은은 미리 대기하고 있던 금군에게 체포되어 교살되었다.

어조은이 제거된 뒤 병권은 조정으로 돌아갔다. 이후 한동안 환관은 활개치지 못했다. 그러나 대종이란 인물 자체가 워낙 환관을 가까이 두고 그들의 말을 신임했기 때문에 환관의 전횡이 완전히 사라진 것은 아니었다.

대종이 죽고 덕종이 즉위하자, 또다시 전국은 혼란에 휩싸였다. 곳곳에서 군벌이 반란을 일으켰고, 장안은 늘 군대 행렬로 분주했다. 반란군의 기세는 어느덧 황성까지 치고들었고, 덕종은 도성을 버리고 협서성으로 달아났다.

그런 상황에서 덕종은 다시금 군권을 환관에게 넘겼다. 신하들을 믿지 못해 자신의 최측근인 환관에게 군권을 일임했던 것이다. 덕종은 재상의 직책도 없애버리고 조정 자체를 철저히 자신의 측근들만으로 운영했다. 그러자 환관의 힘은 대종 초기보다 더 강화되었다.

덕종의 치세는 26년간 지속되었다. 그 동안 중앙 정치는 완전히 실종되고, 지방은 끊임없이 계속되는 반란에 지쳐갔다. 국가 기강은 무너졌으며 관리들 사이에는 뇌물이 횡행했다. 덕종이 죽고 순종이 즉위했으나, 1년도 안 돼 죽고 헌종이 황제에 올랐다. 헌종은 재상을 부활시키고 국가 안정에 주력하여 가까스로 반란의 소용돌이를 잠재웠다.

막상 혼란이 잠재워지자 헌종 또한 마음이 해이해져 향락의 길로 빠져들었다. 헌종은 유필이라는 방사의 말을 믿고 당시 유행하던 신선술에 빠졌다. 유필은 불로장생의 선약을 만들 수 있다고 장담했고, 헌종은 그 말을 믿고 그가 가져다준 약을 먹었다. 그러나 그 약을 먹고부터 헌종은 성질이 포악해지고 함부로 살인을 했다. 그로 인해 측근 환관들이 수도 없이 죽었다. 그러자 환관 왕수징王守澄과 진홍지陳弘志가 헌종을 시해한 후 약을 잘못 먹고 죽었다고 꾸몄다.

이후 황위를 놓고 환관들이 서로 반목하여 싸웠다. 환관들은 황태자 파와 반대파로 나뉘어 싸움을 벌였고, 결국 황태자 파가 승리하여 목종이 황제가 되었다. 그야말로 환관이 황제를 옹립하는 상황이 된 것이다.

목종의 즉위는 곧 왕수징의 권력 장악을 의미했다. 목종은 여색을 탐하고 노는 것에만 정신을 팔았다. 목종은 격구를 관람하던 중 환관이 말에서 떨어지는 것을 보고 놀라 중풍에 걸려 죽고 말았다.

목종이 죽고 나이 어린 경종이 황제에 오르자, 왕수징은 황권을 완전히 장악했다. 경종은 황제의 무력함에 절망하여 정사를 제쳐놓고 놀이에만 열중했다. 그는 레슬링을 좋아해 늘 역사들을 불러놓고 그들의 시합을 구경하곤 했다. 목종이 역사들을 총애하자, 역사들은 환관들을 우습게 알았다. 이 때문에 화가 난 환관들은 또다시 황제를 죽여버렸다. 이에 왕수징은 군대를 동원하여 황제를 시해한 환관들을 모두 죽이고, 경종의 아우 문종을 새로운 황제로 옹립했다.

그러나 문종은 오히려 왕수징을 제거하고자 했다. 당시 환관들은 서로 권력을 다투며 반목을 거듭하고 있었는데, 문종은 그 점을 이용하여 환관들의 세력을 일소할 계획을 품었다. 문종은 환관 구사량仇士良, 정주鄭注 등의 힘을 이용하여 왕수징을 죽이는 데 성공하였고, 왕수징의 장례식에 정적 관계에 있던 환관들을 끌어모아 모두 척결하려는 계획을 꾸몄다.

하지만 이 계획에 가담했던 모략가 이훈이 정주와 대립하는 바람에 계획은 변경되었다. 만약 원래 계획대로 일이 성사되면 정주가 모든 권력을 장악할 것이라는 판단 아래 이훈은 정주가 모르는 다른 계략을 꾸밀 것을 주장했고, 문종이 이를 받아들였다.

이훈은 궁궐에 감로가 내렸다는 소문을 퍼뜨린 다음에 환관들이 집결하면 죽이자는 계획을 짰다. 중국 풍습에 하늘에서 감로甘露가 내리면 잔치를 벌였는데, 이를 이용하자는 계책이었다. 그런데 구사량이 연회장에 도착해보니, 어쩐지 준비가 미비하고 주변이 어수선해 보였다. 구사량은 곧 위험을 감지하고 금위군을 이끌고 와서 매복해 있던 병력을 물리쳤다(이 사건을 흔히 '감로의 변'이라고 한다). 그리고 범인들을 붙잡아 심문하는 과정에서 문종이 이 계획에 가담했음을 알아냈다.

감로의 변 이후 권력은 구사량이 장악했다. 구사량은 군권과 조정을 모두 장악한 뒤 환관들에게 황제를 감시하게 했고, 황제가 정치에 간여하지 못하도록 나름대로 황제 조종술을 마련하여 행동으로 옮겼다.

이후 당나라는 환관이 지배하는 나라가 되었다. 당나라 말기의 환관 유계술劉季述은 황제 소종이 말을 듣지 않는다고 황후와 함께 유폐시키기도 했다. 이후 유계술은 태자를 황제에 앉히고 소종의 측근들을 모두 몰살시켜버리기도 했다. 다행히 소종은 재상 최윤과 신책 지휘사 손덕소 등의 거병으로 풀려나 황제의 자리를 되찾았다.

이렇듯 환관들의 난이 끊이지 않자 당나라는 혼란의 소용돌이 속에서 망해갔고, 결국 903년에 절도사 주전충이 군대를 이끌고 궁정으로 쳐들어와 일거에 환관 수백 명을 척살하였다. 그로부터 4년 후인 907년에 주전충은 자기가 세운 허수아비 황제 애제로부터 황위를 넘겨받아 황제가 되었다. 이로써 당황실은 막을 내렸다.

송황조 – 북송을 말아먹은 환관 동관　　당황조가 멸망된 이후 중국은 혼란의 소용돌이에 휘말렸다. 당황실을 몰락시킨 주전충은 후량을 세웠으나 17년 만에 몰락하였고, 이어 이존욱이 후당을 세웠으나 역시 14년 만에 무너졌다. 석경당이 건립한 후진은 11년, 유지원이 세운 후한은 단 4년, 곽위가 건립한 후주는 9년 동안 유지되었다. 다섯 황실이 건국과 몰락을 거듭한 이 시기를 5대시대라고 부르는데, 5대시대는 13명의 황제에 의해 53년간 지속됐다.

5대 시대는 중국 대륙이 완전히 통일되지 못했던 시기였다. 따라서 이 시기에는 10개 소국들이 난립했다. 10국은 양행밀이 건립한 오, 전류의 오월, 유은의 남한, 마은의 초, 왕건의 전촉, 왕심지의 민, 고계흥의 형남, 맹지상의 후촉, 서지호의 남당, 유숭의 북한 등이었다. 이들 10국을 세운 자들은 대부분 지방의 절도사들이었다.

이렇듯 5대 10국 시대에는 황실이 불안정했기 때문에 환관들의 득세는 거의 없었다. 당황조 말기에 주전충은 어린 환관 30여 명만 남기고 700명이 넘는 환관들을 모두 몰살시켰으며 지방에 나가 있던 감군 환관들도 모두 죽였다. 그야말로 환관의 씨를 거의 말려버린 셈이었다.

환관이 다시 조직화되고 권세를 얻기 시작한 것은 통일 황조인 송나라 건국 이후였다. 송宋은 후주의 금군 대장이었던 조광윤이 군사 정변을 일으켜 후주를 무너뜨리고 세운 국가였다. 이후 그는 주변의 소국들을 합병하여 대륙 통일에 박차를 가했다.

이때 북쪽에서는 거란이 세력을 떨치며 요나라를 형성하고 있었다. 조광윤은 여러 차례 요나라에 패해 고전을 면치 못했는데, 이는 송 황실을 매우 불안하게 하는 요인이었다. 이런 불만 요소가 있었지만 송나라는 이전의 5대 시절보다는 안정된 황실을 갖추고 있었다. 그런 까닭에 환관 조직도 체계화되었으며, 환관의 입김도 조금씩 강화되었다.

송태조 조광윤은 환관에 대해 매우 엄격하였고, 황궁에서 일하던 환관의 숫자도 불과 50여 명에 지나지 않았다. 조광윤은 신하들이 개인적으로 종을 거세하여 거느리는 것도 금지하였고, 백성들 사이에서 어린 환자를 사고 파는 것을 발각하면 죄로 다스려 죽였다. 환관에 대한 이런 강력한 정책은 태종 대에도 이어졌다.

하지만 그런 상황에서도 황제로부터 총애를 받아 권좌에 오르는 환관들이 있었다. 태조 대의 두신보竇神寶나 태종 대의 왕인예王仁睿, 왕계은王繼恩, 진종 대의 유승규劉承規 등이 그들이다. 이들은 건국 초기의 혼란 속에서 황제를 호종한 공을 세우기도 했고, 때로 직접 군대를 이끌고 출전하여 전공을 세우기도 했다. 덕분에 황제로부터 두터운 신임을 얻어 환관에 대한 인식을 크게 개선시켰다.

『송사宋史』「환관열전宦官列傳」에는 40여 명의 환관에 대한 기록이 있는데, 이들 대부분은 국가에 큰 해를 끼치지 않았다고 한다. 하지만 사서에 기록된 환관 모두가 송 황실에 득이 된 것은 아니었다. 특히 휘종 대의 환관 동관童貫은 나라를 말아먹은 대표적인 환관으로 기록되어 있다.

휘종은 8대 황제인데, 그는 예술적 재능이 뛰어난 인물이었다. 그러나 재능에 지나치게 집착하여 정사를 뒷전으로 미루고 그림이나 골동품, 수석 등을 수집하는 데 골몰하였다. 동관은 휘종의 그런 지나친 취미 생활을 기회 삼아 출세의 길을 열었다.

동관은 환관 이헌에 의해 양육되었고, 스스로 황궁의 급사가 된 자였다. 그는 매우 영악하여 남의 마음을 잘 읽었으며, 일 처리 능력도 탁월했다.

휘종은 그림, 글씨, 골동품 등을 수집하기 위해 항주에 명금국明金局이라는 수집 기관을 설치했는데, 동관은 이곳의 공봉관으로 일했다. 이때 그는 항주의 관리로 있던 채경이라는 인물과 자주 어울리며 친분을 쌓았고, 또 채경이 중앙 관리로 진출하는 데에 도움을 줬다. 휘종은 자신의 취미 생활에 큰 도움을 주고 있던 동관을 매우 신임하였고, 동관은 채경을 적극적으로 추천하여 재상의 자리를 얻게 만들었던 것이다. 이때부터 동관과 채경은 찰떡궁합이 되어 나라를 말아먹기 시작했다.

17 조광윤은 후주의 절도사로 있다가 나라를 일으켜 송황조를 세운 인물이다. 송나라 건립 후 그는 환관에 대해 매우 강력한 억압책을 썼으며, 스스로 모범을 보이며 궁궐 내부에 환관을 50명 정도밖에 배치하지 않았다. 덕분에 송황조 초기에는 환관들의 준동이 거의 없었다.

동관은 환관 양사성梁師成 등을 수하로 부리며 황궁을 손안에 넣었고, 채경은 주면, 이언 같은 자들과 결탁하여 조정을 장악했다.

당시 송나라의 상황은 매우 급박하게 돌아가고 있었다. 북쪽에서는 거란의 요나라가 중원을 노리고 있었고, 동북쪽에서는 신흥강국으로 등장한 여진족의 금나라가 침략의 기회만 엿보고 있었다. 하지만 휘종은 동관에게 정사를 맡겨둔 채 수석이나 서화에만 탐닉하였다.

동관은 그 상황에서 나름대로 재치와 능력을 발휘하여 마치 자신이 나라의 주인이라도 된 양 국사를 처리해나갔다. 그는 요나라의 위협으로부터 벗어날 요량으로 새롭게 등장한 금나라를 끌어들이고자 했다. 금을 끌어들여 요와 싸우게 만들어 어부지리를 노리겠다는 계산이었다. 이를 성사시키기 위해 그는 요나라에 사신으로 다녀오기도 했다. 요를 무너뜨리기 위해서는 우선 요의 내부 사정을 잘 알 필요가 있다는 계산에 따른 행동이었다.

이후 그는 금나라에도 사신을 보내 송이 요의 남경을 칠 테니, 금은 그 기회를 이용하여 요의 서경을 쳤으면 한다고 제의했다. 금은 그 제의를 받아들여 송과 동맹을 맺고 요를 공격했다. 동관은 요와 금이 서로 엉겨 싸우도록 내버려두었다. 이 때문에 금은 송이 배반한 것으로 간주하고 분통을 터뜨렸다. 그런 상황에서 거란 내부에 반란이 일어났다. 동관은 그 기회를 놓치지 않고 병력 20만을 이끌고 요의 남경을 공격했다. 하지만 공격은 실패로 돌아갔다. 오히려 그 상황을 이용한 금이 어부지리를 취했다. 송과의 싸움으로 병력이 약해진 틈을 노려 금의 군사가 요의 수도 남경으로 밀려들었던 것이다. 싸움은 오래지 않아 금의 승리로 끝났다.

요를 몰락시킨 금의 창끝은 다시 송으로 향했다. 맹약을 배신한 것에 대한 응징이었다. 금군이 무서운 기세로 밀려오자, 동관은 휘하 장수에게 군대를 맡기고 황궁으로 돌아왔다. 동관은 휘종에게 증원군을 모집할 것을 주문했고 휘종 역시 다급한 마음으로 군사 모집에 나섰으나, 백성들의 민심은 이미 돌아선 뒤였다.

그 무렵, 유생들이 들고 일어나 동관과 그 일당들을 죽일 것을 주장했다. 하지만 휘종은 동관을 내치지 않았다. 그는 오히려 책임을 모면하기 위해 황위를 태자에게 넘기고 도성에서 달아나려 했다.

아들 흠종에게 황위를 물려준 휘종은 동관과 채경을 대동하고 남쪽으로 달아났고, 도성 개봉은 금군에 의해 포위되었다. 이쯤 되자, 송나라 조정에서는 금과 강화 조약을 맺고 전쟁을 끝내자는 여론이 강하게 대두되었다. 금에서도 태원 등 주요 요충지 세 곳을 떼어주고 전쟁 보상금과 인질을 보내면 화의에 응하겠다는 반응이 나왔다.

그러나 화의는 쉽게 이루어지지 않았다. 흠종은 나름대로 시간을 끌다가 당시 송나라 주력군을 이끌고 있던 장수 종사도의 군대가 들어오면 금군과 겨루어볼 심사였다. 흠종의 뜻대로 종사도의 군대가 개봉으로 들어오는 데에는 성공했으나, 전장의 장수에 불과한 종사도는 조정의 정치 싸움에 말려 다시 황성 밖으로 밀려나야만 했다.

흠종이 이렇듯 도성을 사수하기 위해 고군분투하고 있는 가운데, 남경에서는 동관이 휘종의 복위를 꾀하고 있다는 소문이 들려왔다. 흠종은 그 소문을 불식시키기 위해 휘종과 동관 일당을 개봉으로 불러들였다.

휘종이 개봉으로 돌아오자, 조정 대신들은 나라를 망국지경으로 몰고간 동관과 채경을 탄핵했다. 결국, 채경은 도성으로 돌아오는 길에 탄핵을 받아 살해되었고, 동관 역시 유배길에 올랐다가 도상에서 처형되었다. 처형된 동관의 머리통은 개봉 거리에 매달렸다. 공격의 기회를 엿보고 있던 금군은 일시에 개봉을 공략하여 무너뜨리고 휘종과 흠종을 포로로 잡았다. 이로써 북송은 몰락했고, 휘종과 흠종은 변방으로 끌려가 죽을 때까지 노동을 하며 지내야 했다.

북송이 몰락한 후 흠종의 동생 조구가 남경에서 황제에 올라 송황조를 이어가니, 이를 역사에서는 남송이라고 부른다.

원황조 – 고려인으로서 『원사』의 「환관전」에 실린 박불화

금이 북송을 무너뜨리고 세력을 떨치며 남송을 압박하고 있을 때, 또 하나의 막강한 세력이 맹위를 떨치고 있었으니, 바로 몽고였다. 몽고는 12세기 말에 칭기즈칸 테무친에 의해 강력한 통일 국가를 형성한 뒤, 유럽과 페르시아

지역까지 세력을 떨쳤다. 이후 13세기 초에 중국 북방으로 진출하여 하夏를 무너뜨리고 이어 금과 남송을 차례로 무너뜨리며 중원의 주인이 되었다.

몽고가 남송을 멸망시킨 것은 1279년이었으며, 이때 정권을 장악하고 있던 쿠빌라이는 원황조를 건립하여 강력한 중앙집권국가를 확립하였다.

원元을 일으킨 몽골족은 환관 문화가 없었기 때문에 원이 중원을 장악한 이후 환관은 수가 줄어들고 세력도 크게 약화되었다. 더욱이 원나라를 세운 칭기즈칸은 귀족의 자제들을 내정의 급사로 썼기 때문에 환관들의 역할이 줄어들 수밖에 없었다. 그런 까닭에 원황조 시절에는 환관의 난립이 거의 없었다. 그렇다고 환관 제도 자체가 사라진 것은 아니었으며, 내정의 급사로 환관이 전혀 쓰이지 않은 것도 아니었다. 내정에 이용된 환관의 수는 극히 소수였던 까닭에 『원사元史』의 「환관전」에 오른 인물은 이방녕李邦寧과 박불화朴不花, 단 두 사람뿐이다.

이방녕은 원래 송나라 환관이었다가 송이 멸망한 후 원황조에서 벼슬한 인물이다. 그가 처음 벼슬을 얻은 것은 세조 쿠빌라이로부터였다. 세조는 그를 내정의 급사로 썼으며, 이때 그는 번역과 통역 일을 하였다. 또한 그는 의술에도 뛰어나 성종 즉위 후에는 소문관대학사로서 태의원사가 되었으며, 성종이 아파 누웠을 때는 1년 가량을 황제 옆에 머물며 병을 돌보기도 했다. 무종 즉위 후에는 지방 강절행성의 평장사에 임명되었으나 스스로 사양했으며, 인종의 즉위에 도움을 주기도 했다. 인종은 그 공을 기려 그를 집현원대학사로 삼기도 했다.

이렇듯 이방녕은 환관 본연의 영역에서 능력을 발휘한 것이 아니라 학문과 의술을 통해 출세한 만큼 이전의 환관들과는 여러 면에서 다른 면모를 보였다고 할 수 있다. 그런 의미에서 보자면 「환관전」에 오른 인물 중에 환관의 직분으로서 출세한 인물은 박불화가 유일하다고 해야 할 것이다.

박불화는 고려인이며 고려로부터 왕씨 성을 하사받아 왕불화로 불리었고, 몽고식 이름은 첩목아불화다. 그는 원래 고려의 환관이었다가 충혜왕 시절에 고용보와 함께 원나라에 파견되었고, 당시 원나라 제12대 황제인 순제의 제2황후 기씨의 영향력에 힘입어 세력을 얻었다.

박불화는 기황후와 한 동네 사람으로 경기도 행주 출신이다. 기황후가 궁인으로 뽑힌 뒤에 순제의 사랑을 얻어 황태자를 낳은 덕에 제2황후에 오르자, 고려 조정에서는 기황후를 받들 환관을 파견했는데, 박불화가 그 중에 한 명이었던 것이다.

기황후는 박불화가 자신과 동향이라 매우 총애하였고, 그를 영락대부 벼슬에 황후의 재무를 책임지는 자정원사로 임명했다. 이후 박불화는 황후의 힘을 믿고 정사에도 간섭하여 조정 대신들의 비난을 받기도 했으며, 황후와 황태자의 건강을 빈다는 명목으로 지나치게 큰 불사佛事를 일으켜 국가 재정을 낭비하기도 했다.

그러나 당시 원황조는 몰락의 길을 걷고 있었다. 홍건적이 일어나 전국을 휩쓸고 있었고, 조정은 지방의 혼란을 효과적으로 차단하지 못했다. 거기다 순제는 늙어 판단력이 흐렸고, 그런 탓에 황태자의 영향력은 강화되었다. 이렇게 되자, 기황후는 순제로 하여금 황태자에게 선위시키려는 음모를 꾸미게 되었고, 박불화 또한 그 모의에 가담하고 있었다. 기황후는 박불화를 시켜 승상 태평에게 황제의 선위를 요구토록 했으나 태평이 응하지 않았다. 이에 기황후는 태평을 내쫓고 삭사감을 승상에 앉혔다. 이후로 박불화와 삭사감이 조정을 장악하고 국정을 농단했다.

이렇게 되자 어사대의 관원들이 대거 반발하여 황태자의 지나친 정사 참여를 막으려 했다. 이에 기황후는 어사대의 우두머리들을 좌천시켜버렸고, 어사대 관원들은 이에 반발하여 모두 사직서를 제출했다. 또한 조정 대신들은 박불화와 삭사감을 내쫓을 것을 순제에게 상소했다.

대신들은 박불화의 전횡이 진나라의 조고나 후한의 장양에 뒤지지 않는

다며 그냥 두면 나라의 큰 화근이 될 것이라고 경고했다. 하지만 순제는 대로하여 상소를 주도한 진인조와 같은 인물들을 좌천시켜버렸고, 오히려 박불화를 집현원대학사로 삼고 숭정원사에 임명했다.

그때 노적사라는 인물이 제법 조정에 영향력을 행사하고 있었는데, 황태자는 이 때문에 노적사를 몹시 미워했다. 기황후도 내심 노적사를 좋아하지 않았다. 노적사의 어머니는 순제의 외숙모였다. 그 때문에 순제는 노적사를 신임하고 왕 칭호를 내려 황도로 들어올 것을 명했다.

명을 받고 달려온 노적사가 대동에 이르렀을 때, 발라첩목아의 군영에 머물게 되었다. 그러자 박불화와 삭사감은 노적사와 발라첩목아가 모반을 도모했다고 무고하여 쫓아냈다. 하지만 그것은 순제가 원하던 바는 아니었다. 종실의 친왕인 불안첩목아가 박불화와 삭사감이 황제의 재가도 받지 않고 마음대로 발라첩목아를 관직에서 내쫓았다고 탄핵하니, 순제는 두 사람을 유배시키고 발라첩목아의 관작을 회복시켰다. 하지만 박불화와 삭사감은 유배지로 가지 않고 도성에 머물러 있었다.

이 일로 화가 난 발라첩목아가 군대를 일으켰다. 그 기세를 무너뜨리지 못할 것을 안 순제는 발라첩목아를 달래기 위해 박불화와 삭사감을 붙잡아 그에게 넘겨줬다. 이로써 원나라 조정을 한손에 넣고 주무르던 박불화는 불귀의 객이 되고 말았으니, 때는 지정 24년(1364)이었다.

박불화가 발라첩목아의 칼날에 목줄을 내준 지 4년 만인 1368년 원황조는 결국 홍건적의 우두머리 주원장에게 황궁을 내주고 북쪽으로 쫓겨갔다. 인류 역사 이래 가장 광대한 영토를 지배했던 대원제국은 이렇게 몰락했다.

명황조 – '환관의 나라' 대명제국   원을 무너뜨리고 명明나라를 세운 주원장은 강력한 중앙집권화를 꾀하는 한편, 환관에 대해서도 매우 혹독한 정책을 구사했다. 환관의 병폐에 대해 잘 알고 있던 그는 일단 환관의 숫자를 몇 백 명 수준으로 줄이고, 환관과 일반 관원의 왕래를 완전히 차단했다. 또한 환관의 지위도 4품을 넘지 못하도록 했으며, 정사에 간여하는 환관은 가차없이 죽였다. 심지어 환관은 글도 배우지 못하게 했고, '내신은 정사에 간여할 수 없으며, 위반하는 자는 목을 친다'는 글귀를 철패에 새겨 내정의 궁문 앞에 세워 두기까지 했다.

그러나 그의 환관 억제책은 그가 죽자마자 곧 수포로 돌아갔다. 주원장은 전국을 25개 지역으로 나누고 그곳에 모두 자신의 혈족들을 번왕으로 보냈다. 이는 지방 세력을 약화시키기 위한 조치였는데, 주원장에 이어 황제에 오른 손자 혜제는 번왕들의 세력 팽창을 염려하여 번왕 제도를 없애려고 했다. 이에 번왕 중에 가장 강력한 힘을 형성했던 주원장의 4남 연왕이 반란을 일으켜 조카인 혜제를 내쫓고 황제가 되었다. 이가 곧 영락제 성조인데, 그는 태조의 정책을 버리고 환관을 중용하는 정책을 썼다. 이 때문에 당나라

19 홍건군 우두머리로서 원황조를 무너뜨리고 종원을 차지한 주원장은 환관에 대한 강력한 억압책을 썼다. 덕분에 명조 초기엔 환관의 영향력이 크게 약화되었다. 하지만 그의 아들 영락제가 환관 중심의 정치를 펼치는 바람에 그의 환관 억압책은 유명무실하게 되었다.

이래 거의 사라졌던 환관의 정치가 다시 시작되었다.

반란을 통하여 황제에 오른 영락제는 비밀경찰인 동창東廠을 조직하여 신하들을 감시했다. 이 비밀경찰의 임무를 환관들에게 내렸다. 이 때문에 명나라 조정은 환관들에게 의해 감시받는 형국이 되었고, 이는 환관의 힘을 극대화시켰다.

동창은 단순히 신하들만 감시하는 것이 아니라 군대 조직도 감시했다. 그런 까닭에 조정과 군부가 모두 동창의 감시 아래 있었다. 이렇게 막강한 권력을 가진 동창은 명황조 말기까지 존속되는데, 이 때문에 명나라는 그야말로 '환관의 나라'로 전락하게 된다.

영락제는 환관을 외국에 보내는 사신으로 임명하기도 했고, 원정대를 이끄는 원정대장의 역할을 맡기기도 했다. 환관을 통하여 조정을 장악하고, 그것도 모자라 외국의 국가들까지 통치하려 했던 것이다. 이를 두고 조선의 태종이나 세종 같은 임금은 명나라가 비록 대국이라 하나 본받을 것은 별로 없는 나라라고 빈정대기도 했다.

영락제는 조정의 신료보다는 환관을 더 믿었다. 이러한 영락제의 생각에 확신을 가져다준 대표적인 환관은 이슬람교도 출신의 정화鄭和였다(정화의 성은 원래 마〔馬〕씨로, 운남성 출신인데 운남성에는 회교도가 많이 살았다. 그리고 그의 아버지가 회교도여서 그도 회교를 신봉했다).

정화는 영락제가 연왕 시절에 부리던 환관이었다. 운남성의 빈한한 가정에서 태어난 그는 지독한 가난 때문에 환관이 되었고, 연왕이 혜제를 내쫓고 황제에 오를 때 공을 세워 출세길을 열었다.

정화를 신임한 영락제는 그를 환관 조직의 우두머리인 내관감 태감으로 삼았고, 원래 마씨였던 그에게 정씨 성도 내렸다. 이때 영락제는 바닷길 원정으로 영토를 확대하여 명 황실의 위세를 떨치고자 했다. 그는 재위 3년(1405)에 가장 신임하던 정화를 원정대장에 선임하고 마침내 중국 역사에 길이 남을 대원정의 꿈을 실천했다.

원정 명령을 받은 정화는 20여 년 동안 총 7차례 원정을 떠났는데, 그가 밟은 땅은 남중국 지역을 비롯하여 동남아, 서남아는 물론이고 인도양을 거쳐 아프리카에까지 이르렀다. 이를 구체적인 요즘의 국명으로 거론하면 베트남, 인도네시아, 말레이시아, 방글라데시, 스리랑카, 인도 등의 동남아시아 국가들과 이란, 사우디아라비아 등의 서남아시아 국가, 그리고 아프리카의 이집트에 이르는 숱한 나라들이었다.

그는 가는 곳마다 명 황실의 위세를 떨쳤고, 도전하는 세력은 무자비하게 응징했다. 또한 각 지역의 보물들을 수집하여 영락제에게 갖다바치기도 했다. 그는 돌아올 때마다 영락제에게 보물을 하나 가득 안겼기 때문에 삼보三寶태감으로 불리기도 했다.

영락제의 죽음과 함께 그의 원정도 시들해졌다. 영락제가 생존해 있을 동안에는 여섯 번의 원정이 있었지만, 영락제 사후에는 단 한 차례 원정밖에 없었고 후에는 아예 금수 조치가 내려 원정 자체가 완전히 중단되었다.

정화가 원정을 지속하고 있는 사이 환관들의 세력은 날로 강해졌다. 환관에게 글을 가르치지 못하게 하고 또 내정에도 간섭하지 못하도록 명시한 철패는 그대로 서 있었지만, 환관은 글을 배우고 정사에도 깊이 간여했다. 학문에 뛰어났던 제5대 선종 대에 이르러서는 공식적으로 환관에게 글을 가르치는 내서당內書堂이 생겼고, 환관 조직 내부에 문서방이 특설되었다. 그 결과 환관의 정사 간여는 더욱 심해졌고, 환관이 학식을 겸비하는 것이 미덕으로 여겨지기까지 했다.

분위기가 그렇다 보니, 환관 중에서도 내서당 출신들이 출세하는 것은 당연했다. 내서당 출신 중에 권세와 명예를 한손에 쥐었던 대표적인 인물은 왕진王振이었다.

왕진은 산서성 출신으로 내서당을 좋은 성적으로 졸업한 인물이었다.

그는 선종에 이어 황제에 오른 영종이 황태자로 있을 때부터 부리던 환관이었다. 영종이 황제에 오른 나이가 불과 아홉 살이었으니, 자연스럽게 영종을 조정하는 역할을 할 수 있었다.

그러나 아홉 살짜리 어린 황제를 움직인다고 해서 황실을 장악한 것은 아니었다. 나이가 어린 탓에 황제는 섭정을 받는 입장이었고, 그런 까닭에 왕진은 당시 황실의 제일 어른이던 영종의 조모 장태후의 눈치를 봐야만 했다.

그럼에도 왕진은 황제를 마음대로 움직일 수 있다는 생각에 기고만장해 있다가 장태후의 노여움을 사서 죽을 고비를 자처하기도 했다. 왕명을 날조하고 조정 재상들의 의견을 마음대로 묵살하다가 장태후에게 발각되어 재상 양사기에게 용서를 비는 굴욕적인 일도 당했다.

이 사건 이후 장태후는 왕진을 없애려는 마음을 품고 주변 궁녀들을 시켜 그를 죽이고자 했다. 죽음에 임박한 순간, 어린 황제가 무릎을 꿇고 울며 태후에게 왕진을 살려줄 것을 애걸하여 구사일생으로 그는 살아날 수 있었다.

이후 왕진은 조신하며 늙은 장태후가 죽기만 기다렸다. 이미 장태후는 깊은 병마에 시달리고 있었기에 왕진은 기다리면 반드시 활개를 칠 날이 올 것이라 믿었다. 마침내 장태후가 죽자, 왕진은 제일 먼저 태조 주원장이 세운 환관의 정사 간여를 금지시킨다는 내용의 철패를 없애버렸다.

장태후가 없는 황궁은 왕진의 세상이었다. 그는 자기 눈에 거슬리는 대신들을 무자비하게 죽이기 시작했다. 황제의 스승이든 재상이든 그의 눈 밖에 난 자들은 난도질을 당하고 죽었다.

그의 힘은 황제의 모후인 하태후를 능가하였고, 황제조차도 그를 어쩔 수 없었다. 그쯤 되자, 뇌물과 아부가 넘쳤고, 공부시랑 왕우 같은 사람은 자기의 턱수염을 뽑아서까지 왕진의 환심을 사고자 했다.

그 무렵, 북쪽 변방에서는 몽고족이 내침을 감행해왔다. 당시 몽고는 원황조 멸망 이후 여러 부족으로 나뉘어져 세력이 약화된 상태였지만, 자주 명나라를 침범해왔다. 이때 명을 침입한 부족은 오이라트족이었다. 오이라트의 귀족 출신 영수 에센也先이 몽고족의 재규합에 성공한 뒤에 강력한 세력을 형성하고 명을 공격했던 것이다. 그러자 왕진은 영락제가 직접 몽고족을 응징한 것을 예로 들며 영종이 친히 군대를 이끌고 출정할 것을 요청했다. 조정 대신들은 황제의 출정은 매우 위험한 일이라고 반대했지만 왕진의 압력으로 결국 영종이 전장으로 나가게 되었다. 물론 군대를 지휘한 것은 왕진이었다.

하지만 왕진은 군대를 지휘할 능력이 없었다. 전략도 없이 힘으로 몽고군을 제압하려 하다가 오히려 역공을 당해 숱한 병사를 잃었다. 급기야 하북성의 토목보에서 몽고군에게 포위되는 지경에 이르렀다. 그때까지 군부에서는 여러 차례 군대를 돌려 퇴군해야 한다고 주장했지만 왕진은 들은 척도 하지 않았다. 오히려 퇴군을 주장하는 장수와 신하들을 힐난하기 일쑤였다. 그 때문에 왕진에 대한 장수들의 원망이 극에 달해 있었다. 설상가상으로 황제의 어가를 이끌던 금위군마저 몽고군에게 포위되자, 금위군 군관 번충이 분통을 떠트리며 왕진에게 달려들어 그의 목숨을 끊어버렸다.

번충은 자신이 길을 열며 영종을 구하기 위해 안간힘을 썼으나 이미 몽고군에게 완전히 포위되어 중과부적이었다. 몽고군은 명군을 순식간에 무너뜨렸고, 영종은 몽고군의 포로가 되었다. 이 사건을 일러 흔히 '토목의 변'이라고 한다.

정치와 전략에 대해 아무것도 모르는 일개 환관이 전쟁을 지휘하다가 군대를 모두 잃고 황제마저 적의 포로가 되었지만, 정작 포로가 된 영종은 전혀 반성하는 기미가 없었다. 그는 포로에서 풀려나 복위한 뒤에 왕진의 죽음을 슬퍼하며 통곡하였고, 왕진을 위해 사당을 지어주는 어처구니없는 일까지 벌였다. 거기다 환관 조길상曹吉祥을 권좌에 세워 다시 환관 정치를 이어갔다.

환관에 대한 영종의 이런 태도는 그의 아들 헌종에게도 이어졌다. 영종 대에 왕진이 있었다면 헌종 대에는 왕직汪直이 있었다. 왕직은 동창에 이은 또 하나의 비밀경찰 조직인 서창西廠을 설치했다.

원래 창廠이라는 것은 칙명에 의해 잡아온 죄수를 가두는 황궁 감옥이다. 그런데 동창이나 서창은 단순한 황궁 감옥이 아니라 신하들을 내사하고 감찰하고 심문하는 임무를 함께 부여받았기 때문에 비밀경찰 조직으로 인식된 것이다.

왕직이 그런 기능을 가진 조직을 하나 더 창설했다는 것은 동창만으로는 신하들을 완전히 통제할 수 없었던 탓이기도 하다. 비밀경찰이 해야 할 일이 너무 늘어나 동창의 조직은 날로 비대해졌고, 그 비대함이 결국 효율성을 상실하는 원인이 되었다. 서창은 그 문제점을 보완하기 위해 마련된 조직이었다.

그러나 이런 감시 체제 아래에서 정치가 제대로 될 리 없었다. 시간이 흐를수록 조정에는 아부에 능하고 권력만 좇는 인물들이 늘어났다. 정직하고 심지 굳은 신하들은 하나 둘 살해되거나 지방으로 좌천되기 일쑤였다. 재상이 되는 자는 모두 환관의 비위를 잘 맞추는 인물이었고, 입바른 소리 하는 재상은 가차없이 살해되었다.

환관들 중에도 왕직과 친분이 있는 자는 출세하였고, 왕직의 눈 밖에 난 자는 모두 찬밥 신세였다. 왕직의 끈으로 권좌에 오른 자들은 한결같이 재물에만 혈안이 되어 뇌물을 챙기기에 바빴다. 동창을 보완하기 위한 서창 또한 어느새 왕직 개인의 정보 기관으로 전락해가고 있었다. 서창의 요직은 모두 왕직의 측근들이 맡고 있었고, 그들은 한결같이 엄청난 뇌물을 받고 호화로운 생활을 했다.

그러자, 황제도 서서히 위기감을 느끼기 시작했다. 동창의 환관들도 왕직의 지나친 처사에 반발하고 있었다. 동창과 헌종의 그런 교감은 결국 왕직을 위협했다. 왕직은 서창의 측근들을 동원하여 동창과 헌종의 압력을 막으려 했지만, 그것은 헌종의 분노를 사고 말았다. 헌종은 서창을 문 닫게 하고 왕직을 변방으로 내쫓아버렸다.

왕직의 계산과 달리 헌종은 나름대로 서창과 동창을 적절히 이용하여 환관들이 서로 견제하도록 하고, 이를 통하여 힘의 균형을 이루려 했던 것이다. 그런 황제의 내면을 제대로 읽어내지 못한 왕직은 한순간에 부귀와 영화를 모두 잃고 변방의 늙은 환관으로 여생을 보내야 했다.

왕직에 이어 환관으로서 조정을 장악한 인물은 헌종의 손자인 무종 대의 유근劉瑾이다. 무종은 15세의 어린 나이에 황제에 올랐는데, 정사는 안중에 두지 않고 여색과 잡기에만 빠져 지냈다. 무종

20 명나라 때 태감의 상

의 그런 기질을 염려하여 아버지 효종은 재상 사천과 유건에게 특별히 황제를 잘 보살피라고 유언까지 남겼지만, 그들 재상의 능력으로는 무종의 기질을 변화시키지 못했다.

동궁 환관 출신 유근은 무종의 그런 기질을 십분 이용하여 권력을 장악하는 데 성공한 인물이다. 그는 황제 곁에 늘 잡기에 능한 자들을 붙여주고, 가급적 황제를 정사와 멀어지도록 했다. 또한 황제에게 보낸 측근들을 적절히 활용하여 정사를 마음대로 하였다.

보다 못한 재상 사천 등이 유근의 심복들을 황제 곁에서 떼어놓으려 했지만, 유근의 힘에 밀려 오히려 황제의 마음을 어지럽힌다는 명목으로 벌을 받아야만 했다.

그 뒤로 유근은 안하무인이었다. 그는 조정의 중요 시책을 자기 집에서

결정하고 황제에게 보고도 하지 않은 채 자기 마음대로 정책을 시행하기도 했다. 백관에 대한 그의 태도는 참으로 오만방자했다. 대신들이 말을 듣지 않는다고 단체 기합을 주는가 하면 더운 여름에 조정 백관들을 봉천문 앞 광장에 하루 종일 엎드려 있게 하기도 했다. 탈수 현상으로 쓰러지는 신하들이 속출하고 목숨이 오락가락하는 대신들도 있었지만 그는 전혀 개의치 않았다.

그는 태감의 요직을 모두 자신의 측근 환관으로 채우고, 또 하나의 비밀경찰 조직인 내창內廠을 만들어 환관들을 철저히 감시했다. 형제들은 한결같이 황족과 같은 대접을 받게 만들고, 측근들을 이용해 조정은 물론이고 지방 조직까지 모두 장악했다. 유근의 형이 죽었을 때는 조정의 백관들이 모두 조문하는 사태가 일어났고, 무종은 유근의 죽은 아버지를 위해 사당을 지어 제사를 올리도록 했다.

유근의 위세가 이렇게 하늘 높은 줄 모르고 치솟을 때, 백성들의 삶은 더욱 궁핍해갔다. 유근의 수하들은 전국 각지에서 뇌물을 챙기며 백성들의 피를 빨았고, 이 때문에 곳곳에서 농민봉기가 일어났다. 안화왕 주진파는 유근을 죽이라며 군대를 일으켰다.

유근도 덜컥 겁이 나지 않을 수 없었다. 그는 자신의 최측근인 환관 장영을 시켜 주진파의 군대를 진압토록 했다. 그러나 주진파를 진압하고 돌아온 장영은 주진파가 내세운 유근의 죄목 17가지를 몰래 황제에게 보여줬다. 그 속에는 유근이 역모를 꾀하고 있다는 말도 들어 있었다.

무종은 즉시 유근의 가택을 수색토록 했다. 놀랍게도 그의 집에서는 위조된 옥새가 발견되었고, 옥대와 갑옷과 무기들이 쏟아졌다. 분노한 무종은 즉시 유근을 잡아들여 사지를 찢어 죽이라고 명령했다. 그의 가족과 측근들도 모두 죽음을 면치 못했다.

유근의 죽음 이후에도 환관의 정치는 계속 이어졌다. 신종 대에는 환관

풍보馮保가 황제를 허수아비로 만들며 월권 행위를 하다가 고향으로 쫓겨가 참혹한 말로를 보냈고, 명황조 말기인 희종 대에는 위충현魏忠賢이 나타나 망국으로 몰아갔다.

위충현은 어린 나이로 황제에 오른 희종의 유모 객씨의 정부였다가 객씨의 도움으로 희종의 총애를 얻은 인물이다. 이후 위충현은 동창을 장악하여 환관 집단의 우두머리로 부상했고, 결국 조정을 완전히 장악하여 재상들을 수하로 부리게 되었다. 유학자들이 중심이 된 조정의 동림당東林黨 세력이 조직적으로 위충현에게 저항해왔으나, 그들조차 대부분 위충현의 마수에 걸려 불귀의 객이 되고 있었다. 위충현은 동림당을 제거하기 위해 그들에게 역모죄를 뒤집어씌우곤 했는데, 이를 위해 엄청난 고문을 가했다. 그 고문이 얼마나 지독했던지 한번 잡혀간 동림당 신하들은 역모죄를 시인하기 전에 이미 살점이 제대로 붙어있지 않은 초주검 상태가 되었다.

동림당까지 무너지자, 위충현의 힘은 황제를 능가하게 되었고, 황명까지 자기 마음대로 써서 내렸다. 희종은 그런 위충현에게 죽은 사람에게나 지어주는 사당을 지어주기도 했다. 위충현의 사당이 한창 지

21 청대 태감들(위쪽 유성평, 아래쪽 목광복). 청조의 환관들은 머리를 삭발하고 다녔다.

어지고 있을 때, 희종은 급작스런 죽음을 맞이했다.

희종이 죽고 그의 아우 숭정제 사종이 즉위했다. 사종은 위충현을 좋아하지 않았고, 환관들도 몹시 싫어했다. 그는 즉위하자 마자 곧 위충현을 지방으로 쫓아버렸다. 절망한 위충현은 스스로 목을 매고 자살해버렸고, 위충현에게 원한을 품고 있던 환관들은 그의 시신을 끌고와 갈기갈기 찢었다.

위충현이 죽은 뒤에도 환관의 권력은 계속 이어졌다. 즉위할 때만 해도 환관을 몹시 싫어하던 숭정제는 점차 환관에게 길들여졌고, 그도 역시 환관 없이는 살 수 없는 황제가 되고 말았다.

그 무렵, 만주족이 세력을 형성하고 중국 북부를 위협하기 시작했다. 내부에서는 이자성이 농민군을 일으켜 봉기했고, 그의 농민군은 북경으로 밀고 올라갔다. 이자성의 군대가 북경을 향해오자, 북경의 정부군이 도성에서 창을 돌리고 자금성으로 진격하는 기현상이 벌어졌다. 5개월 동안 녹봉을 받지 못한 도성 방위군 10만이 반란에 가담한 것이다.

숭정제는 자금성 밖으로 달아나려 했으나, 성문은 굳게 잠겨 있었다. 환관들이 도끼를 들고 날뛰며 궁문을 부수기 위해 갖은 방법을 다 동원했으나 거대한 궁문은 끄떡도 하지 않았다.

숭정제가 그렇듯 오도가도 못하고 독 안의 쥐 꼴이 되어 자금성에 갇혀 있는 사이 이자성의 군대가 자금성으로 치고 들었다. 환관 조화순이 궁문을 열어주어 이자성의

22 서태후(1835~1908)는 청조 말 함풍제의 황후다. 동치제의 생모였던 그녀는 어린 아들을 대신하여 섭정을 하였고, 동치제가 죽은 후에는 광서제를 세워 섭정을 이어갔다. 광서제가 성장하여 권좌를 위협하자 무술정변을 일으켜 황제를 유폐시키기도 했다.

군대는 아무 방해도 받지 않고 황궁으로 들어왔다. 이 소식을 듣고 숭정제 사종은 스스로 목을 매고 자살했다. 이것으로 명황실은 막을 내렸고, 환관의 득세도 끝이 났다.

이자성이 황궁을 차지하고 자칭 황제가 되자 북방을 수비하던 오삼계가 휘하 30만 병력을 만주족의 후금에게 바치고 항복함으로써 중원은 만주족의 손안에 떨어졌다. 중원을 차지한 만주족은 청淸황조를 일으켰지만, 청황조는 환관의 힘을 키워주지 않았다.

만주족 풍습에는 원래 환관이 없었으므로 청이 중원을 장악한 뒤에도 환관은 설 자리가 별로 없었다. 명황조 때에는 환관의 수가 무려 10만이나 되었지만 청황조에 이르러서는 불과 2천 명도 되지 않았으니, 청의 역사를 정리한 『청사고淸史稿』에 환관전이 따로 없는 것은 청황조 시절 환관의 처지를 대변하는 것이라 하겠다.

그렇다고 청황조에 이름을 남긴 환관이 전혀 없었던 것은 아니었다. 제8대 목종 동치제 때에 황실을 장악했던 서태후는 환관 안덕해安德海를 늘 곁에 두고 부렸다. 안덕해는 욕심이 지나쳐 서태후와 결탁했던 동치제의 숙부 공친왕을 공격하다가 죽었다. 이후 서태후는 환관 이연영李蓮英을 옆에 두고 부렸다. 이연영이 한 일은 서태후의 옷 취향을 맞추고 그녀의 옷에 어떤 노리개를 달까를 고민하는 정도였다. 어쩌면 청황조에 와서 비로소 환관이 본연의 임무를 되찾았다고 할 수도 있겠다.

이렇듯 비록 자질구레한 일을 하는 하인으로 전락했지만, 황실이 있을 때에는 존재 의미가 있었던 환관의 존재는 1911년 신해혁명이 일어나 청황조가 망하고 공화국이 들어서면서 중국 역사에서 완전히 사라졌다.

제3장

우리 역사를 풍미한 환관들

환관 정치의 대명사 정함

정함鄭誠은 고려 제18대 의종 대의 환관으로 재상 못지않은 엄청난 권력을 누리던 인물이다. 천민 출신으로, 어릴 때 개에게 물려 고자가 된 뒤에 궁에 들어가 환관이 되었다. 그의 조상은 원래 궁예의 신하였던 모양이다. 왕건이 고려를 건국하여 복종할 것을 강요했지만, 끝까지 절개를 버리지 않아 천민 신분으로 전락했던 것으로 전한다.

환관이 된 그는 제17대 인종 대에 내시서두공봉관에 올랐는데, 인종은 그를 총애한 나머지 태자의 유모를 처로 삼게 했다. 그 때문에 당시 태자였던 의종은 정함을 각별하게 대했고, 왕위에 오른 뒤에 그에게 지나친 대우를 하여 조정에 파란이 일기도 했다.

의종은 어려서부터 학문을 기피하고 유희를 좋아했다. 그 때문에 의종의 모후 공예왕후는 그를 태자에서 폐위시키고 둘째 아들인 대령후 경을 태자로 삼을 것을 주청했다. 인종도 왕후의 뜻을 받아들여 태자를 폐위하려 했으나, 당시 인종의 두터운 신임을 받고 있던 정습명이 나서서 자신이 목숨을 걸고 보필할 터이니 폐세자는 시키지 말 것을 건의했다. 덕분에 의종은 태자에서 쫓겨나지 않았다.

그러나 막상 왕위에 오른 의종은 우려했던 것처럼 정사는 뒷전으로 던지고 늘 격구나 태견 시합을 즐기고 사냥이나 유람을 일삼았다. 정습명은 그런 왕의 행동을 제지하며 누차에 걸쳐 충언을 올렸고, 의종은 그런 그를 매

우 귀찮게 생각했다. 그런 상황에서 조정의 버팀목 역할을 하고 있던 김부식이 1151년에 죽었다. 의종은 그 기회를 놓치지 않고 자신의 행동을 사사건건 간섭하던 정습명을 죽여버리고, 간관들로 하여금 간언을 올리지 못하도록 조치했다. 의종은 가까운 측근 몇몇을 제외하고는 아예 대신들을 대면하려고도 하지 않았다. 측근들은 대부분 내시부 출신들이나 환관들이었다. 그런 탓에 환관의 힘이 전례 없이 강해졌고, 그것은 곧 '환관 정치'라는 기형적인 정치 형태를 낳았다. 환관들이 의종의 신임을 얻어 권력을 남용하여 정치는 부패되고 위계가 문란해져 조정이 제대로 운영되지 않았던 것이다. 이때 환관 정치를 이끌고 있던 인물이 바로 정함이었다.

정함은 의종이 왕위에 오른 직후에 대저택을 하사받고 내전 숭반 벼슬에 올랐다. 이때부터 정함은 오만불손하고 기고만장한 태도를 보였는데, 기어코 큰 사건을 하나 벌이고 말았다. 의종 5년인 1151년 4월에 흥덕궁주의 책봉을 축하하는 연회가 벌어졌는데, 정함이 이 자리에 문관들만 두를 수 있는 서대를 하고 나왔다. 우간의대부 왕식이 이를 보고 대간들을 나무랐다. 환관 따위가 조신들이 두르는 서대를 하고 있는데도 대간들이 아무 말도 하지 않는다는 비판을 쏟아 놓았던 것이다. 그러자 어사잡단 이작승이 얼굴을 붉히면서 즉시 대리 이빈을 시켜 서대를 빼앗아오게 하였다.

이빈이 정함으로부터 서대를 뺏으려 하자 정함은 그것이 임금의 하사품이라며 내놓지 않았다. 이에 이빈이 강제로 서대를 빼앗았다.

서대를 빼앗긴 정함은 곧바로 왕에게 달려가 그 사실을 고했다. 왕이 분노를 참지 못하고 내시 이성윤을 시켜 이빈을 잡아오게 하였다. 하지만 이빈이 대간 안으로 들어가는 바람에 잡지 못하고 대신 대간의 아전 민효정을 잡아다가 집단구타를 한 후 결박하여 궁성소에 가두었다.

연회가 끝난 후 의종은 자신의 서대를 풀어 정함에게 주고 민효정은 형부옥에 가두게 하였다. 이렇게 되자 대간에서는 이빈이 정함에게 빼앗은 서대를 내시원에 반환했다. 하지만 내시집사 한유공이 이를 받지 않았다. 여러 번에 걸쳐 대간에서 사정을 하며 서대를 돌려주자 겨우 못이기는 체하고 받았다.

정함은 이 사건 이후 왕의 힘에 의지하여 기고만장한 태도로 일관했고, 드디어는 문관직인 합문지후에 임명되었다. 그러자 중서문하성의 관원들이 모두 출근을 거부하였다. 왕은 한참 만에 정함의 벼슬을 거두고 관원들과 타협하였다.

그러나 얼마 뒤에 정함은 다시 합문지후에 복직되었다. 이때도 대신들이 대거 출근을 거부하며 정함을 파직할 것을 청하였다. 지문하성사 신숙이 간관을 인솔하고 합문 밖에 앉아 정함의 관직을 삭탈하고 벌줄 것을 상소했다. 하지만 의종은 상소문조차 읽어보지 않았다. 간관들이 이틀 동안이나 합문 밖에 엎드려 있었지만, 의종은 끝내 그들의 말을 듣지 않았다. 이 광경을 지켜본 정언 허세수는 한숨을 짓고 눈물을 흘리며 관직을 내던지고 낙향해버렸다. 대신들에 맞서 의종도 밥을 먹지 않고 항변하며 정함의 합문지후 제수에 서명할 것을 명했다. 평장사 최윤의를 비롯한 중신들이 하는 수 없이 서명을 하자 정함은 드디어 조정 백관의 대열에 끼게 되었다.

1152년에 또다시 대간들이 정무를 중단하고 합문 밖에 엎드려 의종과 대치했다. 왕 주변의 내시들을 쫓아내자는 것이었다. 그런 와중에 환관 이균이 못에 몸을 던져 자살하는 소동이 일어났다. 환관들도 목숨을 걸고 권력을 지키겠다는 의지의 표출이었다. 이 일로 환관과 문신들 간에 한바탕 힘겨루기가 벌어졌다. 대간들이 집단으로 출근을 거부하며 문제가 있는 내시들을 벌줄 것을 요청하자 의종은 내시 14명과 다방 관원 5명을 축출해야만 했다. 의종은 별수 없이 이성윤, 한유공 등 내시 5명을 해직시켰다. 그러나 정함은 무사했다.

한편, 조신의 반열에 오른 정함은 조정에 친척과 도당들을 끌어들여 패거리를 형성하였고, 관노 왕광취와 백선연을 내시로 끌어들여 자신의 수족처럼 부리며 왕의 타락을 부추겼다. 정함의 권력은 너무나 대단해서 재상이나 대간들도 그의 행동에 대해 함부로 말하지 못했다.

정함은 엄청난 뇌물을 받고 상인들의 이권을 조정하기도 했으며, 많은 평민들의 물품을 갈취하여 재산을 증식시켰다. 그래서 대궐 30보 밖에 무려 200간이 넘는 집을 짓고, 곳곳에 누각을 마련하였는데, 그 규모가 흡사 왕궁과 같았다고 한다. 심지어 의종이 그의 집을 경명궁이라 칭하고 그곳으로 옮겨앉아 정사를 처리할 정도였으니, 그 규모가 얼마나 엄청났는지 가히 짐작할 만하다.

정함이 끌어들인 남경의 관노 출신 백선연과 왕광취 또한 왕의 침실을 제 방 드나들 듯하며 권력을 행사하였는데, 그들에게 아부하던 서리 진득문이라는 자에게 보성판관 벼슬이 떨어지기도 하였다.

백선연과 내연의 관계를 맺고 있던 관비 출신 궁녀 무비는 의종의 사랑을 독차지하였으며, 광주의 서기 김류는 백성들의 재산을 토색하여 백선연에게 바쳐 내관이 되기도 하였다.

정함의 힘은 단순히 내관들을 키우는 데 그치지 않았다. 그는 과거 출신으로 첨사부 녹사로 있던 김존중과도 친분이 두터웠는데, 김존중은 정함과의 친분을 바탕으로 내시원에 소속되었다가 다시 형부낭중 기거주 보문각 동제학에 오른다. 이때 김존중은 정함과 협의하여 대간들을 이끌며 의종의 행동을 규제하던 정습명을 탄핵하여 죽게 만든다. 그러자 정함은 그를 왕에게 극력 추천하여 우승선에 오르게 한다.

우승선에 오른 김존중은 내시낭중으로 있던 정서를 역모죄로 몬다. 정서는 의종의 모후 공예왕후 임씨의 여동생 남편이었으므로 의종에게는 이모부였다. 정서는, 의종에게 위협적인 존재이며 한때 그를 밀어내고 왕이 될 뻔했던 대령후 왕경과 왕래가 잦았다. 의종은 그같은 그들의 친분을 못마땅하게 여겼고, 의종의 속내를 읽고 있던 정함과 김존중은 정서와 대령후가 역모를 도모하고 있다고 고변했던 것이다.

김존중 역시 정서에 대한 감정이 좋지 않았던 터였기에 우간의 왕식과 기거주 이원응을 시켜 정서를 역모죄로 탄핵했다. 이 고변으로 정서는 동래로 귀양을 갔으며, 이 귀양지에서 「정과정곡」 등의 고려가요를 남기게 된다.

이후 김존중은 정함과 결탁하여 자기에게 아부하는 자는 등용하고 거역하는 자는 제거하였으며, 매관매직을 일삼아 재산을 축적하였다. 그의 형제들과 친척들도 그의 권세를 믿고 뇌물을 받아 챙겨 고래등 같은 기와집에서 살았다고 한다.

정함의 권세를 단적으로 보여주는 사건은 1156년 정함이 등창으로 앓아 누웠던 때의 일이다. 정함이 병상에 누웠다는 소식이 전해지자, 그를 문병하기 위해 몰려든 사람들이 문전성시를 이뤘던 것이다. 사람들은 그 광경을 보며 "국권이 모두 고자한테 있구나" 하고 탄식했다고 한다.

정함이 언제 죽었는지는 정확한 기록이 없어 알 수 없다. 다만 의종 19년(1165년) 4월에 의종을 위해 연회를 베푼 기록을 마지막으로 『고려사』에서 사라진 것으로 보아 이 무렵에 죽은 것으로 추측할 수 있을 뿐이다. 그가 죽자 의종은 눈물을 흘리며 통곡한 뒤에 그에게 수충내보 동덕공신의 칭호와 이부상서 정당문학 수문전 태학사 벼슬을 추증했다.

재상 위에 군림한 환관 최세연

최세연崔世延은 충렬왕의 환관인데, 자기 아내의 심한 질투 때문에 스스로 음경을 잘라내고 고자가 된 인물이다. 거세한 뒤 그는 환관 도성기에게 접근하여 궁궐에 들어갔다. 도성기는 충렬왕과 왕비인 제국대장공주 장목왕후의 총애를 받고 있었다. 최세연은 입궁한 지 몇 년 되지 않아 충렬왕으로부터 도성기보다 더 총애를 받는 환관이 되었다.

도성기와 최세연은 둘 다 환관이었지만 무예가 출중하고 말 다루는 솜씨가 좋았다. 그런 까닭에 충렬왕은 그들을 장군으로 삼고 군대를 지휘하게 했다. 두 사람은 세도를 믿고 오만방자한 행동을 일삼고 신하와 백성에게 횡포를 부리곤 했다. 특히 최세연의 오만함은 극에 달해 있었다. 한번은 충렬왕이 봉은사에 행차했다가 돌아오는데, 최세연은 말을 달려 곧장 임금 앞으로 다가갔다. 상장군 이정이 그의 말을 정지시켰으나 최세연은 이정의 지시를 무시하고 기어코 말에 올라탄 채 충렬왕에게 다가섰다. 비록 재상이라고 해도 왕의 행렬을 보면 말에서 내려 걸어가야 하고, 전쟁 중에도 말을 탄 채로 왕 앞에까지 다가갈 수 없는 법이었다. 만약 신하들이 그 법을 어기면 죽음을 면치 못했다. 그러나 최세연의 세도에 눌려 아무도 그를 탄핵하지 못했다.

최세연은 신하들의 인사권까지 쥐고 흔들었다. 그는 자신의 형 최세안을 일거에 사령관 격인 중군中軍 도령都領에 천거하여 충렬왕의 승낙을 얻어내기도 했다. 중군도령은 무반의 요직이라 반드시 지방의 도령을 거쳐야만 오를 수 있는 자리였다. 이 때문에 대신들이 충렬왕에게 아뢰어 최세안의 벼슬을 빼앗아야 한다고 주장했으나 충렬왕은 들은 척도 하지 않았다.

최세연은 충렬왕의 총애를 바탕으로 엄청난 재물을 끌어모았고, 그 돈의 일부를 떼내어 큰 저택을 구입했다. 그가 산 집은 찬성 벼슬에 있던 조인규의 집이었다. 조인규는 몽고어를 잘하여 출세한 인물로 재물이 많은 자였다. 조인규가 살던 집은 매우 넓고 화려했는데, 최세연은 조인규의 집을 구입한 뒤에 이렇게 말했다.

"조인규의 집이 좋다 해서 샀더니 도저히 더럽고 좁아서 쓸 수가 없다."

그래서 그는 집 주변의 땅을 구입하여 큰 누각을 짓고 그곳에서 지냈다. 하루는 충렬왕의 왕비 제국대장공주가 대궐 바깥을 내다보는데, 일찍이 없었던 누각이 시야를 가렸다. 공주는 인상을 찌푸리며 시녀에게 물었다.

"도대체 저 누각이 무엇이냐?"

"장군 최세연이 조인규의 집을 샀는데, 그 집이 누추하다고 하여 최근에 새로 지은 누각인 줄 아옵니다."

"아니, 저곳은 대궐을 가로막는 방향이라 누각을 짓지 못하게 한 곳인데, 어째서 저곳에 누각을 지었단 말이냐? 당장, 최세연을 불러오라."

최세연이 부름을 받고 오자, 공주가 말했다.

"저곳은 대궐에서 기피하는 방향이거늘, 어째서 누각을 지었느냐? 당장 누각을 헐고, 이후로 아무도 그곳에 누각을 짓지 못하도록 하라."

하지만 최세연은 아무 대답도 하지 않았다.

"어째서 대답이 없느냐?"

"이미 다 지은 것이라 허는 것은 불가한 일이라……."

그러자 공주가 화를 내며 소리쳤다.

"조인규는 재상이었으나 그 집을 더럽다고 말하지 않았는데, 너는 한낱 환관에 불과한 작자가 어째서 집을 넓히고 대궐을 해치는 방향으로 누각을 짓는 것이냐?"

그래도 최세연이 뻣뻣하게 서서 전혀 누각을 헐 기미를 보이지 않자, 공주가 주변의 병사들에게 소리쳤다.

"여봐라, 저놈을 붙잡아 뺨을 때리고 목에 칼을 씌워 순마소에 가둬라!"

결국 최세연은 그렇게 감옥에 갇혔지만, 전혀 반성하는 빛이 없었다.

"내 돈으로 내 땅에 내 집을 짓는데, 왜 야단이람."

며칠 뒤에 최세연은 석방되었다. 최세연이 감옥에 갇혔다는 소리를 듣고 충렬왕이 풀어줬던 것이다.

최세연은 어느덧 왕비조차도 함부로 할 수 없는 엄청난 권력자가 되어 있었던 것이다. 그는 권력을 기반으로 뇌물을 받고 벼슬을 팔았으며, 신료의 승진과 강등을 마음대로 하였다. 때문에 비록 왕족이라고 하더라도 최세연 앞에서는 제대로 고개를 들 수 없는 상황이 되었다.

한번은 낭장 김홍수가 노비에 대한 소유권 문제로 장량비라는 인물을 전법사에 고소하는 소송건이 발생했는데, 장량비는 송사에서 이길 수 없다는 판단을 하고 소송에 걸린 노비 40구를 모두 최세연에게 바쳐버렸다. 그러면서 이렇게 말했다.

"노비들을 모두 드릴 테니 감옥에 갇히는 일만 면하게 해주십시오."

그러자 최세연은 기꺼운 표정으로 고개를 끄덕인 후, 김홍수를 불러들였다.

"김홍수 이놈, 어째서 네놈은 멀쩡한 집안의 노비를 함부로 훔치려 하느냐? 필시 이는 네가 힘을 믿고 장량비를 압박하기 위함이 아니더냐?"

그러나 김홍수도 쉬이 물러서지 않았다.

"도대체 무슨 말씀을 하는 겝니까? 내 이미 장량비의 노비가 모두 이쪽으로 오게 돼 있다는 소릴 들었는데, 뇌물을 받아먹고 그렇게 남의 노비를 가로채서야 되겠습니까?"

"뭐라? 네 놈이 정녕 목이 달아나고 싶은 게로구나!"

최세연은 곧 충렬왕에게 김홍수가 남의 노비를 빼앗으려 한다고 참소하여 김홍수를 옥에 가두었다. 그러자 전법사 좌랑 심유가 최세연에게 아첨하기 위해 김홍수의 노비를 모두 빼앗고 그를 섬으로 유배 조치했다. 하지만 김홍수도 만만한 인물은 아니었다. 김홍수는 곧 심유를 대면하자, 면전에서 그를 무섭게 꾸짖었다.

"법관이 되어 어찌 소인에게 아부하여 무고한 사람을 유배하고, 남의 노비를 빼앗느냐?"

김홍수의 그런 당당함에 심유는 부끄러움을 감추지 못하고 말했다.

"어디 이것이 제 뜻대로 되는 것입니까? 이 사람도 살고자 한 일이니, 어쩔 수 없소이다."

최세연이 남의 노비를 가로챈 것은 이뿐만이 아니었다. 내시 박추의 노비 20여 구를 강탈했고, 평민 강주라는 인물을 강제로 자기 집 가노로 삼으려 했다. 하지만 강주가 말을 듣지 않자, 최세연은 그에게 초 10정을 훔쳤다는 죄를 씌워 그 벌금으로 은병 10구를 추징했다. 강주는 돈이 없어 은병을 구하지 못하다가 상장의 차신에게 은병 4구를 꾸어서 최세연의 집에 보내고 나머지 은병 6구를 주지 못해 차신의 집에 몸을 숨겼다. 그러자 최세연은 노비들을 이끌고 차신을 찾아가 말했다.

"그대는 어째서 강주를 숨겨주고 있는가?"

차신도 물러서지 않고 대답했다.

"강주가 그대의 괴롭힘을 이기지 못해 내게 은병 4구를 꾸어서 갚았으니, 초 10정의 값은 족히 넘는다. 그런데 무엇을 더 추징하고자 하는가?"

"뭐라? 차신 네놈이 죽고 싶어 안달이 난 게로구나."

최세연은 곧 충렬왕에게 순마군을 동원하여 차신의 집을 뒤져 강주를 체포할 수 있도록 해달라고 했다. 충렬왕이 허락하자, 그는 곧 형 최세안을 앞세워 군대를 이끌고 차신의 집에 들이닥쳤다. 그리고 집을 뒤져 강주를 체포하여 압송했다. 차신은 왕궁 앞으로 나아가 왕에게 자초지종을 아뢰며 최세연을 벌줄 것을 주장했다.

이때 세자로 있던 충선왕이 그 소식을 듣고 최세연을 불러들여 호통쳤다.

"네놈의 죄가 넘쳐 온 백성의 원성이 자자하거늘, 어찌 네놈은 악행을 멈추지 않느냐?"

그러나 세자를 겁낼 최세연이 아니었다.

"세자 저하께서는 도대체 무슨 소문을 듣고 이 사람을 이렇게 함부로 대하는 것입니까? 소신에게 죄가 있다면 어디 한번 말해보시지요."

"네가 김홍수와 박추의 노비를 빼앗고 김홍수를 유배시킨 것이 첫 번째 죄요, 사나운 개를 길러 수홍궁의 여종을 물려죽게 하고, 그 때문에 궁주

께서 사나운 개를 기르지 말라고 했는데, 너는 뭐라고 했느냐? 뻔뻔하게
네놈은 반성은커녕 소리를 높이며 궁주께서 얼마나 더 사시겠다고 나더러
개를 기르지 말라고 하시느냐고 하지 않았느냐? 그 때문에 궁주로 하여금
눈물을 흘리게 한 죄가 둘째요, 나라의 재물을 도적질 한 죄가 셋째요, 은
과 동을 섞어 사사로이 은병을 만들어 판 죄가 넷째요, 강주를 종으로 삼
고자 차신의 집을 함부로 침범한 죄가 다섯째다. 그나마 이것들은 큰 죄만
나열한 것이니, 나머지는 헤아리지도 못할 지경이다."

세자의 그 말에도 최세연은 눈도 껌뻑하지 않았다.

"지금 저하께서 열거하신 것들은 모두 전하의 허락을 얻어 한 것인데,
어째서 죄가 된단 말입니까? 그렇다면 전하의 말씀을 무시하고 저하의 말
씀을 들어야 한다는 말씀이외까?"

그 말을 듣고 세자가 참지 못하고 충렬왕을 찾아가 말했다.

"전하, 최세연은 흉악하고 무도한 자로서 온 나라가 그로 인해 해를 입
고 있습니다. 그러니 마땅히 귀양을 보내 악행을 징계하소서."

그러자 충렬왕은 인후를 불러들였다. 인후는 원래 몽고인으로 본명은
홀라대였다. 그는 충선왕의 어머니 제국공주의 겁령구怯憐口였다. 겁령구
는 중국말로 사속인私屬人이란 뜻인데, 이를테면 제국공주를 보필하기 위
해 몽고에서 따라온 사람이었다. 그런 까닭에 몽고 황실에서는 그에게 중
랑장 벼슬을 내렸고, 충렬왕은 장군으로 예우했다. 이를 위해 이름을 바꾸
도록 하니, 홀라대는 당시 대장군이었던 인공수와 친했던 탓에 그의 성을
받아 인후로 개명했던 것이다.

최세연은 인후를 아버지로 섬겼는데, 충렬왕은 인후를 매우 신임하여
최세연에 대한 처리 문제를 인후에게 상의했던 것이다. 그러자 인후는 이
렇게 말했다.

"최세연은 충직한 신하인데, 어째서 그를 벌주라고 하십니까? 그것은

세자가 최세연을 개인적으로 미워하셔서 그런 청을 올린 것이니, 세자의 청을 받아들이지 마소서."

그 소리를 듣고 세자가 인후를 불러 꾸짖었다.

"지금 재상에 머무르고 있는 자들의 항아리같이 부른 배 속에는 최세연의 술과 고기로 가득 차 있다. 그대는 최세연과 함께 같은 악행을 저지르고 서로 감싸주고 있으니, 너희 같은 무리는 도끼 날로 함께 처단해야 할 것이다."

세자가 그렇게 강하게 나오자, 충렬왕은 최세연을 불러 벌주고자 했다. 그러자 최세연은 이렇게 말했다.

"전하, 제발 공주께 한 마디 말만 하고 죽게 해주소서."

최세연은 공주에게 왕의 음사淫事와 관련된 비밀을 알려주고 죽음을 면하고자 하는 속셈이었다.

충렬왕은 그의 부탁을 받아들여 공주를 만나게 해주었다. 『고려사』에는 그가 공주를 만나 무슨 말을 했는지 기록되어 있지 않다. 그러나 공주가 죽은 뒤에 궁인 무비의 저주 때문에 죽은 것이라는 충선왕의 말이 기록되어 있는 것을 보면 아마도 이때 최세연은 충렬왕의 총희였던 무비에 대한 이야기를 했을 것이다. 최세연은 무비를 궁으로 들인 사람이 도성기라고 고해바친 듯하다.

무비는 태산군 사람 시씨의 딸이었는데, 궁궐에 들어온 뒤로 왕의 눈에 들어 충렬왕이 도라산으로 행차하면 반드시 따라가 시중을 들었다고 한다. 당시 충렬왕은 도라산으로 자주 사냥을 다녔는데, 그때마다 사냥보다는 무비와 즐기는 것을 더 큰 낙으로 알았다. 때문에 사람들은 무비를 도라산이라고 부르기도 했다. 무비에게 왕의 사랑이 집중되자, 그녀에게 붙어 권력을 얻어보려는 자가 숱하였다. 이때 도성기와 최세연은 그들과 무비 중간에서 다리를 놓아 이익을 챙기곤 했던 것이다. 또한 무비는 충렬왕의 총애를 믿고 안하무인으로 행동해 제국공주는 몹시 속이 상하였고, 세자와 무비 사이에도 충돌이 잦았다. 그런데 그 무비를 소개한 자가 도성기란 소리를 듣고 공주는 진노하여 도성기에게 장형을 가하고 최세연과 함께 옥에 가둬버렸다.

감옥에서 만난 도성기는 최세연을 이렇게 원망했다.

"내가 일찍이 너를 천거하였거늘, 이제 와서 나를 참소하느냐? 속담에 기른 개에게 되려 물린다더니, 내가 바로 그 짝이야."

결국, 도성기는 그런 원망만 늘어놓고 노비와 토지를 모두 몰수당했다. 하지만 정작 최세연은 인후의 후광에 힘입어 재산은 빼앗기지 않았고, 김홍수에게서 빼앗은 노비를 묘련사에 예속시키고, 박추에게서 빼앗은 노비는 내방고에 귀속시켰다. 그런 다음에도 최세연은 인후를 찾아가 애원했다.

"바라건대 섬으로 유배되는 것만 면하게 해주면 내 재산을 모두 드리겠습니다."

인후는 만약 뇌물을 받고도 최세연을 구해주지 않으면 그가 필시 모략을 꾸며 자신을 궁지로 몰 것이라고 판단했다.

"그렇다면 일단 도성기와 함께 섬으로 가 있게나. 그러면 금세 불러올리겠네."

인후는 약속대로 최세연과 도성기를 섬으로 유배시킨 뒤에 곧 충렬왕에게 부탁하여 소환했다. 그 무렵, 충렬왕은 도성기가 소개한 궁인 출신 후궁 무비에게 깊이 빠져 있었다. 그 때문에 제국공주의 반발이 심했는데, 충렬왕은 아랑곳하지 않고 무비만을 가까이 했다. 그 일로 세자 원(충선왕)이 부왕과 자주 다투었다. 그리고 그것은 왕과 세자간의 알력으로 발전했는데, 세자는 부왕과의 힘겨루기에서 이기기 위해 1296년 원나라에 들어가 진왕 감마라의 딸 계국공주에게 장가들었다. 원 황실의 힘을 이용하여 부왕을 내쫓겠다는 속내를 드러낸 행동이었다. 그런 상황에서 설상가상으로 세자의 모후 제국공주가 사망하였다. 이 때문에 세자와 충렬왕 사이의 알력은 더욱 심해졌다.

세자 원은 곧 돌아와 충렬왕에게 강력하게 간언했다.

"전하께서는 어머니께 병이 생긴 이유를 아십니까? 모든 것이 전하의 총애하는 후궁과 그 도당들이 어머니를 저주하고 화를 돋우어 병마를 만든 것이니, 그들을 모두 처단해야 할 것입니다."

그러나 충렬왕은 세자의 간언을 거부했다.

"지금은 거상 중이니, 거상이 끝나면 그때 논의하자."

그 말을 들은 세자 원은 분노하여 자신의 수하들을 시켜 부왕의 총신들을 모두 제거해버렸다. 궁인 무비 및 그 일당으로 지목된 최세연과 도성기는 물론이고, 그들의 권세에 의지하여 벼슬과 권력을 얻은 윤길손, 이무, 승시용, 김인경 등 40여 명이 하옥되었다. 세자 원은 이들을 직접 국문하고 무비가 무녀와 술승術僧을 동원하여 공주를 저주한 내막을 들춰냈다. 그런 다음 도성기, 최세연, 무비 등 7명의 목을 베고, 그 일당 40여 명은 모두 유배 보냈다. 그렇게 일대 피바람을 일으키고 세자 원(충선왕)은 원나라로 가버렸고, 충렬왕은 왕위에서 물러나야만 했다.

최세연은 이렇듯 충선왕의 쿠데타와 함께 몰락했다. 하지만 최세연이 죽은 뒤로도 환관에 대한 왕과 왕실의 총애가 여전했기에 스스로 거세하여 환관이 되는 사람이 아주 많았다. 심지어 감찰사 녹사로 있던 최성이라는 사람은 환관에게 매를 맞고 욕을 당하자, 분노를 이기지 못하고 스스로 거세하고 환관이 되었을 정도였다.

왕을 갈아치우려 했던 이숙   이숙李淑은 충렬왕과 충선왕의 왕권 다툼기에 충렬왕 편에 섰던 환관이다. 그는 강원도 평창 사람으로 원래 이름은 복수였고, 어머니는 무당이었다. 그가 어떻게 환관이 되었는지는 기록되어 있지 않지만, 당시 사회 분위기로 봐서 스스로 거세하고 환자가 되었을 가능성이 높다.

환관이 된 뒤에 그는 충렬왕으로부터 총애를 받아 사신의 임무를 띠고 원나라에 파견되기도 했다. 이때 그는 원나라 황제에게 받은 어향을 받들고 돌아왔다. 덕분에 그는 충렬왕으로부터 평창군이라는 봉호를 받았다. 일개 환관 신분으로 군호君號를 받은 경우는 이전에 없던 일이었다. 군호는 나라의 공신이나 왕족, 또는 외척에게 내리는 작위였기에 환관인 그에게 군호가 내려졌다는 것은 매우 파격적인 일이었다.

그 무렵, 원나라에서는 환관을 뽑아 황실에 바치라는 명령을 보내왔다. 충렬왕은 이숙을 천거하여 황실로 보냈다. 당시 원나라에서는 환관의 힘이 크게 팽창하고 있던 터라 충렬왕은 이숙을 이용하여 원나라와의 관계를 돈독히 하려했다. 충렬왕은 아들 충선왕과 왕권을 다투는 상황이었고, 이미 왕위에서 내쫓겼다가 가까스로 왕위를 되찾은 터였다. 따라서 자칫 원 황실과 조금이라도 관계가 나빠지면 다시금 왕위에서 내쫓길 것이라는 불안감에 사로잡혀 있었다. 충렬왕은 어떻게 해서든 원 황실과 좋은 관계를 유지하려 했고, 이숙이 원나라 태감이 되면 자신의 입지가 크게 강화될 것이라고 판단했던 것이다.

충렬왕의 바람대로 이숙은 원나라 태감이 된 뒤에 충렬왕의 입지를 크게 강화시켜 주었다. 특히 고려가 원 황실에 주청을 넣을 때는 그의 역할이 컸다. 원 황실은 고려에서 주청이 들어오면 일단 고려 조정 사정을 잘 알고 있던 이숙에게 조언을 구했기에 이숙의 말 한 마디에 충렬왕의 위신이 달려 있었던 것이다.

그렇듯 이숙에게 큰 신세를 졌던 충렬왕은 이숙이 원나라의 사신이 되어 어향을 받들고 고려로 왔을 때, 그에게 많은 녹읍과 선물을 안겼다. 그

극진함의 정도는 다음의 이야기를 통해 잘 알 수 있다.

언젠가 이숙이 어향을 받들고 고려로 왔을 때, 이숙은 충렬왕에게 청탁을 하나 넣었다. 이숙이 아주 아끼던 기생이 하나 있었는데, 그 기생의 아들 정승주를 내승별감으로 임명해달라고 했다.

"알았네. 내 평창군의 덕을 입어 살고 있거늘, 별감 자리 하나 주는 거야 무슨 어려움이 있겠나."

충렬왕은 흔쾌히 그의 청을 받아들였다. 그런데 대신들의 반대가 있었던지 정승주를 내승별감으로 임명하는 데 시간이 조금 지체되었다. 그러자 이숙은 서운한 마음을 감추지 못하고 금강산으로 유람을 떠나버렸다. 충렬왕이 그를 환영하는 연회를 마련했다는 통보를 받은 터였지만, 그는 화난 얼굴로 금강산으로 가버렸던 것이다.

"내가 자기를 위해 그토록 많은 일을 해줬건만, 그까짓 별감 자리 하나를 아긴단 말인가."

이숙이 금강산으로 가버렸다는 소식을 듣고 충렬왕은 몹시 당황했다. 그래서 부랴부랴 금강산으로 사람을 보내 이숙을 달래며 연회에 꼭 참석해달라는 요청을 하였다. 그러나 이숙은 들은 척도 하지 않았다. 충렬왕은 정승주를 별감에 임명하지 않은 일 때문에 이숙이 토라졌다는 것을 알고 급히 정승주를 별감에 임명한 뒤 다시 이숙을 연회에 초대했다. 그때서야 이숙은 냉랭한 얼굴로 고개를 추켜들고 충렬왕의 연회에 참석했다고 한다.

원나라 태감이 된 일개 환관에게 구걸하듯 목을 매야 하는 고려왕의 처지가 참으로 눈물겨울 지경이었던 것은 두말할 것도 없었지만, 당시 이숙의 위세가 얼마나 대단했는지 알 만한 대목이다.

이숙에 대해서는 부왕 충렬왕과 다투고 있던 충선왕도 소홀히 대하지 않았다. 1298년에 부왕을 내쫓고 왕위에 오른 충선왕은 이숙을 벽상삼한 정광으로 삼았다. 이는 나라를 위기에서 구한 일등 공신이자 종실이나 외척에 못지않은 중신으로 대접한다는 뜻이었다.

당시 원나라 황실로부터 대단한 신임을 받고 있던 이숙의 존재는 일반 백성들도 잘 알고 있었다. 충선왕 시절에 박경량이라는 인물이 있었는데, 그는 충선왕의 본부인이자 세자빈이었던 조비의 자매의 사위였다. 박경량은 원래 초를 만드는 노비의 자식이었으나 왕실 외척의 사위였던 까닭에 벼슬을 얻어 밀직부사에 올랐고, 충선왕이 계국공주 보탑실련의 모함으로 위기에 처했을 때 충성심을 발휘하여 도움을 주어 부모와 자손들 모두 노비 신분에서 벗어나 양민이 되었다. 이때 박경량의 족속이며 역시 노비 신분이었던 김태라는 사람은 특별히 남해 현령으로 등용되었다. 그런데 김태가 남해 현령으로 등용된 것은 박경량 덕분이 아니었다. 박경량의 공에 힘입어 노비 신분을 벗어난 듯했지만, 사실은 그의 아버지가 이숙의 친한 친구라는 사실이 그를 현령에 임명하게 된 결정적인 이유였다. 김태가 벼슬을 얻었다는 소식을 듣자 사람들은 아버지가 원나라 태감 이숙과 친구 사이이니, 이제 김태의 앞길이 훤히 열렸다고 입을 모았다.

일반 백성들까지 이숙을 이렇듯 대단한 인물로 여기게 될 무렵, 이숙은 엄청난 계획을 세우고 있었다. 늘 충선왕의 노선을 못마땅하게 생각하던 그는 급기야 측근들과 힘을 합쳐 충선왕을 제거하고자 했던 것이다. 이숙이 충선왕을 죽이려 한 것은 충선왕과 충렬왕의 왕권 다툼 때문이었다. 이숙은 충렬왕의 총신으로서 충렬왕에 대한 충성심을 버리지 않았고, 그런 탓에 아들의 도리를 버리고 아버지를 왕위에서 내쫓으려 한 충선왕에 대한 적개심이 대단했다.

이숙과 손을 잡고 충선왕 제거 작업에 앞장선 인물은 왕유소였다. 왕유소는 고려 왕족의 후예이며, 낭장 시절에 충렬왕을 보필하고 원나라에 들어간 적이 있고, 이후에는 볼모로 가족을 데리고 원에 머물던 사람이었다. 그런데 그의 아내 송씨가 인물이 출중하여 원나라 환관 김려의 눈에 띄었다. 송씨는 김려와 깊은 관계를 맺고 원나라 궁중에 들어가게 되었다. 왕유소는 벼슬이 뛰어올라 밀직부사 좌상시를 거쳐 찬성사로 진급했다.

왕유소는 당시 충선왕을 몹시 싫어했는데, 마침 다시 왕으로 복위한 충렬왕이 원나라에 오자 왕에게 이렇게 말했다.

"전왕(충선왕)이 늘 전하를 원망하고 있으니, 필시 화근이 될 것입니다. 그러니 아예 제거하는 것이 후환을 없애는 일 아니겠습니까?"

하지만 충렬왕은 아비된 도리로 쉬이 그의 제의를 받아들일 수 없었다. 충렬왕이 원나라에 머물고 있던 어느 날이었다. 충렬왕이 옷을 갈아입고 나가다가 옷을 밟고 넘어지는 바람에 이빨이 부러져 수일 동안 제대로 먹지도 못하게 되었다. 그때 충렬왕은 충선왕의 거처에 머물고 있었는데, 왕유소는 충렬왕에게 충선왕의 왕비 계국공주의 거처로 옮겨 지낼 것을 권했다. 충렬왕이 그 의견을 따르자, 왕유소는 이숙을 불러내 모종의 흉계를 꾸몄다. 이숙이 곧 황후에게 이렇게 고했다.

"전왕이 평소에 자식의 도리를 잃고 부왕이 그 집에 기거하는데도 받들어 모시지 않아 우리 왕이 이를 부러뜨리는 큰 사고가 났습니다. 하지만 우리 왕이 사람이 어질어 화를 내지 않으니, 제가 이렇게 달려와 고하는 것입니다. 또 전왕은 공주와도 화합하지 못하여 서로 등을 돌리고 살고 있어 우리 왕이 독려화(인질)로 와 있는 서흥후 왕전으로 후계를 삼고자 합니다. 원래 전왕은 오래 전부터 중이 되길 원했으니, 이번에 전왕이 중이 되는 것을 허락하시고 왕전으로 하여금 공주에게 장가들어 우리 왕의 뜻을 잇게 해 주소서."

한 마디로 충선왕의 왕위 계승권을 빼앗고 왕전을 충선왕 부인인 계국공주와 결혼시켜 고려왕을 계승토록 하자는 뜻이었다.

당시 충선왕은 원나라 황실로부터 신임을 얻기 위해 황실의 종친인 감마라의 딸 계국공주와 결혼했는데, 서로 정은 별로 없었다. 충선왕은 자신의 본부인인 조비를 사랑했고, 계국공주는 그에 대한 질투심을 이기지 못하고 충선왕이 고려 제도를 복원하고 자주성을 높이려 한다고 원황실에 고발하여 고려왕에서 밀려나게 하기도 했다. 이후 충선왕은 원나라에 가서 머물게 되었는데, 여전히 공주와 사이가 좋지 않았다. 이에 충렬왕은 원에 머물고 있던 이숙, 왕유소 등을 이용하여 자신이 후계자로 지목한 왕전과 계국공주를 결혼시키려는 음모를 꾸미게 된 것이다.

왕전은 신종의 3대손으로 충렬왕과는 10촌지간이었다. 충렬왕은 충선왕을 미워한 나머지 왕전을 자신의 후계자로 내정하고 충선왕을 제거하려는 계획을 진행했고, 그 계획의 요지는 계국공주를 충선왕과 이혼시켜 왕전에게 재가하도록 하려는 것이었다. 그렇게 되면 계국공주의 힘에 의지하여 왕전이 충렬왕을 이어 고려왕이 될 수 있다는 판단이었다.

이숙은 바로 이 계획의 핵심 인물이었고, 왕유소는 행동대장이었던 셈이다. 둘은 각각 임무를 분리하여 이숙은 황실 쪽을 맡고, 왕유소는 조정을 맡기로 했던 것이다.

이숙이 황후에게 계국공주와 충선왕을 이혼시키고, 계국공주를 왕전에게 재가하도록 해야 한다고 주청할 무렵에는 이미 계국공주와 왕전의 관계가 제법 무르익은 이후였다. 남편으로부터 사랑을 받지 못한 계국공주는 이숙의 주선으로 만난 왕전에게 마음을 빼앗기고 있었고, 어느덧 그에게 재가할 마음을 품게 된 것이다.

이숙의 그런 말을 들은 황후는 마음이 흔들렸다. 어차피 계국공주가 충선왕의 사랑을 받지 못할 바에는 차라리 왕전에게 시집보내 공주가 사랑받으며 사는 길을 열어주는 것이 좋을 듯도 하였다. 그 시간, 왕유소는 원나라 좌승상 아홀태와 평장사 팔도마신에게 같은 말을 하여 승낙을 얻어냈다.

한편, 충선왕 측에서도 왕유소와 이숙이 자신을 제거하려 한다는 말을 듣고 급히 움직였다. 충선왕은 박경량, 유복화, 이진, 이유, 홍선, 강유 등 원나라 신하들과 친분이 있는 사람들을 불러 대응책을 마련했다. 충선왕이 수하들을 시켜 섭외한 인물은 우승상으로 있던 답라한이었다. 답라한은 충선왕의 처지를 받아들였고, 왕유소의 음모를 막아주기로 약조했다.

그런 사실도 모르고 왕유소는 우승상 답라한에게 똑같은 말을 하여 계국공주를 왕전에게 재가시키는 것에 동의해줄 것을 요청했다. 그러나 답라한은 왕유소를 강하게 꾸짖었다.

"그대는 신하된 몸으로 어찌하여 그런 망발을 하는가? 익지예보화왕(원나라에서 내린 충선왕의 봉작)은 세조의 생질이며, 보탑공주는 종실의 딸이다. 그런데 이혼시키고 재가시키는 것이 도리에 맞다고 생각하는가?"

그럼에도 왕유소는 충선왕은 공주를 전혀 사랑하지 않으며, 아버지조차 섬기지 않는 불효자라고 말하면서 공주와 왕전을 결혼시켜 왕전이 왕위를 잇도록 도와달라고 했다. 하지만 답라한은 단호했다.

"서흥후 왕전이 왕의 아들인가?"

"아닙니다."

"그렇다면 서흥후는 누가 낳았느냐?"

왕유소가 그 물음에 제대로 대답을 못하자, 답라한이 다그쳤다.

"왕의 아들도 아니고, 왕비의 아들도 아닌 자를 어떻게 일국의 왕으로 삼고자 하는가? 너도 마땅히 왕씨 성을 쓰는 고려의 종친인데, 그 정도도 모른단 말이냐?"

왕유소는 결국 그렇게 물러나고 말았다.

그 무렵, 충선왕의 심복인 홍자번 등이 원나라 중서성에 왕유소가 고려왕 부자를 이간질하고 있다고 고발했다. 그러자 중서성에서는 충렬왕과 충선왕을 불러 면담을 하고, 이어 왕유소와 그 일당을 모두 잡아들여 하옥시켰다. 그쯤 되자, 충렬왕은 그야말로 읍참마속의 심정으로 왕유소와 일당들을 벌줘야 한다고 스스로 주청했다.

하지만, 왕유소가 갇혔다는 소식을 들은 계국공주가 노발대발했다. 덕분에 왕유소는 무사히 풀려날 수 있었다. 충선왕은 왕유소의 석방에 분개했지만, 힘이 없었던 까닭에 어쩔 수 없었다.

그때 원나라 황제 성종은 병을 앓고 있었는데, 후계를 이을 아들이 없었다. 그 때문에 황실 내부에는 치열한 황위 계승권 싸움이 벌어지고 있었다. 충선왕도 이 싸움에 가담하여 회령왕 하야샨을 지지하였다. 하야샨(무종)이 결국 황태자에 책봉되자 이후 충선왕의 정치적 입지는 크게 강화되었다.

충선왕의 세력이 커지자, 위기를 느낀 왕유소는 환관 김홍수를 시켜 충선왕을 독살할 음모를 꾸몄다. 김홍수는 시녀 무로지를 끌어들여 충선왕의 총애를 받도록 했다. 그리고 그녀에게 독약을 줘 충선왕을 죽일 계획이었다. 그러나 무로지는 오히려 충선왕에게 모든 음모를 토설했다. 이에 충선왕이 왕유소를 비롯한 그 일당들을 일망타진하는 한편 충렬왕의 측근들을 모두 제거했으니, 그 수가 무려 36명이었다.

충선왕이 이처럼 충렬왕의 측근들을 대거 제거한 시기는 1307년으로 아직 충렬왕이 왕위에 있던 때였다. 물론 충렬왕은 손발이 되어줄 측근들을 모두 잃고 실권을 모두 충선왕에게 넘겨준 상태였다.

그런데 충선왕이 모든 실권을 장악한 뒤에도 충렬왕 측근 중에 제거하지 못한 사람이 있었다. 바로 이숙이었다. 이숙은 충선왕을 제거하려던 음모의 핵심이었으니, 후에 충선왕 독살 사건에도 가담했을 것임은 분명한 이치이다. 그럼에도 충선왕은 그를 없애지 못했다. 반대로 재위 2년 되던 해인 1310년 9월에 이숙에게 평창군의 봉호를 내렸다. 이숙이 원나라 황실의 신임을 워낙 두텁게 받고 있어서 충선왕조차도 그를 어찌 할 수 없었던 것이다.

왕을 죽이려는 역모를 꾀하고도 버젓이 살아남아 고개를 뻣뻣이 세우고 공신 행세를 하며 거들먹거렸던 환관 이숙, 그리고 자신을 죽이려 한 환관에게 군호를 내릴 수밖에 없었던 왕. 이는 원나라 속국 시대의 고려처럼 나라 잃은 백성의 비통한 역사에서만 발견될 수 있는 서글픈 기록이라 할 것이다.

**충선왕을 티베트로 유배시킨
환관 임백안독고사**   임백안독고사任伯顔禿古思는 충선왕과 충숙
왕 대의 환관으로 본명은 전하지 않는다.
그는 비인군(충청남도 서천) 사람으로 상서 주면의 노비였는데, 스스로 거
세하여 고자가 된 뒤에 환관이 되었다. 이후 독고사는 원나라로 건너갔다.
당시 원나라는 제3대 황제 무종의 치세였는데, 이때 독고사는 세조 쿠빌라
이의 증손자이자 무종의 동생인 아율바리바톨(인종)을 섬겼다. 덕분에 그
는 1310년에 충선왕으로부터 비인군에 봉호되었고, 1311년에 무종이 재위
4년 만에 죽고 아율바리바톨이 즉위하니 위세가 당당해졌다.

인종의 즉위는 스스로 고자가 될 정도로 출세를 위해 눈에 핏발을 세우
고 있던 독고사에게는 권력을 한손에 쥘 수 있는 절호의 기회였다. 하지만
그에게는 한 가지 걸림돌이 있었으니, 바로 충선왕이었다.

충선왕은 무종의 즉위에 기여한 덕에 심양 왕에 임명되었고, 속국 고려
의 국왕 신분임에도 원나라 조정에서 강한 정치적 영향력을 발휘하고 있
었다. 그러나 무종이 불과 재위 4년 만에 죽자 충선왕의 입지는 크게 위축
되었고, 자칫 고려로 쫓겨갈 위기에 처했다. 충선왕은 원나라 심양 왕과
고려 왕을 겸하고 있었기 때문에 심양 왕 직위를 내놓으라는 압력을 받고
있었다. 거기다 고려 조정에서는 충선왕의 귀국을 독촉하고 있었다. 충선
왕은 고려 왕위를 아들 도(충숙왕)에게 물려주고 심양 왕의 직위를 유지하
는 것으로 문제를 해결했다. 그런 상황에서 충선왕은 새 황제 인종과도 두
터운 신의를 쌓기 시작했다. 황태후도 여전히 그를 후하게 대접했다. 덕분
에 인종 치세에서도 충선왕은 정치적 입지를 유지할 수 있었다.

독고사와 충선왕의 충돌은 이런 상황에서 시작됐다. 충선왕은 독고사가
음흉하고 계략에 능하다 하여 몹시 미워하였고, 독고사 또한 그 사실을 알
고 충선왕을 몹시 싫어하여 무례함이 극에 달했다. 마침내 충선왕이 먼저
독고사를 공격했다. 충선왕은 인종의 황후를 찾아가 자신의 처참한 심경

을 내비치며 독고사를 벌줄 것을 청했다.

"독고사는 원래 고려인으로 엄연히 따지자면 저의 백성이나 다름없는 자인데, 저를 봐도 인사도 하지 않고 말을 시켜도 대꾸도 하지 않습니다. 또 비록 그 자가 제 백성이 아니라 해도 제가 엄연히 황실의 일원이고 심양 왕의 직위에 있는데, 그래서는 안 될 것입니다. 더구나 독고사는 권력을 남용하여 남의 토지를 함부로 빼앗고 노비를 갈취했으니, 도적이나 강도와 다를 바가 없는 자입니다. 이 자의 무례와 불법이 이러하니, 마땅히 매질을 하여 버릇을 고쳐 주십시오."

그 말을 듣고 황후가 크게 진노하여 독고사를 불러 다그쳤다.

"네놈이 지금 황실의 태감이 되어 있다 하나 원래 고려인이니 마땅히 고려 왕의 백성이다. 그런데 백성으로서 어찌 자기의 임금을 봐도 본 체도 하지 않는 것이냐? 또한 네놈은 남의 토전土田을 함부로 빼앗고 노비를 훔쳐왔다고 하는데 사실이냐?"

황후가 그렇게 다그치자 독고사는 무릎을 꿇고 죄를 빌고, 빼앗은 노비와 땅을 모두 주인에게 돌려주기로 했다. 또 장형까지 당하자 마음에도 깊은 상처를 입었다. 그 일 이후로 독고사는 충선왕에게 깊은 원한을 가지게 되었다.

"두고보자, 언젠가는 반드시 이 수모를 갚아줄 것이다."

그렇게 벼르고 있던 독고사는 마침내 복수할 기회를 얻었다. 인종이 1320년 재위 7년 만에 죽고 충선왕을 총애하던 황태후도 별관으로 퇴거한 것이다. 인종을 이어 그의 아들 영종이 황위에 오르자, 그간 숨죽여 지내며 칼을 갈아온 독고사의 반격이 시작되었다.

영종의 신임을 받고 있던 독고사는 원나라 대신 팔사길을 후하게 대접하고 뇌물을 먹여 충선왕을 고려로 귀환시킬 것을 요청했다. 당시 독고사의 이 모의에는 원나라에 머물고 있던 충숙왕도 가담한 상태였다. 당시 고려 왕이었던 충숙왕과 상왕 충선왕의 관계는 극도로 악화되어 있었다. 독고사는 그 자리를 비집고 들어가 충숙왕과 충선왕을 동시에 몰락시킬 계교를 꾸몄다.

충선왕과 충숙왕의 관계가 악화된 것은 전적으로 충선왕의 잘못 때문이었다. 충선왕은 왕위에서 물려나면서 왕위를 충숙왕에게 넘겨주고, 동시에 세자 자리는 자신의 이복형 왕자의 아들인 왕고에게 넘겨줬다. 또 얼마 뒤에는 심양왕 직위마저 왕고에게 넘겨줬다. 이후 왕고는 원 황실의 신뢰를 얻어 고려 국왕의 자리마저 넘보게 되었다. 충숙왕은 이 위기를 넘기기 위해 왕고의 형인 왕유를 단양부원군으로, 동생인 왕훈을 연덕부원대군으로 봉하여 왕고에게 화해의 손길을 내밀었다. 그렇게 되자, 충선왕은 충숙왕을 원 황실의 공주와 혼인하도록 주선했고, 덕분에 충숙왕은 원나라 영왕의 딸 복국장공주와 결혼하여 정치적 입지를 강화했다.

그러나 충숙왕은 복국장공주를 좋아하지 않았고, 심지어 그녀를 구타하기까지 했다. 설상가상으로 복국장공주는 고려에 온 지 3년 만인 1319년 9월에 의문을 남기고 죽어버렸다. 이 일로 충숙왕은 원 황실은 물론이고 충선왕으로부터도 신뢰를 잃게 되었고, 급기야 자포자기하는 심정으로 술과 기생에 매달려 살았다.

이런 상황에서 독고사는 한편으로는 충숙왕과 손을 잡는 척하면서 다른 한편으로는 원나라 대신들에게 충숙왕이 이미 왕위를 유지할 능력을 상실했다고 말하면서 충선왕이 고려에 복귀하여 다시 넘겨받아야 한다고 역설했다.

이런 독고사의 주장은 설득력을 얻어 원 황실에서도 충선왕에게 고려로 돌아갈 것을 명령했다. 하지만 충선왕은 황명을 받들지 않고 원나라에 눌러앉아 있었다. 철두철미한 계획을 꾸미고 있던 독고사는 충선왕이 고려로 돌아가지 않을 것으로 예상하고 미리 나머지 계책도 준비해둔 터였다.

충선왕이 황명을 어기고 귀국하지 않자, 독고사는 매수한 원나라 대신들을 통해 충선왕을 유배시킬 것을 주장했다. 영종은 독고사의 주장을 받아들여 충선왕을 유배지 중에 가장 최악이라고 할 수 있는 토번(티베트) 땅으로 보내버렸다. 영종이 충선왕을 토번으로 보낸 데에는 다음과 같은 독고사의 의견이 크게 작용했다. 충선왕이 평소부터 토번으로 가서 승려가 되고 싶다는 말을 자주 해왔으니, 그곳으로 보내 승려가 되게 해주는 것이 큰 배려라고 주장했던 것이다. 영종은 독고사의 이런 판단을 높게 평가하여 인종 시절에 빼앗았던 땅을 모두 돌려주었다.

그렇게 충선왕이 토번으로 유배되자, 독고사는 이번에는 어떻게 해서든 충선왕을 죽일 궁리를 하였다. 만약 충선왕이 죽지 않고 있다가 혹여 유배지에서 돌아오기라도 하면 자신의 목이 달아날 것은 뻔한 이치였다. 그런 까닭에 독고사는 친분있는 백관들을 모두 동원하여 충선왕을 죽이려 했다. 또 자객을 동원하여 충선왕을 죽이려는 계획도 짰다. 하지만 그의 계획을 눈치 챈 충선왕의 양자 왕후의 저지로 좌절되었다.

왕후는 권부의 아들로 원래 이름은 권재이고, 몽고식 이름은 탈환이었다. 충선왕이 언젠가 그를 불러 한번 보고는 뛰어난 인물임을 알아보고 벼슬을 내리고 양자로 삼아 왕후라는 이름을 내렸다. 덕분에 그는 원나라 황실에도 알려져 당시 황태자였던 영종과도 친밀한 관계가 되었다.

그는 영종이 독고사의 모략으로 충선왕을 죽이려 한다는 소문을 듣고 영종을 배알하고 자신이 토번으로 가서 유배 생활을 할 터이니, 충선왕을 방면시켜 달라고 울면서 청했다. 충선왕을 해치려는 자가 있으니 군대를 이끌고 가서 충선왕을 호위할 수 있게 해달라고도 했다. 영종이 그의 효심을 가상하게 여겨 군대를 내주고 토번에 가서 충선왕을 호위토록 허락하여 충선왕은 독고사가 보낸 자객의 칼날을 피할 수 있었던 것이다.

한편, 충선왕이 독고사와 힘겨루기를 하다가 패배하자, 고려에서는 백관들이 대거 독고사에게 붙었고, 그 때문에 고려 조정은 독고사의 뜻에 따라 좌지우지되었다. 충숙왕 또한 독고사를 신뢰하여 한낱 노비에 불과하던 독고사의 형 임서를 밀직사로 삼아 원나라 사신으로 보내는 지경이 되었다. 독고사는 자신의 심복들에게 조정을 장악하게 하고, 충선왕과 친분이 있던 자들은 모두 내쫓았다.

하지만 그것으로 독고사와 충선왕의 힘겨루기가 끝난 것은 아니었다. 1323년, 영종이 불과 재위 3년 만에 죽고, 충선왕에게 매우 호의적인 인물인 쿠빌라이의 증손자 에센티무르(태정제)가 즉위하자 사정은 매우 달라졌다. 충선왕은 유배지에서 풀려나 경사(원나라 수도, 지금의 북경)로 돌아왔다.

충선왕의 복귀는 독고사에게는 죽음을 의미했다. 충선왕은 경사로 돌아오자마자 가장 먼저 임백안독고사부터 처단했다. 또한 고려에 측근들을 파견하여 조정에 들어와 있던 독고사의 심복들을 대거 주살했다. 독거사의 힘을 믿고 조정을 장악하고 있던 임서는 산으로 숨어들어 목숨은 구했지만, 재산과 노비를 모두 빼앗기고 숨어서 살아야 했다.

일개 환관에 불과했던 임백안독고사와 고려 왕이자 원나라 조정에서 막강한 세력을 형성하고 있던 충선왕의 목숨을 건 싸움은 결국 충선왕의 승리로 끝났던 것이다.

고려의 국호를 지킨 방신우   방신우方臣祐는 충렬왕에서 충혜왕 대의 환관으로 원나라에서 7명의 황제와 2명의 태후를 섬긴 인물이다. 그는 경상도 상주 중모현(지금의 상주 모동면)의 하급 관리였던 방득세의 아들이며, 어릴 때 이름은 소공이다. 충렬왕 때 환관이 되어 궁중에서 급사 노릇을 하다가 안평공주(충렬왕비 제국공주)를 따라 원나라에 들어갔다. 이후 그는 성종의 비 유성황후를 섬기면서 망고대라는 이름을 하사받고 원나라 태감이 되었다. 당시 황제였던 원의 성종은 그에게 장알승 벼슬을 주고 천부대경의 작위를 내렸다. 또 무종 대에는 황태후를 섬기며 홍성궁 원사에서 장작원사로 승진했다가 평장정사의 벼슬에 올랐다.

그는 황태후를 섬기면서 여러 차례 충선왕을 위기에서 구해주고, 고려의 이익을 대변하는 구실을 했다.

그가 평장정사에 올라 있을 때였다. 원나라 요양행성의 우승으로 있던 홍중희가 충선왕이 법을 지키지 않고 횡포한 짓을 일삼는다는 참소를 했다. 홍중희는 원나라가 고려를 복속할 무렵에 원의 고려 공격에 앞장선 덕에 동경총관이 되었던 홍복원의 후손이다. 충렬왕과 충선왕이 왕권을 놓고 다툴 때 충렬왕 편에 섰던 인물인데, 이때 그가 문제 삼은 것은 충선왕이 심양 왕과 고려 왕을 겸직하고 있다는 사실이었다. 또 충선왕이 권력을 이용하여 원나라 정치와 여러 이권에도 간여하고 있다고 하면서 중서성에서 이를 조사해줄 것을 요청한 것이다.

원나라 조정은 일단 홍중희의 의견을 받아들여 충선왕에게 심양 왕 직위를 내놓고 고려로 돌아갈 것을 종용했다. 이에 충선왕은 심양 왕을 그대로 유지하고 고려 왕을 세자(충숙왕)에게 물려주는 것으로 문제를 매듭지으려 했다. 그러나 홍중희는 거기서 멈추지 않았다. 충선왕이 황실의 일원임을 내세워 정치에 간섭하고 이권에 개입한 것을 중서성에서 세밀하게 조사해야 한다고 거듭 주장했고, 중서성은 이를 받아들여 홍중희와 충선왕을 함께 소환하여 대질 심문하기로 결정했다.

이렇게 되자, 충선왕의 처지는 매우 난처해졌다. 홍중희의 주장대로 충선왕은 원나라 정치에 깊이 관여하고 있었고, 그 일을 위해 편법으로 고려에서 막대한 자금을 가져다 쓰고 있었다. 이 때문에 고려 조정은 재정적으로 매우 어려운 상태였고, 홍중희는 그런 사실을 부각시켜 충선왕을 고려로 내쫓고 동시에 정계에서도 완전히 은퇴시키려 했던 것이다.

만약 중서성에서 홍중희와 함께 대질 심문을 받는다면 십중팔구 충선왕이 질 게 뻔했다. 홍중희가 제시한 증거들은 비교적 명백한 것들이었고,

원나라 조정에서도 충선왕에게 의심을 눈길을 보내고 있던 터였다. 더구나 자신이 지지했던 무종이 죽고 인종이 들어선 상태여서 충선왕의 정치적 입지도 그리 탄탄하지 못했다.

이렇듯 충선왕은 궁지에 몰려 빠져나올 마땅한 방도가 없어지자, 자신에게 매우 호의적이었던 수원황태후에게 도움을 청하고자 했다. 그러나 자신이 직접 그 일을 한다면 변명으로 내비치기 십상이라 자신을 대변해 줄 인물을 구하고 있었는데, 이때 그에게 도움의 손길을 내민 사람이 바로 방신우였다. 방신우는 충선왕을 구하기 위해 자신이 모시고 있던 황태후에게 이렇게 말했다.

"홍중희는 그 조상이 고려인이라 마땅히 고려 백성이라 할 수 있는데, 지금 고려의 상왕을 내쫓고자 하고 있습니다. 이는 백성으로서 임금을 배반하는 것이며, 나라를 전복시키려는 역모에 다름 아닙니다. 그러니 마땅히 그의 목을 쳐 죄를 물어야 할 것인데, 지금 중서성에서는 홍중희와 고려 상왕을 대질시켜 한 자리에 세우고자 한다니, 이것이 있을 수 있는 일이옵니까?"

그 말을 들은 황태후는 방신우의 판단을 옳게 여기고 곧 인종을 찾아가 말했다.

"심양 왕은 세조의 외손이고 황실의 종친이며, 누대 황제를 도운 공신입니다. 그리하여 그 공으로 심양 왕에 올랐는데, 홍중희가 고려인으로서 자기 왕을 업신여기고 중상모략하고 있어요. 이는 개가 주인을 물고자 하는 일인데, 중서성에서 홍중희의 고발을 곧이 듣고 심양 왕과 나란히 세워 대질하게 한다니, 있을 수 있는 일이오?"

태후의 그 말에 인종은 칙명을 내려 홍중희와 충선왕의 대질 심문을 중지시키고, 홍중희에게 매를 쳐서 조주로 유배 조치했다. 그러자 홍중희는 방신우와 충선왕에 대해 깊은 원한을 가지게 되었고, 유배가 풀리면 무슨 짓을 해서라도 충선왕을 내쫓을 궁리를 하게 되었다. 방신우에게 큰 신세를 진 충선왕은 그를 중모군에 봉하고, 웬만한 재상보다 훨씬 더 각별하게 대접했다.

그 무렵, 고려의 이권이 달린 중요한 사건이 하나 터졌다. 북방에 머물고 있던 팔려미사라는 인물이 원나라에 복속되기를 거부하다가 결국 항복하여 자신의 무리를 거느리고 귀순하였다. 원나라 조정은 팔려미사의 귀순을 환영하며 그가 머무를 땅을 물색했다. 대신들은 논의 끝에 팔려미사에게 압록강 동쪽의 고려 땅을 내주자는 움직임을 보였다. 이 소식을 들은 고려 조정이 발칵 뒤집혔다. 팔려미사에게 고려 땅을 내주면 이것이 전례가 되어 향후에도 원나라에 귀순한 무리에게 고려 땅을 내주는 사태가 이어질 게 뻔했다. 또 팔려미사에게 내준 땅은 그의 사유지나 다름없이 여겨져 고려의 영토가 축소될 판이었다. 충선왕도 마땅한 해결책을 찾지 못하고 이 일로 고민하고 있었는데, 방신우가 원 황제에게 이렇게 말했다.

"고려는 땅이 좁고 산이 많아 농사하고 목축할 만한 곳이 없습니다. 북방 사람들은 목축을 하며 사는데, 고려 땅에서는 그런 풍속을 유지하며 지낼 수가 없을 것입니다. 또한 팔려미사가 고려 땅에 거하게 되면 그곳의 고려 백성들이 크게 놀랄 것이니 자칫 큰 변란이라도 날까 염려되옵니다."

당시는 영종 시절인데, 영종이 그 소리를 듣고 옳게 여겨 팔려미사에게 고려 땅을 내주려는 계획을 중지시켰다. 고려 백관이 모두 모여 묘안을 짜내도 못하던 일을 일개 환관이 세 치 혀로 해결했으니, 그의 위세가 고려 왕보다도 대단했던 것은 어쩌면 자연스런 일인지도 모르겠다.

그렇게 큰 공을 세우고 방신우가 고려 땅을 방문하자, 백관이 모두 국경으로 달려가 그를 맞이했다. 하지만 방신우는 원나라에서 권세를 잡은 태감들이 대개 그렇듯 고려 신하들을 한낱 몸종 대하듯 했다. 자기에게 머리를 숙이지 않는 재상들에게 심한 모욕을 주는가 하면, 심지어 일부는 앞으로 끌고와 매를 치기도 했다. 또 지방을 돌아다닐 때는 각 도의 수령과 백성들이 앞을 다투어 재물을 바쳤지만, 그는 웬만한 재물에는 눈길도 주지 않았다. 당시 전라도 체찰사로 있던 이중구는 선물로 종이를 바쳤는데, 방신우는 그의 선물을 받기는커녕, 형편없는 선물을 바쳤다고 트집을 잡아 모욕을 안겨주기도 했다. 개성의 판관으로 있던 이광시는 자기 딸을 방신우의 처로 바쳐 환심을 얻기도 했다.

이렇듯 그는 거만하고 욕심 많은 인물이었지만, 또 한 번 고려의 국익에 큰 보탬이 되는 일을 했다. 충선왕을 내쫓으려다 방신우의 방해로 유배되었던 홍중희는 조정으로 돌아오자, 곧 새로운 모략을 짰다. 그는 아예 고려국 자체를 없애버리면 고려에는 왕도 신하도 필요없을 것이라는 판단을 하고 중서성에 이런 제의를 했다.

"고려는 대원제국에 복속된 지 이미 오래인데, 아직 국호를 쓰고 있으니 이는 형평에 맞지 않습니다. 송이 망하여 국호를 버렸고, 금이 또한 망하여 국호를 버렸으며, 중원의 모든 나라가 대원에 복속되어 국호를 버린 지이미 오래인데, 어째서 고려는 아직도 국호를 버리지 않고 있는 것입니까? 이는 장차 반란의 불씨가 될 수 있으니 고려 땅에 성當을 설치하고 국호를 떼내는 것이 마땅합니다."

원나라 중서성은 홍중희의 말이 옳다고 생각하고, 고려에 별도의 성을 설치한다는 계획을 세웠다. 이 소식을 들은 고려 조정은 또 발칵 뒤집혔다. 원나라에서 성을 설치할 경우 고려는 조정은 물론 왕도 없어지는, 그야말로 완전히 나라가 사라지는 상황이 되는 것이었다.

고려 조정에서는 김이 등을 파견하여 고려에 성을 설치하는 것의 부당함을 역설했지만, 원나라 조정은 고려 조정의 의견은 거의 묵살해버렸다. 그간 원에 머물며 나름대로 큰 방패막이 역할을 했던 충선왕도 원나라에서 내쫓길 판이어서 전혀 도움이 되지 않았다.

이때 방신우가 나섰다. 그는 자신이 모시고 있던 수원황태후에게 고려에 성을 설치하는 것의 부당함과 위험성을 역설하고 계획을 취소해달라는 청을 넣었다. 황태후는 그의 요청을 받아들여 황제에게 그 논의를 중지시키도록 했다.

방신우는 수백 명의 승려를 동원하여 태후의 복을 빌기도 했고, 고려의 대장경을 필사토록 하여 황태후가 내린 금박으로 금자대장경을 만들어 바치기도 했다. 황태후는 그런 방신우를 매우 총애했고, 그것이 결국 고려를 구하는 결과로 이어졌던 것이다. 당시 고려에서도 많은 신하들을 파견하여 고려의 국호를 파하고 성을 설치하는 것을 막으려 한 것이 사실이다. 하지만 방신우의 결정적인 도움이 없었다면, 고려는 국호를 잃고 말았을 것이다.

충숙왕은 방신우의 공을 침이 마르도록 치하하며 그를 상락부원군에 봉하고, 추성돈신양절공신이라는 호를 하사했다. 또한 현령으로 있다가 죽은 방신우의 아버지를 상주목사로 추증했고, 그의 누이의 사위였던 박려는 일개 농부에서 첨의평리에 올렸다. 박려의 아들 박지정은 총랑전서가 되었다.

방신우는 충숙왕 17년인 1330년에 퇴직하여 고려로 환국했으며, 이때 선홍사를 크게 수축하고 그곳에서 지냈다. 이후 1342년에 원나라로 소환되어 궁에 들어갔다가 이듬해에 죽었다.

왕보다 높은 환관 고용보 　고용보高龍普는 충혜왕에서 충정왕 대의 환관으로 그 권력이 하늘을 찌를 듯하여 왕조차 그에게 고개를 숙일 정도였다.

고용보의 원래 이름은 용복이며, 전주 출신이다. 환관이 된 뒤로 원나라에 들어가 황제의 총애를 받았으며, 궁궐의 재정을 관리하는 자정원사資政院使 벼슬을 받았다. 이에 고려의 충혜왕은 복위 3년(1342) 2월에 고용보를 삼중대광 완산군에 봉했다. 삼중대광의 벼슬은 재상으로 있다가 죽은 사람이나 외척, 또는 공신에게 내리는 벼슬이었다. 그에게 이런 벼슬을 내렸다는 것은 재상 이상으로 예우했다는 뜻이다.

그에게 삼중대광 벼슬을 내린 충혜왕은 우리 역사에서 보기 힘든 희대의 패륜아였다. 1330년에 16살의 어린 나이로 왕위에 오른 그는 국사는 제쳐놓고 향락과 여색에 젖어 지내다가 즉위 2년 만에 원 황실에 의해 폐위되었다. 그 뒤 1339년에 부왕 충숙왕이 죽자 복위되었는데, 이때의 그의 행각은 한층 대담해져 차마 입에 담을 수 없을 정도의 패륜을 일삼았다.

부왕의 후비들을 닥치는 대로 강간했는데, 원나라 황실녀인 숙공휘령공주는 충혜왕의 수하들에게 사지를 잡힌 채 강간당하기도 했다. 또 일반 민가 아낙에 대한 그의 강간 행위는 이루 말할 수 없을 정도로 많았다. 심지어 남편이 보는 자리에서 아내를 강간하는 일도 잦았다.

이 일들은 휘령공주의 고발로 원나라 사신들의 귀에 들어갔다. 충혜왕은 당시 사신으로 왔던 두린에게 체포되어 일당들과 함께 원나라로 연행되었다. 원나라에서 감옥에 갇힌 채 심문을 받던 그는 원나라 대신 탈탈대부의 도움으로 겨우 풀려나 고려로 돌아올 수 있었다.

이때 원나라 황실에서 아주 중대한 사건이 일어났다. 고려 출신 궁인 기씨가 원나라 순제의 황후에 책봉된 것이다. 기황후는 고려인 기자오의 딸이었는데, 그녀가 황후가 되자 고려인의 입지는 크게 강화되었다. 특히 고려 출신 환관들의 영향력이 크게 확대되었는데 고용보는 그런 상황을 놓치지 않았다.

1342년에 고용보는 황제의 명을 받아 기황후의 어머니 이씨를 원나라로 모셔가기 위해 고려로 왔고, 충혜왕은 고용보를 연경궁에 초대하여 향연을 베풀고 선물을 안겼다. 이때 고용보는 고려에 남아 있던 기황후의 혈육들과 돈독한 관계를 형성했다.

그 무렵 충혜왕은 이전과 다름없이 음행을 일삼고 있었다. 전국 어디에서든 아름다운 여자가 있다는 소리를 들으면 신분이나 처지를 가리지 않고 즉시 궁중으로 데려와 강간하였다. 원나라에 사신으로 간 재상의 아내를 강간한 적도 있었다. 이렇게 되자, 왕을 사칭하고 관리의 아내를 강간하는 거리의 불량배도 생겨났다.

충혜왕의 패륜 행각이 이처럼 극에 달하자, 당시 조정을 장악하고 있던 기황후의 오빠 기철은 원나라 조정에 고려왕을 소환해줄 것을 요청했다. 원 황실은 곧 기철의 요청을 받아들여 충혜왕을 소환하기로 결정하고, 대경 타적과 낭중 별실가 등을 고려에 파견하기로 했다. 이때 원나라 조정은 충혜왕과 그 측근들이 반발할지도 모른다는 생각에 타적과 별실가를 보내기 앞서 고용보를 먼저 파견했다. 고려를 찾은 고용보의 손에는 황제가 내린 옷과 술이 들려 있었다. 일단 고용보를 통해 충혜왕을 방심하게 만든 후, 기회를 봐서 그를 체포한다는 계획이었던 것이다.

고용보가 개성에 온다는 소식을 전해들은 충혜왕은 직접 궁 밖으로 나가 그를 맞이했다. 충혜왕은 고용보에게 융숭한 대접을 하고 엄청난 양의 포를 선물하면서 별별 아부를 다 떨었다. 고용보의 말 한 마디에 자신의 목숨이 달렸다는 것을 잘 알고 있었던 것이다. 고용보는 그가 올린 많은 선물을 챙기면서 한편으로는 그를 제거할 계획을 짜고 있었다.

당시 조정에는 신예라는 인물이 있었는데, 그는 고용보의 처외숙이었다. 고용보는 첨의평리 벼슬에 있던 신예에게 군대를 움직여 도성 밖에 숨어 있다가 타적과 별실가가 오면 충혜왕을 체포하는 것을 도와주라고 했다.

고용보가 그런 조치를 내렸을 때, 정동행성에는 타적과 별실가가 도착해 있었다. 그들은 원나라에서 황제가 하늘과 땅에 제를 올리고 죄지은 자들을 사면할 것을 반포한다면서 고려왕으로 하여금 황제의 명을 받들라고 했다. 하지만 충혜왕은 병을 핑계하며 도성 밖으로 나가려 하지 않았다. 느닷없이 황제가 제를 올린다는 것도 수상했고, 갑작스럽게 죄인들을 사면하라는 황명을 받들라고 하는 것도 석연치 않았던 것이다.

그러자 고용보는 충혜왕에게 이렇게 말했다.

"황제께서 늘 왕을 불경하다고 하는데, 만약 이번에 나가지 않으면 황제의 의심이 더욱 심해질 것입니다."

그 말에 겁먹은 충혜왕은 별수 없이 조복을 차려입고 궁궐 바깥에 나가 타적 일행을 맞이했다. 그리고 황제가 내린 조문을 듣기 위해 정동행성으로 갔다. 정동행성에 들어서자마자 타적이 충혜왕을 발로 걷어차며 소리쳤다.

"이놈을 당장 포박하라!"

원나라 병사들이 충혜왕을 포박하자, 다급해진 충혜왕이 소리쳤다.

"이게 무슨 일이오? 고원사를 불러주시오."

충혜왕이 그렇듯 고용보를 애타게 찾고 있을 때, 고용보는 제발로 걸어 들어와 말했다.

"도대체 이 사람은 왜 찾는 것인가? 황녀와 황관의 아내와 재상과 백성들의 아내를 강간한 네놈이 무슨 할 말이 있단 말이냐!"

충혜왕은 고개를 꺾으며 할 말을 잊었다.

타적은 곧 충혜왕을 묶은 채로 말에 태운 후, 고용보에게 고려 조정을 안정시키라는 명령을 남기고 원나라로 떠났다. 이에 따라 고용보는 권정동성에 임명되어 그간 충혜왕에게 빌붙어 있던 자들을 죽이거나 옥에 가두고, 충혜왕에게 붙잡혀온 126명의 궁인들을 모두 돌려보냈다. 이때 그는 자기 세력을 조정에 심어놓기 위해 자신과 친했던 조성주, 윤원우, 송명리 등은 살려줬다.

이렇듯 충혜왕 세력을 제거한 고용보는 기철에게 고려 조정을 맡기고,

충혜왕의 큰아들 흔을 가슴에 안은 채 원나라로 돌아갔다.

그 무렵 원나라에 압송된 충혜왕은 연경에서 2만 리나 떨어진 게양으로 유배 중이었고, 1344년 정월에 유배지로 가던 도중 악양현에서 의문의 죽음을 당했다.

충혜왕이 죽자, 고용보는 그의 큰아들 흔을 안고 원나라 순제 앞에 나아갔다. 이때 흔은 8살이었다. 순제가 어린 흔을 보더니, 이렇게 물었다.

"너는 아비를 본받으려 하느냐, 아니면 어미를 본받으려 하느냐?"

이에 흔이 대답했다.

"어머니를 본받고자 합니다."

흔의 어머니는 원나라 황실녀인 정순숙의공주(덕녕공주)였다. 흔의 대답을 듣고 순제는 기꺼워하며 말했다.

"어미를 닮아 영특하구나. 이 아이를 고려 왕으로 삼아야겠다."

이렇게 고용보의 품에 안긴 채 고려 왕에 오른 왕이 충목왕이다.

어린 충목왕이 왕위에 오르자, 그의 모후 정순공주가 섭정을 하였다. 이때 정순공주는 자신의 아들을 왕위에 올린 고용보에게 12자나 되는 공신 칭호를 내렸다. 이런 까닭에 고용보가 고려에 오면 재상들은 물론이고, 왕까지 그에게 절을 할 정도였다. 고용보의 위세가 얼마나 대단했는지는 다음 이야기를 통해 실감할 수 있다.

충목왕 시절에 찬성사에 올라 있던 강윤충이란 인물이 있었는데, 그는 조선 태조의 왕비 신덕왕후 강씨의 숙부였다. 그는 한미한 집안 출신으로 충숙왕을 섬겨 호군 벼슬을 얻었고, 조적의 난 때에 충혜왕을 호종한 공로로 1등 공신에 올라 밀직부사가 되었다. 그리고 충목왕 대에 이르러 찬성사가 되었는데, 이때 그는 충목왕의 모후 정순공주와 밀애를 즐기며 권력의 핵심이 되었다. 그러자 어느 날 익명의 방이 한 장 붙었다.

"찬성사 강윤충이 환관과 시녀를 매수하여 왕의 어머니와 궐내에서 음란한 짓거리를 하며 조정을 저해하고 있다. 또 내전의 총애를 기반으로 하유원과 더불어 정치도감의 국사를 저해하고 있으니, 만약 이 두사람을 처단하면 나라에 근심이 사라질 것이다."

이 방을 보고 대신들이 고용보에게 이렇게 말했다.

"강윤충이 왕모와 간통하였으므로 죄악이 가득합니다. 또 강윤충은 원사께서 오신다는 말을 듣고 왕께 아뢰기를, 고용보가 충혜왕을 모함하여 악양에서 죽게 하고 그 죄를 짓고도 버젓이 왔으니, 원사를 후대하지 말라고 주장하고 있습니다."

고용보가 그 말을 듣고 강윤충을 찾아가 무섭게 호통쳤다.

"네놈의 무례와 방자함을 그냥 두고 볼 수가 없구나. 이제부터 궐내에 오지 말라. 내 눈에 띄면 죽을 것이다."

그 말에 겁먹은 강윤충은 병이 났다는 핑계로 한동안 등청을 하지 않았다. 그리고 은밀히 고용보의 어머니를 찾아가 뇌물을 주고 자신을 좀 잘봐달라고 사정해 겨우 목숨을 건졌다.

고용보의 이런 위세는 충목왕이 죽고 충정왕이 들어선 뒤에도 사그라들지 않았다. 하지만 1351년에 공민왕이 들어서면서 하늘을 찌를 듯하던 그의 위세도 한풀 꺾였다. 어사대에서 고용보의 권력 남용이 극에 달했다는 탄핵 상소를 원 황제에게 올린 것이다.

"고용보가 황제의 총애를 받아 세도를 부리고 위세를 떨치니, 승상과 친왕이 그 위세에 눌려 쫓아가 절을 할 지경입니다. 또한 재물과 뇌물을 모아 금과 비단이 산처럼 쌓였고, 권세가 천하를 움직일 정도입니다. 이는 한나라의 간신 조절이나 후람에 모자라지 않을 것이며, 당나라의 구사량과 양복공이 다시 일어날까 두려워할 정도입니다. 부디, 그를 죽여서 천하 인심을 다스리소서."

이 말을 듣고 원나라 황제가 그를 금강산에 유배 조치했다. 얼마 뒤에 원 황실에서 그를 다시 소환했지만, 그때 이미 원나라는 몰락의 길을 걷고 있었다. 눈치 빠른 고용보가 그런 상황을 감지 못할 리 없었다. 그는 재빨리 원나라 조정에서 몸을 빼 고려로 돌아왔다.

그가 고려로 돌아오자 예전에 그에게 혈육을 잃은 사람들이 그를 살인죄로 고발했고, 전법서에서는 그를 체포하고자 했다. 하지만 조정에는 여전히 그의 세력들이 버티고 있었다. 특히 그의 처외숙인 신예가 막강한 권력을 쥐고 있었기에 무사할 수 있었다.

그 무렵, 공민왕은 과감한 개혁 정책을 구사하며 원나라에서 벗어나기 위해 안간힘을 쓰고 있었다. 이런 공민왕의 개혁 정치에 위기감을 느끼고 있던 판삼사사 조일신이 1352년에 정변을 일으켜 한시적으로 조정을 장악했다. 조일신도 고용보에 대해서만은 감정이 좋지 않았다. 때문에 그를 찾아 죽이려 했지만, 고용보는 산으로 몸을 피해 구사일생으로 살아남았다.

조일신의 난이 실패로 끝난 후, 고용보는 머리를 깎고 승려가 되어 가야산 해인사에 머물렀다. 그가 승려가 된 것은 살아남기 위한 자구책이었다. 그러나 친원 세력들을 대거 제거하며 개혁의 칼날을 휘두르고 있던 공민왕은 그를 용서하지 않았다. 공민왕 11년(1362) 2월, 왕명을 받은 어사중승 정지상의 칼이 파란만장한 그의 일생에 종지부를 찍었다.

조선의 환관 제도를 정착시킨 김사행 김사행金師幸은 고려 공민왕 대부터 조선 태조 대에 걸쳐 환관 벼슬에 있던 인물로 원래 이름은 광대였다. 그는 환관이 된 뒤에 원나라에 잠시 머물렀으나 원이 홍건적에 밀려 몰락하는 상황에 처하자 고려로 돌아와 공민왕을 섬겼다. 공민왕의 총애를 얻은 그는 내시부사에 올랐고, 능 조성 작업 공사를 잘 감독하여 왕으로부터 말안장과 말을 상으로 받기도 했으며, 그의 아내는 택주에 임명되기도 했다.

공민왕이 비명에 죽고, 우왕이 왕위에 오르자 한 차례 시련이 닥쳤다. 왕의 내시로서 왕을 꼬드겨 사치를 조장하고 함부로 공역을 일으켜 백성을 곤란에 빠뜨렸다는 죄목으로 그는 재산을 모두 빼앗기고 익주(전북 익산)의 관노 신세가 되어야 했다. 다행히 몇 년 뒤에 우왕의 부름을 받고 궁궐로 돌아왔으나 얼마 되지 않아 위화도 회군으로 우왕이 쫓겨나고 다시 창왕도 쫓겨나는 바람에 불안한 궁궐 생활을 해야만 했다.

공양왕 대에 이르러 그는 내시부사에 복귀했으나, 이때도 여러 번 탄핵을 당했다. 그는 불교를 신봉하고 있었는데, 당시 새롭게 조정을 장악한 신유학(성리학) 세력이 그를 좋게 보지 않았던 것이다. 그런 까닭인지 몰라도 신유학자 세력의 유학적인 가치를 주입하는 시간이라 할 수 있는 경연에 대해서 김사행은 별로 탐탁치 않게 생각했던 모양이다. 하루는 공양왕이 경연장에 가려 하자, 그는 이렇게 말하며 만류했다.

"시일이 충분하니 하루쯤 출강하지 않아도 정사에 해로울 것이 뭐 있겠습니까?"

그러면서 그는 노골적으로 불교적 가치를 강조했다.

"부처의 가르침은 유학자들이 말하는 것처럼 그렇게 속이는 것이 아닙니다. 사람은 다 같은 사람임에도 혹자는 천하의 주인이 되고, 또 혹자는 일국의 주인이 되며, 일부는 서인이 됩니다. 이렇듯 사람의 귀천은 전생에 행한 선행에 좌우되는 것입니다."

법을 맡은 조정 관리들이 그 말을 듣고 강력하게 김사행을 탄핵했다.

"환관 김사행은 일찍이 아첨과 사치로서 공민왕의 총애를 받아 백성들을 함부로 대했습니다. 이 때문이 백성들이 그를 독초와 같이 여기고 있사오니 곁에 두지 마시고 쫓아내는 것이 마땅하옵니다."

이러한 탄핵은 누차에 걸쳐 계속 되었지만, 공양왕은 결코 김사행을 내쫓지 않았다. 이미 조정은 이성계 일파가 장악한 마당이었고, 대신들은 왕을 한낱 허수아비로 알고 있던 터였다. 그런 공양왕에겐 김사행과 같은 환관이 아니라면 믿고 심부름시킬 사람조차 없게 될 판이었던 것이다.

그러나 환관이란 본시 신하의 의리보다는 목숨을 먼저 생각하는, 물결에 따라 움직이는 부초 같은 존재였다. 이성계가 공양왕을 내쫓고 왕위에 오르자, 김사행은 미련 없이 고려왕조를 버렸다. 이미 원나라가 기울어질 때 원을 버리고 고려로 돌아온 그였기에 왕조가 바뀐 것은 그에게 아무 문제도 아니었다.

새로운 주인으로 섬기게 된 이성계와의 인연은 공양왕 대에 이미 맺어졌다. 이성계가 역성혁명을 감행하기 3개월 전인 1392년 4월, 김사행은 공양왕의 심부름으로 이성계 집을 찾았었다. 이때 그의 손에는 공양왕이 이성계에게 내린 백은 1정과 비단 1필이 들려 있었다. 권력에 대한 남다른 감각을 가졌던 그는 아마도 이 만남에서 이성계가 장차 나라의 주인이 될 것이라는 예감을 가졌던 것 같다. 숱한 신하들의 목숨이 달아나던 왕조 교체기에, 공양왕을 섬겼던 여러 환관들이 노비로 전락하는 상황에서 내시부사의 자리를 지킨 것은 물론이거니와 이성계의 절대적인 신임까지 얻었던 사실에서 이는 확인된다.

김사행은 궁궐 생활에 대해 완전히 무지했던 이성계에게 궁궐의 법도에 대해 가르쳤고, 무너져가던 궁궐 제도를 정비하는 데 큰 역할을 했다. 이성계는 즉위 1년 후인 1393년 7월 27일 창업에 공이 있는 신하들을 열거하며 김사행에 대해 이렇게 치하했다.

"김사행은 내가 왕위에 오른 초기에 궐내闕內의 제도가 마련되지 못했는데, 고려조가 왕성했을 때의 궁중 의식을 일일이 찾아내어 지나친 것은 줄이고, 모자란 것은 보태서 내조했으니 그 공을 기록할 만하다."

이때 김사행이 한 일 중에 매우 중요한 일이 있다. 원래 고려왕조에서는 내시부의 관료가 모두 환관으로 구성되어 있지 않았다. 오히려 환관보다 일반 관료가 많았다. 그러다가 원나라 속국시대에 환관의 힘이 성장하면서 환관 지원자가 늘어났고, 내시부 관료의 대부분을 환관이 차지하게 되었다. 이렇게 볼 때, 내시를 환관과 동일하게 인식한 시기는 고려 말엽이고, 공식적으로 환관이 내시부를 전담하게 된 것은 조선시대부터다. 이 제도를 마련한 사람이 바로 김사행이다.

조선이 건국된 뒤에 신하들은 환관들을 모두 궁에서 내쫓자고 주장했다. 1392년 12월 1일 사헌부에서 올린 상소는 환관의 병폐를 나열하면서 김사행을 비롯한 모든 환관을 내쫓아 환관 제도 자체를 없애자고 주장하고 있다. 그러나 이성계는 이런 말로 단호하게 사헌부의 건의를 거부했다.

"궁중의 차비는 비워둘 수 없다. 그리고 지금 환관이 모두 자신의 임무에 맞게 충당되어 있으니, 다시는 이 일을 논하지 말라!"

이성계가 이렇게 단호한 의지를 보일 수 있었던 것은 궁중 생활에 있어 환관이 차지하는 비중이 적지 않음을 알았던 탓이다. 사실, 환관이 없다면 궁중 생활은 불편하기 짝이 없는 일이었다. 왕으로서는 자신의 수족처럼 부릴 사람이 꼭 필요했는데, 환관이 아니고서는 궁궐 내에서 그런 존재를 찾을 수 없는 게 현실이었다. 환관은 죽으라면 죽는 시늉까지 하는 입안의 혀 같은 존재였다. 그에 비해 신하들이란 늘 어딘가 껄끄럽고 매사에 간섭이 심한 귀찮은 존재였다.

더욱이 환관이 아니고서는 궁궐의 자질구레한 일을 믿고 맡길 위인이 없었다. 고려왕조가 무너지면서 고려의 정궁인 수창궁은 여러 곳이 무너지고 낡은 상태였다. 이 때문에 이성계는 수창궁을 전면적으로 수리하고 개축하고자 했는데, 이 일을 도맡아 시행할 사람은 환관들밖에 없었다. 고려조부터 궁궐 공사는 모두 환관들이 맡아 감독하고 관리해왔기 때문이었다. 특히 김사행은 공민왕 대부터 여러 차례에 걸쳐 궁궐 건축 업무를 맡은 바 있어 이 일에 적임자였다.

김사행은 수창궁 개축 작업에만 투입된 것이 아니었다. 한양에 새로운 도읍을 건설하는 일에도 참여했다. 경복궁과 종묘를 지을 때, 그는 직접 먹줄을 들고 땅을 측량하기까지 했다.

이성계는 그런 김사행의 공을 높이 평가하여 그를 판경흥부사 동판도평의사사사 겸 판사복사농선공감사 가락백에 제수했다. 또 1397년에 문묘를 조성할 때, 문묘조성제조로 삼았으며, 그 해 12월에는 김사행에게 수충보리공신의 칭호를 내렸다.

그쯤 되자, 김사행은 거만해졌다. 궁궐을 출입하면서 가마를 타고 다녔고, 많은 재산을 축적하여 호화스런 생활을 즐겼다. 신하들의 불만은 높았지만, 감히 그를 탄핵하지는 못했다. 그는 또 세자 방석의 장인 심효생과 긴밀히 결탁하여 정치 세력을 형성하기도 했다. 심지어 태조에게 이런 건의를 하기도 했다.

"중국의 황제들은 아들들을 지방의 영주로 봉하여 신하로 삼습니다. 전하께서도 왕자들을 지방으로 보내어 그곳 수령으로 삼고 나라를 안정시키소서."

이는 내심 이방원 등의 신의왕후 한씨 소생 왕자들을 지방으로 내쫓아 세자 방석의 안전을 도모하려는 것이었다. 하지만 태조는 이 제의에 대해 아무 대답도 하지 않았다. 말하자면 태조도 은근히 그런 생각을 품었다는 뜻이었다.

이렇듯 왕에게 국가 대사에 대한 견해를 피력하고 민감한 사항인 왕자들의 거처 문제까지 서슴없이 내뱉을 정도였으니, 당시 김사행의 정치적 입지가 웬만한 정승에 뒤지지 않았음을 알 수 있다. 그러나 그것으로 김사행의 영화는 끝이었다.

1398년 8월 25일 밤, 이방원이 군대를 동원하여 정도전, 남은, 심효생 등 태조의 근위 세력을 죽이고 조정을 장악해버린 것이다. 이때 김사행은 이방원의 수하들에게 붙잡혀서 포박되었다. 방석의 장인 심효생과 내통하고, 세자 방석을 비호하는 세력으로 지목되었기 때문이다.

이방원은 그가 부왕 태조가 총애하는 내시라는 사실을 감안하여 그를 일단 풀어줬다. 그렇다고 영원히 풀어준 것은 아니었다. 며칠 뒤인 9월 3일, 이방원은 김사행을 다시 잡아들여 참수토록 하고 삼군부 문에 그의 목을 매달아버렸다.

김사행과 더불어 태조의 총애를 믿고 권력을 부리던 환관 조순曹恂도 참형에 처해졌다. 조순은 김사행의 신임을 얻어 태조 곁에 머물던 환관인데, 뇌물과 청탁을 자주 받아 여러 차례 조정의 탄핵을 받은 자였다. 태조는 조순이 일 처리에 뛰어나고 궁중 업무에 능하다며 번번히 죄를 용서하고 불러다 곁에 두곤 하였다.

실록에서는 태조 대의 대표적인 환관으로 김사행과 조순을 꼽고 있다. 이들이 참형을 당한 죄목은 권좌에 올라 재물을 탐하고 임금의 마음을 어지럽혔다는 것이었지만, 실상 태종이 이들을 죽인 것은 태조의 측근 세력 중 수족을 제거하는 차원이었다. 비록 일개 환관에 불과했지만, 권세는 판서보다 높았고 재산은 도성의 갑부에 뒤지지 않았으며 주변 세력 또한 웬만한 재상에 뒤지지 않았기 때문이다.

**까탈스런 태종의 충복
노희봉**   노희봉盧希鳳은 고려조에 환관이 되어 태조, 정종을 거쳐 태종 대에 이르러 왕의 근시近侍가 된 환관이다. 태종은 성격이 매우 까다롭고 불같은 성미였기에 내관들에겐 몹시 무섭고 소름 끼치는 왕이었다. 태조 이성계는 환관이 웬만한 잘못을 해도 문제삼지 않았지만 태종 이방원은 작은 실수 하나라도 그냥 넘기는 법이 없었다. 내관이 전한 내용이 자신의 마음에 들지 않으면 말을 전한 내관을 감옥에 가두기까지 하는 인물이었다. 그런 탓에 태종 시절의 내관들은 모두 고초를 겪었는데, 노희봉은 태종의 그 까탈스럽고 급한 성미를 끝까지 받아낸 유일한 내관이었다.

실록에 노희봉의 이름이 처음 등장하는 것은 태종 2년(1402) 8월 4일 기사에서다. 태종은 궁 밖에 나갔다가 돌아오는 길에 장단에 머물면서 내관들에게 상왕(정종)에게 연어 고기를 올리라고 명했다. 그러나 연어의 양이 충분치 않았던 모양인지 내관들은 이미 상왕에게 연어 고기를 보냈다고 대충 둘러대고 태종에게 음식을 올렸다. 이 일로 태종은 환관 이용, 김완, 노희봉, 신용명 등 내관 우두머리 급들을 모두 순위부에 가둬버렸다. 4일 뒤 감옥에서 풀려나긴 했지만 노희봉과 태종의 질긴 인연은 그것이 시작이었다.

당시 태종은 내관들의 월권을 막기 위해 작은 잘못이라도 엄하게 징치했고, 심부름을 시켜 조금이라도 늦거나 어떤 일을 더디게 하면 무섭게 다그치며 형벌을 가하곤 했다. 태종 1년(1401) 6월 18일에는 중전의 환관들을 모두 내쫓은 일도 있었다. 원경왕후 민씨가 태종이 가까이하던 궁녀를 불러 무섭게 꾸짖고 화를 낸 것에 대한 보복 차원이었다. 이런 일이 잦자 내관들의 불만이 높아졌고, 급기야 태조의 근시였던 이광, 함승복 같은 환관들은 노골적으로 태종의 명령을 받지 않았다. 함승복은 더 나아가 조사의의 난에 가담하여 태종의 목에 칼날을 겨누었다.

노희봉이 왕의 근시인 승전색이 된 것은 바로 이런 상황에서였다. 태종은 노희봉에 대해 '간사한 행동이 없기 때문에 곁에 두고 쓴다'고 말할 정도로 그를 신임하고 있었다. 당시 태종은 여전히 부왕 태조와의 관계 회복에 주력하고 있던 상황이었는데, 노희봉은 태종의 명에 따라 태조의 행재소에 문안하는 역할을 맡곤 했다. 태조 또한 노희봉을 신뢰하고 있었으므로 태조와 태종의 관계는 급격히 회복될 수 있었다. 또 태조가 늘 마뜩찮게 생각하던 세자 제(양녕대군)의 처리 문제와 관련한 심부름도 노희봉이 주로 맡았다.

양녕대군이 동궁에 여자를 들이고 여색과 사냥에 빠져 있을 때, 태종은 세자를 불러 때리는 대신 세자의 환관인 노분을 불러 때렸다. 이때 노분의 볼기를 때린 인물도 바로 노희봉이었다.

노희봉이 수행한 일은 왕실 내부문제에 한정되지 않았다. 태종 6년 4월에 예조정랑 유영이 자기 집안을 믿고 상관들을 업신여기는 행동을 일삼다가 태종의 노여움을 산 일이 있었다. 이때 노희봉은 태종의 명을 받고 달려가 유영을 포박하여 잡아왔고, 수하를 시켜 장형을 집행하였다.

같은 해 8월, 태종은 세자에게 왕위를 물려주겠다며 전위 파동을 일으켰다. 노희봉은 세자궁에 옥새를 전달하는 역할을 맡았다. 이때 노희봉의 처지는 무척 난처했다. 왕명을 받아 세자궁에 옥새를 전달하는 임무를 맡긴 했지만, 세자가 옥새를 받지 않으려 했고, 하륜을 비롯한 조정 대신들이 꿇어 엎드린 채 전위를 반대하고 있었기 때문이다. 노희봉은 왕의 말을 대신들에게 전하고 또 대신들의 말을 왕에게 전하는 역할을 수행하고 있었기 때문에 태종의 짜증과 부아, 욕설을 고스란히 다 감내해야 했다. 그것이 얼마나 지독했던지 당시 지신사(도승지)였던 황희가 노희봉의 안내를 받아 내정으로 들어갈 때, 노희봉은 어떤 불벼락이 내릴지 몰라 부들부들 몸을 떨기까지 했다고 한다. 다행히 태종은 "전위하기가 어려운 것을 진작 알았다"며 전위 의사를 철회할 뜻을 비쳤다. 그러나 그 말을 믿고 대신들이 물러가자 태종은 곧 노희봉에게 다시 옥새를 세자궁으로 가져다 두라고 명령했다.

민무구 형제 사건 때도 노희봉은 곤욕을 치렀다. 1407년 7월 대신들은 태종의 전위를 은근히 바랐다는 이유로 민무구, 민무질, 신극례 등에게 벌줄 것을 청했다. 하지만 태종은 그것은 복비(腹誹: 입을 다물고 마음속으로만 비방하는 처사)에 해당되며, 복비를 근거로 신하에게 벌을 줄 수는 없다고 거절했다. 그러자 성석린이 이렇게 말했다.

"전하께서 전위하려고 하던 무렵에 그들이 기뻐하고 근심하던 것은 복비라고 할 수 있으나, 입으로 떠벌리고 다닌 일들은 복비에 해당되지 않습니다."

노희봉이 성석린의 그 말을 그대로 전하자, 태종은 분노하며 노희봉을 옥에 가둬버렸다. 임금이 자신의 수족이나 입과 귀의 역할을 하는 내관을 가두었다는 것은 더 이상 신하들의 말을 듣지 않겠다는 뜻이었다. 신하들도 자신의 말을 전할 대전 내관이 옥에 갇히자, 모두 물러났다. 그러나 그냥 물러나지 않았다. 대간과 형조의 신하들이 모두 사직을 청하며 임금과 힘겨루기를 하였다.

당시 신하들의 행동은 일종의 친위 쿠테타 성격이 짙었다. 실제 태종의 의중은 민무구 등에게 벌을 주고 싶었지만 그것이 복비에 근거한 것이라 마땅한 명분을 찾지 못하고 있었다. 이에 태종의 측근들이 그런 속내를 파악하고 민무구 형제와 신극례를 제거하여 왕의 마음을 가볍게 하려고 한 것이었다. 그런 정치적 사정이야 노희봉이 알 바 아니었지만, 고래싸움에 새우등 터지는 꼴로 그는 이틀 동안이나 감옥살이를 한 뒤에 풀려났다.

노희봉의 죄없는 감옥살이는 그 뒤에도 이어졌다. 1410년 3월의 일이다. 당시 대사헌으로 있던 김한로(세자 양녕의 장인)가 민무구 형제와 그 주변 인물들에 대해 더욱 강력한 벌을 줄 것을 청했다. 그러나 태종은 이미 그들에게 죄를 물었기에 다 끝난 일이라며 더 이상 거론하지 말라고 했다. 그런데 그 뒤에도 김한로가 계속 주장을 되풀이하자, 태종은 김한로에게 자신의 의지를 제대로 전달하지 않았다며 노희봉을 순금사에 가둬버렸다. 이는 김한로가 더 이상 그 문제로 간언하지 못하도록 하기 위한 조치였다. 이번에는 3일간 감옥에 있어야 했다. 경위야 어쨌든 또 그는 감옥에 갇히는 신세가 되었던 것이다.

이듬해 1월 5일에는 그토록 참을성 많은 노희봉도 참지 못하여 사모를 땅바닥에 집어던지는 일이 일어났다. 그날 사간원에서 곽승우를 파직토록 하는 소를 올렸는데, 함경도 경원의 성을 여진족에 함락 당한 죄와 함께 그가 과거에 회안대군 이방간을 섬긴 사실을 적시하고 있었다. 이 글을 읽고 태종은 분을 이기지 못하고 이렇게 말했다.

"오늘날 기용된 여러 신하들 가운데 곽승우만 과거에 주인이 있었단 말이더냐?"

태종이 화를 낸 것은 곽승우의 일로 유배된 자신의 형 회안대군에게 화살이 돌아갈까봐 미리 염려한 탓이었다. 또 과거 방간의 난을 들추는 것은 결국 왕실 형제간의 피비린내 나는 왕권 다툼을 끄집어내는 일이라 태종으로서는 무척 부끄럽고 황망한 일이었다. 그 일이 다시 거론되자, 화부터 버럭 낸 것이다.

태종의 그런 대답을 듣고 사간원 정언 금유가 다시 이런 말을 올렸다.

"오늘 청한 것은 곽승우가 경원에서 성을 함락당하고 군사를 잃은 죄입니다. 회안군의 일을 거론한 것은 곽승우가 옛날부터 죄가 있는 인물이라는 것을 말하기 위함이었습니다."

물론 그 말을 전한 사람은 노희봉이었다. 노희봉이 그 말을 전하는 중에 약간의 말실수가 있었는데, 태종은 화가 나서 큰소리를 질러댔다. 벼락 같은 태종의 음성이 대궐에 진동하자, 환관들이 무서워 벌벌 떨었다. 그때 시립하고 있던 환관 김화상에게 태종의 분노 섞인 명령이 떨어졌다.

"희봉이 저 놈의 머리채를 휘어잡고 중문 밖으로 끌고 나가라!"

왕의 명령이 떨어졌으니, 김화상으로서는 어쩔 수가 없었다. 태종이 보는 앞에서 노희봉의 상투를 휘어잡고 대전 밖으로 끌고 나갔다. 그리고 마침내 중문에 이르러 희봉의 상투를 놓고 사모를 씌워주니, 노희봉은 다시 사모를 벗어 땅바닥에 내팽개쳤다. 그는 혼자 일어서지 못하고 젊은 환관들에게 의지하여 겨우 움직일 수 있었다. 끌려나오던 중에 계단에서 떨어져 몸을 다쳤던 것이다.

한편, 태종은 여전히 분을 감추지 못하고 승정원 승지들을 불러 다그치고 있었다.

"너희들은 내 혓바닥이나 다름없는데, 어찌하여 이런 형편없는 상소가 올라오는 것을 그냥 내버려두었느냐! 마땅히 알아서 물리쳐야지, 나에게 올라온 뒤에 옳으니 그르니 하느냐!"

태종이 무섭게 소리치자, 지신사를 맡고 있던 김여지는 몸을 부들부들 떨며 말을 못하고 있었다. 태종의 무서운 성질은 그렇듯 신하들까지도 꼼짝 못했는데, 노희봉은 태종의 그런 면에 넌더리를 내면서도 잘 견디고 있었다.

태종 15년 7월에는 이런 일도 있었다. 승려 장무송이 노희봉과 함께 부처의 진신사리를 바쳤다. 태종은 사리라는 것이 허망하다고 판단하고 의심 어린 눈초리로 노희봉에게 물었다.

"너는 과연 사리를 보았느냐?"

"중이 말하길 분신사리라 했습니다."

그러나 태종은 그 말을 믿지 않고 이렇게 말했다.

"내가 마늘을 먹지 않는 사람을 시켜 사리라고 말한 것을 비비게 해보니, 손에서 가루가 되었다. 이것은 참사리가 아니라는 뜻 아니더냐?"

결국, 이 일로 노희봉은 또 감옥에 갇혔다. 태종은 노희봉이 중과 짜고 자신을 속였다며 의금부에 내려 국문을 하겠다고 엄포를 놓기도 했다. 그런데 어찌 된 영문인지 국문은 하지 않고 희봉을 풀어줬다. 이 일은 부처의 진신사리라는 것이 다 허망한 말이라는 것을 증명하기 위함이었지 노희봉이나 중을 벌주고자 함이 아니었기 때문이다.

그 일을 끝으로 노희봉은 더 이상 옥사에 갇히지 않았다. 3년 뒤에 태종은 세종에게 왕위를 넘겼고, 희봉도 마침내 성질 사납고 까다로운 태종으로부터 놓여날 수 있었다.

세종은 왕위에 오르자, 노희봉을 사재감 제조로 삼았다. 그간의 노고에 대한 보답이라고 할 수 있었다. 그렇다고 희봉의 수난이 끝난 것은 아니었다. 사재감 제조에 오른 지 두 달 만에 그는 상왕(태종)에게 갔다가 궁궐에서 내쫓기는 사태에 직면했다. 상왕이 다짜고짜 노희봉이 왕명을 잘못 전했다고 불같이 화를 내며 그 길로 그를 집으로 쫓아버렸던 것이다. 비록 새 왕을 맞아 사재감 제조에 오르긴 했지만, 자기 말 한 마디면 쫓겨날 수 있다는 것을 알아야 한다는 일종의 훈시였던 것이다.

얼마간 궁궐 출입을 못하던 그는 이듬해 1월에 상왕의 부름을 받아 궁궐로 들어갔다. 그러자 태종이 이렇게 말했다.

"왕실에 가례를 치러야 하니, 네놈이 경상도에 가서 처녀를 좀 뽑아와야겠다."

이때 노희봉은 이미 늙은 몸이었다. 고려왕조 때부터 왕실을 위해 굴려온 육신이 이제 거의 움직일 수 없을 지경이었다. 하지만 그는 노구를 이끌고 경상도를 다녀왔다. 이후에도 세종은 태종을 모시는 일을 모두 그에게 시켰다. 그러나 그 생활은 오래가지 못했다. 병이 들어 거동이 어려운 탓이었다. 이미 쇠할 대로 쇠한 그는 1420년을 끝으로 대전 생활을 마감해야 했다.

병마에 시달리던 노희봉은 1422년 4월 17일에 생을 마감했다. 재위 기간 동안 줄곧 그를 수족으로 부리던 태종도 그로부터 한 달도 못 돼서 세상을 떴다. 비록 왕과 내시의 관계였지만, 두 사람은 그렇게 일생을 함께 보내다 저승으로 간 셈이다.

단종의 마지막 보루 엄자치

엄자치嚴自治는 세종 대에 왕의 근시가 되었으며, 단종에 의해 종2품 벼슬을 받고 영성군에 봉해진 인물이다. 영성이 전라도 장성군의 속현이었음을 감안하면, 엄자치의 고향이 장성임을 알 수 있다.

　조선 초에는 환관을 공식적으로 모집하지 않았기 때문에 궁궐에 근무하는 환관의 수가 얼마 되지 않았다. 건국 초에 환관으로 있던 자들은 대부분 고려 말엽에 환관이 된 자들이었고, 세종이 즉위할 무렵에는 늙은 환관들은 거의 죽거나 병들어 있었고, 엄자치, 전균, 송중 등 젊은 환관들만 남아 있었다. 이들은 조선 초에 어린 나이로 궁에 들어와 비공식적으로 환관이 된 자들인데, 세종은 이들 젊은 환관들을 심부름꾼으로 삼았다.

　엄자치는 당시 환관들 중에서 그나마 고참 축에 드는 인물이었기에 여러 임무를 맡곤 했다. 그는 특히 지방관에게 왕명을 전달하는 임무를 자주 맡았다.

　실록에 엄자치라는 이름이 처음 등장하는 세종 13년(1431) 3월 22일의 기록에 따르면 그는 세종의 왕명을 가지고 춘천부사를 찾아간 것으로 나온다. 이때 엄자치가 띤 임무는 한강을 타고 해청海青을 운반해 오는 일이었다. 또 이듬해 12월에도 평안도에 파견되어 그곳에서 해청 기르는 것을 관찰하여 세종에게 보고했다.

　세종 16년 12월에는 평안도 도안무찰리사로 있던 최윤덕을 찾아갔는데, 세종이 최윤덕을 위로하는 글과 하사한 옷을 전하고, 최윤덕에게 잔치를 베풀어주기 위함이었다. 그리고 19년 3월에는 함길도 도절제사가 허위 보고를 하자, 세종은 엄자치를 파견하여 허위 보고에 대해 질책하고, 그 내막을 조사하도록 했다.

　엄자치는 육진을 개척하고 있던 김종서에게도 여러 차례 다녀왔다. 이때 세종은 엄자치를 통해 육진 개척 상황을 세세하게 보고 받으면서 세부적인 일까지 일일이 편지로 쓰거나 구두로 전달하였다.

　세종이 죽고 문종이 들어선 뒤에도 엄자치는 왕의 근시로 지냈다. 문종대에 엄자치에 대한 기록은 두 건 정도 발견되는데, 첫 번째는 1451년 11월

28일의 기사다. 엄자치는 왕명을 받고 군기 제조를 허술하게 한 군기감을 감사하고 그곳 관리들을 심문했다. 두 번째 기록은 1452년 4월 19일의 기사인데, 이 장면은 우스꽝스럽긴 하지만 엄자치의 불행한 미래를 예고하고 있다. 실록의 기록을 옮기자면 이렇다.

　동궁의 막차(幕次 : 장막으로 만든 임시 처소)가 섬돌 아래에 있었는데, 환자 엄자치가 섬돌 위에서 옷을 벗고 사람을 시켜 이를 잡게 했다. 전균도 섬돌 위에 앉아 그 모습을 내려다보고 있었다. 그 완악하고 거만한 모습을 보고 사람들이 모두 미워하였다.

　이 내용을 좀 더 정확하게 파악하기 위해서는 이것이 어떤 상황에서 벌어진 일이었는지부터 알아야 한다. 이날은 한양에 지진이 발생하여 문종

23 단종의 능인 장릉. 사적 제196호. 강원 영월군 영월읍 영흥리. 세종의 충실한 환관이었던 엄자치는 단종의 왕위를 지키기 위해 혼신의 힘을 다해 세조 세력과 싸웠으나 실패하여 불귀의 객이 되었다. 그 뒤 단종은 왕위에서 쫓겨나 강원도 영월의 청령포에서 유배 생활을 하다가 생을 마감하고 장릉에 묻혔다.

이 몹시 불안해 한 날인데, 하필 중국 사신이 돌아가는 날이기도 했다.

지진 때문에 마음이 불안했지만 문종은 모화관으로 가서 사신을 전송하는 연회를 베풀고자 했다. 그런데 갑자기 폭우가 쏟아졌다. 폭우 때문에 사신들을 위한 잔치가 연기될 것으로 생각하고 호위를 맡은 충호위에서는 모화관 추녀 끝에 차양을 설치하지 않았다. 모화관에 도착한 문종은 충호위 진무 정흥손을 불러 빨리 차양을 설치하라고 성화를 부렸다. 하지만 이미 차양은 비에 젖어 쓸 수가 없었다. 화가 난 문종은 정흥손을 의금부에 가두라고 지시했다.

우중에 모화관의 연회는 시작되었고, 연회가 끝날 무렵에 비가 그치고 햇볕이 났다. 중국 사신이 떠난 뒤에 문종은 대신들과 앉아 이틀 뒤로 예정된 사냥에 대해 논의하고 있었다. 엄자치를 비롯한 전균 등의 환관들은 모화관 섬돌 아래서 왕을 기다리고 있었다. 그러던 중에 엄자치가 이 때문에 몸이 몹시 가려웠던지 옷을 벗어 수하들에게 이를 잡게 했던 것이다. 엄자치가 앉은 섬돌 아래쪽에는 세자의 임시 처소인 동궁 막차가 설치되어 있었다. 때문에 마치 엄자치는 세자 처소 위에서 옷을 벗고 이를 잡게 한 형국이 되었던 것이다.

이 일로 엄자치가 벌을 받지는 않았다. 엄자치의 이 행동을 문책하는 신하도 없었다. 대수롭지 않은 일이었던 것이다. 비록 동궁 막차가 아래에 있긴 했지만, 그 속에 세자가 있는 것도 아니었고, 이미 연회가 끝난 상태였기에 막차는 금세 거둬질 상황이었다. 그런데 어째서 실록에는 이 대수롭지 않은 일이 기록되어 있을까?

이는 훗날 세조가 엄자치를 대궐에서 내쫓는 것에 대한 명분을 제공하는 차원의 서술 장치다. 그러니 이 기사는 엄자치의 불행한 미래를 암시하는 복선인 셈이다.

문종이 죽고 단종이 즉위했을 때, 엄자치는 대전 내관으로서 단종을 보호하는 입장이 되었다. 세종과 문종을 모신 그로서는 12살의 어린 단종을 보호하는 것이 선왕들의 은혜에 보답하는 유일한 길이었다. 그런 까닭에 왕위를 노리고 있던 수양대군에게는 엄자치가 거북스런 존재일 수밖에 없었다. 환관에 불과했지만 엄자치는 2품 벼슬에 군君 칭호까지 얻었고, 공신으로 대접받고 있었다. 거기다 궁궐에서 일어나는 모든 일을 손금 보듯 알고 있었고, 궐내의 수십 명에 달하는 환관들을 지휘하고 있었기에 단종의 두터운 신뢰를 받고 있었다. 때문에 수양대군에게 엄자치는 반드시 제거해야 할 정적이었다.

엄자치는 단종을 지켜달라는 문종의 유시를 받고 조정을 이끌고 있던 김종서, 황보인 등의 고명 대신들과도 친밀한 관계에 있었다. 왕의 근시로서 그들의 힘을 빌려서라도 단종이 성인으로 성장할 때까지 지켜야 하는 엄자치의 운명과 고명 대신들의 목적이 같았기 때문이다. 따라서 엄자치와 수양대군은 서로 보이지 않는 싸움을 할 수밖에 없었다.

그들이 처음 만난 것은 단종 재위 1년(1453년) 1월 16일이었다. 이날 수양대군은 명나라에 사은사로 갔다가 돌아오는 길이었다. 엄자치는 단종의 명을 받고 의주에서 그를 맞이했다. 수양대군을 맞이하는 엄자치의 손에는 단종이 수양대군의 노고를 위로하기 위해 내린 술 10병과 옷 1벌이 들려 있었다.

그로부터 9개월 뒤, 수양대군은 마침내 계유정난을 감행하여 김종서, 황보인, 조극관, 민신 등 근왕 세력들을 모두 제거했다. 그리고 영의정에 오른 뒤 조정을 장악했다. 하지만 단종의 옆에는 여전히 엄자치가 버티고 있었다. 단종을 내쫓고 왕위를 차지하기 위해서는 환관의 우두머리인 엄자치를 반드시 내쳐야만 한다는 것이 수양대군의 판단이었다.

엄자치에 대한 수양대군의 공격은 거사일로부터 한 달쯤 지난 그해 11월 18일에 시작되었다. 이날 엄자치를 공격한 인물은 뜻밖에도 좌사간으로 있던 성삼문이었다. 집현전 학사 출신의 대표격이라 할 수 있는 그도 당시에는 수양대군의 계유정난을 지지하고 있던 인물이었다. 비록 노골적으로 수양대군의 거사를 정당화하지는 않았지만, 성삼문을 비롯한 집현전 학사 출신 신하들도 김종서와 황보인 등이 조정을 장악한 것을 탐탁찮게 생각하고 있었다.

성삼문은 장문의 상소를 올려 환관의 폐해를 열거하고 엄자치에게 군의 칭호를 내린 것은 부당하다고 역설하며 봉군한 명을 거둘 것을 청했다. 하지만 단종은 조정에 의논을 붙이라고 명했을 뿐 봉군 명을 거두려고는 하지 않았다. 그러자 대사헌 권준이 다시 엄자치의 봉군 명을 거둬야 한다고 역설했다. 단종은 이번에도 역시 받아들이지 않았다.

당시 단종으로서는 믿을 수 있는 사람이 엄자치와 같은 근시밖에 없었다. 조정은 이미 수양대군이 장악했고, 신하들도 대부분 수양대군 사람들이었다. 엄자치가 타격을 입게 되면 단종은 기댈 곳이 없어지는 상황이었다. 단종이 그렇게 버티자, 조정 대신들도 어쩔 수 없었다.

수양대군의 영향력은 점차 커졌고, 급기야 왕권을 거의 장악하는 지경에 이르렀다. 단종이 의지할 사람이라고는 가장 측근에서 보필하던 엄자치와 세종의 후궁이자 단종의 유일한 보호자인 혜빈 양씨, 그리고 단종의 왕위를 지키려던 종친 세력인 화의군 이영, 금성대군 이유 등이 전부였다.

1455년 2월 27일 수양대군은 이들 세력을 일거에 제거해버렸다. 세종의 서장자인 화의군 이영과 세종의 6남인 금성대군 등이 몰래 연회를 갖고 모종의 모략을 꾸몄다는 것이 이유였다. 물론 그 모략의 내용이 무엇인지는 밝혀지지 않았다. 수양대군이 그들을 제거하려 한 이유는 오직 하나, 바로 자기의 왕위 계승에 대한 반대 때문이었다. 어쨌든 수양대군은 그들이 몰래 연회를 가졌다는 이유를 들어 그들을 유배 보내버렸다. 이때 화의군 이영에게는 평원대군의 첩 초요갱과 간통했다는 죄목을 추가시켰다. 하지만 그에 대한 증거는 대지 못했다.

이들과 함께 엄자치도 포박되어 의금부에 갇혔다. 죄목은 국정에 간여하여 조정을 능멸했다는 것이었다. 수양대군은 일단 화의군은 유배 보내고, 엄자치는 고향으로 돌려보내게 했다. 수십 명의 환관들에게도 모두 귀향 조치를 내렸다.

며칠 뒤, 대사헌 최항은 엄자치와 금성대군을 죄인으로 다스려야 한다고 강력하게 주장하는 상소를 올렸다. 그 상소를 받아 영의정으로 있던 수양대군은 금성대군은 유배시키고 엄자치를 처벌할 것을 단종에게 청했다. 하지만 단종은 받아들이지 않았다. 그러자 수양대군은 단종에게 겁을 주며 "잘 알아서 하라"고 협박했다. 이에 겁먹은 단종은 결국 수양대군의 요청을 받아들였다.

수양대군은 금성대군을 삭녕에 유배시키고, 엄자치를 하삼도의 관노로 영속시켰다. 엄자치 휘하의 환관들은 대부분 관노로 전락했다. 3월 26일에는 수양대군 편에 선 종친과 대간들이 엄자치를 극형으로 다스려야 한다는 상소를 올렸다. 이에 조정에서 의논하기를 엄자치가 공신이기 때문에 극형에 처할 수는 없다는 것이 공론이었다. 결국, 엄자치는 죽음은 면하고 바로 다음날 제주도로 유배되기에 이르렀는데, 이미 심한 고문을 당한 터라 초주검이 된 상태였다. 이미 늙을 대로 늙은 노구에 고문까지 받은 상태로 제주도로 압송되던 도중 엄자치는 고통을 참지 못하고 얼마 가지도 못하고 길에서 숨을 거두었다. 그렇게 엄자치가 죽은 것도 모르고 이틀 뒤인 3월 29일에 대사헌 최항은 엄자치를 죽여야 한다는 장문의 상소를 올렸다.

엄자치가 죽은 지 4개월 뒤인 그해 윤6월에 세조는 단종을 상왕으로 밀어내고 왕위를 차지했다. 왕위에 오른 세조는 그간 단종을 지켜주던 혜빈 양씨를 유배 보낸 뒤 교수형에 처했고, 단종의 근시이자 마지막 보루였던 엄자치의 집을 김종서를 때려 죽인 홍달손에게 하사했다.

연산군의 학정을 꾸짖다
참혹하게 살해된 김처선

김처선金處善은 단종 대에서 연산군 대에 이르기까지 50여 년 동안 환관으로 재직했으며, 충청도 연기군 전의현 출신이다.

실록에 김처선이 처음 등장하는 것은 계유정난 직후인 1453년(단종 1) 10월 13일의 기록이다. 정난을 일으킨 수양대군 세력은 대부분의 환관들을 고향으로 돌려보내거나 유배시켰는데, 김처선 또한 이때 동료들과 함께 유배 조치되었다. 당시 김처선의 유배지는 경상도 영덕의 영해였다. 하지만 유배는 오래가지 않았다. 거사일인 10월 10일에 유배되어 10월 13일에 풀려난 것이다. 말하자면 유배가 결정되어 유배지로 가는 도중에 석방된 셈이다.

이때 정난 세력이 환관들을 대거 유배시킨 것은 근왕 세력을 제거하는 차원이었다. 환관들이 없어지자 단종과 왕실은 물론이고 조정 신하들까지도 매우 불만스러워했기 때문에 수양대군은 즉시 그들 환관들을 궁으로 복귀시킨 것이다.

이후 정난 세력은 조정을 장악하였고, 수양대군은 왕위를 노리게 되었다. 조정을 장악한 그들은 단종의 마지막 보루로 인식되던 내시들과 일부 종친들을 제거할 기회를 노렸고, 급기야 1455년 2월 27일에 금성대군, 화의군 등의 고신을 빼앗고, 엄자치로 대표되는 환관 집단을 모두 해체하였다. 이에 따라 김처선도 고향으로 돌아가야 했다.

그해 3월 19일, 환관의 우두머리 엄자치는 고신(告身 : 일종의 신분증명서)을 빼앗기고 공신적에서도 삭제되었으며, 가산도 모두 몰수당하고 관에 예속되었다. 김처선 또한 다른 동료들과 함께 노비로 전락하여 자신의 고향인 연천의 전의에서 관노 생활을 해야 했다. 이때 김처선의 나이는 10대 말이거나 20대 초반이었다.

그로부터 3개월 뒤 세조는 단종을 밀어내고 왕위에 올랐다. 세조 정권을 세운 계유정난 세력은 환관 제도 자체를 아예 철폐시켜버리자는 주장을 했고, 이 때문에 지방의 관노로 예속된 환관들은 쉽게 도성으로 돌아가지 못했다.

김처선은 2년 6개월 동안 관노로 지내다가, 1457년(세조3) 8월 18일에 비로소 왕명을 받고 궁으로 돌아갔다. 즉위 초에 세조는 측근들의 말에 따라 환관 제도를 철폐하려는 마음을 품기도 했으나, 환관 없이는 궁궐 생활 자체가 불가능했기 때문에 행동으로 옮기지 못했다. 또한 즉위 초기에 많은 환관들을 관노로 예속시켰기 때문에 궁궐에는 환관이 절대 부족한 처지였다. 김처선의 석방은 부족한 환관을 채우기 위한 조치였던 것이다.

하지만 세조 시대에 김처선은 그다지 평탄한 삶을 살지 못했다. 1460년 10월 19일에 세조의 어가는 경상도 순안현(지금의 영주 순흥)에 이르렀는데, 갑자기 눈과 비가 함께 쏟아졌다. 어가는 급히 현령이 머무는 현청으로 피했지만, 너무 급하게 현청으로 들이닥친 터라 그곳 현령 권정은 어가를 맞을 준비를 제대로 하지 못한 터였다. 현령은 임금이 머물 어실을 제대로 수리하지 못한 상태였고, 현청 안으로 잡인들이 들락거리기까지 했다. 이 일로 시위를 맡은 자들이 모두 의금부에 압송되었고, 순안 현령 권정도 역시 의금부에서 국문을 당해야 했다. 또한 임금을 시종하던 환관들도 제대로 업무를 수행하지 못한 죄로 벌을 받았는데, 김처선은 이때 장형을 받아 장 80대를 맞아야 했다.

그로부터 4년 뒤인 1464년 6월 27일, 세조는 화위당으로 거둥했는데, 이때도 왕이 기별도 없이 움직이는 바람에 환관들이 제대로 준비를 하지 못했다. 이 때문에 김처선을 비롯한 환관 3명이 곤장을 맞아야만 했다.

세조 시절에 김처선의 불운은 여기서 그치지 않았다. 이듬해인 1465년 9월 3일에는 의금부에 갇혀 국문을 당하는 처지가 되었다.

세조는 이때 궁 밖에 나와 지방에 행차했는데, 김처선에게 한양에 다녀오라는 심부름을 보냈다. 김처선은 궁녀 몇 명을 데리고 도성으로 올라갔는데, 도성에 이르러 주막에서 아는 사람을 만나 술을 한잔 마셨다. 그리고 길을 가다가 도성을 지키는 군대를 만나 진무 이윤의 막사에 가서 최해를 만나 또 한잔 마셨다. 그리고, 술에 취해 막사에서 뻗어버렸다. 마침 그 주변에 김처선의 외가 인척인 박반자가 살고 있었는데, 그 소식을 듣고 급히 달려왔다.

세조가 문제 삼은 것은 바로 이 대목이다. 세조의 말은 이렇다.

"나인은 비록 지친이라도 서로 보지 못하는 법인데, 김처선의 형 박반자가 김처선이 누운 곳을 방문하였으니, 이 무슨 해괴한 짓인가?"

세조의 말인즉, 김처선이 드러누워 있던 곳에는 궁녀들이 있었는데, 박반자가 궁녀들이 머무는 곳까지 들어왔으니 이는 임금의 여자인 궁녀가 외간 남자와 합석을 한 꼴이어서 용납할 수 없다는 뜻이었다. 이 일로 김처선은 곤욕을 치러야 했다. 다행히 그 일을 끝으로 김처선은 더 이상 곤경에 처하지 않았다.

몇 년 되지 않아 말 많고 탈 많고 까탈 심한 세조가 죽고, 예종을 거쳐 어린 성종이 왕위에 올랐다. 성종 대에 김처선은 환관으로서는 최고의 영예를 누리며 지냈다. 성종의 근시가 되어 두터운 총애를 받았고, 정2품 자헌대부에 오르기까지 했다. 원래 환관은 종2품까지만 벼슬을 얻는 것이 원칙이었으나 성종은 그를 깊이 신뢰하여 특별히 판서와 같은 자헌대부에 제수했던 것이다.

이 일을 두고 사관은 사론을 통해 '성종은 환관을 억제하기는 하였으나 관작이 지나쳤다'고 비판하고 있다. 성종 19년에 정언 김봉도 환관에게 지나친 관작을 내렸다며 거둘 것을 상언하였다. 하지만 성종은 그들의 주장을 무시하고 김처선의 자헌대부 관작을 유지시켰다.

성종이 죽자 김처선은 시릉 내시가 되어 3년 동안 성종의 왕릉(선릉)을 보살폈고, 연산군은 그 공을 치하하며 안장 갖춘 말을 하사하기도 했다.

그러나 연산군 즉위는 김처선의 어두운 미래를 예고하는 것이었다. 김처선은 성격이 깐깐하고 부정한 일은 그냥 지나치지 못하는 성미였다. 그런 까닭에 연산군이 음란한 기질을 드러내 흥청거리자, 색을 멀리하고 정사를 돌볼 것을 간언하곤 했다. 연산군은 그런 김처선을 매우 못마땅하게 여겨 되도록 옆에 오지 못하게 했다.

그런 가운데 연산군의 학정과 폐악은 극에 달하고 있었다. 1498년에는 무오사화를 일으켜 한바탕 피바람을 일으키더니, 1504년에 갑자사화를 일으켜 살육을 일삼았다. 이에 김처선이 죽기를 각오하고 연산군에게 더 이상 살육을 하지 말라는 직언을 하였다. 연산 10년 7월 16일의 일이었다. 김처선은 이미 궁으로 들어오기 전에 집안 사람에게 자신이 다시 집으로 돌아오지 못할 것이라고 유언을 남기고 온 터였다.

그 말을 듣고 분을 참지 못한 연산군은 당장 그를 하옥시켰다. 그리고 우선 장 100대를 때리고 궁 밖으로 쫓아냈다. 거의 초주검이 된 채로 궁 밖으로 내던져진 김처선은 그로부터 수개월 동안 제대로 운신을 하지 못했다. 김처선이 누워 있는 동안에도 연산군의 피의 잔치는 계속 이어졌다.

김처선이 몸을 추스르고 일어난 것은 이듬해 4월 1일이었다. 이날 김처선은 궁으로 향하면서 집안 사람들에게 궁에 들어가면 다시 돌아오지 못할 것이라는 말을 남겼다. 그리고 두려운 마음을 이기기 위해 술도 한잔 걸치고 연산군을 찾아가 독설을 쏟아냈다.

"늙은 놈이 네 임금을 섬겼고, 경서와 사서도 대강 통했는데, 고금을 통틀어 상감과 같은 짓을 하는 사람이 없었습니다."

이미 죽기로 각오하고 한 말이었다. 연산군은 그 말을 듣고 화살을 꺼내 들었다. 그리고 이내 화살이 김처선의 갈빗대를 파고들었다. 김처선은 말을 멈추지 않았다.

"조정의 대신들도 죽음을 두려워하지 않는데, 늙은 내시가 어찌 죽음을 아끼겠습니까? 죽이십시오. 다만 상감께서 오래도록 임금 노릇을 하지 못하는 것이 한스러울 뿐입니다."

김처선은 그때 이미 연산군이 쫓겨날 것을 예견하고 있었던 것이다. 연산군은 눈알에 핏발을 세우며 미친 듯이 활을 쏘아댔다. 화살을 맞고 김처선이 쓰러지자, 연산군은 칼을 뽑아 그의 다리를 내리쳤다. 양쪽 다리와 팔을 모두 칼로 내리쳐 자른 뒤에 연산군이 소리쳤다.

"일어나 걸으라! 어명이다 걸으라!"

김처선이 고통스런 신음을 내며 대답했다.

"상감께서는 다리가 부러져도 걸어다닐 수 있소이까?"

그러자 연산군은 김처선의 혀를 자르고 직접 칼로 그의 배를 갈라 창자를 끄집어냈다. 이때 김처선은 죽을 때까지 말을 멈추지 않았다고 한다.

이 이야기는 조신의 『소문쇄록』에 나오는 것인데, 다소 과장된 면은 있겠지만 당시 연산군의 행동 양태로 보면 사실에서 그리 멀지 않을 것이다.

연산군이 김처선에 대해 얼마나 분노하고 흥분했는지는 그가 이후에 취한 조치에서 잘 드러난다. 연산군은 그날 김처선을 죽이고, 김처선의 양자이자 환관이었던 이공신도 대궐에서 죽였다. 또 그 즉시 이런 명을 내렸다.

"내관 김처선이 몹시 술에 취해 임금을 꾸짖었으니, 그 가산을 적몰하고 그 집을 헐어 연못을 파고 그 본관인 전의를 혁파하라."

연산군은 김처선의 흔적이 될 만한 것은 모두 없애려 했던 것이다. 심지어 전의 김씨의 본관까지 혁파하라고 했으니, 그의 분노가 어떠했는지 알 만하다. 그런데 연산군의 분노는 거기서 그치지 않았다. 김처선의 7촌까지 모두 죄인으로 다스리고, 김처선 부모의 무덤을 뭉개고, 석물을 없애버렸다. 심지어 김처선에 대한 분노를 담은 시까지 적어 내리며 승지에게 화답시를 바치라고 소리쳤다.

김처선의 일은 연산군에게 매우 고통스러웠던 모양이다. 그는 궁중에서 자신이 직접 칼을 들고 사람을 죽인 일을 놓고 이렇게 말하고 있다.

"이번 일은 내가 불법으로 여기기 때문에 침식이 편안치 않고 더욱 유감스럽다."

연산군은 그래도 화가 풀리지 않았는지 김처선과 이공신의 아내를 관비로 삼아 내사복시에 정역시키도록 했다. 또 대소 신료 및 군사 중에 김처선과 이름이 같은 자는 모두 개명하도록 지시했고, 절기 중의 처서處暑를 조서로 고치게 했는데, 처서의 처자가 김처선의 처자와 같았기 때문이다. 또 모든 문서와 온 나라 사람의 이름에 처處자를 쓰지 못하도록 했다.

이 처자와 관련된 일화가 있다. 그해 12월에 사인 성몽정이 치죄를 받게 됐는데, 그 이유가 문서에 '처' 자를 썼기 때문이었다. 그런데 성몽정이 국문을 받던 중에 그가 올린 문서는 처자를 쓰지 말라는 왕명이 공포되기 이전에 작성된 것임이 밝혀져 무죄 방면되기도 했다. 또 그해 과거에서는 권벌이 시권에 처자를 써 넣었다가 낙방되는 일까지 벌어졌다. 권벌은 3년 뒤인 정묘년에 과거를 다시 봐서 합격했다.

연산군의 김처선에 대한 분노는 그래도 계속 이어졌다. 1506년 3월 12일에는 김처선의 집을 철거하여 못을 팠는데, 거기에 김처선의 죄를 새긴 돌을 묻도록 했다. 또 바로 다음날에 김처선의 죄명을 돌에 새겨 그 집 길가에다 묻고 담을 쌓으라고 지시했다.

그 얼마 뒤, 연산군은 김처선의 예언처럼 왕위에서 내쫓겼다. 중종이 들어선 뒤에 장령 김언평이 김처선에게 포장할 것을 상소했다. 하지만 중종은 윤허하지 않았다. 중종 7년에는 김처선의 일을 『속삼강행실』에 넣어야 한다는 상소가 있었으나 역시 윤허하지 않았다. 이때 중종은 이렇게 말했다.

"김처선은 술에 취해 망령된 말을 해 스스로 실수를 저질렀으니 수록할 것이 없다."

중종이 이렇게 말한 것은 자칫 김처선의 일을 높이 평가했다가 이후에 환관들이 임금에게 함부로 하는 선례가 될까봐 염려했기 때문일 것이다.

하지만 영조 대에 이르러 김처선의 충절을 기린 정문이 세워지기에 이르렀다. 이때 영조는 정문을 내리면서 이렇게 말했다.

"왕이 충성한 이에 대해 정문을 세워주는 것은 세상을 권면하는 큰 정상이니, 사람이 비록 미천하다 하더라도 충절에 대해 정문을 내리지 않을 수 없는 일이다. 김처선이 충간을 하다가 운명하였다는 것은 내 일찍이 들어 알고 있다. 그러므로 내시부로 하여금 200년이 지난 지금에 와서 후사를 세우도록 하였으니, 뜻이 깊다 할 것이다. 마땅히 포장하고 권면해야 할 것이니, 특별히 정문을 세워주도록 하라."

김처선은 이렇게 충절한 사람으로 남게 된 것이다. 김처선의 정문을 세움에 있어 영조 대의 사관은 이렇게 말하고 있다.

'김처선은 연산 조의 사람이다. 누차 충간을 진달했으므로 연산군은 그를 미워하여 호랑이 굴에 던졌으나 호랑이가 잡아먹지 않자, 이에 결박하여 살해하니 그 충렬이 늠름하고 호연하였다.'

무소불위의 권력을 휘두른 1품 공신 박한종

박한종朴漢宗은 명종 대에 권세를 누렸던 환관으로 1품 벼슬을 받고 공신에 올라 재상도 부럽지 않은 권력을 누렸던 인물이다.

박한종이 대전 환관인 승전색에 오른 것은 중종 29년이다. 하지만 이때만 하더라도 그는 권세를 누리는 처지는 아니었다. 그가 세력을 얻고 공신의 반열에도 오르게 된 것은 명종 즉위 무렵이다. 승전색으로서 인종의 병환에 대해 상세히 알고 있던 그는 인종의 병세를 문정왕후에게 때맞춰 보고했고, 결국 그 공으로 명종 즉위와 동시에 공신의 칭호를 얻었다. 이때부터 그는 뇌물을 받고 재산을 축적하며 세력을 키웠다.

　명종 재위 2년(1547) 6월에 함경남도의 병마사로 있던 지세방이란 인물은 어떻게 해서든 권좌에 있는 자들과 친해져 재물을 축적하고자 했는데, 박한종은 그와 조정의 실세들을 연결시켜주면서 막대한 이득을 챙겼다. 박한종이 휴가를 얻어 덕원에 갔을 때 일이다. 그 소식을 듣고 지세방이 찾아와 안부를 물으면서 옥으로 만든 접시를 바쳤다. 그리고 박한종을 통해 오색 옥반 20개를 당시 좌의정 이기와 청원군 한경록에게 뇌물로 바쳤다. 이후, 지세방은 백성들을 마음대로 동원하여 옥을 캐내 엄청난 수익을 올렸다. 이 일로 백성들의 원망이 이만저만한 것이 아니어서, 급기야 사헌부에서 지세방을 탄핵했다. 그러나 섭정을 하고 있던 문정왕후는 지세방의 직위를 해제하는 것으로 이 일을 적당히 마무리해버렸다.

　지세방이 직위 해제되었지만 박한종은 아무런 제재도 받지 않았다. 오히려 그해 9월에 정난위사공신에 오르고, 가의대부 벼슬을 받아 밀성군에 봉군되었다. 가의대부라면 환관이 오를 수 있는 가장 높은 벼슬로 종2품에 해당된다. 거기다 섭정을 하고 있던 문정왕후의 총애에 힘입어 정식으로 공신의 반열에 오르고 봉군까지 되었으니, 그의 위세가 가히 하늘을 찌를 법했다.

　그는 권력의 핵심으로 부상한 윤원형과도 매우 친밀했다. 1549년에 문정왕후는 윤원형의 첩 정난정의 자식들을 적자로 만들어 양첩 자식들과 혼인할 수 있도록 해줬는데, 박한종은 당시 영의정 이기, 우의정 심연원 등과 함께 이 일을 추진하여 성사시켰고, 그것은 윤원형과의 관계를 더욱 돈독하게 만들었다. 덕분에 그는 궁궐에서 소용되는 쌀과 천 및 잡물을 비롯하여 궁궐 노비를 관장하는 내수사의 제조에 임명되었다. 내수사는 원래 정5품 관청으로 전수 1인과 별좌 1인이 우두머리가 되어 관리 감독하는 곳인데, 문정왕후는 박한종으로 하여금 그들을 수하로 부리도록 한 것이다. 환관이 내수사의 관원을 지배한 예는 조선 건국 이래 거의 없던 일이었다.

박한종이 내수사를 맡은 뒤부터 내수사는 단순히 쌀이나 잡물을 취급하는 곳이 아니라 토목 공사를 맡고 있던 선공감이나 중국에 바치는 공물을 담당하던 제용감, 생선이나 고기, 소금 등을 담당하던 사재감의 업무까지 총괄하는 거대 기구로 변했다.

박한종은 궁궐 공사에 대한 장계를 왕에게 직접 올리는 등 승정원의 고유 업무까지 침범했다. 박한종의 태도가 이렇듯 기고만장해지자 이조에서 박한종이 월권을 하고 있다며 비판을 가했다. 이조에서 비판하길 개인적으로 쓰게 되어 있는 도장을 왕에게 올리는 장계에 찍어 마치 공문이나 되는 것처럼 만들어 올렸다는 것이었다. 비록 관인이라고 해도 관인은 반드시 조정의 공론을 거치고 승정원을 통해 왕에게 올려져 승낙을 받은 문서에만 찍게 되어 있는데, 그런 절차를 완전히 무시하고 있다는 지적이었다.

그러나 문정왕후는 이조의 지적이 옳지 않다며 되려 이조를 꾸짖었다. 내관이 내수사를 관리하고 공사를 주관한 것은 과거부터 있던 일이라는 것이다. 사실, 태조 대에는 환관이 궁궐 공사를 관리하고 내수사의 우두머리가 된 적도 있었다. 그러나 태종 이후로 환관의 힘을 약화시키면서 그런 일은 거의 사라졌다. 국초에 내수사가 맡고 있던 여러 업무를 분장하여 선공감이나 사재감으로 이관시켰기 때문이다. 이는 모두 내관의 영향력을 약화시키기 위한 조치였는데, 문정왕후는 일거에 선왕들의 그런 노력을 뒤집어버렸다.

문정왕후의 그런 비호 아래 박한종의 위세는 더욱 높아졌다. 문정왕후가 박한종에게 그토록 큰 힘을 실어준 것은 조정의 힘을 약화시키기 위함이었다. 섭정을 하고 있던 그녀는 언젠가는 명종에게 왕권을 내줘야 할 것이고, 그렇게 되면 그녀의 영향력도 한층 약화될 것이 뻔했다. 그런 상황을 대비해 그녀는 조정의 힘보다는 측근들의 힘을 강화할 필요가 있었고, 이 일을 위한 교량 역할을 할 인물이 필요했던 것이다. 환관인 박한종은 바로 그 일에 적임이었다. 박한종은 구중 궁궐과 대궐 바깥을 마음대로 왕래하며 대신과 그녀를 이어줄 유일한 존재였기에 여자로서 왕권을 휘두르고 있던 그녀에겐 매우 소중한 존재였던 것이다.

문정왕후의 그런 행동은 유교적인 정치 논리를 펴고 있던 조정 대신들에게는 매우 볼썽사나운 모습이 아닐 수 없었다. 삼종지도와 칠거지악의 논리로 여성들을 엄격하게 규제하고 있던 조선 양반들의 눈에는 그녀가 유교 질서를 무너뜨리는 존재로 보일 수밖에 없었던 것이다. 이 점을 간파한 문정왕후는 그들 양반들과 타협하기보다는 오히려 서민들과 여성들이 신봉하고 있던 불교를 융성시키면서 양반들과 대결하려고 했다. 그런 의도로 끌어들인 인물이 승려 보우였다.

당시 유림들의 입에서는 이런 말들이 흘러나왔다.

"재상 진복창, 내시 박한종, 승려 보우 중에 한 사람만 있어도 족히 나라를 해칠 수 있다."

진복창은 사림의 숙청을 주도했던 인물로 그 공으로 재상에 올랐기에 당시 사관들로부터 '독사'라는 별호를 얻었던 인물이다. 그는 자신을 추천하여 관직에 나올 수 있게 해준 구수담을 역적으로 몰아 죽이고, 윤원형이 미워하는 사람이 있으면 어떻게 해서든 옥사를 일으켜 제거했던 간악한 인간이었기에 그런 말을 들어도 억울할 것이 없는 인물이었다.

또 보우는 유교를 건국 이념으로 삼고 있던 조선에서 승려로서 버젓이 관직을 받고, 공신의 대접을 받으며, 문정왕후의 비호 아래 마치 국사나 된 듯이 불교 융성을 주도했으니, 역시 유림들에겐 원수 같은 존재로 인식될 수밖에 없었다.

그런데 마지막 한 사람인 박한종, 일개 환관 신분인 그가 이들과 어깨를 나란히 하며 망국지형의 3대 원흉으로 지목된 것은 매우 놀라운 일이 아닐 수 없다.

도대체 왜 박한종은 진복창과 보우와 함께 나라를 망친 3대 원흉으로 여겨졌을까? 그것은 진복창을 비롯한 윤원형의 측근 세력과 보우를 위시한 불교 세력을 문정왕후에게 연결시키는 역할을 한 인물이 바로 박한종이었기 때문이다. 언뜻 생각하기에는 윤원형은 문정왕후의 동생이니 마음대로 대왕대비전을 찾을 수 있지 않았겠느냐고 하겠지만, 사실은 그렇지 않다. 비록 육친이라고 해도 부르지 않으면 궁궐을 찾을 수 없는 법이어서 남매라고 해도 궁 바깥의 동생이 구중 궁궐의 누나를 함부로 만날 수는 없었다. 그러니 승려 보우 또한 문정왕후를 직접 만날 수 있는 가능성은 거의 없었다. 때문에 문정왕후와 보우, 문정왕후와 윤원형 또는 그의 측근들의 의사소통은 박한종을 거치지 않으면 불가능했던 것이다. 이런 까닭에 기실 박한종의 권세는 재상 진복창을 능가하면 능가했지 결코 뒤지지 않았다.

　다음은 명종실록 8년 3월 14일의 기록에 부쳐진 사관의 사론인데, 이 글은 당시 박한종의 권세가 얼마나 대단했는지 짐작케 한다.

　　이때 박한종을 내수사 제조로 삼아 인印을 새겨주어 2품의 반열에 끼게 하고, 그 권한을 중하게 하여 승정원을 통하지 않고 직접 임금에게 아뢰게 했다. 또 내수사의 노비와 승려들을 전담케 하니, 내외로 출입하며 사욕을 챙겼으며, 지방으로 보내는 문서를 마음대로 사용하였다. 중과 노비의 일로 파직된 수령과 감옥에 갇히거나 곤장을 맞은 향리가 많았으나 승정원에서는 알지도 못했으며, 대간에서는 알고도 감히 말을 하지 못했다. 이는 마치 별도로 또 하나의 조정을 형성한 듯했다.

　박한종의 권세가 이쯤 되고보니, 내수사에 속한 노비들의 권세도 대단했다. 심지어 지방관이나 조정의 관원들은 내수사 종과 관련된 일이면 아예 간섭조차 하지 않았다. 그런 까닭에 당시 주먹패들이나 죄인들이 내수사 종들에게 뇌물을 먹이고 내수사에 예속되어 불법을 일삼는 일이 비일 비재했다. 조정 대신들도 그 일을 잘 알고 있었지만, 박한종을 두려워하며 감히 왕에게 고하는 자가 없었다.

결국 1553년 8월에 대사헌 김주가 국정의 타개책을 상소하며 이 문제를 거론하기에 이르렀다. 그는 『시경詩經』의 '가르쳐도 소용없고 꾸짖어도 소 용없는 것이 여자와 환관이다'는 구절을 인용하며 문정왕후와 박한종에게 비판의 화살을 날렸다. 그 요지를 보면 이렇다.

오늘날 환관의 무리가 선량한 자는 적고 간교한 자가 많아 좌우에서 임금을 가까이 모시면서 임금의 뜻에만 영합하고 있습니다. 한 내관은 내수사의 영수가 되어 제조로 있으면서 내고內庫의 일을 모두 관장하고 있습니다. 옛날에는 내수 사에서 인신印信을 사용하거나 직접 공문을 발송하는 일이 없었는데, 지금은 횡 행하고 있습니다. 또 왕명을 출납하는 것이 마치 승정원과 같이 하고, 문서를 보 내고 받는 것을 육조처럼 대단한 기세로 멋대로 행하고 있습니다. 내수사의 노 비가 비위가 틀리는 일이 있어 호소하면 즉시 상달하여 임금의 귀를 더럽히고 임금을 격노시키므로, 견책을 받고 군읍에서 파직된 자도 있습니다. 또 내수사 노비를 힐책하였다가 서울로 잡혀와서 신문을 받은 자도 한 둘이 아닙니다.

명종은 이 상소를 완전히 무시해버렸다. 문정왕후의 힘에 눌려 있던 명 종은 이 상소의 진위조차 가리지 않고 묵살했던 것이다.

그러나 그해 9월에 경복궁에 화재가 일어나면서 박한종은 궁지에 몰린 다. 당시 박한종은 궁궐 공사를 모두 관장하고 있었는데, 새로 지은 전각 에 온돌을 만들면서 박한종이 하인들에게 지나치게 불을 많이 때게 하여 화재가 났다. 당시 하인들은 너무 불을 많이 때어 혹 불이라도 날까봐 방 안을 들여다보려 했으나 박한종이 방을 자물쇠로 잠궈놓고 그냥 가버리는 바람에 확인을 하지 못해 불이 났다는 것이었다.

이 일로 사간원과 사헌부 양사에서 동시에 박한종을 벌줄 것을 요청했다. 명종은 양사의 간언을 계속 무시하다가 상소가 계속되자, 결국 삭탈 관직하는 것은 너무 지나치다하고 파직만 시키도록 했다.

그러나 조정 대신들도 이번에는 쉽게 물러나지 않았다. 이듬해 2월 29일에 의금부에서 경복궁 화재 원인을 모두 조사 보고하는 과정에서 박한종을 벌줄 것을 다시 청했던 것이다. 의금부에서는 실화로 불이 난 만큼 원칙대로 하자면 장 100대를 때리고 구금해야 하지만 공신인 점을 감안하여 등급을 내리고 삭탈 관직할 것을 청했다.

이렇듯 박한종이 더욱 심한 궁지에 몰리자, 사헌부와 사간원이 함께 환관에게 지나치게 높은 벼슬을 내린 것이 옳지 않다며 거둘 것을 요청했다. 그러나 명종은 끝내 박한종에게 더 이상의 죄를 묻지 않았다. 그리고 이듬해 박한종의 직첩을 돌려주고 다시 궁궐에 나오도록 했다. 이에 대해 사헌부가 여러 차례 상소를 올려 박한종의 서용을 취소할 것을 요구했지만, 명종은 받아들이지 않았다.

명종은 오히려 박한종을 원자의 보양관으로 삼았다. 말하자면 원자의 보육 책임을 박한종에 맡겨버린 것인데, 이에 대해 사간원의 관원들이 훗날 화근이 될 것이라며 박한종을 보양관에서 해임할 것을 청했다.

명종이 이 요청을 받아들이지 않자, 이번에는 성균관 유생 500여 명이 연서하여 임금이 진실되지 못함을 상소하면서 박한종을 내쫓을 것을 상소했다. 그러나 대왕대비인 문정왕후의 절대적인 신임을 받고 있던 박한종을 명종도 어쩔 수 없었다.

그런 상황에서 1558년 1월에는 내관 박세겸을 의금부에 내려 심문해야 한다는 상소가 있었다. 박세겸은 박한종의 양자였는데, 함경도 덕원 땅에 내려가 어명을 받았다고 거짓말을 하며 역마를 타고 돌아다니며 뇌물을 받아 챙기고 있었다. 박세겸의 죄가 명백한 이상 명종도 어쩔 수 없이 그를 의금부에 내려 추고할 것을 윤허했다.

그렇다고 박한종의 힘이 위축된 것은 아니었다. 박한종은 그 무렵 세자를 보양한 공에 힘입어 종1품 숭정대부의 벼슬을 받았다. 환관은 원래 종2품까지로 벼슬을 한정한다는 원칙을 깨뜨리고 종1품을 제수한 것이다.

그러나 권력도 세월 앞에서는 어쩔 수 없었던 모양이다. 1563년 8월 12일에 박한종도 마침내 생에 종지부를 찍었다. 명종은 1품 공신이 환관으로 죽었으니, 그에 맞는 상례를 치러줄 것을 명했다. 이에 대해 당시 사관은 이렇게 통탄하고 있다.

"박한종이 명을 전달한 공로로 위사 훈록에 참여하여 후한 은총을 받아 부귀로 일생을 마쳤으니, 아, 이것이 박한종에게는 다행이지만, 국가에게는 큰 불행이로다."

영조의 최대 정적
박상검
　　　박상검朴尙儉은 경종 대의 대전 환관인데, 소론과 노론의 싸움에 말려 당시 세제였던 영조를 살해하려 했다는 죄명을 쓰고 죽은 인물이다. 그는 평안도 영변 사람으로 어릴 때 심익창에게 글을 배웠고, 소론의 핵심 인물이었던 김일경과 친분이 있었다.

박상검의 죽음은 경종과 영조의 왕권 투쟁 과정에서 발생한 초미의 정치 사건이었다. 경종 즉위 초에 조정에서는 연잉군 금(훗날의 영조)의 세제 책봉을 둘러싸고 소론과 노론간의 격렬한 투쟁이 전개되었는데, 모두 숙종 대에 이미 예고된 일들이었다.

숙종은 노론의 영수 송시열을 죽이는 무리수를 두면서까지 장희빈의 아들 윤(경종)을 세자로 책봉했으나 세자가 지나치게 병약하여 자식을 얻지 못하자 1717년에 노론의 영수 이이명에게 연잉군을 세자의 후사로 정할 것을 부탁했다. 또한 이때 세자를 대신하여 연잉군이 세자대리청정(세자를 대신하여 편전에 나가 정사를 배우는 것)을 하도록 지시했다. 이렇게 되자, 세자를 지지하던 소론 세력이 격렬한 반발을 하였고, 급기야 노론과 소론 사이에 목숨을 건 싸움이 벌어졌다.

그러나 사직을 염려한 숙종은 노론에게 힘을 실어준 채 1720년 6월에 죽음을 맞이했다. 때문에 경종이 왕위에 오를 당시 조정은 노론이 장악하고 있었다. 노론 세력은 경종이 지나치게 병약하고 후사가 없는 상황에서 건강이 악화되고 있다는 이유를 내세우며 조속히 연잉군을 세제로 책봉할 것을 주장했다. 경종은 노론 측의 주장에 따라 1721년 8월에 연잉군을 세제에 책봉했다.

연잉군의 세제 책봉으로 기선을 잡은 노론은 그 참에 왕권까지 장악할 의도로 경종이 정사를 주관할 입장이 아니라며 세제로 하여금 대리청정을 해야 한다고 주장했다. 말인즉, 경종은 정사에서 손을 떼야 한다는 뜻이었다.

소론 측은 이에 대해 강력하게 반발했지만 노론의 힘에 밀린 경종은 그해 10월 세제청정을 받아들였고, 세제 금은 왕권을 행사하기에 이르렀다.

박상검이 정치 전면에 등장한 것은 바로 이 무렵이었다. 당시 경종 주변에 있던 박상검, 문유도 등의 대전 환관들은 소론과 친밀하였고, 소론 측에서는 그들과 은밀히 접선하여 경종의 마음을 움직였던 것이다.

박상검과 내통하고 있던 인물은 소론의 과격파였던 김일경이었다. 박상검은 어린 시절에 고향인 평안도 영변에서 심익창이란 인물과 담 하나를 사이에 두고 이웃하고 살았는데, 그런 인연으로 그는 심익창에게 글을 배웠다. 그리고 김일경은 젊은 시절에 영변부사로 재직하며 심익창과 친분을 가졌고, 훗날 심익창의 주선으로 박상검은 김일경과 친해져 소론 편에 서게 된 것이다.

김일경은 박상검을 통해 세제가 대리청정을 통해 왕권을 장악하려 한다는 말을 경종에게 전했고, 경종은 그 말을 듣고 놀라 세제청정 명령을 급히 거둬들였다.

소론 측은 그 기회를 놓치지 않고 세제청정을 요구한 집의 조성복과 청정 명을 받들어 행하고자 했던 노론의 4대신 김창집, 이건명, 이이명, 조태채 등을 '왕권 교체를 기도한 역적'이라고 공격했다. 물론 이 일은 김일경이 주도했다.

결국 경종은 소론의 주장을 받아들여 그해 12월에 노론의 4대신을 모두 유배시키고, 조정 요직에 있던 노론 대신들도 대부분 유배시키거나 쫓아냈다.

노론을 밀어낸 소론은 곧 조정을 장악하였다. 이어 소론의 화살은 세제 금에게로 향했다. 소론은 세제 금을 폐위시키지 않고는 정권을 유지할 수 없다는 판단을 하였고, 경종에게 그 뜻을 전할 길을 모색했다. 경종은 중병으로 누워 있었기에 신하들이 함부로 얼굴을 볼 수 없는 처지였다. 소론의 뜻을 전하는 소임은 박상검이 맡았다.

박상검으로부터 소론 대신들의 뜻을 전해들은 경종은 박상검에게 비망기를 내렸다. 그 비망기(備忘記 : 임금의 명령을 담아 승정원에 전하는 문서)의 내용은 실록에 기록되지 않았으나 세제를 폐위하거나 자살을 명령하는 내용이었을 것으로 짐작된다. 비망기를 받은 박상검은 그것을 소매에 넣고 승정원으로 달려갔다. 그것이 승정원에 전달되면 비망기의 내용은 조정에 알려지고, 시행되는 것이었다.

이때 세제 금은 대전의 상황이 심상찮게 돌아가는 것을 눈치 채고 인원왕대비(숙종의 계비 인원왕후)에게 달려가 울면서 살려달라고 매달렸다. 인원왕후는 김주신의 딸이었고, 김주신은 노론의 영수 김창집의 친구였다. 때문에 인원왕후는 노론 편에 서 있었다. 세제의 구원 요청을 받은 인원왕후는 대전으로 갔다. 인원왕후는 경종에게 한낱 환관의 농간에 말려 형제간에 우애가 상하고 사직이 위태롭게 되었다며 비망기를 거둬들이고, 교지를 전한 박상검을 벌줄 것을 요구했다.

경종은 인원왕대비의 요구를 들어줄 수밖에 없었고, 결국 비망기의 내용은 승지들 손에 넘어가지 않았다. 그야말로 영조는 황천길 입구에서 구사일생으로 살아 돌아온 격이었다.

하지만 그 이후에도 소론은 끊임없이 세제를 제거하려 했다. 물론 경종도 왕위에 위협을 느끼고 어느 정도 동조하는 분위기였다. 문 밖에도 나가지 못하는 처지에 놓인 경종은 왕위에서 내쫓길지도 모른다는 불안감 때문에 세제를 신뢰할 수 없었던 것이다. 더구나 최측근이라고 할 수 있는 박상검 등의 대전 환관들도 세제를 없애야 한다는 의견을 내놓고 있었다.

그런 상황에서 세제 금은 또다시 위기를 겪는다. 동궁에서 대전으로 통하는 문인 청휘문이 폐쇄된 것이다. 청휘문이 폐쇄되면 세제는 대전에 문안을 할 수 없었다. 당시 박상검은 대궐 안에 여우가 나타났다며 여우가 다니는 길을 막기 위해 청위문을 폐쇄하고, 곳곳에 그물과 여우 잡는 도구를 설치한 상태였다.

세제는 곧 이것이 자신을 살해할 의도라고 판단하고 그날 밤에 동궁의 입직 궁관인 김동필과 권익관, 세자익위사의 관원 홍우현과 이세현을 불러들였다. 그리고 그들에게 그간에 있었던 일들을 늘어놓으며 세제의 위에서 퇴위하려 한다는 의견 내놓았으니, 그 내용은 이렇다.

"몇 명의 환관들이 나를 제거하려고 했다. 이 때문에 대비께서 나를 불러다 물어보라고 청하셨다. 내가 대전에 불려가 울면서 나를 죽이려 한 환관들을 잡아다가 심문할 것을 청했더니, 전하께서 그들을 추고하라고 명하셨다. 그래서 추고하려 했더니, 이내 다시 그 명을 거두셨다.

이 일이 일어나지 않았다면 모르지만, 이미 일어난 일을 그냥 두고 볼 수는 없었다. 임금 곁에 있는 악당들을 제거하지 않으면 안 되겠다는 생각에 다시 상언하였더니, 쾌히 허락해주시어 몹시 기쁘고 다행스러웠다. 그런데 물러나 처소로 돌아와보니 앞에 내린 분부를 모두 환수하시고, 차마 들을 수 없는 하교를 하셨다. 내가 장차 합문에 나가 석고대죄하여 세제의 위를 내놓고자 하여 그대 시강하는 관리들로 하여금 나의 거취를 알게 하려는 것이다.

이것은 그저 어쩌다 한번 일어난 사고도 아니고, 오랫동안 쌓여온 일이다. 내가 이미 주상 앞에 고한 이후에는 그들을 잡아다 추고하라는 분부를 회수했다손 치더라도 저들 무리는 마땅히 쭈그려 엎드려 대죄해야 마땅한데, 되려 그들은 의기양양하여 궁중을 드나들고 있다. 오늘은 이 무리들 때문에 문안도 저지되었으니, 내가 이제 세제의 위를 내놓지 않을 도리가 없지 않은가. 내가 곡을 하며 종묘의 혼전에 하직 인사를 올리고 이내 궁궐을 나가야 하는 것을 모르는 바 아니지만, 이는 성상의 하교를 받은 바가 아니니 감히 내 마음대로 할 수가 없구나.”

세제의 말을 듣고 김동필과 권익관이 대답했다.

“저하께서는 대조(경종)께 군신과 부자의 의리가 있으니, 비록 일시적으로 당혹한 하교가 있다손 치더라도 마땅히 공경하는 마음과 효도하는 마음을 가져야 할 것입니다. 그리고 지금 양전(대전과 대비전)께서 몸이 편안하지 않으시므로 이렇게 깊은 밤중에 수선스럽게 할 수가 없으니, 내일쯤 가서 조정으로 하여금 처리하도록 하소서.”

그러자 세제 금은 이미 작성해둔 사위소(辭位疏 : 세제의 위에서 물러나겠다는 상소)를 꺼내 보였다. 세제의 결단이 대단한 것임을 알고, 김동필과 권익관이 여러 말로 만류하며 말했다.

“신 등이 물러가 사부, 빈객과 외정의 여러 신하들에게 말하여 죄인을 성토하기를 청할 것입니다. 그들이 법에 의해 처단된 뒤에야 어찌 불안할 까닭이 있겠습니까?”

세제는 그들로부터 다시 한번 자기의 뜻을 대신들에게 전하겠다는 확답을 받았다.

다음날, 이 일이 신하들에게 알려지자, 조정이 발칵 뒤집혔다. 세제의 의외의 강수에 조정을 장악하고 있던 소론 대신들은 크게 당황하였고, 몇몇 대신들이 경종이 누워 있던 진수당으로 몰려갔다.

먼저 영의정을 맡고 있던 소론의 영수 조태구가 환관 박상검과 문유도를 벌줄 것을 청했다. 세제가 사위소까지 내밀며 강수를 구사하자, 한 발 물러서서 박상검을 희생시키기로 한 것이다. 이어 우의정 최석항이 거들었고, 이조판서 심단이 가세했다. 하지만 경종은 쉽사리 받아들이지 않았다. 조태구는 우는 시늉까지 하며 극력으로 간했지만, 경종은 여전히 요지부동이었다. 그러자 심단이 이렇게 말했다.

"여러 신하들이 극력으로 간청하니, 적발하여 사형에 처하라는 하교를 내리심이 어떠하십니까?"

경종은 귀찮은 듯이 누운 채로 뭔가 손짓을 하였다. 흡사 수답을 한 것으로 보였지만, 분명치가 않아 조태구 재차 청하여 말했다.

"소신이 제대로 알아듣지 못했으니, 옥음을 상세히 듣기를 원합니다."

경종은 기어드는 음성으로 귀찮은 듯이 말했다.

"적발하여 사형에 처하라."

소론으로서는 박상검의 희생이 안타까웠으나, 일단 박상검과 관련 인물들을 죽여 입을 다물게 하는 것이 사태를 최소화하는 것이라고 판단했던 것이다.

한편, 인원왕대비는 언문 교지를 내려 박상검과 문유도뿐 아니라 그들과 협잡하여 세제를 독살하려 한 나인 석렬과 필정도 함께 죽이라고 했다. 그러자 조태구는 즉시 왕대비의 교지대로 하겠다고 답하고, 이미 그에 대한 왕명이 내렸다고 했다.

그렇게 해서 박상검 일당은 즉시 처형되게 되었는데, 이때 좌윤 황일하가 박상검 사건에 연루된 죄인들을 국문하지 않고 사형에 처하도록 처한 삼사의 관원들을 탄핵하는 상소를 올렸다. 소론 측으로서는 매우 곤란한 일이 아닐 수 없었다. 황일하의 상소 속에는 박상검의 동당이 음모의 단서가 드러날 것을 두려워하여 그를 서둘러 죽이려 한다는 내용도 들어있었다. 경종이 별다른 비답을 내리지 않자, 노론인 병조판서 송상기가 다시 한번 황일하의 주장을 반복했다.

결국 노론의 주장에 따라 그해 12월 29일에 박상검과 문유도를 국문하기에 이르렀다. 먼저 승전색 문유도를 국문했는데, 그는 완강하게 혐의를 부인했다. 동궁의 문안을 막은 것에 대한 문유도의 대답은 이랬다.

"승전색은 그저 비답을 전하는 소임이 있을 뿐입니다. 그러니 동궁의 문안에 대해서는 아는 바가 있을 수 없습니다. 더구나 동궁께서 '내 몸을 제거하려 한다'고 하셨는데, 그 말씀이 너무나 애매하여 무슨 말인지 알 수 없습니다."

박상검도 세제에게 문안 인사를 하지 말라는 처분을 내린 것에 대해 역시 자신의 무죄를 주장했다.

"12월 21일 밤에 입직하여 동료가 전하는 말을 듣건대, 20일 밤에 왕세제께서 문안 때문에 대전에 아뢰기를 '내관이 정사에 간여하여 이번 처분에 있어 범한 것이 많으니 청컨대 내용을 가려내어 죄를 바르게 다스리소서'라고 했다고 했습니다. 이에 대전에서 하교하시길 '이번 처분은 내가 내린 것인데, 어째서 내관이 간여한 일이라고 하느냐'고 하셨습니다. 하지만 이어 말씀하실길, '동궁이 그렇게 생각한다면 내막을 가려내도록 하라'고 하셨습니다."

박상검의 말인즉, 동궁에게 문안을 오지 말라고 한 것은 경종의 뜻이었다는 것이다. 그리고 그 일에 정 의심이 가면 동궁 스스로 나서서 그 내막을 가려보라고 했다는 것이다. 이어 박상검은 또 이렇게 말했다.

"왕세제께서 청음정에 나아가 여러 내관들을 불러 내막을 조사하셨는데, 내관들이 모두 아는 바가 없다고 했습니다. 그러자 왕세제께서 '문유도와 박상검은 범한 바가 있어 나를 보면 얼굴빛이 달라지니, 이는 속에 있는 것이 밖으로 드러나는 것이다'고 했습니다."

박상검의 말에 따르면 세제의 주장은 그저 억측이라는 것이다. 그리고 마지막으로 결코 동궁을 제거하려 한 일이 없다며 무죄를 주장했다.

그로부터 7일 후인 1722년 1월 6일 박상검은 사형되었고, 문유도는 그 전날 국문 중에 고문으로 죽었다. 그들 이외에도 박상검과 친분이 있던 최홍을 비롯한 여러 환관들이 고문을 받고 죽었다.

하지만 박상검 사건은 그것으로 끝나지 않았다. 박상검 사건으로 궁지에 몰린 소론의 김일경은 1722년 3월에 남인의 서얼 출신 목호룡을 앞세워 경종이 세자로 있을 때 노론 측에서 경종을 시해하려고 했다는 고변을 했다. 이 일로 유배지에 있던 노론의 4대신이 한양으로 압송되어 모두 사약을 받고 죽었으며, 국청 중에 사형된 사람이 20여 명, 맞아 죽은 자가 30명이 넘었다. 그 외에도 노론의 가족들이 체포되어 13명이나 교살되었고, 9명은 스스로 목숨을 끊었다. 또 유배된 자가 114명, 연좌되어 죄인이 된 자가 무려 173명이었다. 그야말로 김일경의 엄청난 반격이 아닐 수 없었다.

후에 영조는 왕위에 오른 뒤 이 신임옥사에 대한 복수전을 전개하여 김일경과 목호룡을 죽이고, 소론 대신들을 대거 축출했다. 이때 영조는 김일경과 박상검이 한 무리였는데, 그들은 작당하여 자신을 독살하려 했다고 술회하고 있다. 만약 영조의 말이 사실이라면 박상검은 영조의 최대의 정적이었던 셈이다. 영조는 박상검에 대한 분노를 평생 떨치지 못했던지 틈만 나면 그 일을 거론했다. 또 박상검 때문에 환관을 매우 강경하고 엄하게 다스렸고, 그것은 조선 말기 환관의 영향력을 크게 약화시키는 원인이 되었다.

제2부

살아 있는 궁궐 귀신, 궁녀

압 못세 든 고기들아 뉘라셔 너를 모라다가 넉커늘 든다.
북해청소(北海淸沼)를 어듸 두고 이 못세 와 든다.
들고도 못 나는 정(情)은 네오 내오 다르랴.

- 〈화원악보〉 소재, 작가 어느 궁녀

一. 고대 중국의 궁녀 조직과 규모

과거 왕조시대, 특히 궁중의 삶을 그린 옛날 그림이나 문헌 속에서 절대로 빠지지 않는 존재가 있다면 그것은 바로 궁녀宮女다. 궁녀가 없는 궁궐, 궁녀의 시중을 받지 않는 왕을 생각할 수 있을까? 어린아이들이 보는 동화로부터, 구전되는 민담이나 사학자들이 연구하는 사료에 이르기까지 궁중 생활을 거론하는 곳이라면 반드시 등장하는 존재, 늘 등장하지만 항상 주목받지 못하는 존재, 그저 장식물의 일부거나 가구의 일부처럼 여겨지는 그런 존재, 궁궐의 기둥 하나보다도 관심을 받지 못하는 존재, 그럼에도 없어서는 안 되는 존재, 궁녀는 바로 그런 존재였다.

제1부에서 언급했던 환관은 문화나 풍속에 따라 있었던 나라도 있고, 없었던 나라도 있지만, 궁녀가 없었던 나라는 단 한 곳도 없다. 그런 의미에서 보자면 궁녀는 왕조시대의 대표적인 상징이라 해도 과언이 아니다.

그렇다면 왕조시대를 상징하는 궁녀라는 존재는 언제부터 있었을까? 어쩌면 이는 매우 어리석은 질문일 수도 있다. 궁녀가 없는 왕의 모습이 상상할 수 없는 것이라면, 궁녀는 왕이라는 존재의 등장과 동시에 등장했을 수밖에 없기 때문이다.

대중의 상상 속에서 궁녀는 그저 임금의 성적 노리개거나 궁궐의 사역을 맡은 노비 정도로 인식될 가능성이

높다. 어떤 나라를 막론하고 왕이 사는 궁궐의 노동은 모두 궁녀들의 몫이었고, 그들은 단순히 노동을 강요당하는 차원을 넘어 왕의 성적 유희에 동원된 것이 사실이었기 때문이다. 하지만 이런 막연한 상상과 달리 궁녀는 매우 조직적으로 운영되었고, 그 맡은 바 임무도 분명했다.

여기서 다루고자 하는 것은 단순히 노동을 착취당하고 성적으로 억압받는 존재로서의 궁녀가 아니다. 실제 궁녀라는 존재는 그보다는 한층 조직적이고 영향력도 강했으며 역할도 다양했다. 조직화되고 계급화되어 그 고유의 역할과 영향력이 분명한 궁궐지키미였다는 뜻이다. 그런 궁녀 조직은 언제부터 어떤 형태로 존재했을까?

궁녀에 대한 사료가 가장 많은 나라는 역시 세계에서 가장 거대하고 화려한 궁중 생활을 구가했던 중국이다. 로마도 중국 못지않은 대제국을 일궜지만 궁중 문화, 특히 궁중 생활과 궁녀의 관계를 기록한 문헌에 있어서는 중국에 전혀 미치지 못한다. 따라서 고대 궁녀 조직의 모습은 중국 문헌 속에서 찾아내는 것이 가장 현실적인 방법일 것이다.

중국 역사 문헌상으로 가장 오래된 국가라고 할 수 있는 하夏나라는 지금으로부터 약 4000년 전에 세워진 국가인데, 춘추시대 제나라의 명재상 관중이 지은 『관자管子』에는 이 나라의 폭군으로 유명했던 걸왕 시절에는 궁중에 3만이나 되는 여악女樂이 있었다고 기록하고 있다. 이 3만이라는 숫자는 매우 과장된 표현이다. 당시 하나라는 그 많은 여자들을 궁중에서 먹이고 입힐 만큼 규모가 크지 않았다. 그러니, 여악만 3만 명을 두었다는 말은 도저히 믿기 어렵다. 아마도 이 3만이라는 숫자는 헤아릴 수 없이 많다는 뜻으로 이해하면 될 듯하다. 여악이란 원래 여자 악사와 배우, 무희들을 가리키는 말인데, 여기에서는 궁중에 있는 궁녀들을 모두 포함한 말인 듯싶다. 어쨌든 우리는 이 기록을 통해 하나라 시대에 이미 적어도 수천 명 이상의 궁녀가 궁중에 머물렀다는 것을 짐작할 수 있다.

1 청대 후궁들

2 청대 단강(중앙)과 궁녀들

3 당나라 때 화장한 궁녀

4 남조시대 매화장을 한 궁녀

5 한가로이 쉬고 있는 명나라 때 궁녀들

하지만 이들 여악들이 모두 궁궐 안에서 생활했을 가능성은 희박해 보인다. 여악들이란 원래 궁궐 바깥에 머물다가 궁중에 연회가 있으면 동원되는 기생들이기 때문이다. 여악이 궁중에 있는 궁녀들을 포함한 표현이라고 한다면, 이들 중 상당수는 궁녀였을 것이고, 그들은 궁중 생활을 했을 것으로 추정할 수 있다. 만약 그들이 집단적으로 궁중 생활을 했다면, 조직화된 상태에서 관리되지 않을 수 없었을 것이다. 하지만 하나라 시절의 궁녀 조직이 어떠했는지에 대해서는 구체적인 기록이 없다.

하나라가 망한 뒤에 건국된 은殷나라의 마지막 왕 주왕 시절의 기록에는 수많은 여자들이 주왕의 주연에 동원된 기록은 있으나 궁녀 조직에 대한 구체적인 언급은 없다. 또 이때 주왕에 의해 감옥에 갇힌 서백의 신하 굉요 등이 미녀들을 주왕에게 바쳤다는 기록이 있으니 이들 미녀들이 궁녀 조직으로 들어갔다고 추측할 수 있을 법하지만, 역시 구체적인 기록은 없다. 궁녀 조직에 대한 가장 구체적이고 신빙성 있는 내용은 서백(문왕)이 건국한 주周왕조 시절의 기록에 이르러 나타난다.

주나라의 주공 단이 지었다고 전해지는 『주례』에는 관직 명칭과 그 직무가 총망라되어 있는데, 궁녀의 조직에 관해서도 언급되어 있다.

『주례』의 「천관총재天官冢宰」 편에 보면 궁녀들로 구성된 조직들이 언급되어 있는데, 여어女御, 여축女祝, 여사女史, 해奚, 여궁女宮 등이 대표적이다.

여어는 침실에서 왕을 모시는 일을 관장했으며, 총 81명이 여기에 속해 있었다. 이들은 세부(世婦 : 왕후 아래로 네 번째 서열에 해당되는 후궁)를 보좌하는 일을 주된 임무로 했으며, 세부 1인당 3명씩 배정되었다. 세부의 숫자는 법적으로 27명이 정상이지만, 왕에 따라서는 수백 명의 세부를 거느리는 일도 허다했기에 여어 역시 세부의 숫자에 따라 그 수가 몇 배로 늘기도 했다. 여어의 주된 임무 중 또 하나는 자기가 모신 세부가 언제 왕을 모실 것인지 순서를 정하는 일이었다. 고대 중국에서는 후궁들끼리 서로 투기하는 일을 막기 위해 왕을 모시는 순서를 정했는데, 이 일에 세부들이 직접 나설 수 없는 일이라 여어들이 대신 했던 것이다.

여어는 세부뿐 아니라 세부 바로 윗자리인 구빈九嬪들에게도 배치되었다. 구빈이란 왕후, 부인에 이어 세 번째 서열에 해당되는 후궁들로서 9명을 두도록 되어 있었다. 그러나 빈을 단 9명만 둔 왕은 없었다. 9명보다 적게 두는 때도 있었지만, 대개는 10여 명씩 두는 것이 보통이었다. 이들에게도 여어들이 배치되기 때문에 여어의 숫자는 훨씬 더 늘어나게 된다. 구빈에게 배치되는 여어는 구어九御라고 불렀으며, 빈 1인당 9명씩 배치되었다. 따라서 구어는 기본적으로 81명이 있었으나, 빈의 숫자에 따라 그 숫자도 달라졌다. 또 구빈 위에 부인 3명이 있었는데, 이들에게도 81명의 여어가 배치되었다. 부인의 수도 꼭 3명으로 한정되는 것이 아니기 때문에 배치되는 여어는 훨씬 더 늘어날 수 있었다. 거기다 왕후에게 81명의 여어가 배치되었기 때문에 왕후와 부인, 빈에게 배치된 여어는 기본 324명이었다. 거기에 태후나 왕태후, 태자비 등에게도 많은 여어들이 배치되었을 것이고, 궁궐 내부의 각 기관에도 여어가 배치되었기 때문에 그들의 수는 훨씬 더 많아야 했을 것이다.

여축은 궁궐 안에 머무는 무당이었다. 왕후의 내제사(內祭祀 : 궁궐 안의 부엌, 문, 창 등에 지내는 제사)와 내도사(內禱祠 : 기원이나 축원하는 일)의 일을 관장했으며, 그 수는 4명이었다. 여축 아래에는 그들을 시중드는 해奚가 2명씩 있었다.

여사는 왕후의 지시를 받아 육궁의 내정을 다스리며 부관 역할을 했다. 육궁이란 왕후와 후궁들이 거처하는 궁궐을 지칭하는 것으로 정침 하나, 연침 다섯으로 이뤄져 있어 이를 합쳐 육궁이라 하는 것이다. 여사는 육궁의 지출결산서를 살펴보고 왕후의 명령을 기록했다. 여사는 총 8인이고, 그들의 시녀인 해奚가 16인이었다.

여궁이란 형벌을 받고 궁궐 안에서 사역을 담당하는 노비들을 일컫는다. 이들은 궁궐 안의 온갖 잡일을 도맡는 잡역부였다. 여궁의 바로 윗단계이자 여어들의 시녀인 해는 대개 여어 1인당 2명씩 배치되었으므로 궁녀들 중에서 그들의 숫자가 가장 많았을 것이다. 여어, 해, 여궁은 궁궐 내부의 각 부서에도 배치되어 일을 했는데, 그들의 숫자는 왕비나 후궁을 시중드는 궁녀들의 수보다 훨씬 더 많았다.

왕후의 의복을 만들고 관장하는 내사복內司服에는 여어 2인이 배치되었고, 해 8인이 배치되었다. 왕궁의 재봉 일을 맡는 봉인縫人에는 여어 8인, 여공 80인, 해 30인이 배치되었다. 소금을 담당하는 염인鹽人에는 여염이 20인이 있고, 해가 40인이 있었다. 물건 덮는 덮개를 만드는 멱인羃人에도 여멱 10인과 해 20인이 있었다. 나물과 김치를 담당하는 혜인醢人에도 여혜 20인, 해 40인이 있었다. 젓갈이나 조림을 담당하는 해인醢人에도 여해 20인과 해40인이 있었다. 대추, 밤, 복숭아 등 과일을 담당하는 변인籩人에는 여변 10인과 해 20인이 있었다. 왕이 마시는 음료수를 담당하는 장인漿人에는 여장 15인과 해 150인이 있었다. 술을 담당하는 주인酒人에는 여주 20인과 해 300인이 있었다. 이렇듯 각 부서에 배치된 궁녀의 수만 합해도 약 1000이다.

물론 위에서 나열한 궁녀들이 주나라 왕궁에 머물렀던 모든 궁녀는 아니다. 이 숫자에는 전체 궁궐 내부에서 가장 천한 여자들이었던 여궁들이 거의 제외되었고, 왕의 가족들에게 배치된 궁녀들도 제외된 상태다. 이들 모두를 합친다면 주나라 왕궁에는 최소한 3000명 이상의 궁녀가 있었음을 알 수 있다.

이들 3000명의 조직을 계급 순으로 나열하자면 가장 꼭대기에 왕비를 모시는 여사 8인이 포진되고, 그 아래 부인과 빈, 세부 등 내명부의 후궁들을 모시는 여어가 자리하고, 그 밑으로 각 부서에서 의식주와 관련된 업무를 담당하는 여어들이 포진될 것이다. 여어 아래로 전문적인 기능공인 여공들이 자리하고, 여공 아래로 시녀에 해당하는 해, 해 아래로 천비들인 여궁들이 자리하는 구조다.

주나라 시절에 완성된 궁녀의 이러한 조직 체계는 크게 변하지 않고 후대로 전해졌다. 진秦의 시황제가 천하를 통일한 후 국토가 넓어지고 궁궐이 한층 화려해지면서 궁녀의 수가 대폭 늘어나고 명칭에 변화가 생기긴 하지만 조직의 형태는 그대로 유지되었다. 한황조에 이르면 주나라 때의 여어, 여사 등의 호칭이 사라지고 소의昭儀, 미인美人, 양인良人, 팔자八子, 칠자七子, 장사長使, 소사小使 등이 새로운 호칭으로 자리잡았으며, 등급도 황후로부터 내명부의 최하위까지 14등급으로 구분되었다. 또 수황조에 이르면 상서尙書, 상의尙儀, 상식尙食, 상침尙寢 등의 용어가 등장하게 되는데, 이것이 당황조에 이르러 더욱 세분화되었고, 궁녀의 수도 크게 늘어났다. 당태종 재위 시에는 가뭄이 심하자 무려 3천 명의 궁녀를 내보낸 기록도 있는데, 이는 당시 궁녀의 수가 수만이었다는 것을 방증한다. 당나라 이후로 중국의 궁녀 조직과 호칭은 거의 변화를 겪지 않는다. 우리나라는 고려시대에 당송의 궁녀 제도를 채택해 우리 실정에 맞게 적용하였고, 이것이 조선 왕조에 이르러 더욱 세분화되었다.

二. 우리나라의 궁녀 조직과 규모

삼국시대의   우리나라도 중국처럼 상고시대부터 궁녀 제도를 두고 있었
궁녀   을 것이나 그에 대한 구체적인 기록은 남아 있지 않고, 그
존재도 확인되지 않는다. 그나마 최초로 궁녀와 유사한 존재를 확인할 수
있는 것은 고구려의 고분 벽화에서다.

황해도 안악군 용순면 유순리에서 발견된 안악 3호분은 흔히 동수묘라
고 일컫는데, 이는 무덤의 주인공이 미천왕 시절의 고구려 귀족 동수冬壽
이기에 붙여진 명칭이다. 이 무덤의 벽화에는 무덤의 주인인 동수 뒤쪽에
시녀로 보이는 여자가 시립하고 있는 것이 보이고, 동수의 부인으로 보이
는 가마를 탄 여인 곁에는 3명의 시녀가 보필하고 있는 것이 보인다. 미천
왕 시절부터 고국원왕 시절까지 활동하다 357년에 죽은 것으로 되어 있는
동수가 어떤 인물인지는 분명치 않으나, 무덤의 크기로 봐서 당대의 힘있
는 무장이었거나 왕실과 연관된 귀족이었던 것만은 분명하다. 만약 그가
왕실의 일원이었다면 그를 시중하는 시녀나 그의 부인을 보필하는 시녀들
은 궁녀일 가능성이 있다. 또 비록 그들이 궁녀가 아니라 하더라도 동수와
같은 귀족이 여러 시녀들을 거느렸다는 사실을 통해 고구려의 왕도 많은
궁녀를 거느렸을 것이란 점을 유추할 수 있을 것이다.

중국 길림성 집안현 연산 남록에 있는 무용총 벽화에는 여러 여자 무용
수들이 무리를 이뤄 춤을 추는 장면이 있는데, 이들 무용수들은 아마도 여
악女樂의 일원이었을 것으로 보인다. 여악의 단원들은 대개 국가 기관이나
궁궐에 예속되어 있으면서 궁궐의 주연이나 왕족의 연회에 동원되었다.
이런 여악과 같은 여성 조직이 있었다는 것은 대규모 궁녀 조직의 존재 가
능성을 시사한다. 중국 상고사에서는 궁중의 여악 집단도 궁녀의 일부로
인식되고 있었는데, 고구려 역시 궁중에 여악 집단을 상주하게 했을 가능

6 안악 3호분의 부인도. 가마를 탄 부인은 무덤의 주인인 동수의 부인인 듯하다. 그녀 주변에는 3명의 시녀들이 시립하고 있다. 귀족의 부인에게 이렇듯 시녀들이 딸린 것을 감안할 때, 왕실에는 수많은 시녀들이 있었을 것으로 판단된다.

성이 높기 때문이다. 하지만 고구려 역사에서 궁녀의 존재는 고분의 그림에서나 겨우 유추될 뿐, 실제 기록으로 남아 있는 것은 없다.

삼국 중 궁녀에 대한 가장 오래된 기록을 남기고 있는 쪽은 백제다. 백제 의자왕 16년 봄 3월의 기록에 '왕이 궁인들과 더불어 주색에 빠지고 마음껏 즐기며 술마시기를 그치지 않았다'는 내용이 있는데, 이것이 우리 역사의 궁녀에 대한 가장 최초의 공식 기록이라고 할 수 있다.

흔히 백제 의자왕은 3000궁녀를 거느렸다고 말하곤 하는데, 사실 그것은 조선시대의 야사나 현대에 와서 유행한 가요에나 나온 허구다. 사서의 어느 기록에도 의자왕이 3000명의 궁녀를 거느렸다는 내용은 없다. 더구나 당시 백제의 국력으로는 3000명의 궁녀를 거느릴 수도 없었다. 백제보다 훨씬 인구도 많고 영토도 넓었던 조선도 채 700명이 안되는 궁녀를 뒀다고 한다. 백제가 3000의 궁녀를 두었다는 것은 여러 모로 납득이 가지 않는 말이다. 3000의 십분의 일인 300명의 궁녀를 두었다고 한다면 가능한 말일 법하다. 어쨌든 의자왕 대의 기록을 통해 백제에 궁녀 제도가 있었음은 분명히 알 수 있다. 그러나 그 구체적인 면면은 알 방도가 없다.

삼국 중 궁녀 조직에 대한 구체적인 기록을 남긴 쪽은 신라다.『삼국사기』「잡지」의 신라 관직 편에 보면 여자들이 종사하는 기관들이 나오는데, 이들 여자들이 바로 궁녀들이다. 여기에 종사하는 여자들은 모母와 여자女子로 구분되고 있는데, 조하방朝霞房에는 모 23인, 침방針房에는 여자 16인, 소방전蘇芳典에는 모 6인, 표전漂典에는 모 10인, 기전綺典에는 모 8인, 염궁染宮에는 모 11인, 홍전紅典에는 모 6인, 찬염전攢染典에는 모 6인, 소전疏典에는 모 6인이 배치되었다. 물론 이들 조직 이외의 각 궁에도 궁녀들이 배치되었을 것이고, 부서 명칭만 나오고 근무자 숫자는 나오지 않는 금전錦典 같은 곳에도 궁녀들이 배치되었을 것이다. 부서의 명칭에서 보듯 이들 여자들이 하는 일은 의식주나 왕과 왕비를 비롯한 궁궐 안에 거하는 왕족을 수발하는 일과 관련된 것들이다.

신라의 궁녀 조직이 모母와 여자女子 둘로만 호칭된 것은 상궁과 나인으로 구분된 조선의 그것과 유사하다. 이들은 비록 호칭이 둘로만 기록되어 있지만, 그 구체적인 직분에 따라 호칭이 달랐을 것이다. 아마도 모는 조선시대의 상궁에 해당하고 여자는 나인에 해당되었을 것이다. 그런데 침방을 제외한 나머지 모든 곳에 근무하는 여자들을 모두 모母로 칭한 것은 이상한 점이다. 어쩌면 침방이 가장 낮은 부서라서 나인에 해당하는 여자들만 배치됐는지도 모른다. 그리고 침방을 제외한 나머지 부서에는 상궁에 해당하는 모의 수만 기록하고 나인에 해당하는 여자의 수는 생략했을 가능성이 높다. 조선의 궁녀가 모두 700명에서 1000명 가까이 됐는데도

『경국대전』에 명시된 여관의 정식 인원은 불과 40명도 되지 않는다. 이것을 보면, 신라의 여관도 명시된 것은 100여 명밖에 되지 않으나 실제로는 수백 명 이상이었을 것이라 추정할 수 있다.

고려, 조선시대의
궁녀

고려는 건국 초기에는 궁녀 조직에 대해 따로 정한 바가 없었다. 후궁에 대해서는 무슨 원院, 무슨 궁宮, 무슨 부인夫人이라는 칭호를 내렸고, 여관들에 대해서는 따로 칭호를 내리지 않았다. 또한 그들에게 품계와 직책에 따른 명칭도 부여하지 않았다. 고려가 궁녀의 직책에 호칭을 내린 것은 제8대 현종 대였다. 이때 상궁尙宮, 상침尙寢, 상식尙食, 상침尙針 등의 직책이 생겼고, 후궁들에 대해서도 귀비貴妃, 숙비淑妃 등의 칭호가 생겼다. 이런 칭호들은 대부분 중국에서 수입한 것들이었다.

제10대 정종 대에는 후궁들에 대해 원비院妃, 원주院主, 궁주宮主와 같은 칭호들이 발견된다. 하지만 이때까지도 후궁과 여관들에게는 품계가 주어지지 않았다.

후궁들에게 품계가 내려진 것은 제11대 문종 대였다. 문종은 귀비, 숙비, 덕비, 현비 등을 정1품으로 정했고, 더불어 공주와 대장공주 등을 정1품으로 정했다. 그러나 궁녀들에 대해서는 품계를 정하지 않았다.

비록 품계를 정하지는 않았지만 궁녀들 사이에는 높고 낮음이 있었다. 그러나 폐륜을 일삼던 충혜왕이 들어서면서 궁녀들의 등급도 사라졌다. 이때는 왕의 사랑을 받으면 후궁의 시녀나 관기까지도 옹주, 택주 등으로 불릴 정도였다. 원래 옹주란 명칭은 충선왕 때부터 궁주를 고쳐 부르던 것이었는데, 충혜왕은 이런 구분마저 완전히 없애버렸다.

이렇듯 고려왕조에서는 궁녀 조직에 대한 세세한 배려가 없었다. 그런 탓에 궁녀에 대한 작호와 품계는 조선 왕조에 이르러 제대로 마련된다.

태조 6년(1397) 3월 15일에 당시 상서사 판사로 있던 조준과 정도전 등이 내관의 작호와 품계를 세워야 한다는 주청을 했는데, 그 구체적인 내용은 이렇다.

현의賢儀 2인 중 한 명은 정1품, 다른 한 명은 종1품을 주고, 숙의淑儀 2인에 하나는 정2품, 다른 하나는 종2품을 준다. 또 찬덕贊德 3인 중 1인은 정3품, 2인은 종3품, 순성順成 3인에 1인은 정4품, 2인은 종4품을 준다. 상궁尙宮 3인에 1인은 정5품, 2인은 종5품을 주고, 상관尙官 3인에 1인은 정6품, 2인은 종6품을 준다. 가령家令 4인 중 2인은 정7품, 2인은 종7품, 사급司給 4인에 2인은 정8품, 2인은 종8품, 사식司飾 4인에 2인은 정9품, 2인은 종9품을 준다.

이러한 내용은 태종이 왕위에 올라 확정짓는데, 열거한 직책 중 1품 현의부터 4품 순성까지는 후궁 반열이고, 5품인 상궁 이하 9품 사식까지가 궁녀에 해당된다. 태종은 또 이들에게 월봉을 지급하도록 했다. 관리에게는 녹봉을 주는 것이 원칙이지만, 여관들은 궁에서 먹고 자기 때문에 월봉을 주는 것이 타당하다고 판단하였던 것이다. 이때 여관들이 받은 월봉의 구체적인 내용은 밝혀져 있지 않다.

여관들의 명칭은 이후로 여러 차례 변화를 겪는다. 태종 5년에는 현의, 숙의, 찬덕, 순덕, 사의, 사침, 봉의, 봉선 등으로 바뀌었는데, 이전 것과 비교해보면 후궁 칭호인 순성이 순덕順德으로 변경되고, 궁녀들의 호칭도 사의司儀, 사침司寢, 봉의奉衣, 봉선奉膳 등의 업무에 어울리는 직책들로 변경됐음을 알 수 있다.

하지만 세종 대에 이르면 후궁 및 내명부 칭호가 조금씩 변경되어 『경국대전』 편찬기에 와서는 완전히 정립되어 조선 말기까지 변하지 않는다.

『경국대전』의 내명부 벼슬에는 정1품부터 종9품까지의 작호와 품계가 있는데, 이 중에서 정1품 빈嬪부터 종4품 숙원까지는 후궁 반열이고, 정5품

내명부內命婦

	내명부	세자궁
정1품	빈嬪	
종1품	귀인貴人	
정2품	소의昭儀	
종2품	숙의淑儀	양제良娣
정3품	소용昭容	
종3품	숙용淑容	양원良媛
정4품	소원昭媛	
종4품	숙원淑媛	승휘承徽
정5품	상궁尚宮 · 상의尚儀	
종5품	상복尚服 · 상식尚食	소훈昭訓
정6품	상침尚寢 · 상공尚功	
종6품	상정尚正 · 상기尚記	수규守閨 · 수칙守則
정7품	전빈典賓 · 전의典儀 · 전선典膳	
종7품	전설典說 · 전제典製 · 전언典言	장찬掌饌 · 장정掌正
정8품	전찬典贊 · 전식典飾 · 전약典藥	
종8품	전등典燈 · 전채典彩 · 전정典正	장서掌書 · 장봉掌縫
정9품	주궁奏宮 · 주상奏商 · 주각奏角	
종9품	주변치奏變徵 · 주치奏徵 주우奏羽 · 주변궁奏變宮	장장掌藏 · 장식掌食 · 장의掌醫

『경국대전』에 나와 있는 내명부의 작호와 품계

7 조선 말에 종친 부인들과 궁녀들이 함께 사진을 찍었다. 앞줄 오른쪽으로부터 세 번째 앉은 사람은 의친왕비다. 뒤에 선 사람들은 모두 궁녀들이다.

8 조선 마지막 황제 순종 시절에 창덕궁 서향각에서 황후가 직접 누에 치는 일을 경험하는 친잠식親蠶式을 하면서 찍은 사진이다. 가운데 윤황후가 앉았고, 좌우로 왕비들과 종친부인, 총독부 관리 부인들이 섰다. 이때 황후 뒤편에 서 있는 여인들은 상궁들이다. 황후 좌우로 천일청 상궁과 김충연 제조상궁이 섰고, 맨 앞줄의 네 사람도 역시 상궁이다. 그 중에 한 명은 촉탁으로 들어온 일본 여자다.

상궁 이하의 내명부는 궁녀에 해당된다.

그렇다면 고려와 조선의 궁녀 수는 얼마나 됐을까?

고려왕조의 궁녀 수에 대해서는 구체적인 기록이 전혀 없어 알 수가 없지만, 조선의 궁녀 수에 대해서는 몇몇 기록이 있다.

태종 14년과 15년에 전국적으로 엄청난 가뭄이 지속됐는데, 이 때문에 태종은 궁녀들을 출궁시켰다. 태종 14년 6월 8일에 궁녀 10여 명을 내보냈는데, 이는 당나라 태종의 전례를 따른 것이다. 당 태종은 가뭄이 지속될 때 자신이 직접 메뚜기를 씹어 먹으며 궁녀 3000명을 내보냈다. 가뭄에 궁녀를 출궁시키는 것은 당시 사람들이 결혼하지 못한 처녀 총각들의 원망이 하늘에 닿아 천체의 음기陰氣를 약화시키면 가뭄이 일어난다고 믿었던 까닭이다. 당 태종은 이런 속설에 부응하여 백성의 마음을 달래기 위한 차원으로 3000명의 궁녀를 출궁시킴으로써 결혼하지 못한 자들의 원망을 잠재우고자 했던 것이다. 조선 태종 또한 당 태종을 본받아 궁녀들을 출궁시켰다.

그러나 가뭄은 그로부터 1년이 지난 뒤까지 계속 지속됐고, 태종은 이듬해 6월에도 궁녀들을 내보내고자 했다. 그러자 유사눌 등의 대신들이 이렇게 말했다.

"오늘날의 우리 궁녀 수는 불과 20명밖에 되지 않는데, 어찌 출궁시킬 수 있겠습니까?"

하지만 이 말은 아마도 상궁의 수인 듯하다. 만약 궁녀 수가 정말 20명밖에 되지 않았다면 그것은 태종의 가족보다도 적은 수다. 아마도 유사눌이 말한 20명은 상궁의 수가 아닐까 싶다.

대개 조선의 궁녀 숫자는 600명에서 700명 사이였다고 알려져 있는데, 이는 조선 영조 대의 학자 이익이 쓴 『성호사설』의 내용에 따른 것이다. 이 책에 보면 '지금 환관이 335명이고 궁녀가 684명이다'라는 내용이 실려 있다. 또 영조 13년 4월에 이현필이 올린 직언에도 '600명이나 되는 궁녀가 있는데, 또 뽑겠습니까?' 하는 내용이 나온다.

하지만 궁녀의 숫자가 항상 이 정도는 아니었다. 『연산군일기』 12년 7월 18일의 기록에 보면 '왕이 두모포에 놀이를 갔는데, 궁녀 1000여 명이 뒤따르고, 왕이 길가에서 음란한 행동을 했다' 는 내용이 나온다. 이 숫자가 정확하지는 않겠지만, 연산군 시절에 궁녀가 1000명이 넘었다는 것은 사실일 것이다. 연산군이 전국적으로 처녀들을 뽑아들여 궁녀로 삼은 예가 숱하기 때문이다.

또 고종 말기에는 궁녀 수가 200명 정도밖에 되지 않았다. 이때는 일본에 의해 외교권이 박탈된 때라 원래 수의 3분의1 정도로 줄여진 것일 게다.

이런 특별한 상황을 제외하면 대개 조선왕조의 궁녀 수는 평균 600명에서 700명 사이였던 것으로 보인다.

三. 궁녀의 범주와 명칭

—여관, 견습나인, 생각시, 정식나인, 상궁, 비자, 방자, 무수리

궁녀宮女란 말 그대로 궁궐 안에서 살거나 근무하는 여자들이다. 그러나 궁궐 안에 산다고 해서 모두 궁녀는 아니다. 『대전회통』에 따르면 궁녀란 '궁중여관宮中女官'의 별칭으로 궁중에 머물면서 일정한 지위와 월봉을 받는 왕조시대의 여성 공무원을 통칭하는 말이다.

　궁녀를 크게 둘로 나누면 내명부의 품계를 받는 여관과 품계를 받지 못하는 천비로 구분된다. 여관으로는 나인과 상궁이 있고, 천비들로는 비자, 방자, 무수리 등이 있다. 이들을 좀더 세분하여 간단하게 알아본다.

여관　　궁중여관은 줄여서 '궁관宮官' 또는 '여관女官'이라고도 하는데, 이는 궁녀보다는 조금 좁은 의미다. 하지만 흔히 궁녀라고 하면 이들 여관들을 지칭하는 것이다.

　여관은 앞에서 밝혔듯이 종9품에서 정5품까지 10단계의 품계가 있었고, 품계마다 고유한 호칭이 있었다. 그러나 그 호칭은 특별한 행사 때 쓰이는 것이고, 일상적으로는 상궁과 나인으로 불렀다.

　상궁으로 불리는 여관은 대개 5품과 6품 벼슬을 얻은 여자들이고, 나머지 7품 이하는 나인으로 불리었다. 나인은 원래 궁궐 내에 산다고 하여 내인內人인데, 이를 관습적으로 나인이라 했다. 정상적이라면 대궐에 들어온 지 15년이 되면 나인이 되었고, 나인이 된 지 15년이 되면 상궁이 되었다. 그러나 이러한 내규가 항상 지켜진 것은 아니었다.

견습나인　여관이 될 궁녀들은 통상 4세에서 16세 사이에 궁궐에 들어와서 15년 정도 교육을 받고 20세를 전후해 관례를 치르고 정식나인이 된다. 견습나인見習內人은 정식나인이 되기 이전의 교육생을 지칭한다.

견습나인은 상궁들에게 한 명씩 맡겨져 양육되며, 상궁들로부터 궁중 예절과 언어, 걸음걸이 등의 일상 생활을 배운다. 또 훈민정음을 익힌 뒤에 소학, 열녀전, 규범閨範, 내훈 등 나인 생활을 위한 기본적인 서적들을 익히고, 궁체를 배운다.

견습나인들은 자신을 가르치는 상궁을 '스승 항아님'이라고 부른다. 견습나인은 상궁과 같은 공간에서 생활하기 때문에 상궁의 심부름꾼 역할도 하고, 말벗도 되어준다. 상궁들은 그들의 재롱을 즐기기도 하고, 한편으로는 엄하게 꾸짖고 벌주기도 한다. 견습나인에게는 스승이 어머니나 마찬가지인 셈이다. 이들 견습 나인들은 행동반경이 정해져 있었기 때문에 아무 곳이나 출입할 수 없었다. 그들은 궁녀들의 거처 밖으로 나갈 수 없으며, 만약 나갔을 때는 심한 벌을 받아야 했다.

9 궁녀들은 한자는 배우지 않았지만 훈민정음은 반드시 익혔다. 그리고 독특한 글자체를 형성하기에 이르는데, 그것을 흔히 궁체라고 하는 것이다. 이것은 나인들이 서예 연습을 위해 쓴 글씨다.

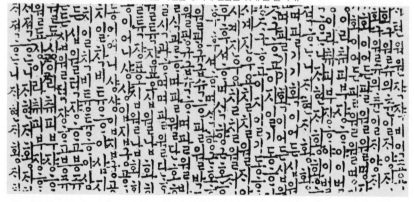

생각시 　견습나인들 중 일부를 생각시라고 부르는데, 이는 그들이 생머리를 하고 다니기 때문이다. 생머리는 한자로 '사양두絲楊頭'라고 하는데, 풀이하자면 '실버들 머리'다. 원래 버드나무는 크게 두 종류다. '류柳'로 표현되는 것은 수양버들이고, '양楊'으로 표현되는 것은 갯버들이다. 따라서 생머리를 표현한 '사양두'는 '실로 된 갯버들 모양의 머리'라는 뜻이다.

　생머리를 만드는 방법은 이렇다. 우선 머리를 뒤에서 두 가닥으로 나누어 땋은 다음에 이것을 각각 둘로 말아올려 뒤통수 밑에 나란히 세워 끈으로 묶는다. 그리고 그 위에 길고 넓은 자주색 댕기를 묶어 엉덩이까지 늘어뜨린다. 이렇게 해 놓으면 댕기가 마치 기다란 버드나무 이파리처럼 머리 뒤에서 나풀거리게 되는 것이다.

　하지만 모든 견습나인들이 생머리를 하는 것은 아니다. 견습나인 중에 4, 5세의 가장 어린 나이에 궁궐에 들어오는 지밀至密, 침방寢房, 수방繡房의 아기나인들만 생머리를 한다. 나머지 처소의 나인들은 7, 8세에 궁궐에 들어오고 머리도 하나로 땋은 댕기머리다.

정식나인 　정식나인正式內人은 견습 시절을 끝내고 관례를 올린 나인을 지칭한다. 이때부터 정식으로 여관의 임무를 수행하게 되는 것이다. 조선시대 성년식에 해당하는 관례는 통상적으로 입궁 후 15년이 지난 뒤에 하는 것이 원칙이었다. 그런 까닭에 처소마다 관례를 올리는 연령이 달랐다. 가장 어린 나이에 입궁하는 지밀의 아기나인 중에는 3, 4세 무렵에 궁에 들어오는 경우도 많았기에 18세나 19세 정도면 관례를 행했다. 또 다른 처소에서는 15세가 넘어서 궁에 들어오는 일도 잦았기에 그들은 30세가 넘어서 관례를 행했다. 조선 사회에서 일반적으로 여자는 관례

10 생각시들. 생각시는 지밀, 침방, 수방의 견습나인들이다. 이들은 승은을 입을 가능성이 높은 나인들로서 신분도 대개 중인 출신들이다. 이들은 아주 어린 나이에 궁에 들어오기 때문에 서른을 넘기면 상궁에 오른다.

11 관례날 유경운 상궁의 방각시와 그의 친구들. 창덕궁 지밀이었던 유경운 상궁의 나인이 관례를 올리고 생각시 친구들과 찍은 사진이다. 나인들에게 있어서 관례는 혼례와 같은 의미이기에 이날 하루만큼은 매우 화려한 옷을 입고 화사하게 단장한다. 관례를 치르고 나면 정식나인이 되는 것이다.

12 경복궁 지밀 생각시 시절 박덕임(오른쪽) 씨와 그의 벗. 나인은 상궁이 될 때까지 2인이 한 방에서 생활한다. 이들은 근무처는 다르지만 서로 벗을 삼아 평생 동무로 지낸다. 정식나인이 된 이래로 상궁이 될 때까지 무려 15년 동안이나 함께 생활하는 관계다 보니, 이들이 동성애를 즐겼을 것이라는 추측도 있다. 하지만 궁녀 생활을 한 상궁들은 그런 일은 없었다고 단호하게 부정했다.

13 나인 시절의 삼축당 김씨(오른쪽)와 한희순韓熙順 상궁

를 올리지 않았다. 그런데 특별히 궁녀들이 관례를 올린 것은 이 일이 그들에겐 혼례와 같은 것이기 때문이다.

사실상의 혼인식인 궁녀의 관례는 결혼식처럼 치러진다. 관례를 올리는 궁녀는 원삼에 노리개에 어여머리나 화관까지 꾸민 화려한 예복을 정성들여 차려입는다. 이때 입는 옷 중 겉옷은 나라에서 내리고, 버선이나 속치마 같은 것들은 궁녀의 본가에서 마련해 들여온다. 잔치 음식도 본가에서 마련하고, 본가는 나름대로 집에서 결혼식에 버금가는 잔치를 하고 조상에게 예를 올린다. 관례를 올린 뒤부터 딸의 월봉이 나오기 때문에 본가로서도 경제적인 혜택을 누리게 되므로 기쁜 일이 아닐 수 없었다. 그래서 되도록 시집 보내는 것 못지않게 성대하게 잔칫상을 차린다. 본가에서 올린 잔치 음식은 궁녀가 머무는 처소의 가장 웃어른에게까지 전해진다. 만약 그녀가 대비전 궁녀라면 음식이 대비에게까지 올라가는 것이다. 궁녀는 이렇듯 관례를 통해 일생에 단 한 번 호사를 부린다.

관례를 올린 정식나인에게는 따로 방이 주어진다. 그러면 그녀는 본가에서 들여온 세간으로 방을 꾸민다. 하지만 방을 혼자 독점하는 것은 아니다. 반드시 둘이 함께 쓰도록 되어 있다. 그것도 같은 처소의 나인은 함께 배치되지 않는다. 그들 두 사람은 상궁이 되기까지 같은 방에서 함께 지낸다. 말하자면 그들은 15년 동안 동거를 하는 셈이다. 이때 동거하는 나인들은 서로를 벗이나 방동무로 부르며 일종의 가정을 꾸리게 되는 것이다.

정식나인이 되면 월봉도 받고 품계도 얻는다. 나인들끼리는 서로서로 김씨 형님, 무슨 항아님 등으로 부르지만, 법적으로는 모두 고유한 호칭을 받는다. 이때 상궁들도 그들의 이름을 부르는 것이 아니라 '박가 아무개' 식으로 성을 붙여 불러준다. 또 견습나인들은 그들을 '항아姮娥님' 이라 높여 부른다.

정식나인의 방에는 심부름하는 하녀도 한 명 배치된다. 이들 하녀들을 '방자' 또는 '각심이' 라고 하는데, 이들에 관해선 따로 언급하겠다.

상궁   정식나인이 된 지 15년이 되면 상궁尚宮이 된다. 이때부터 항아님
         으로 불리지 않고, 상궁마마님으로 불린다. 그리고 품계도 꾸준
히 올라 대개 6품 벼슬 이상을 받고, 월봉도 많이 오르고, 거처도 따로 마
련된다. 거처에는 각심이와 침모針母가 한 명씩 배치되고, 친척 중에 적당
한 여자를 선택해 가정부처럼 부릴 수도 있다. 제조상궁과 같이 큰 상궁이
될 경우에는 각심이를 여러 명 거느리기도 하고, 비서격인 나인도 부릴 수
있다. 물론 그들이 사용하는 사람들의 보수는 나라에서 주는 것이다. 하지
만 생활비는 자기 월봉에서 부담한다.

   원칙적으로는 상궁이 되려면 궁중에서 30년을 생활해야 한다. 그야말로
'살아 있는 궁궐 귀신'이 되어야 상궁에 오르는 것이다. 하지만 권력을 등
에 업고 햇수를 채우지 않고 상궁이 되는 경우도 있었다. 궁녀들은 그런
상궁을 '입상궁'이라 불렀다. 즉, 말로만 상궁이지 실제는 나인에 불과하
다는 뜻이었다.

   상궁 중에는 특별상궁이라는 것도 있다. 임금으로부터 승은承恩을 입은
상궁을 지칭하는 것인데, 이에 관해선 따로 언급하겠다.

비자   비자婢子는 궁녀들의 하녀로서 심부름이나 각종 잡역을 맡은 여
         자들이다. 이들은 붙박이로 궁궐에 머무는 궁궐 노비라 할 수 있
는데, 관비 중에서 결혼하지 않은 여자들이 차출되었다. 이들은 일단 비자
로 들어오면 특별한 명에 의해 출궁되기 전에는 궁 밖에 나가 살 수 없다.
또 이들도 여관처럼 다른 남자와 결혼할 수 없다.

   비자 중에는 '글월비자'라는 것도 있는데, 이들은 궁녀들의 문안 편지
를 배달하고 받아오는 궁궐 우체부 역할을 했다.

14 1967년 영화 〈마지막 왕후 윤비〉 출연진과 낙선재에서 기념 촬영을 한 윤비의 세 상궁. 아랫줄 오른쪽이 조선의 마지막 상궁 성옥염 씨다.

15 정업원구기비. 정업원은 자식없는 후궁들이 만년을 보냈던 절이다. 이곳에선 후궁들을 따라가는 궁녀들도 함께 생활한다.

방자   방자房子는 각심이라고 불리고, 방아이라고도 불린다. 비자의
                일종이지만 엄밀한 의미에서는 비자와 전혀 다르다. 이들은
한 마디로 상궁의 살림집 가정부다. 상궁들은 궐내에 자기만의 처소를 가
지게 되는데, 자신이 직접 살림을 하는 것이 아니라 방자에게 모든 일을
시켰다. 물론 방자의 급료는 국가가 부담한다. 방자는 일반 비자와 달리
관비 출신이 아니다. 이들은 대개 여관들이 알음알이를 통해 친족이나 본
가의 이웃에서 데려온 여자들이다. 이들은 결혼 경력이 있는 경우가 대다
수다. 부엌일 경험이 풍부해야 하기 때문이다. 그러나 독신이어야 한다.

  방자 중에는 시간제로 부리는 반半방자가 있고, 붙박이로 부리는 온방
자가 있었다. 반방자와 온방자는 당연히 보수도 달랐다. 반방자 같은 경우
는 일종의 시간제 파출부라고 할 수 있고, 온방자는 아예 붙박이로 지내며
그곳에서 자고 먹는 식모 같은 것이었다.

무수리   무수리는 수사水賜라고도 하는데, 물 긷는 일이 주된 일이었기
                때문에 붙여진 이름이다. 그러나 이들이 반드시 물만 담당한 것
은 아니다. 아궁이에 불 때기나 그 외의 잡다한 막일도 그들의 몫이었다.

  궁중에는 우물이 전각 내부에 있는 것이 아니라 바깥에 있었기 때문에
사용할 물을 모두 길어서 날라야 했고, 그 힘든 일을 이들이 모두 도맡아
했던 것이다.

  그러나 이들 무수리들은 비자처럼 궁궐 안에서 생활하지 않았다. 이들
은 신분패를 차고 다니면서 궁궐을 출입하며 출퇴근을 했다. 물론 이들 중
에는 결혼하지 않은 어린 소녀도 있었는데, 나이가 차면 언제든지 결혼할
수 있었다. 이들의 신분은 천민일 수도 있고, 평민일 수도 있었다. 특별한
기준 없이 상궁들이 민간의 아낙 중에서 힘 좋고 일 잘하는 여자를 택했다.

이들의 출근 원칙에 대해 태종 14년 6월 8일의 기록에 보면 '궁중의 시녀 10여 명을 내보내고, 또 무수리들의 남편이 있고 없음을 따져 10일씩 입번入番하게 했다'는 기록이 있다. 즉, 남편이 있는 무수리와 없는 무수리로 나눠서 10일씩 일하도록 했던 것이다.

그런데 『경국대전』에 보면 출궁된 무수리도 관리와 결혼할 수 없다고 한 것으로 보면, 어린 시절에 궁궐에 들어와 비자처럼 궁궐에서만 생활한 무수리도 있었던 모양이다. 이들은 아마도 신분은 무수리지만 비자로 인식되어 출궁 후 일반 궁녀들처럼 결혼하지 못했던 것 같다. 영조의 어머니 숙빈 최씨는 아마도 이런 종류의 무수리였을 것이다.

四. 여관의 소임과 직분에 따른 호칭

여관의 조직과
소임

여관의 조직은 근본적으로 왕과 왕실 사람들의 생활을 보조하는 차원에서 형성된 것이기에 그 취지에 맞게 구성되었다. 모두 일곱 부서로 이뤄졌으며, 각 부서는 철저히 기능과 역할에 충실하도록 짜여 있다. 일곱 부서를 나열하자면 지밀至密, 침방鍼房, 수방繡房, 세수간洗手間, 생과방生果房, 소주방燒廚房, 세답방洗踏房 등이다.

지밀은 지극히 비밀스럽다는 이름 뜻 그대로 궁궐의 가장 비밀스런 일들을 담당한다. 성생활을 비롯하여 왕과 왕비의 신변 보호나 의식주와 관련된 일체의 일들이 지밀과 관계되어 있다. 지밀은 이런 일들을 수행하기 위해 내시부의 환관, 내의원의 어의, 소주방의 음식 담당자, 사옹원의 음식 재료 담당자들과 긴밀히 협조한다.

지밀의 또다른 임무는 궁중의 가례, 제례, 혼사, 각종 잔치를 준비하고 시위하는 것이다. 궁중 가례 때에는 행사를 진행하는 진행 요원의 역할을 한다. 이를테면 세자빈이 조견례(朝見禮 : 폐백)를 올릴 경우 절하는 것을 돕는 단순한 수모 역할뿐만 아니라 절의 구령을 하고 왕이나 왕비, 왕대비의 교명敎命을 낭독하는 일까지 맡아 했다.

지밀이 이렇듯 왕과 왕비의 일상사와 관련된 가장 중요한 일을 하는 만큼 지밀 궁녀들은 특별히 출신이 좋아야 한다. 승은을 입어 후궁이 될 가능성 또한 매우 높았기 때문에 그들을 뽑을 때는 출신을 매우 중요하게 여겼다. 가급적이면 지밀의 궁녀들은 중인 계층에서 뽑는 것이 관례였다.

침방은 바늘로 하는 모든 일들, 즉 왕과 왕비는 물론이고 궁궐에서 쓰이는 모든 옷을 만드는 역할을 한다.

수방은 옷에 수를 놓거나 장식물을 다는 임무를 띠고 있다.

세수간은 세숫물과 목욕물을 담당한다. 옻칠을 한 커다란 함지에 따뜻

16 황후의 가례 때에 황후가 탄 연(輦, 가마) 앞 뒤로 궁녀들이 시위한다. 이 사진은 순종의 황후 윤비의 가례 때에 가마 앞쪽에서 상궁들이 시위하는 장면이다.

한 물을 담고, 함지를 씻고, 목욕을 시키는 역할도 이곳 궁녀들의 몫이다. 내전을 청소하고 지(요강)나, 매우틀(대변기), 타구와 관련된 일들도 모두 이들이 한다. 왕비가 나들이 할 때 가마 옆에 서서 시위하는 역할도 이들의 중요 임무 중 하나다.

생과방은 식사 이외의 음료수나 다과를 준비하는 곳이다. 식혜, 다식, 떡, 각종 죽 등도 여기서 만든다.

소주방은 음식을 담당하는 곳이다. 소주방은 안소주방과 밖소주방으로 나뉜다. 안소주방은 수라를 담당하는 곳이라 흔히 수라간이라고도 한다. 이곳선 주식에 올라가는 각종 반찬류를 만든다. 밖소주방은 각종 잔칫상이나 제사상에 올리는 음식을 만드는 곳이다. 궁궐에는 이틀이 멀다하고 잔치나 제사가 있기 때문에 이곳 궁녀들은 몹시 분주할 수밖에 없다.

세답방은 한 마디로 빨래방이다. 그렇다고 단순히 빨래만 하는 것은 아니다. 이곳의 일에는 세탁, 다듬이질, 다리미질, 염색 등이 포함된다.

이 일곱 부서 외에도 복이처僕伊處와 퇴선간退膳間이 있다.

복이처는 아궁이를 담당하는 곳으로 침실에 불을 때는 것이 임무다. 그 외에도 내전에 등불을 밝히는 것도 이들의 몫이다. 복이처는 세답방에 예속되어 있었으므로 별도의 부서라고 말하기는 곤란하다. 하지만 이곳의 임무가 세답방과는 전혀 다르므로 다소 독립적인 기능을 하는 것이다.

17 조선 왕가를 위해 한평생 음식 수발 등을 하며 왕족을 뒷바라지해 온 마지막 궁중요리사 조충희(91세) 여사. 현재 경기도 남양주시에 살고 있다.

퇴선간은 일종의 중간 부엌으로 원래 기능은 수라상을 물리는 곳이다. 그런데 소주방과 대전이 너무 멀기 때문에 소주방에서 준비한 음식이 대전에 도착하면 식어버리기 십상이다. 그래서 퇴선간에서는 음식을 살짝 한 번 더 데우게 된다. 또 임금의 수라(밥)도 이곳에서 짓는다. 다 먹은 수라상을 퇴선(退膳 : 음식을 물리다)하여 설거지하는 곳이 이곳이다. 이 퇴선간은 지밀에 예속되어 있다. 수라상의 관장은 근본적으로 지밀에서 하도록 되어 있기 때문이다.

이런 일곱 부서는 대전, 중전, 대비전, 동궁전에 모두 있다. 또 빈 이하의 후궁전에도 규모는 작지만 비슷한 형태로 궁녀들이 배치되어 있다.

여관의 직위 및 직분   이렇게 전각별로 기능적인 조직을 갖고 있는 여관들은 크게 상궁과 나인으로 나뉜다. 하지만 상궁과 나인이라고 해서 다 같은 것은 아니다. 특히 상궁들은 직위가 뚜렷하고, 직위 자체가 서열이 되는 경향이 있었다. 품계보다는 서열을 중시하는 것이 궁녀 조직의 가장 큰 특징이다. 직위를 갖는 상궁들은 모두 정5품으로 제조상궁, 부제조상궁, 지밀상궁, 감찰상궁, 보모상궁, 시녀상궁 등으로 불린다. 이들은 모두 보직을 가진 상궁으로서 여관 조직의 핵심적인 인물들이다.

상궁의 가장 우두머리는 제조提調상궁이다. 제조상궁은 큰방상궁이라고도 불리며, 여관 조직의 제조로서 700백여 명에 이르는 궁녀들을 지휘하고 통솔한다. 또한 대전의 어명을 받들고, 내전에서 일어나는 모든 대소사를 주관하는 것이 그녀의 임무다. 비록 여관이지만 제조상궁은 여관들의 재상이라 할 만큼 대단한 위엄을 갖춘다. 실제 조정의 재상들조차 허술하게 대했다가는 그만한 대가를 치러야 하는 위풍당당한 존재다. 그런 까닭에 일반 나인들은 함부로 근처에 갈 수도 없으며, 조정의 고위 관직에 있는 사람들도 가급적 친분을 쌓아 그녀와 잘 지내려고 노력했다. 때로는 재상들이 제조상궁과 의남매를 맺기도 했을 정도였다고 하니, 그녀의 위세가 얼마나 대단했는지 알 만하다.

제조상궁 바로 아랫자리에 부제조상궁이 있다. 여관 중에 서열 2위인 그녀는 아랫고(阿里庫:아리고)상궁이라고 불리기도 한다. 아랫고란 하고(下庫), 즉 내전 창고를 의미한다. 내전 창고에는 왕의 사유재산 범주에 드는 각종 보물 및 귀중품들이 보관되는데, 아랫고 상궁은 이곳의 물품 출납을 책임진다.

서열 3위는 지밀상궁이다. 지밀상궁은 대명待命상궁이라고도 하는데, 항상 왕을 그림자처럼 수행하며 늘 어명을 기다리는 처지이기에 붙여진 호칭이다.

감찰상궁은 궁녀들의 행동을 감찰하고 평가하는 임무를 맡고 있다. 그들의 감찰 대상은 주로 일반상궁과 나인 및 견습나인들이다. 나인들이 잘못을 저지르거나 법도에 어긋난 행동을 했을 때 형벌을 가하는 것도 감찰상궁의 소관이다. 감찰상궁은 가볍게는 종아리형에서 크게는 유배형까지 내릴 수 있었다. 일반 나인들에게는 가장 무서운 존재가 아닐 수 없다.

보모상궁은 왕자녀의 보모 노릇을 하는 상궁이다. 동궁에게는 두 명의 보모상궁이 있고, 나머지 왕자녀에게는 한 명씩 붙여진다.

시녀상궁은 지밀에 속하는 상궁으로서 서적이나 문서에 관계된 일을 맡고 있으며, 세자나 세자빈을 시위하는 일도 한다. 또 종실이나 외척의 집에 내리는 하사품을 전달하거나 왕비나 왕대비의 친정집에 특사로 가기도 한다. 흔히 어명을 받고 행차하는 봉명奉命상궁도 대개 시녀상궁이 맡는다.

특별한 보직을 맡지 못한 상궁들을 흔히 일반상궁이라고 한다. 이들은 각 처소에 배치되어 나인들을 통솔하고 보직 상궁들의 지시를 받아 업무를 처리한다. 보직을 가진 상궁들은 대개 5품 벼슬을 받은 고참 상궁들이지만, 일반상궁은 그 아래 6품 벼슬을 받은 상궁들이다. 나인들은 이들을 그저 '마마님'이라고만 부른다.

이들 외에 특별상궁이라는 것이 있다. 다른 말로 승은상궁이라고 하는데, 말 그대로 임금의 승은을 입은 궁녀를 가리킨다. 이들 특별상궁이 아이를 낳으면 대개는 후궁의 작위를 받는다. 하지만 특별상궁은 보직은 아니다. 근본적으로 일반 여관에게는 업무와 직위가 주어지지만 후궁에게는 특별한 업무가 주어지지 않는다. 특별상궁은 아무 업무도 하지 않기 때문에 상궁이긴 하지만 후궁으로 취급하는 게 옳다.

상궁은 이렇듯 5품과 6품으로 이뤄져 있고, 그 아래 나인들은 7품, 8품, 9품 등으로 이뤄져 있다. 일반적으로 품계는 나인이 된 순서에 따라 주어지는데, 위계질서는 품계보다 서열 위주로 이뤄진다. 간혹 권력을 등에 업은 채 서열을 깨고 선배보다 먼저 상궁이 되는 경우도 있지만, 여관들 사회에서는 그런 상궁을 입상궁이라 하여 그다지 대우하지 않는다.

내명부 품계에 따른 직책 명칭은 크게 상尙, 전典, 주奏 세 가지로 구분된다. 상은 5품과 6품들의 직책에 붙고, 전은 7, 8품에 붙으며, 주는 9품에만 붙는다. 대개 5, 6품의 직책을 가진 여관들을 통칭하여 상궁이라 하고, 그 아래 7, 8, 9품의 직책을 가진 여관들을 나인이라 한다.

상궁의 직제와 임무

직제	임무
제조상궁 (큰방상궁)	궁녀의 수령격, 대전의 어명을 전달, 내전의 대소 재산관리
부제조상궁 (아리고상궁)	내전의 물품관리 - 은그릇·옷감·세간 등의 출납
지밀상궁	왕의 시위를 맡음. 지밀로 근무하며 왕의 측근에서 잠시도 떠나지 않는다.
보모상궁	왕자녀의 양육을 맡은 총책임자. 동궁에는 2명, 기타는 1명씩임.
시녀상궁	지밀 중에서 서적과 문서관리, 의식 때 문서의 낭독 및 정서, 연회 때 웃전을 시위하고 앞에서 전도하는 일, 각종 식, 외척의 집에 내리는 하사품에 관한 업무 관장, 왕비와 왕대비의 특사
감찰상궁	궁녀들의 감시역, 상벌의 자료조사
일반상궁	나인을 총괄하고 그 처소 소관의 모든 업무에 관한 책임을 진다.
특별상궁	사실상 왕의 후궁으로 자녀를 낳지 못한 사람. 특별한 일이 없이 왕의 곁에서 시위하는 직분, 입궁연조와는 관계없이 20대에도 상궁이 될 수 있다.

五 . 여관의 선발과 교육

조선이 건국될 당시에는 궁궐에 여관이 몇 명 없었다. 정종 원년 5월 1일에 문하부에서 올린 시무 10개조에 보면 여관이 9명이었던 것으로 나와 있다. 당시 문하부는 이들이 하는 일 없이 앉아서 녹봉만 받아먹는다며 비판하고 있다.

여관 제도를 확립한 왕은 태종이다. 태종은 재위 5년 1월 15일에 태조 대 이후로 꾸준히 추진되던 여관 제도를 확립했다. 그러자 그 해 3월 16일에 사간원에서 상소문을 올려 여관을 혁파해야 한다고 강력하게 주장했다. 사간원은 궁녀 제도는 존속시키되 벼슬을 얻어 녹봉을 타는 여관은 없애자고 주장했다. 그녀들에게 굳이 녹봉을 주지 않아도 궁녀 제도 자체의 유지에는 문제가 없다는 의견을 부가했다.

사간원의 주장은 당시 국가 재정 상태가 매우 좋지 않았던 것을 고려한다면 국가의 재정을 조금이라도 아끼자는 취지로 이해할 수 있다. 태종도 그 취지를 이해하고 일단은 사간원의 의견을 수용했다. 하지만 여관 제도를 혁파하지는 않았다. 여관 제도는 태종이 필요성을 느껴 어렵게 만든 것이었다. 여관의 범주에는 일반 궁녀뿐 아니라 후궁들도 포함됐는데, 이들 후궁들에게 녹봉을 내리지 않으면 왕실의 권위가 설 수 없다는 것이 태종의 판단이었다. 또한 왕실이 궁궐 생활을 유지하기 위해서는 수백 명의 궁녀들이 필요한데, 그들을 효과적으로 지휘하고 통솔하지 않으면 왕실의 권위도 세울 수 없고, 왕과 왕비의 목숨도 위태로워질 수 있었다. 하지만 궁궐의 법도를 전혀 모르는 후궁들에게 궁녀들의 관리 감독을 맡길 수는 없는 일이었다. 태종이 여관 제도를 혁파하지 못한 이면에는 그런 고민들이 있었던 것이다.

여관 제도를 확립한 태종은 필시 여관으로 충당할 인력을 뽑았을 터인데, 그에 대한 구체적인 기록은 거의 없다. 다만 태종 2년에 김주의 서녀 관음을 궁녀로 뽑았다가 입궁한 지 5개월만에 기생의 딸인 것이 밝혀져 다시 내보냈다는 기록이 있다. 조선 왕조가 여관 제도를 처음 마련한 것이 태조 6년인 것을 감안하면 이때 뽑은 궁녀는 필시 여관을 양성하기 위한 궁녀 후보생들이었을 것이다.

당시 궁녀로 들어왔던 관음이라는 소녀는 열 살이었다. 관음과 함께 몇 명의 아이들이 예비 여관으로 선택됐는지는 알 수 없으나 태조와 정종 시절의 여관들은 모두 고려왕조 때 입궐한 궁녀들이었던 점을 감안하면, 태종 즉위 초에 뽑았던 어린 여관 예비생들의 숫자는 꽤 많았을 것으로 추정된다. 또 관음이 기생 소생인 까닭에 궁궐에서 내쫓겼다는 사실에서 알 수 있듯이 여관 예비생으로 뽑힌 아이들은 적어도 천민 출신은 아니고, 양반의 서녀라도 어미가 평민 출신이거나 부모가 모두 평민 이상의 신분이었을 것으로 짐작할 수 있다.

태종 이후 다시 여관의 선발 흔적이 나타난 시기는 세종 시절이다. 세종 23년 10월의 기록에 보면 세종이 처녀 30명을 사정전에 모아놓고 친히 뽑았다는 기록이 있다. 이들 30명 중 14명이 1차로 통과되었고, 그 중에 다시 10명이 선택되었다.

하지만 이 기록이 여관 선발에 대한 내용인지는 분명치 않다. 여관은 대개 환관이 뽑는 것이 원칙인데, 왕이 직접 뽑았다는 사실이 납득할 수 없는 부분이다. 더구나 여관은 어린 나이에 궁궐에 들여 예규를 가르치는 것이 관례인데, 이 기록에서는 처녀들을 뽑았다고 했다.

어쩌면 이것은 왕자를 결혼시키기 위한 세종의 며느리 간택에 관한 기록일 가능성이 높다. 세종은 재위 21년에 의창군을 장가 보낼 때 초간택 후보를 26명 뽑았고, 재간택에 11명 뽑았다. 이후 3명에서 5명 정도를 삼간택하여 며느릿감을 선택했다. 물론 이때 세종은 자신이 직접 나섰다.

세종의 이런 행동은 조선 왕실의 삼간택 제도를 확립시키는 계기가 되기도 했다.

며느릿감 간택 이외에도 왕이 직접 양가의 처녀들을 뽑은 경우가 또 있다. 당시 명나라에서는 궁녀로 만들 공녀를 요구해 왔고, 그 때문에 태종과 세종 때에 누차에 걸쳐 처녀들을 뽑아 명나라에 보낸 일이 있다.

명나라에서 공녀를 요구하자, 태종 8년(1408) 4월 16일에 나라에서 진헌색을 설치하여 처녀들을 뽑았다. 대상은 13세에서 25세 사이의 양가良家의 처녀였다. 명나라에서는 되도록 양반의 딸을 원했다. 이렇게 되자 민가에서는 딸들을 서둘러 결혼시키는 소동이 일어났고, 조정에서는 즉시 금혼령을 내렸다.

공녀는 명나라 사신으로 온 환관 황엄이 직접 뽑았고, 태종도 가끔 처녀들을 뽑는 자리에 함께 나갔다.

그해 5월 11일에 한양에서 73명이 선발됐는데, 황엄은 그 중에서 인물이 출중하고 가문이 좋은 처녀 7명을 뽑았다. 그 후 다시 80명을 뽑아 8월 19일에 7명을 선택하고, 9월 13일에는 50명, 10월 6일에는 44명을 뽑았다. 그리고 10월 11일에 2차로 뽑힌 처녀들 중에서 최종 간택하여 5명이 선발되었다. 이듬해 명나라에서 진헌 처녀 1명을 더 요구해 다시 진헌색을 차리고 1명을 뽑아 보냈다. 공녀로 뽑힌 6명은 모두 양반집 딸이었다. 그리고 딸을 진헌한 사람들은 딸과 함께 명나라로 가서 관작을 받았다.

명나라에 바칠 6명의 처녀를 뽑기 위해 전국에서 뽑혀온 처녀는 1000명이 훨씬 넘었다. 하지만 집으로 돌아간 1000여 명의 처녀 중에서 19세 이하의 처녀들에게는 혼인을 허락하지 않았다. 당시 일반적인 결혼 연령이 18세 전후였던 점을 감안하면 전국에서 뽑혀온 처녀들은 대부분 20세 이하였을 것이다. 그렇다면 일단 선발됐던 처녀들은 거의 혼인이 금지된 셈이다. 특히 최종 선발 대상으로 올랐지만 진헌녀가 되지 못했던 27명에 대해서는 절대 혼인하지 못하도록 하라고 황엄이 태종에게 신신당부했다. 태종은 이에 대해 그들을 무조건 혼인하지 못하도록 할 수 없다며 기한을 정해달라고 했다. 황엄은 인편을 통해 기한을 알려주겠다고 하면서 어쨌든 그들은 시집가지 못하게 하라고 못박았다. 이후에 다시 진헌녀를 뽑을 때 그들 27명이 우선적으로 선발될 수 있을 것이라는 뜻이었다.

진헌녀 간택은 그 이후에도 태종 17년, 세종 6년, 세종 8년, 세종 9년 등 네 차례 더 있었다. 다행히 세종 이후에는 명나라에서 더 이상 공녀를 요구하지 않았다.

공녀 간택은 전국에서 동시 다발적으로 이뤄졌고, 공녀 간택이 있을 때마다 민가에서는 한바탕 난리를 치러야 했다. 공녀로 간택된 여자들은 명나라 궁녀로 살다가 황제가 죽으면 함께 순장되는 것이 관례였기에 간택 자체가 곧 죽음이라는 인식이 확산되어 있었고, 그 때문에 민가에서는 어떻게 해서든 간택에서 빠지기 위해 안간힘을 썼던 것이다.

비록 공녀 간택에는 미치지 못하지만 궁녀 선발도 딸 가진 부모들을 불안에 떨게 하긴 마찬가지였다. 공녀나 궁녀나 어차피 궁궐 귀신이 될 것이 뻔하기에 민가에서는 어떻게 해서든 궁녀 차출을 피하고자 했다. 그러나 나라에서 강제로 하는 일인 만큼 쉽게 피할 수 있는 일도 아니었다.

효종 4년 9월 24일의 다음 기록은 궁녀 차출에 대한 조선 백성들의 감정을 잘 드러내주고 있다.

내수사에 명하여 양가의 딸을 뽑아들여 궁녀로 삼게 하였다. 이에 내수사 사람이 여러 날 동안 민간에서 차출하려 했으나 마을이 소란에 휩싸였고, 10세 이상인 자들은 앞다투어 시집을 가서 차출을 피하였다. 국법으로는 으레 궁인은 각사의 종들 중에서 뽑았는데, 이제 도리어 양민을 침범하고 환관들을 시켜 뽑게 하니, 듣는 자들이 속으로 개탄하였다.

이 기록은 궁녀 선발과 관련하여 세 가지 정도의 단서를 제공하고 있다. 국법상으로는 여관의 원래 신분이 천인이라는 점, 하지만 왕실에서는 되도록 양인 출신을 여관으로 차출하려 했다는 것, 그리고 궁녀 선발을 맡은 기관이 내수사라는 점 등이 그것이다.

내수사는 궁궐에 소용되는 물품을 관리하는 기관으로 소속 관원은 대부분 환관이다. 이는 궁녀 선발에 관한 업무는 환관 집단인 내시부 소관이었다는 것을 말해준다. 하지만 궁녀를 선발한다는 소문이 퍼지면 나이 어린 소녀들을 시집 보냈다는 사실에 근거할 때, 궁녀 차출과 관련하여 국가 차원에서 금혼령을 내리지는 않았던 모양이다.

조선왕조는 원래 12세 이하의 어린 소녀는 혼인할 수 없도록 법으로 정해놓고 있었다. 이 법은 세종 6년 9월 25일에 만들어진 것인데, 명나라에 보내는 공녀 문제로 민가에서 10세 이하의 어린 나이에 조혼하는 풍조가 생긴 까닭이다. 그럼에도 백성들은 궁녀나 공녀로 차출되는 것을 싫어하여 10살만 넘으면 앞다투어 결혼을 시켰던 것이다.

이렇게 되자, 왕실에서는 궁녀들을 아주 어린 나이에 차출했다. 심지어는 3살 정도의 젖먹이까지 차출하여 궁으로 들여왔던 것이다. 조선 말기에 지밀상궁을 지낸 여자들은 거의 한결같이 4, 5세에 입궁하였고, 지밀이 아닌 궁녀들도 대부분 7세 이전에 입궁했던 사실에서 이는 확인된다.

여관 차출 대상이 국법상으로는 천민이었다고 하지만, 사실 이것은 거의 지켜지지 않았다. 앞에 언급한 태종 대의 관음이라는 궁녀는 10살에 궁으로 들어갔다가 어머니가 기생 출신이라 하여 쫓겨났다. 이는 천민뿐 아니라 서녀도 궁녀가 될 수 없었음을 의미한다.

여관을 천민이 아닌 양인에게서 뽑는 관습은 후대에까지 이어진다. 영조 3년 3월 3일의 기록에도 '양가의 딸들을 뽑아 궁중으로 들여오게 될 것'이라는 말이 돌자 항간의 여염에서 크게 두려워하여 뇌물을 바치고 모면하려는 폐단이 있다'는 내용이 있다. 말하자면 여관들을 양민 중에서 뽑는 전통은 조선 건국 초부터 말기까지 이어졌다는 것이다.

조선 말기에 상궁으로 있다가 최근까지 살아 있던 궁녀들의 말도 이를 증명한다. 그들의 말에 따르면 여관 중에 지밀이나 침방, 수방의 궁녀들은 대부분 중인 출신이었다고 한다. 거기다 궁녀들 중에는 한 집안에서 계속 대를 이어 궁녀가 되는 관습도 있었다고 한다. 조선 말에 고종을 모셨던 조상궁이란 여관은 대대로 지밀상궁을 지낸 집안 출신이었다. 여관들은 자녀가 없는 까닭에 자신의 오라비나 남동생의 딸을 궁녀로 들여 자리를 세습하기도 했다는 것이다. 이는 마치 환관들이 자기 집안에서 양자를 들여 환관직을 세습했던 것과 흡사하다.

이런 사실은 궁녀의 선발 방식이 차출에만 의존하지 않았다는 것을 알려주고 있다. 궁녀 중에 상당수는 차출이 아니라 추천에 의해 선발됐다는 것인데, 영조 5년 9월 27일의 다음 기록은 그 점을 증명하고 있다.

지난해에 양민을 궁녀로 추천했었기에 그 사람을 정배하도록 했었는데, 그 버릇을 고치지 않고 양반의 서녀를 추천하여 궁녀로 삼도록 청탁한 자가 있다. 궁녀로 추천된 이는 죽은 부사 김하정의 서녀이자 지금의 첨사 김주정의 서질이다. 이 여자를 추천한 사람을 내수사에 물어보아 정배하도록 하라.

이 기록에는 분명 궁녀를 추천한다고 씌어 있다.

그런데 이상한 것은 이 글에서는 양민을 궁녀로 추천하는 것이 금지되어 있다는 사실이다. 고종 때 상궁을 지낸 궁인들의 말을 따르면 궁녀의 대다수가 양인이었다고 하는데, 이게 어떻게 된 노릇일까?

영조 행장에도 보면 민진원이 영조에게 올린 글에 이런 내용이 나온다.

궁인은 반드시 내비內婢에서 뽑고, 양가良家의 딸을 침범하지 않는 것이 선조의 덕스러운 정치였습니다. 지금 자주 양가를 침범한다고 하니, 정말 안 될 일입니다.

같은 영조 대의 기록인데, 내용은 판이하다. 한 곳에서는 양가의 딸을 궁녀로 추천했다고 하여 유배 조치하라고 명하고 있고, 다른 한 곳에서는 그런 일이 허다하다고 말하고 있다. 또 실제 궁녀 출신들의 증언은 궁녀의 대부분이 양인 출신이고, 지밀 등 중요 궁인은 거의 중인 출신이었다고 한다.

이런 말들을 종합해보면 법적으로는 각 관사의 여비들을 궁인으로 선발하도록 되어 있으나, 왕실에서는 양인 출신을 원했다는 것을 알 수 있다. 백성들이 딸을 궁녀로 내놓는 것을 싫어하자, 강제로 차출했을 터이고, 차출된 양인들 중에는 양반 출신도 꽤 있었을 법하다. 이는 명나라 공녀 간택 과정에서 양반들이 모두 양인으로 표현되고 있는 것을 통해 확인할 수 있다. 특히 여관 중에서 지밀이나 수방, 침방 등 비교적 중책을 맡는 여관들은 대부분 양인 출신이었는데, 차출보다는 추천에 의해 궁에 들어왔을 가능성이 크다.

그렇다면 여관 후보생들은 궁에 들어온 뒤에 어떤 교육 과정을 거쳐 여관으로 성장했던 것일까? 『경국대전』 「내명부」편에는 이에 대해 어떤 언급도 없다. 실록에서도 여관의 교육에 대해 따로 언급하고 있지 않다. 여관을 위한 별도의 교육 기관이 설치되어 있지 않았다는 의미가 된다.

여관들의 교육은 특별한 교육 기관에 의해 이뤄졌던 것이 아니라 철저한 도제식 교육에 의존하고 있었다. 여관 후보생인 어린 궁녀들은 입궁과 동시에 상궁들에게 배당되어 도제식으로 교육받았다. 그것도 몇 년 정도가 아니라 정식 나인이 될 때까지 무려 15년 동안 지속되었다.

어린 후보생들은 자신을 맡은 상궁을 스승으로 삼고 간단한 학문과 서예

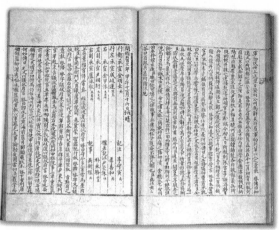

18 왼쪽의 편지는 헌종의 어머니 조대비가 시누이인 덕온공주의 며느리에게 보낸 것인데, 당시의 궁녀였던 나인 이씨가 대필했다. 우아한 궁체가 돋보인다. 오른쪽 사진은 궁내부 일기.

등을 익힌다. 스승 상궁은 가장 먼저 훈민정음을 가르치고, 이어서 소학, 열녀전, 규범閨範, 내훈 등을 잇따라 가르친다. 후보생들은 여기에다 흔히 궁체로 불리는 서예를 익혀야 하고 여관으로서 지켜야 할 예절을 배운다.

그러나 후보생들에게 더욱 더 중요한 수업은 자기가 소속된 부서의 일을 익히는 것이다. 여관은 일단 한번 예속된 부서에서 평생 근무해야 하기 때문에 소속 부서의 일은 평생의 과업이 되는 까닭이다.

예컨대 후보생이 침방에 소속되었다면 처음에는 정식 궁녀들의 잔일을 도우며 심부름꾼 노릇을 하다가 어느 순간부터 보조공으로서 실패를 감고, 인두를 건네주고, 바늘 쌈지를 챙기는 일을 하게 된다. 그리고 시간이 흐르면서 감침질, 박음질, 상침 등의 바느질 법을 익혀나가고, 조금 더 익숙해지면 옷을 재단하고 만드는 일을 하게 된다.

또 소속된 부서가 내소주방이라면, 처음에는 설거지를 돕거나 각종 채소의 이름을 익히거나 곡식이나 간장, 고추장, 된장 등의 종류를 익히는 일을 한다. 그런 다음 채소를 다듬거나 그릇을 날라다주는 보조 역할을 시작하게 되고, 불을 조절하고, 음식을 버무리고, 간을 맞추는 연습을 하게 된다. 동시에 수라상에 올라가는 12가지 반찬에 대해 배우고, 수저 놓는 법이며, 밥을 담는 법이며, 그릇을 놓는 위치를 배우게 된다. 그 외에도 각종 요리를 익히고, 그 요리의 특징과 맛을 익혀 언제 어떻게 만들어야 하는지도 배우게 될 것이다.

　나머지 부서들도 자기 부서의 고유한 업무에 맞게 후보생들을 철저히 교육시킨다. 이런 과정은 1, 2년의 수련을 통해 끝나는 것이 아니다. 15년의 수련생 과정을 거쳤다 해도 완성될 수 없는 고도의 기술과 경험이 필요하다. 따라서 후보생 시절이 끝난 뒤에도 자기 업무에 관한 수련은 계속될 수밖에 없다. 그런 의미에서 본다면 여관의 교육은 입궁한 그날부터 병마와 노쇠로 인해 업무를 수행할 수 없어 출궁할 때까지 계속된다고 해야 할 것이다.

六 . 궁녀의 복장과 머리 모양

궁녀의 복장   궁녀의 복장은 신분이나 품계, 연령에 따라 조금씩 다르고 머리 모양이나 옷의 재질, 색깔, 신 등에도 차이가 있다.
견습나인들 중에 가장 어린 나이에 속하는 생각시들은 거의 옷에 구애받지 않는다. 이들 생각시들은 노랑 저고리에 다홍 치마를 입기도 하고, 분홍이나 자주 치마에 옥색 저고리를 입기도 했다. 다만 머리만은 생을 한 것이 가장 큰 특징이다.

생각시는 지밀, 침방, 수방의 견습나인들만을 지칭하는 것인데, 다른 부서의 견습나인들도 옷을 입는 것에는 큰 제한이 없었다. 그리고 생각시를 제외한 다른 견습나인들은 머리를 하나로 땋은 댕기머리였다.

하지만 고종이 황제로 등극한 1897년 이후 비빈妃嬪들이 자주나 다홍 치마에 노랑 저고리를 입으면서 부터 견습나인들의 옷 색깔도 따로 지정되었다. 원래 궁녀들은 비빈들과 같은 색깔은 입지 못하게 되어 있었기 때문이다. 그래서 이때부터 남색 혹은 연두색 저고리에 진분홍 치마를 입든지, 분홍색 저고리에 남색 치마만 입도록 했다.

비빈들의 옷 색깔 이외에도 궁녀들이 입지 못하는 색깔이 있었다. 하양, 검정, 옅은 옥색 저고리는 금지되고 있었다. 하양이나 검정은 원래 상복에 해당되기에 평복으로는 입지 못했고, 옅은 옥색도 기복忌服으로 쓰였던 까닭에 입지 못했다.

견습나인 시절을 끝내고 관례를 올린 후 정식나인이 되면 옷을 입는 데 있어서도 뚜렷한 구분이 생긴다. 근무 복장과 평상복이 다른 것이다. 또 근무 중이라 하더라도 아침 식전과 오후 4시 이후의 복장이 다르다.

나인은 정장으로 남색 치마에 옥색 저고리를 입고, 그 위에 당의처럼 긴 초록색 곁마기(肩莫衣 : 견막의)를 입는다. 이 옷을 견막의라고 부르는 것은 당의가 겨드랑이까지 타져 있는 것에 비해 이 옷은 겨드랑이 밑을 봉한 것에서 비롯됐다.

아침 식전에는 이런 정장을 하고 있다가 오후 4시 이후에 올라갈 때는 다른 옷을 입었다. 이때는 밤을 새러 올라가기 때문에 곁마기를 입지 않고 그냥 저고리를 입었다. 대개 이때는 분홍 치마에 노랑 저고리나 연두색 저고리를 입었다. 하지만 고종이 황제가 된 뒤로 황제와 황후가 노랑을 입으면서 남치마와 옥색 저고리만 입게 되었다. 오후에 당번을 설 때 저고리만 입는 것은 약식이다. 야간 근무시에는 잠도 자기 때문에 간편하게 입는 것이다.

지밀나인의 경우에는 당번으로 침전에 올라갈 때에는 머리 모양도 달라진다. 아침 식전에 올라갈 때는 정식인 어여머리를 하지만 오후 3시 이후에 당번을 설 때는 비녀를 꽂은 조짐머리를 한다. 번을 서지 않고 자기 처소에서 쉴 때는 평복을 입는다. 비빈의 색깔이나 상복, 기복이 아니라면 색깔의 구애도 받지 않는다.

상궁의 복장도 근복적으로는 나인과 다르지 않다. 다만 나인의 끝동이 자주색인 데 비해 상궁은 남색을 썼다. 원래 나이가 40이 넘으면 옥색 저고리에 남색 끝동을 달고 옷고름만 자주색을 하는 것이 원칙이었기 때문이다. 회장(回裝 : 여자의 저고리 깃이나 끝동, 또는 겨드랑이에 대는 빛깔 있는 헝겊의 꾸밈새)도 나인들은 3회장을 하지만, 40세가 넘은 상궁들은 2회장을 하는 것이 보통이다.

궁녀들의 치마폭은 일반 민간의 치마폭보다 넓다. 민간에선 대개 세 폭 치마를 입지만 궁녀들은 네 폭 치마를 입었다. 그리고 궁녀들의 머리 모양인 조짐머리(소라딱지 모양으로 틀어만든 머리)나 또야머리(내외명부가 첩지할 때 똬리처럼 트는 머리)에는 장식품인 첩지를 꽂는데, 이것의 모양이 흡사 개구리 같다 하여 일반 나인들을 '개구리첩지나인'이라고 했다고 한

19 한말 상궁들. 보기 드물게 네 상궁이 함께 궁궐 계단을 내려오는 모습을 찍은 것이다. 이들의 당당한 표정과 활기찬 걸음걸이에서 상궁의 내적 자부심을 읽어낼 수 있다.

다. 이때 첩지의 재료는 대개 은이었다. 금은 비빈의 첩지 재료였기에 궁녀들은 쓸 수 없었다.

궁녀들의 신은 홍색과 청색이었는데, 홍색은 젊은 궁녀들이 신고, 청색은 중년 이상의 궁녀들이 신었다. 따라서 홍색보다는 청색 신이 더 고급 제품이었다. 홍색 신이 대개 소가죽으로 안감을 대고 홍색 천으로 겉을 댄 것에 비해 청색 신은 녹피 같은 고급 가죽으로 안감을 대고 비단을 겉에 댄 것이다. 이 청색 신을 청옥당혜靑玉唐鞋라 불렀다.

상궁이나 나인으로 구분되는 여관이 아닌 궁의 천비인 비자나 방자, 무수리의 옷은 확연히 구분되었다.

무수리들은 검푸른 물을 들인 무명옷을 아래 위 똑같은 색으로 입었다. 그리고 머리는 방석처럼 둥글게 틀어 올리고 치마 중간에는 같은 무명으로 널찍한 허리띠를 매며, 앞에는 패를 차고 다녔다. 이 패는 궁궐을 무상 출입할 수 있는 신분증이었다. 이들은 또 유달리 긴 저고리를 입는 것이 특징이었다. 긴 저고리를 입는 것은 머슴들처럼 일을 많이 하기 때문에 자칫 속살이 보일까봐 염려한 까닭이다.

비자들도 무수리와 같은 옷을 입었다. 하지만 비자들은 궁궐 안에서만 살기 때문에 패를 달고 다니지는 않았다. 다만 문안편지를 맡은 우체부격인 빗장나인의 비자들은 패를 달고 다녔다.

상궁들의 식모격인 방자들은 여염집 아낙과 같은 복장을 했다. 비빈들이 입는 복장이나 상복, 기복을 제외하고는 어느 색깔이나 입을 수 있었고, 머리는 쪽을 지었다.

궁녀의
머리 모양

쪽머리_조선시대의 혼인한 여성들의 머리 모양이다. 하지만 이 머리 모양이 처음부터 혼인한 여성들만 하던 것은 아니었다. 쪽머리를 다른 이름으로 '낭자娘子머리' 라고도 하는데, 이는 쪽머리가 혼인 여부와 관계없이 여성들의 일반적인 머리 모양이었음을 의미한다.

쪽머리를 만드는 방법은 우선 앞머리 중앙에 가르마를 타고 양쪽으로 빗어 뒤를 묶고 길게 한 줄로 땋아 쪽 댕기로 끝을 묶는다. 그 다음에 머리 뒤쪽으로 틀어 감아 비녀와 뒤꽂이를 한다.

쪽머리는 조선시대의 여성들만 하던 것은 아닌 모양이다. 고구려 고분벽화인 무용총 주실벽화에 머리를 뒤로 감아 붙인 여인의 모습이 있는데, 이것은 쪽머리의 일종이다. 따라서 이 머리 모양은 삼국시대에도 여성들 사이에 널리 유행했을 것으로 보인다.

이 쪽머리가 부녀자의 머리 모양으로 널리 퍼진 것은 조선 영조 이후라고 한다. 그 이전까지 여자들은 주로 얹은머리를 했는데, 얹은머리 자체가 장식을 많이 하는 경향이 있어 사치 풍조가 유행했고, 이러한 현상을 없애기 위해 나라에서 쪽머리를 장려하였다. 그러나 쪽머리를 한 뒤에도 족두리나 화관, 비녀, 뒤꽂이 등의 화려한 장식물이 등장하여 사치 풍조는 여전히 계속되었다. 이 때문에 조정에서는 다시 얹은머리를 장려하였다. 정조 대에는 다시 쪽머리를 하도록 했으나 별다른 성과를 거두지는 못했다.

이후 쪽머리가 다시 유행한 것은 순조 대에 이르러서였다. 한양을 중심으로 양반가의 부녀자들이 쪽머리를 하면서 급속도로 퍼졌고, 결국 혼인한 여성들의 일반적인 머리형으로 굳어져 기혼녀의 상징이 되었다.

얹은머리_고대로부터 내려오는 우리나라 여성들의 전통적인 머리 모양이다. 얹은머리는 말 그대로 두상 위에 머리를 얹은 것이다. 얹은머리는 크게 두 종류가 있다. 자기의 머리를 땋은 뒤 그것을 머리 뒤로부터 두상을 돌려 감아 그 끝을 앞머리 중앙에 감아 꽂는 방법이 있고, 가체를 가지고 머리 뒤로부터 양쪽 귓가를 감아 얹는 트레머리형이 있다.

이 두 가지 머리형은 고구려의 고분 벽화들에서 흔히 볼 수 있는 모양이다. 또 백제나 신라의 여자들도 이런 모양의 머리를 했다는 기록들이 있다.

얹은머리는 조선시대까지 계속 유행했으나 조선 영조 때 두발 모양에 대한 개혁을 실시하여 일체의 가체를 금지하고 자기 머리만으로 쪽을 짓는 쪽머리를 법으로 규정하면서 얹은머리 풍습은 점차 사라졌다.

어여머리_예장용 머리 모양으로 어유미於由味라고 하기도 한다. 이 머리는 궁중의 비빈이나 양반가의 부녀자가 했다. 상궁 중에는 지밀상궁만 하였다.

어여머리를 하는 방법은 앞가르마를 탄 뒤 뒤통수 아래쪽에서 쪽을 지고, 가르마 위에 어염족두리를 쓴다. 그리고 가체로 땋아 만든 커다란 다리月子를 어염족두리 위에서 양 귓가와 목덜미 위를 눌러 얹은 다음, 머리 위와 양옆에 화려한 떨잠을 꽂고 머리 뒤에는 붉은 댕기로 장식한다.

어염족두리는 조선시대 왕비나 상궁이 예장할 때 머리에 첩지를 한 다음 그 위에 쓰던 족두리다. 흔히 솜족두리라고 하는데, 이는 족두리 안에 솜을 채워넣었기 때문이다. 큰머리 어여머리를 할 때 밑받침으로 사용한다. 검은 자주색 비단 속에 솜을 넣었으며, 끈은 검은 자주색 명주실로 꼬아서 만들었다. 끝은 쪽 뒤로 묶어 고정시키는 역할을 한다.

조짐머리_ 궁궐이나 양반가의 여자들이 예식이나 경사가 있을 때, 또는 문안차 대궐에 들어올 때 하는 머리 모양이다. 이것은 자기 머리가 아니라 가체의 하나에 속하는 것으로 다리 열 꼭지로 쪽을 지어 첩지 끈과 연결시킨다. 대개 쪽머리에 붙여 사용하였다.

이것은 정조 때 두발의 모양에 관한 제도인 발제髮制를 개혁할 때 얹은 머리 대신 쪽머리를 장려하면서 유행하게 되었다. 목적은 쪽을 돋보이게 하기 위함이다.

비녀와 떨잠으로 장식했는데, 『사절복식요람』이라는 책에는 10월부터 정월까지는 도금용잠을 꽂고, 2월에는 옥모란잠을 꽂으며, 5월에는 민옥잠과 떨잠을 꽂는다고 씌어 있다.

떨잠이란 대례복을 입고 큰머리를 할 때 머리에 꽂는 장식품인데, '떨철반자'라고도 한다. 옥판을 조각하여 가운데 판을 만들고 뒤쪽에는 구리로 만든 납작한 머리꽂이를 한 일종의 머리핀이다. 모양은 중앙에 꽂는 나비 모양의 선봉잠과 양쪽으로 꽂는 둥근 모양의 반자가 있으며, 사각으로 된 것도 있다. 여기엔 진주나 산호, 비취, 칠보 등의 화려한 장식물들이 부착된다.

대개 한 사람이 큰머리를 할 때는 머리 중앙에 꽂는 선봉잠 하나와 양쪽 좌우에 꽂는 반자 두 개 등 세 개의 떨잠이 필요하다.

20 트레머리

21 쪽머리

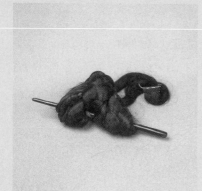

22 조짐머리

23 어여머리

24 왕비의 큰머리

25 댕기머리

큰머리_ 궁중이나 양반가에서 예식을 할 때 떠구지를 사용하여 만든 장중한 머리 모양이다. 이때 사용되는 떠구지는 목재로 만든 장식품으로 '떠받치는 비녀'라는 의미에서 유래된 것이다. 다른 말로 '떠꽂이'라고도 한다. 떠구지는 큰머리를 꾸밀 때 반드시 필요한데, 어여머리 뒤에 꽂는 거대한 비녀라고 할 수 있다.

큰머리를 만드는 방법은 이렇다. 우선 자기 머리로 앞가르마를 타고 뒤통수 아래쪽에 쪽을 찐 다음 어염족두리를 가르마 위에 얹고, 다시 그 위에 가체로 땋아 만든 다리를 얹는 어여머리를 한다. 그리고 비녀로 떠구지 안쪽과 바깥쪽에 꽂아 머리와 떠구지를 고정시킨다. 그런 상태에서 머리의 위와 양옆에 옥판을 꽂고 뒤에 붉은 댕기를 장식한다. 이때 떠구지에는 반드시 검은 댕기를 묶어 늘어뜨린다.

땋은머리_ 관례를 올리지 않은 남녀의 전통적인 머리형으로 변발辮髮이라고도 한다. 백제와 신라에서는 미혼녀들이 이 머리형을 했다는 기록이 있다.

흔히 몽고식 머리형으로 알려진 개체변발은 머리의 변두리를 깎아내고 정수리 부분의 머리만 남겨 땋은 것인데, 고려시대 몽고 복속 시대에는 지식층과 관료 계급에서 하기도 했다. 하지만 개체변발은 공민왕이 즉위한 후 고려 전통 복장과 머리형으로 되돌려 놓으면서 사라졌다.

조선시대 미혼 여성은 땋은머리에다 반드시 붉은 댕기를 하였고, 미혼 남성은 검은 댕기를 하였다.

七. 궁녀의 근무, 월급, 휴가

궁녀는 대개 격일제로 근무하고, 야간 당번을 서야 하는 지밀 같은 경우만 하루를 주야로 나눠서 2교대로 근무한다. 흔히 이를 번番살이라고 한다. 번살이는 이미 견습나인 시절부터 시작되지만, 견습 시절에는 야간 근무는 하지 않고 낮에만 나인들의 보조자로서 근무한다. 일종의 예비 훈련인 셈이다.

지밀의 번살이가 본격화되는 것은 관례를 올린 뒤부터다. 번은 2명이 한 조가 되는데, 2명씩 4명이 낮밤으로 교체되고, 일정 기간이 지나면 낮 근무와 밤 근무가 서로 교대된다. 근무 교대 시간은 오후 3시, 또는 4시와 새벽이다. 교대 시간은 계절에 따라 다소 달라진다. 지밀 외의 다른 부서는 격일제로 근무한다. 비번일 때는 자신의 처소에서 개인 생활을 영위한다.

궁녀도 다른 관리처럼 근무에 대한 보수를 받는데, 일반 관리들은 녹봉을 받지만 이들은 월봉을 받는다. 녹봉은 토지와 곡식으로 주어지며 계절마다 곡식이 지급되는데 월봉은 매월 곡식 또는 돈으로 지급된다. 궁녀에게 녹봉을 주지 않고 월봉을 주는 것은 근본적으로 국가 재정을 아끼기 위함이다. 일체 가족 생활을 하지 않고 궁궐 안에만 머물러 있는 궁녀들에게는 집이나 기본적인 옷, 식사 등을 제공했기 때문에 일반 관리와 똑같이 녹봉을 주지는 않았던 것이다. 또 궁녀의 수가 매우 많아서 녹봉을 지급한다면 재정적인 부담이 너무 커질 것이므로 녹봉 대신 월봉을 지급했다.

조선왕조가 궁녀에게 급료를 준 것은 태조 때부터였다. 고려왕조에서도 일정 정도의 급료를 지급한 것으로 보인다. 여관의 녹봉에 대한 내용은 태조 6년 12월 26일의 기록에 처음 보인다. 이날 광흥창의 관원 윤회와 이백공, 감찰 최이 등이 순군옥에 하옥되었는데, 녹을 나눠줄 때 여관들을 제외했기 때문이라는 기록이 그것이다.

그 뒤, 태조 7년 6월 1일에 정도전, 조준, 남은 등이 임금에게 따로 불려와 앉았는데, 이 자리에서 그들은 옹주나 택주, 여관들의 녹봉을 이전대로 줄 것을 주청한다. 원래 이날은 정식 조회가 있는 날이었는데, 태조는 화가 나서 조회에 나가지 않고, 신하들을 불러 앉혔던 것이다. 태조가 화가 난 이유는 조정에서 여관 제도 자체를 반대하고 있었기 때문이었다. 조정에서는 재정적인 한계를 거론하며 여관 제도를 폐지하자고 하였다. 그러나 후궁을 거느리고 있던 태조로서는 여관의 일부인 후궁들에게 녹봉을 줘야 했기 때문에 조정의 주장과 맞설 수밖에 없었다. 조정은 극렬하게 반대했고, 태조는 요지부동이었다.

사실 궁녀들은 여관 제도를 공식적으로 도입한 후부터 녹봉을 받게 된 것은 아니었다. 여관 제도를 공식적으로 도입하기 이전에도 녹봉을 받긴 했었다. 그러나 그것은 일반 관비들이 받는 수준에 지나지 않았다. 태조는 이를 뜯어 고쳐 여관의 녹봉을 크게 상승시켰는데, 이는 근본적으로 후궁들의 생활을 안정시키기 위함이었다. 재상들은 재정적 부담을 염려하며 그 이전에 주던 소량의 녹봉만 지급할 것을 청했지만, 태조는 화를 내며 다시 고칠 수 없다고 했다. 그러나 태조의 바람처럼 여관들에게 녹봉이 정상적으로 지급되지는 않았다.

태조 이후 정종이 들어섰을 때도 이 문제는 해결되지 못했다. 조정에서는 여관에게 녹봉을 주는 것을 중단해야 한다는 상소만 빗발쳤다. 하지만 정종도 쉽게 받아들이지 않았다.

그러나 태종이 즉위하면서 다소 변화가 생겼다. 태종은 여관 제도를 정착시키면서 현실적인 방도를 내놓았다. 태종이 내놓은 안은 녹봉 대신 월봉을 지급하는 것이었다.

태종은 재위 1년 3월 9일에 태조를 모시고 있던 태상전의 여관들에게 먼저 월봉을 지급하는 것으로서 이 일을 실천에 옮겼다. 그리고 이어 여관 제도를 확정지었다. 이때 여관들에게 월봉으로 무엇이 어떻게 지급되었는지는 기록되어 있지 않다. 여관의 월봉에 대한 구체적인 내용은 조선 말기인 고종 시절의 기록뿐이다. 그것도 고종 재위 시절의 기록은 없고, 나라가 망한 지 15년이나 지난 1925년의 기록이다. 고종을 모셨던 상궁들의 말에 따르면 궁녀의 보수는 비자나 아기나인부터 제조상궁에 이르기까지 모든 여관들에게 지급됐다고 한다. 아기나인들은 월봉으로 백미 4말을 받는 한편, 해마다 명주, 무명을 한 필씩 받았고, 솜 10근을 받았다고 한다. 때로는 솜 대신에 베나 모시를 받기도 했다. 이것들은 아기나인의 본가로 보내졌다.

1925년 당시 여관과 비자들의 월급 명세표를 보면 지밀이 가장 많은 보수를 받고, 나머지 부서의 월급은 거의 비슷했다. 지밀은 가장 적게 받는 궁녀가 50원이고, 가장 많이 받는 궁녀가 196원이었다. 물론 196원을 받은 궁녀는 제조상궁이었다. 나머지 방은 최하 40원에서 최고 80원 사이였다. 그리고 비자들은 거의 일률적으로 18원이었고, 비자 중에 가장 우두머리만 20원이었다. 이런 고정적인 월봉 이외에 명절이나 혼인, 생신 등을 치를 때마다 궁녀들에게는 따로 쌀이나 비단, 옷감 등이 내려졌다.

1925년 당시 1원의 가치는 지금의 1만원 정도에 해당되는 것을 고려할 때, 이들 궁녀들의 월봉이 그렇게 많았던 것은 아니라 할 수 있다. 그러나 월봉 이외에 정기적으로 내린 옷감이나 솜 등을 고려하고, 궁녀들의 기본적인 의식주가 궁궐에서 해결되었던 조건이 더해진다면 아주 적은 것은 아니었다고 할 수 있겠다.

제조상궁이나 지밀상궁 정도 되면 120원 이상의 월봉을 받겠지만, 나머지 부서 상궁들의 월봉은 최고 액수가 80원이었다. 그리고 대다수의 나인들은 40원에서 50원 대의 월봉을 받았다. 비자의 경우에는 나인들의 절반에도 못미치는 18원을 받았다. 나인이나 비자들의 월봉은 극히 미미한 수준임을 알 수 있다. 하지만 조선시대의 여성들이 바깥 활동을 거의 할 수 없었다는 것을 고려한다면 결코 적은 액수라고만 할 수는 없을 것이다.

쌀로 이 월봉을 계산하면 재미있는 결과가 나온다. 1920년 당시 쌀 80킬로그램 한 가마 가격은 20원 정도였다. 비자들의 한 달 월봉이 18원이였으니 쌀 한 가마 정도였던 것이다. 그리고 직급 낮은 나인은 쌀 2가마, 일반 상궁은 쌀 3가마 정도였다. 지밀의 상궁들은 쌀 6가마 이상이었다.

월급은 이 정도라고 치자. 그렇다면 이들 궁녀들에게는 과연 휴가가 주어졌을까? 조선실록 어디를 살펴봐도 궁녀들에게 휴가를 줬다는 기록은 나타나지 않는다. 하지만 궁녀들의 휴가에 대해 추측해볼 수 있는 기록은 있다.

숙종 7년 1월 28일에 용천의 유학 장신한이 올린 상소가 그것이다.

"궁중의 시녀는 기간을 한정하여 풀어보내시어 일생 동안 유폐당하는 원망이 없게 하소서."

여자들을 한곳에 가둬 유폐시키면 여자들의 원망이 하늘에 닿아 나라에 불운한 일이 생긴다는 것이 당시 사람들의 믿음이었다. 이 때문에 나라에 큰 변란이 있거나 홍수 또는 지독한 가뭄이 일어나면 궁녀들을 출궁시키는 풍습이 있었다. 이 풍습은 고대 중국에서 생긴 것인데, 조선에서도 곧잘 중국 풍습을 들먹이며 궁녀들을 내보내곤 했다. 또 내보낸 궁녀 중에서 거처가 마땅치 않거나 세월이 좋아지면 다시 불러오기도 했다.

어쨌든 장신한의 상소는 궁녀에게 휴가를 주라는 뜻으로 이해할 수 있겠는데 숙종은 이렇게 대답했다.

"진언한 정상을 참작하여 가납하도록 하겠다."

궁녀에게 휴가를 주라는 주청은 이렇게 받아들여졌다. 하지만 휴가가 여관들에게 정기적으로 주어진 것 같지는 않다. 특별한 일이 있거나 몸이 심하게 아픈 경우에 휴가를 줬던 것으로 보인다.

어떤 궁녀의 비자는 본가로 돌아갔다가 양반과 간통한 사건도 있긴 했지만 실록을 통틀어 단 한 건밖에 없었던 사건이다. 이 경우는 몸이 아픈 이유로 요양차 궁 밖으로 휴가를 나간 때였다고 한다.

八. 궁녀의 출궁과 죽음

옛말에 궁녀는 궁궐에 한번 들어가면 살아서는 나오지 못한다고 했다. 그러나 사실은 궁녀는 절대로 궁궐 안에서 죽을 수도 없었고 죽어서도 안 되었다. 혹 궁궐에서 불의의 사고로 숨을 거두면 측문으로 몰래 내보내지곤 했다. 그러니 모든 궁녀는 산 채로 궁밖으로 나왔던 셈이다.

궁녀가 궁궐에서 내보내지는 데에는 여러 가지 이유가 있지만, 크게 보면 세 가지로 요약될 수 있다. 첫째는 병들거나 늙어 더 이상 직무를 수행할 수 없을 때이고, 둘째는 나라에 큰 재난이나 우환이 있을 때이며, 셋째는 죄를 지었을 때이다.

궁녀는 원래 종신제이기에 죽을 때까지 궁안에서 생활하는 경우가 많다. 하지만 대개 60살이 넘으면 근무에 있어서도 야간 근무는 없어지고 주간에만 한다. 그런데 너무 늙어 주간 근무조차 할 수 없는 상황이 되면 출궁당한다. 또 젊은 상궁이나 나인이라도 나이에 상관없이 병이 너무 깊어 근무할 처지가 되지 않으면 역시 출궁당한다.

출궁된 궁녀는 대개 본가로 보내진다. 이럴 경우 본가의 동생이나 오빠, 또는 조카가 궁 안으로 들어와 궁녀를 데려간다.

나라에 큰 변고가 있을 때, 이를테면 가뭄이 오랫동안 계속된다거나 궁궐에 우환이 지속될 때도 출궁되는 궁녀들이 생겨난다. 이 경우 대개 젊은 나인들이 출궁되는데, 그 이유는 나라의 재난이 시집을 가지 못한 여자들의 원한이 뭉친 결과라는 게 당시의 속설이었기 때문이다. 즉, 여원女怨이 재난을 일으켰으니 여자들의 원한을 풀면 재난이 해결된다고 믿었던 것이다. 현대인의 생각으로는 우습고 미신적인 이 믿음이 조선시대에는 사실인 것처럼 여겨졌다. 심지어 조선에서는 여자들뿐 아니라 남자들도 결혼을 하지 못하면 원망이 쌓여 재난이 일어난다며 환관들도 모두 아내를 들이고 가정을 갖도록 했다.

재난 중에서 가뭄은 주로 여원에 의한 것이라고 믿었는데, 이러한 속설은 오래 전에 중국에서 생긴 것이다. 그래서 중국에서는 오제시대 이후로 줄곧 가뭄이 생기면 궁녀들을 방출하곤 했다. 당 태종 이세민은 가뭄이 너무 심해 메뚜기 떼가 창궐하자, 자신이 직접 메뚜기를 잡아 씹어먹으며 백성들을 독려하였고, 이어 궁녀 3000명을 해방시키기도 했다는 것은 유명한 일화다.

이러한 중국의 풍습이 우리나라에도 전해졌고, 조선 태종은 재위 15년에 극심한 가뭄이 닥치자 그해 6월 5일에 당 태종의 고사를 본받아 궁녀 몇 명을 내보냈다. 세종 원년에도 가뭄이 극심하자 왕은 궁궐의 방자들을 자기 집으로 돌려보냈고, 현종 10년에도 가뭄이 극심하자 궁녀 10여 명을 내보냈다. 숙종 11년 2월 29일에도 궁녀 25인을 내보냈으며, 영조 26년에도 45명을 내보냈다. 이 외에도 가뭄으로 인해 궁녀를 풀어준 예는 여러 차례 더 있다.

가뭄을 다스리기 위해서만 궁녀를 출궁시킨 것은 아니었다. 가뭄 이외에도 특별한 사건 때문에 궁녀를 풀어준 예가 있다. 효종 5년 9월에 궁녀가 우물에 뛰어들어 자살한 사건이 있었는데, 효종은 이 일이 있은 후 궁녀들을 불쌍하게 여기고 30명을 해방시켰다.

궁녀는 출궁했다고 해서 완전히 자유의 몸이 되는 것은 아니었다. 궁녀는 입궁할 때에 이미 임금의 여자가 된 것으로 간주되기에 다시 시집을 갈 수 없도록 했다. 궁녀를 해방시키는 원래 의도가 결혼하지 못한 그들의 원한을 풀어주고, 또 결혼하지 못한 총각들에게 짝을 내어준다는 의미인데, 실제는 전혀 실행되지 못했던 것이다.

현종 3년 4월 2일에는 승지 김시진이 이를 지적하며 궁녀들을 시집갈 수 있도록 허락해달라는 상소를 올렸는데, 현종은 화난 얼굴로 아무 대답도 하지 않았다. 김시진의 말은 옳지만 받아들일 수 없었던 것이다.

이런 상황이다 보니, 출궁한 궁녀들은 불법으로 양반들의 첩이 되는 경우가 많았다. 이 일이 발각되는 경우 궁녀를 취한 사람은 심한 매를 맞고 관직에서 내쫓기기도 했다. 하지만 출궁한 궁녀를 취해 첩으로 삼은 사건은 조선시대 전반에 걸쳐 심심찮게 일어났다(이에 대해서 뒤에 따로 언급한다).

출궁한 궁녀 중에는 목숨을 바쳐 수절한 경우도 있었다. 정조 15년 7월 16일의 기사에 보면 궁녀 이씨에게 수칙이란 작위와 정렬이라는 칭호를 내리는데, 이는 그녀가 출궁당한 뒤에 수절하며 두문불출하고 스스로 죽음을 자초했기 때문이다.

궁녀 이씨의 이야기를 하자면 이렇다. 그녀는 나이 10여 세에 이모를 따라 궁중에 들어갔다. 이씨의 이모는 어린 나이에 과부가 되어 궁궐에 들어가 방자 생활을 했지만 이씨는 나인이 되어 한동안 후궁의 지밀로 일했던 것으로 보인다. 그 뒤 어떤 일로 출궁되었는데, 출궁한 뒤부터 그녀는 쓰러져가는 초가에 의탁하여 스스로 방 안에 갇혀 지냈고, 십수 년 동안 단 한 번도 문 밖으로 나오지 않고 세수도 하지 않았으며, 사람도 만나지 않았다. 정조가 그 소리를 듣고 정절을 지키고자 한 그녀의 행동을 가상하게 여겨 정문을 세워주고 작위와 칭호를 내린 것이다. 요즘 사람들의 사고로는 도저히 이해할 수 없는 행동이었지만, 당시의 백관은 모두 칭찬했으며 왕은 『삼강행실』에 올려도 전혀 부끄러운 일이 아니라고 했다.

가끔 있는 일이었지만, 방출된 궁녀가 돌아오는 경우도 있었다. 막상 출궁을 당하긴 했는데, 마땅히 의지할 곳이 없는 경우에는 왕이 불쌍하게 여겨 다시 궁으로 돌아올 수 있도록 조치했던 것이다. 그 대표적인 예는 태종 때 가뭄으로 방출된 궁녀들이 의지할 곳이 없어 매우 어렵게 살고 있다는 소리를 듣고 세종이 다시 궁궐로 부른 경우다.

마지막으로 죄를 지은 궁녀를 출궁시키는 경우가 있는데, 대개 죄 지은 궁녀들은 섬으로 귀양을 보냈다.

영조 10년 9월 27일에 어기御器를 훔친 궁녀를 특별히 사형에서 감형한 기록이 있다. 이 궁녀는 섬으로 귀양갔다. 귀양간 궁녀는 대개 관비로 지내며 노역을 해야 했는데, 절대 결혼은 허락되지 않았다.

이렇게 해서 출궁된 궁녀들이 죽으면 장례 절차는 대개 화장이었다. 하지만 모든 궁녀가 화장된 것은 아니었다. 화장되지 않고 무덤에 안치되는 경우도 있었다. 이 경우 그들의 무덤은 대개 한성 주변에 만들어졌는데, 경기도 고양시에는 최근까지 궁녀들의 무덤이 남아 있었다.

제2장

인물과 사건으로 본 궁녀 이야기

一. 궁녀와 연관된 주요 사건

전향과 수근비의   연산군은 재위 10년(1504) 6월 19일
능지처참   에 두 명의 궁녀를 죽였는데, 그 방법
이 매우 잔인했다. 이들의 사지를 찢고 머리를 잘라내라
한 후 잘라낸 머리는 문 위에 매달고, 찢은 사지는 전시하
여 사람들이 볼 수 있도록 했다. 다시 그들의 손과 발을
하나씩 묻어두고 나머지는 계속 전시하여 사람들이 볼 수
있도록 했으며, 잘라낸 그들의 머리를 가져와 궁녀들로
하여금 강제로 돌려 보도록 했다.

이렇게 끔찍한 죽음을 당한 두 궁녀는 최전향崔田香과
수근비水斤非라는 여자들이었다. 연산군은 이들을 죽인 뒤
에도 분이 풀리지 않아 그들의 사지를 잘라내 전시하고,
그것도 모자라 시신을 각각 다른 곳에 묻었으며, 묻은 자
리에는 죄명을 적은 돌을 세우기까지 했다. 도대체 이들
두 궁녀는 무슨 짓을 저질렀기에 연산군은 이토록 지독한
보복을 했을까?

전향과 수근비는 원래 연산군이 총애하던 여자들이었
다. 전향은 출신이 분명치 않은 후궁이었고, 수근비는 사
비私婢 출신 궁녀이자 애첩이었다. 전향이 언제 후궁이 됐
는지는 알 수 없으나 수근비는 이 사건이 있던 해인 1504년
3월 7일에 궁녀가 된 여자였다. 그녀는 원래 개인의 노비
였으나 연산군이 장례원에 전교하여 수근비를 대궐로 들

이고, 대신 관비 옥금을 사비로 내주면서 입궁하여 궁녀가 되었다.

당시 연산군은 전국에 채홍사를 파견하여 대궐에 엄청난 수의 여자들을 끌어들여 가무음곡을 즐겼다. 눈에 띄는 여자가 있으면 장소를 가리지 않고 취하여 애첩으로 삼았다. 전향과 수근비도 역시 그런 과정을 거쳐 후궁이 된 여자들이었다.

하지만 이들 두 사람은 그로부터 한 달쯤 뒤에 궁궐에서 쫓겨났다. 그이유에 대해서 연산군은 이렇게 밝히고 있다.

"부인의 행실은 투기하지 않는 것을 어질게 여긴다. 그러나 지금 전향과 수근비는 간사하고 흉악하며 교만한 마음으로 투기하여 내정의 교화를 막히게 했으니, 그 죄를 용서할 수 없다."

연산군의 말로 봐서 그들은 어떤 질투심을 드러내다가 발각되어 쫓겨난 것이 된다.

궁궐에서 내쫓긴 그들은 서강에 살고 있었다. 하지만 연산군은 그들을 쫓아내는 것으로 사건을 종결짓지 않았다. 두 사람에게 모두 장 80대를 때리게 하고, 전향은 강계에, 수근비는 온성에 유배 보냈다.

연산군이 한때 총애하여 후궁으로 삼았던 그들을 유배시킨 배후에는 장녹수張綠水라는 여자가 있었다. 장녹수 역시 천비 출신 후궁이었는데, 그녀가 연산군의 사랑을 독차지하자 전향과 수근비가 질투심을 드러냈고, 그것이 연산군에게 발각되어 폐출된 것이다.

연산군이 당시 그토록 아꼈던 장녹수는 원래 집안이 몹시 곤궁하여 몸을 팔아 생활하던 여자였다. 그런 탓에 여러 남자와 살았다. 그러던 중에 제안대군(예종의 아들)의 가노家奴와 결혼하였다. 이후 그녀는 아들을 하나 낳았고, 그런 상황에서 춤과 노래를 배워 창기娼妓가 되었다. 그녀의 노래와 춤 실력은 매우 탁월했다. 특히 노래를 아주 잘하여 입술을 움직이지 않고도 맑고 고운 목소리를 낼 정도였다. 거기다 나이에 비해 매우 앳된 얼굴이었다. 30살이 됐는데도 얼굴은 16살 처녀처럼 고왔다. 비록 인물은 그다지 출중하지 않으나 노래와 춤에 능하고 얼굴이 매우 어리게 보인다는 소문을 듣고 연산군이 그녀를 불렀다.

연산군은 첫눈에 그녀에게 반했고, 즉시 궁으로 들여 애첩으로 삼았다. 이후 그녀는 숙원의 첩지를 받았고, 계속 벼슬이 올라 숙용에 이르렀다.

그녀는 일반 후궁들처럼 연산군을 대하지 않았는데, 특이하게도 연산군은 그녀의 그런 면에 매료되었다. 실록에서는 연산군에 대한 그녀의 태도에 대해 '왕을 조롱하기를 마치 어린아이 다루듯 하고, 왕에게 욕하기를 마치 노예에게 하듯 했다'고 쓰고 있다. 그런데 연산군은 '아무리 화가 나는 일이 있어도 녹수만 보면 기뻐하였다'고 했다. 실록은 또 장녹수에 대해서 '얼굴은 중인中人 정도를 넘지 못했으나, 남모르는 교사와 요사스러운 아양은 견줄 사람이 없었다'고 쓰고 있다. 어쨌든 연산군은 장녹수의 말이라면 어떤 것이든 들어줬고, 장녹수와 함께 하는 일이라면 뭐든지 즐거워했다.

이렇게 되자, 다른 후궁들의 시기와 질투가 여간 아니었다. 전향과 수근비는 바로 장녹수를 시기하다가 본보기로 걸린 격이었다.

연산군의 눈 밖에 난 전향과 수근비는 재산을 모두 뺏기고 유배지로 떠났다. 하지만 사건은 그것으로 끝나지 않았다.

그들이 유배지로 떠난 뒤인 그해 6월 8일, 연산군은 소격서의 종 도화를 비롯하여 전향과 수근비의 일족을 모두 잡아들이라고 했다. 이유인즉, 간밤에 도성의 어느 담벼락에 익명서가 나붙었는데, 그 내용이 연산군을 비하하고 장녹수를 저주하는 것이었던 것이다. 연산군은 이것을 전향과 수근비 일족의 짓이라고 생각하고 그들을 잡아들인 것이다.

그들을 국문한 사람은 추관으로 선임된 유순과 의금부 당상관들이었다. 하지만 심문 내용은 공개되지 않았다. 궁궐 내부의 비밀스러운 일이라 하여 사관조차 국문장에 가지 못했고, 그 때문에 익명서의 구체적인 내용은 기록되지 못했다.

두 여자의 일족들을 모두 국문했지만 아무도 죄를 인정하지 않았다. 잡아들인 사람이 무려 60여 명이었지만 아무도 죄를 인정하지 않았다. 그러자 연산군은 그들의 이웃집 사람 40여 인을 더 잡아들이라고 했다.

심한 고문을 가하며 두 여자의 족친과 이웃들을 다그쳤지만 역시 익명서를 붙였다고 자복하는 사람은 없었다. 그러자 연산군은 전향과 수근비의 부모와 형제에게는 장 100대를 치게 하고, 사촌들에게는 80대를 치게 했다. 이어 전향과 수근비의 사지를 찢고 머리를 뽑아 사람들이 볼 수 있도록 전시하게 했다. 또 전향과 수근비의 머리를 궁인들로 하여금 강제로 보도록 했고, 이후 그녀들의 머리는 외딴 섬에 묻었다. 또 그곳에는 그들의 죄명을 돌에 새겨 세우도록 했다.

소현세자빈의 폐출과   1645년 4월 26일, 인조의 맏아들이자 조선의 왕위
전복구이 사건   계승권자였던 소현세자는 의원 이형익이 연달아
놓은 침을 맞고 급사했다. 죽은 세자의 시신은 새까맣게 변하였고, 몸의 구멍이란 구멍에선 모두 시커먼 피가 쏟아져 얼굴조차 알아보기 힘든 형국이 되었다. 시신을 본 사람들은 모두 독살을 의심했지만, 아무도 독살이란 말을 입 밖에 내지 못했다. 인조는 세자의 사인에 대해 전혀 관심을 보이지 않았고, 의원 이형익을 벌할 뜻도 비치지 않았다. 거기다 장례식은 초라하기 그지없었고, 세손을 왕위 계승권자로 삼아야 하는 법도를 어기고 둘째 아들 봉림대군을 세자로 지목해버렸다. 사건 정황으로 보나 사후 처리로 보나 누가 봐도 세자의 죽음은 인조의 지시에 의한 독살임이 분명했다.

인조가 아들을 독살한 이유는 왕위에 대한 불안감과 후궁 조씨의 이간질

탓이었다. 청나라에 항복하고 삼전도에서 무릎을 꿇은 뒤로 인조는 그 치욕에 따른 분노로 잠을 설쳤고, 한편으로는 세자가 자신의 왕위를 빼앗을지도 모른다는 불안감에 사로잡혀 있었다. 당시 청나라에서는 인조를 세상 돌아가는 형편을 모르는 꽉 막힌 늙은이로 취급한 데 반해 소현세자에 대해서는 매우 명민하고 사려 깊은 인물이라고 호평하고 있었기 때문이다.

그런 상황에서 인조의 귀를 자극하는 풍문이 들려왔다. 청에서 세자를 조선의 왕으로 세우고 자신을 청으로 불러들이려 한다는 내용이었다. 이때부터 인조는 세자가 역모를 도모하고 있다고 생각하기 시작했다. 인조의 그런 속내를 전혀 모른 채 소현세자는 1645년 2월에 8년간의 인질 생활을 청산하고 고국으로 돌아왔다. 그러나 고국에 돌아온 그에게는 부왕 인조의 냉대와 의심어린 눈초리만 기다리고 있었다. 그리고 급기야 귀국 두 달 만에 의문의 죽음을 당한 것이다.

세자가 죽고 봉림대군이 세자에 임명되었지만 인조와 그의 애첩 조소용에게는 아직 마음에 걸리는 일이 있었다. 바로 눈엣가시 같았던 세자빈 강씨와 세손이 살아 있는 것이 꺼림칙했던 것이다.

결국, 조소용은 그해 9월에 강빈을 제거하기 위해 한 가지 계략을 꾸몄다. 소현세자의 궁녀였던 신생을 매수하여 강빈이 인조와 조소용, 새롭게 세자가 된 봉림대군(효종) 등을 저주하기 위해 대궐 곳곳에 사람의 뼈와 구리로 된 흉상을 묻어뒀다고 고발하게 한 것이다.

신생의 고변이 있자, 인조는 강빈의 궁녀들인 계향과 계환을 잡아다 궁궐 내옥에서 국문을 벌였다. 하지만 그들은 끝까지 자복하지 않았고, 급기야 국문 중에 죽어버렸다. 신생의 고변처럼 그런 엄청난 일이 있었다면 당연히 의금부에서 국문장을 마련하여 국법에 따라 심문하는 것이 원칙이었다. 하지만 인조는 이를 조정에 맡기지 않고 내옥에서 은밀히 국문하였다. 만약 조정 대신들이 알았다면 크게 반발했을 사안이었다.

이렇듯 몰래 국문을 벌이다 궁녀들이 죽자, 인조는 그들이 왕실을 저주하여 내옥에서 국문했고, 국문 중에 죽었다는 내용만 조정에 알렸다. 그리고 궁녀들의 죽음은 왕실 내부 사건이니 조정은 간여치 말 것을 엄명했다.

막상 그렇게 일을 처리했지만 인조는 난처한 입장이었다. 목표는 궁녀들이 아니라 강빈이었는데, 궁녀들의 자백을 받지 못했으니 강빈을 함부로 몰아세울 수도 없는 일이었다. 어렵게 신생을 매수하여 고변시킨 일은 이렇게 실패로 끝났다.

그러나 인조는 새로운 계책을 마련했다. 이듬해인 1646년 1월에 대궐이 발칵 뒤집어지는 사건이 발생했다. 인조의 수라상에 올라온 전복구이에서 독극물이 발견된 것이다.

사건이 발생하자마자 인조는 곧 강빈을 의심하고 강빈의 궁녀들과 음식을 올린 나인들을 함께 국문토록 했다. 별다른 증거도 없이 강빈의 궁녀들을 국문하자, 조정에서는 왕의 태도가 의도적이라고 판단했다. 이미 왕은 강빈의 형제들인 강문성과 강문명에게 누명을 씌워 유배 보내고, 강빈의 일족들을 대거 벼슬에서 쫓아낸 마당이었기 때문이다. 그때 강빈의 아버지 강석기는 죽고 없었다.

전복구이 사건으로 총 8명의 궁녀가 하옥되었는데, 그 중에 정렬, 계일, 애향, 난옥, 향이 등은 강빈의 궁녀였고, 나머지 천이, 일녀, 해미 등은 음식을 맡은 궁녀였다.

한편, 이때 강빈은 궁궐 후원 별당에 유폐되어 있었다. 인조는 유폐시킨 강빈에게 단 한 명의 시녀도 붙이지 못하도록 했고, 문을 폐쇄하고 그 문에 작은 구멍을 뚫어 음식과 물을 주도록 했다.

그러자 세자인 봉림대군(효종)이 이렇게 간했다.

"강씨가 비록 불측한 죄를 의심받고 있다고는 하나 간호하는 사람은 있어야 할 것입니다. 더구나 지금 죄지은 흔적이 분명치도 않은데, 성급하게 이런 조치를 취하고 어찌하여 시녀 하나 붙이지 않는단 말입니까?"

그제야 인조는 강씨에게 시녀 한 명을 붙여줬다.

당시 사건에 대하여 실록의 사관들은 이렇게 판단하고 있다.

'대개 이때에 강빈이 죄를 얻은 지 이미 오래였고, 조소원이 더욱 참소를 하였다. 상이 이 때문에 궁중 사람들에게 누구든 강씨와 말을 나누는 자는 벌을 주겠다고 했다. 따라서 양궁(세자빈궁과 대전)의 왕래가 끊어졌으므로 어선에 독을 넣는 것은 형세상 있을 수 없는 일이었다. 그런데도 상이 굳이 이와같이 생각하므로, 사람들이 다 조씨가 모함한 데서 연유한 것으로 의심했다.'

실록의 이 내용을 보건대, 당시 전복구이 독약 사건은 인조와 조소용이 꾸민 짓으로 판단된다. 인조는 이 사건을 빌미로 어떻게 해서든 강빈을 죽

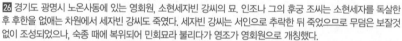

26 경기도 광명시 노온사동에 있는 영회원, 소현세자빈 강씨의 묘. 인조나 그의 후궁 조씨는 소현세자를 독살한 후 후환을 없애는 차원에서 세자빈 강씨도 죽였다. 세자빈 강씨는 서인으로 추락한 뒤 죽었으므로 무덤은 보잘것없이 조성되었으나, 숙종 때에 복위되어 민회묘라 불리다가 영조가 영회원으로 개칭했다.

이려 했다. 그러나 강빈의 궁녀와 어선을 만든 궁녀들이 모두 자백하지 않은 채 고문을 받다 죽은 마당이었다. 결국 강빈의 죄를 입증하지 못했지만 인조는 대신들을 불러 강빈을 죽이라고 했다. 하지만 조정에서는 증거도 없고 자백도 없는 상황에서 강빈을 죽일 수는 없다고 버텼다. 그러자 인조는 비망기에 이렇게 썼다.

'강빈이 심양에 있을 때부터 은밀히 왕위를 바꾸려고 도모했다. 갑신년 봄에 청나라 사람이 소현세자와 빈을 보내줬는데, 그때 내간에서 강빈이 은밀히 청나라 사람과 도모하여 장차 왕위를 교체하는 조처가 있을 것이라고 말했다. 이렇듯 군왕을 해치려 했으니, 해당 부서로 하여금 율문을 상고해 품의하여 처리토록 하라.'

그 소리를 듣고 대신들은 서로 돌아보며 어떻게 대답해야 할지 몰랐다. 그때 이시백이 말했다.

"시역이야 말로 큰 죄인데, 어떻게 짐작으로 단정할 수 있겠습니까?"

이렇게 대신들이 반대하자, 인조는 화를 내며 오히려 대신들이 반란을 도모할까 의심하며 포도청에 명하여 대신들을 감시하도록 했다.

이후 인조는 조정의 반대에도 불구하고 승정원에 강빈을 폐출하고 사사하라는 말을 내리고 그 뜻을 조정에 알리라고 했다.

하지만 누구 하나 나서서 강빈을 죽여야 된다고 말하지 않자, 인조는 정승들과 삼사의 장관들을 모두 불러 강빈이 시역의 죄를 저질렀다고 강변하고, 죽일 것을 주장했다. 자신의 왕비를 죽인 성종의 일을 들먹이며 아내와 며느리 중에 누가 더 중하냐고 묻기도 했다. 말인즉, 성종이 아내인 왕비를 죽이는 것도 조정에서 받아들였는데 어째서 아내보다 먼 며느리를 죽이는 일을 받아들이지 않느냐는 다그침이었다. 이쯤 되자, 조정에서도 더 이상 인조의 뜻을 거스르지 못했다. 이미 인조가 강빈을 죽이기에 혈안이 된 이상 막을 방도가 없었던 것이다.

인조는 이처럼 자신의 왕위를 빼앗길까 염려하여 아무 죄도 없는 아들과 며느리는 물론이고, 아무 관련도 없는 궁녀들을 무려 10여 명이나 죽였다. 그것도 모자라 이듬해에는 강빈의 어머니와 형제들을 문초하고, 그 집 종들, 조금이라도 강빈과 관계가 있었던 궁녀들을 모두 문초하여 죄인으로 몰았다. 하지만 강빈이 사람 뼈와 구리로 형상을 만들어 왕과 세자를 저주했다는 고변을 한 궁녀 신생에 대해서는 끝까지 죄를 묻지 않았다. 헌사에서는 신생도 역모에 가담한 것이 분명하다고 했지만, 인조는 신생의 도움으로 궁궐 곳곳에 묻혀 있던 흉물들을 찾아냈다며 그 공로를 생각하여 벌을 주지 말 것을 명했다. 근본적으로 신생은 인조와 조소용이 매수한 사람이었으니 끝까지 그녀를 보호해주지 않을 수 없었던 것이다.

삼복 형제와   삼복三福 형제라 함은 복창군 이정, 복선군 이남, 복평군 이
홍수의 변   연 등을 지칭한 것이다. 이들은 모두 인조의 셋째 아들인
인평대군의 자제들이다. 효종은 이들을 몹시 총애하여 친아들처럼 대접했고, 현종 또한 사촌들인 이들을 동기간처럼 대했다. 덕분에 삼복 형제는 궁궐을 어렵지 않게 출입할 수 있었고, 궁녀들과도 깊은 교분을 쌓았다. '홍수의 변'이란 이들 형제들이 궁녀들과 연분을 맺고 급기야 그들을 임신시킨 사건을 일컫는다.

궁녀를 흔히 홍수紅袖라고 하는데, 홍수란 원래 '붉은 옷소매'란 뜻이다. 궁녀들 중에 나인들은 옷소매의 끝동에 자주색 물을 들이고, 상궁들은 남색 물을 들이므로 홍수란 자주색 물을 들인 젊은 나인들을 지칭하는 말이다. 삼복 형제들이 궁궐을 드나들면서 관계한 궁녀들이 소매 끝동에 자주색 물을 들인 젊은 나인이었으므로 이 사건을 '홍수의 변'이라고 했던 것이다.

언뜻 보면 이 사건은 왕족이 궁녀를 건드린 단순한 사건처럼 보이지만, 사실은 정치적으로 매우 복잡하게 얽힌 당쟁의 하나였고, 서인과 남인 사이에 벌어진 처절한 권력다툼의 한 장면이었다.

사건은 숙종 1년(1675) 3월 12일에 숙종의 외조부인 청풍부원군 김우명의 차자(箚子 : 편지 양식의 상소문)로부터 비롯되었다.

당시 숙종의 나이는 15세였고, 즉위한 지 불과 7개월 되던 때였다. 왕이 14살이라는 어린 나이에 즉위하였음에도 수렴청정을 받지 않고 친정을 했기에 모후 명성왕후 김씨의 간섭이 심했다. 명성왕후는 마음대로 편전 옆에다 자신의 자리를 마련하고 신하와 임금이 나누는 말을 엿듣고, 조정의 정사에 대해 왕에게 이래라 저래라 하였다. 이는 모두 자기 친정 집안의 파벌인 서인들을 위한 행위였는데, 남인들이 이를 극렬히 비판하였고, 숙종 또한 남인들의 비판을 받아들여 모후의 간섭으로부터 벗어나려 했다. 그러자 명성왕후는 스스로 목숨을 버리겠다며 숙종을 협박하였다. 그런 상황에서 김우명이 차자를 올려 삼복 형제를 고발했던 것이다.

김우명이 삼복 형제를 치려 한 것은 숙종이 그들을 신임하는 데다가 남인들과 친했기 때문이다. 삼복 형제가 남인들과 친했던 것은 그들의 외숙인 오정위와 오정창이 남인이었던 까닭이다. 그러나 삼복 형제가 꼭 남인들만 사귄 것은 아니었다. 삼복 중 하나인 복창군 이정은 명성왕후의 친정 아버지 김우명의 조카사위이기도 했던 것이다.

사실 김우명도 한때 남인들과 친했다. 그는 비록 서인이었지만 서인의 영수 송시열과 권력을 다투는 사이였고, 그런 탓에 남인들과 손잡고 송시열을 배척하기도 했다. 그때 복창군은 김우명에게 큰 힘이 되었다. 그러나 사사로이 국정에 개입하던 명성왕후 김씨가 남인들의 공격으로 궁지에 몰리자, 김우명이 남인들에게 칼끝을 겨누게 되었고, 그 일환으로 남인들과 친분을 맺고 있던 삼복 형제를 공격한 것이다.

김우명의 차자에 따르면 삼복 형제가 궁녀와 관계하기 시작한 것은 현종 대부터였다. 세 형제 중에 복선군 이남은 궁녀에게는 관심이 적고 주로 술을 즐기는 성품이었고, 나머지 복평군과 복창군은 궁녀들을 함부로 건드려 임신시켰다. 그들 형제들의 아이를 임신했던 궁녀들은 나인 상업과 귀례였다. 상업은 군기시의 서원 김이선의 딸이었고, 귀례는 내수사의 비자였다.

김우명의 차자를 본 숙종은 즉시 영의정 허적과 오정위를 불렀다. 허적은 숙종에게 자신은 삼복 형제와 나인들의 일에 대해 아는 바가 없다고 했고, 승지 정중휘는 그 사건은 궁궐 내부의 일이기에 외신들이 굳이 알 필요가 없다고 했다. 그러자 숙종은 김우명이 올린 차자의 내용이 사실이라고 말했다. 또 삼복 형제 중 관련된 사람은 복창군과 복평군이라고 덧붙였다. 이에 허적이 궁녀에 관한 일을 더욱 상세히 알기를 원한다고 하자, 숙종은 김우명이 거론한 나인은 이미 출궁한 나인들이라고 말했다.

이에 허적은 복창과 복평의 죄를 심문하겠다고 하면서 두 사람이 그들 궁녀들에게서 자식을 얻었다는 것이 사실인지 물었다. 숙종은 사실일 것이라고 했고, 그것에 기초하여 승지 정중휘는 복창과 복평 및 그들과 상간한 두 궁녀를 심문하라는 왕의 교지를 작성했다. 그러자 옆에서 보고 있던 삼복 형제의 외숙 오정위가 엎드려 탄식하며 어쩔 줄을 몰랐다.

이렇게 해서 이튿날인 3월 12일에 죄인 4명을 심문하라는 정식 명령이 떨어졌다. 그러자 의금부에서는 복평, 복창 두 형제와 나인 김상업을 잡아 가뒀다. 그런데 내수사의 종인 귀례는 찾지 못했다. 나중에 알아보니, 귀례는 이미 명성왕후 김씨가 끌고가 매를 때리며 심문하고 있던 중이었다.

의금부에서 네 사람을 모두 심문했으나 아무도 자복하지 않았다. 그래서 관례에 따라 고문을 가하고 심문할 것을 왕에게 청했는데, 숙종은 내용이 애매한 사건이므로 모두 놓아주라고 명했다.

이에 대해 실록을 편찬한 사관은 '이때에 임금은 감출 것이 있어 이렇게 처분했고, 또 판부도 반드시 임금에게서 나온 것인지 모른다 한다' 고 쓰고 있다. 이 사론은 필시 서인 측 인사가 쓴 것일 텐데, 당시 임금의 처분은 임금의 뜻이 아니라 남인들의 뜻이거나 삼복 형제와 밀접한 관계였던 궁인들의 뜻이라는 것이다.

어쨌든 숙종은 그들을 풀어줬다. 하지만 사건은 이것으로 종결되지 않았다. 다음날인 3월 14일 밤에 숙종은 김우명을 비롯하여 영의정 허적, 예조판서 권대운, 판의금 장선징, 의금부 지사 유혁연, 병조참판 신여철, 대사헌 김휘, 대사간 윤심, 부흥교 이하진, 오정위, 오시수, 김석주 등을 대궐로 불렀다. 하지만 김우명은 오지 않았고, 삼복 형제의 외가 쪽 사람들인 오정위와 오시수도 병을 핑계하여 오지 않았으며 김우명의 조카 김석주도 오지 않았다.

그들 신하들은 승지 정중휘의 인도로 야대청夜對廳에 들어갔다. 그런데 대신들이 야대청 안으로 들어서자, 분위기가 약간 이상했다. 원래 야대청은 왕이 밤에 대신들을 인접하는 곳으로 방이 한 칸이고 마루가 세 칸이다. 보통 때라면 인견할 때에 임금이 문짝을 치우고 방 안에서 남쪽을 향해 앉아 있었는데, 웬일인지 문을 치우지 않고 마루 밖에 동쪽으로 앉아 있는 것이었다. 따라서 대신의 자리는 왕을 시중 드는 두 환시 아래에 서쪽을 향해 마련되었다. 시간이 이미 늦었으므로 촛불이 밝혀졌고, 대신 이하의 재신들이 대신 아래쪽인 마루 아래 동쪽으로 향하여 엎드렸는데, 괴이하게도 문짝 안쪽에서 여인의 울음소리가 들리는 것이 아닌가. 바로 명성왕후 김씨가 나와 안쪽에 앉은 것이었다. 말하자면 그들을 부른 것은 임금이 아니라 대비였던 것이다.

명성왕후의 울음소리를 듣고 대신들이 무슨 까닭인지 모르겠다며 황당해하자, 숙종이 말했다.

"나는 내간의 일을 잘 모르므로 자전께서 복평 형제의 일을 말하시려고 여기에 나오셨소."

그러자 예조판서 권대운이 말했다.

"이것은 상식에 어긋나는 거동이시니, 신들은 입시하지 말아야 하겠습니다."

또 허적이 덧붙여 말했다.

"자전께서 하교하시려는 일이라면 신들이 진실로 들어야 마땅하지만, 전하께서 안에 들어가셔서 울음을 그치시도록 청해주십시오."

그렇게 말한 대신들은 아래에 앉아 있던 재신들 자리로 내려가 엎드린 채 기다렸다. 숙종이 문 안으로 들어가자 이내 대비는 울음을 그치고 우선 복창, 복평 형제와 상업과 귀례의 일을 늘어놓았다. 우선 그녀가 상업과 관련한 사건의 내막을 밝힌 내용을 요약하면 이렇다.

현종이 복창군 형제를 지극히 총애하여 궁녀를 범한 죄가 있는데도 사실이 밝혀지면 그들이 죽을까 염려하여 고민하던 중에 미처 죄를 묻지 못하고 승하했다. 숙종은 어려서 당시 일을 잘 모르면서 명성대비가 복창군 형제를 모함한다고 생각하는데, 이는 참으로 억울한 일이다.

복창 형제가 인선대비의 초상이 나자 궐 안에 들어와 상사喪事를 돌봤는데, 이때 복창과 상업이 눈이 맞아 일을 벌렸다. 그러나 명성왕후는 당시에 병을 앓고 있었으므로 그 사실을 잘 몰랐는데, 그 뒤로 상업이 복창을 대하는 태도가 수상하여 이상하게 여겼다. 이후 명성왕후는 늙은 상궁을 시켜 상업의 행동을 살피라 하였다. 복창은 툭하면 궐내에 들어와 상업을 찾곤했다. 이에 현종은 혹여 복창이 상업과 무슨 일이라도 낼까봐 염려하였다.

그 뒤, 어느 시점에 상업이 병을 핑계하여 궐 밖을 나갔는데, 현종이 그 사실을 알고 복창과 무슨 사단이라도 벌일까봐 무척 염려하며 상업을 빨리 불러들이라고 했다. 그러나 상업은 이런저런 핑계를 대며 들어오지 않았다. 현종은 혹 조정에서 알게 되면 복창이 큰 화를 당할 것을 염려하였다. 그러다가 현종이 승하하였고, 상업은 현종이 승하한 뒤에야 대궐로 돌아왔다.

명성대비가 그 뒤에 숙종에게 복창의 일을 거론했으나 숙종은 어릴 때 함께 지낸 정리 때문에 그들의 죄를 덮어주려 했고, 죄가 명백하지만 이번에도 그들을 용서하라는 교지를 내렸다. 그러자 명성대비는 즉각 상업을 불러 심문하였고, 상업이 모든 사실을 공초했다. 이어 명성대비는 귀례와 복평군의 관계를 말했는데, 그 내용을 요약하자면 이렇다.

귀례와 복평군과의 일은 눈으로 직접 보지 못했으나 더러운 소문이 많다. 명성대비가 지난 봄에 병으로 거의 죽어갈 때에 현종 또한 병중에 있어 마땅히 그녀의 치료 절차를 제대로 마련하지 못했다. 이에 현종은 복창 형제를 불러들여 그 일을 보게 했는데, 복평이 늘 궐 안에 머무르며 차를 마셨고, 차를 마신 뒤에는 종지를 남겨뒀다가 귀례가 오면 이렇게 말했다. '번번히 차를 찾으면 어째서 너는 직접 가져오지 않느냐?' 그렇게 말하면서 손을 잡고 희롱했으며, 급기야 강압적으로 회상전 월랑으로 불러 몰래 만나기에 이르렀다. 이 일은 현종도 아는 일이고, 명성대비 자신도 아는 일이다.

명성대비의 이런 말들을 듣고 영의정 허적을 비롯한 신하들은 관련된 네 사람을 법으로 다스리도록 하겠다는 약조를 하고, 승지 정중휘로 하여금 교지를 작성토록 했다. 또한 대비에게 그들을 어떻게 처리하는 것이 좋겠냐고 묻자, 대비는 먼 곳에 유배하는 곳이 옳겠다고 했다. 그리고 차마 죽게 하는 일은 할 수 없다는 말을 덧붙였다. 그러나 대신들이 법에 따라 처리하자면 사형시켜야 한다고 말하자, 숙종은 사형을 내리고 그 뒤 감면하여 유배하는 것이 어떻겠냐는 의견을 냈다.

그렇게 해서 다음날인 3월 15일에 숙종은 복창군, 복평군, 상업, 귀례

등에게 사형을 감하여 유배형을 내렸다. 의금부에서는 마땅히 대벽형에 해당하는 죄이므로 사형을 해야 한다고 했으나 숙종은 단호하게 사형을 감하고 유배형을 내렸다.

그로부터 보름 뒤, 남인을 지원하고 있던 부제학 홍우원이 복창군 형제를 치죄하는 일에 대비가 간여한 것의 부당함을 간하는 상소로 대비의 월권을 꼬집었다. 이어 20일 뒤에 이하진이 경연장에서 다시 이 문제를 거론하였고, 같은 자리에 있던 서인 김수항은 오히려 그들 네 사람을 의금부에 다시 넘겨 자백을 받아내야 한다고 주장했다.

남인과 서인 사이의 이같은 논쟁은 수개월간 지속되었는데, 숙종은 결국 남인의 손을 들어줬다. 그해 9월 16일에 복창군 이정과 복평군 이연을 방면하고, 이어 그들을 서용하라는 교지를 내렸다.

숙종이 이런 결정을 내리게 된 데에는 남인들의 힘도 컸지만, 보이지 않게 더 큰 영향력을 행사한 사람들이 있었다. 환관 김현과 조희맹, 상궁 윤씨 등이었다.

이들은 복창 형제와 친분이 두터운 사이였다. 숙종이 동궁에 있을 때 복창 형제들이 늘 동궁에 놀러와 함께 지냈는데, 이때 이들 내관들과 친해졌다. 또 윤상궁은 복창 형제들을 키운 보모였기에 그들에 대한 정이 남달랐다. 이들 내관과 상궁들은 남인들과도 친분이 두터워 어린 숙종으로 하여금 남인의 편을 들게 만드는 데 영향력을 크게 행사했다. 윤상궁은 복창형제가 옥에 갇히자, 임금 앞에 나와 "어찌하여 이 애매한 사람들을 죽이려 하십니까?" 하고 울부짖기도 했다고 한다. 그 뒤에 숙종은 복창 형제를 풀어줬고, 다시 대비가 나서서 복창 형제를 유배보냈지만, 서인들은 그들 내관과 상궁의 영향력에 힘입어 풀어줬다는 기록이 실록에 남아 있다.

'홍수의 변'은 이렇듯 남인과 서인의 권력다툼 과정에서 남인 쪽에 섰던 복창 형제와 서인 출신인 왕대비 김씨 사이에 벌어진 일이다. 숙종은 이 일에 직면하여 모후 명성대비의 편을 들지 않고 복창 형제의 편을 들었고, 그것은 곧 명성대비와 숙종의 힘겨루기 양상으로 비화되었다. 그 결과 일차적으로 명성대비가 승리하는 모양새를 취하다가 유배된 지 불과 6개월만에 복창 형제가 방면되어 서용됨으로써 명성대비의 입지는 크게 약화되었다. 결국, 홍수의 변은 남인들의 승리로 마감한 셈인데, 그러나 복창 형제에 대한 서인들의 공격은 그것으로 끝나지 않았다.

1680년(숙종 6) 4월, 김우명의 조카 김석주가 앞장서서 허적의 서자 허견에게 역모 혐의를 씌우고, 허견과 친분이 있던 복창군과 복선군을 역도의 우두머리로 몰았다. 이러한 서인의 반격은 결국 먹혀들었고, 허견은 능지처참형에 처해지고 복창군과 복선군은 교수형에 처해졌다. 또한 허견의 아버지 허적은 벼슬에서 쫓겨나 평민 신분으로 전락하였고, 복평군은 형들의 죄에 연좌되어 유배되었으며, 삼복 형제를 돕고 남인 편에 섰던 환관 조희맹은 유배되었다. 이로써 남인들이 대거 몰락하고 서인이 조정을 장악했으니, 이 사건을 일러 '경신환국'이라고 한다.

서인으로서는 '홍수의 변'으로 시작한 남인들에 대한 공격을 '경신환국'을 통해 대승으로 이끈 셈이다. 그러나 이런 상황 속에서도 환관 김현과 윤상궁은 무사했다. 서인들은 이후에도 끊임없이 그들을 공격했고, 결국 그로부터 8년 후인 1688년에 김현을 비리와 연루시켜 유배 보내고, 이듬해에 다시 상소하여 참형에 처했다. 이로써 '홍수의 변'으로부터 비롯된 남인과 서인의 치열한 싸움은 서인의 완전한 승리로 종결됐다.

하지만 남인은 김현이 죽던 바로 그 해에 재기의 디딤돌을 마련하여 서인 공략을 준비하고 있었으니, 남인의 디딤돌이 된 인물은 궁녀 출신 후궁 장옥정이었다.

장희빈의 인현왕후 숙종 재위 27년(1701) 9월 25일, 숙종은 분노에 찬
저주 사건 얼굴로 비망기를 내려 이렇게 하교했다.

"내수사에 갇힌 죄인 축생, 설향, 시영, 숙영, 철생 등을 모두 금부의 도
사를 보내 잡아오라. 내일 인정문 밖에서 내가 친국할 것이다."

왕이 궁녀를 친국하는 일은 극히 드문 일이었다. 역모와 관련한 일이라
해도 왕이 궁녀를 직접 국문하는 일은 거의 없었고, 종친과 관련된 일이라
도 그 처리를 내명부에 일임하거나 의금부에서 다루도록 하는 것이 상례
였다. 그런데 도대체 무슨 중대한 사건이기에 왕이 직접 궁녀들을 국문하
려 했던 것일까?

숙종의 궁녀에 대한 친국 하교는 그날 밤 늦게 이뤄졌다. 승지 서종헌과
윤지인, 부응교 이징구, 부수찬 이관명 등이 그 소식을 듣고 급히 임금을
찾아왔다.

먼저 서종헌이 말했다.

"엎드려 비망기의 내용을 보고 놀랍고 두려워 벌벌 떨립니다. 설령 그
죄상이 모두 하교하신 바와 같다고 하더라도 전하께서는 어찌 밝은 성심
으로 후일의 난제를 생각하시지 않으십니까? 갑술년 초에 장희재의 죽음
을 용서한 것은 오로지 동궁을 위한 것이었는데, 금일의 처분은 되려 동궁
에 대한 염려를 간과한 것이니, 바라건대 명을 도로 거둬주십시오."

장희재는 숙종의 후궁 희빈 장씨의 오빠이고, 세자는 희빈 장씨의 아들
이자 세자였던 윤(경종)이다. 따라서 숙종의 궁녀 친국은 장희빈과 관련된
일임을 알 수 있다.

서종헌에 이어 윤지인이 덧붙였다.

"신 등은 장씨가 범한 죄가 무엇인지 정확하게 알지 못하고 있습니다
만, 장씨는 세자를 낳은 사람인데, 전하께서 장씨를 생각하지 않더라도 세
자를 생각하여 차마 이렇게 하실 순 없습니다."

서종헌이 말한 장씨는 바로 장희빈이다. 즉, 궁녀들을 친국하는 것은 장희빈의 죄를 밝혀내기 위함인 셈이다.

윤지인의 말이 끝나자 이징구가 나섰다.

"장씨의 죄상은 외부 사람은 알 수 없는 것입니다. 그리고 장씨는 세자에게는 낳아준 사람인데, 후일의 염려를 어찌 다 말할 수 있겠습니까?"

이징구의 말투로 봐서 숙종은 궁녀들을 국문하고 장희빈의 죄를 밝혀 그녀를 죽일 요량이 분명했다.

신하들은 여러 말로 비망기를 거둬들일 것을 청했지만, 숙종은 끝내 자신의 뜻을 관철했다. 그리고 마침내 이튿날 궁녀들에 대한 친국이 시작되었다. 궁녀에 이어 무당과 무당의 아들, 딸까지 모두 친국했다.

숙종의 이런 친국은 인현왕후 민씨가 죽은 날로부터 40여 일 뒤에 벌어진 일이다. 장희빈에 대한 숙종의 분노는 인현왕후 민씨의 죽음 때문이었던 것이다. 장희빈은 민씨가 병석에 누워 있을 때 무당을 동원하여 신당을 차리고 인현왕후를 저주하였고, 그녀가 소원했던 대로 인현왕후는 숨을 거뒀다.

인현왕후가 죽자 숙종은 그녀의 죽음에 대한 일말의 책임감을 느끼고 괴로워했고, 그런 상황에서 인현왕후와 친밀했던 숙빈 최씨로부터 장희빈이 신당을 차려놓고 왕비를 저주했다는 말을 듣게 되었다. 이에 분노한 숙종은 희빈의 궁녀들을 친국하기에 이르렀고, 신당의 실체를 확인한 뒤에 급기야 장희빈을 죽이기에 이른다.

이 저주 사건은 언뜻 보면 장희빈이 인현왕후를 질투하여 일으킨 것처럼 비치기 십상이다. 그러나 그렇게 단순한 일이 아니었다. 이 일은 남인과 서인의 노·소론이 서로 뒤엉켜 있는 매우 복잡하고 미묘한 정치 사건이면서 동시에 왕실 내부의 내명부 권력간의 치열한 자리다툼의 결과였다. 거기다 당쟁의 격랑 속에서 왕권을 유지시키기 위해 끊임없이 희생양

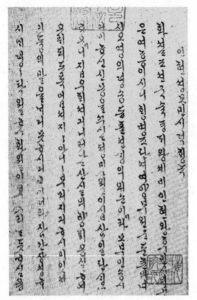

27 『인현왕후전』, 전기체 궁중소설이다. 작자는 그녀의 궁인이라고 알려져 있었으나 최근 연구에 의하면 그녀 친족 일족이나, 그녀의 폐출에 반대했던 박태보의 후예가 쓴 것이라는 주장이 대두되고 있다.

을 찾고 있던 숙종의 정치적 술수까지 섞여 있었다.

사건의 시작은 앞에서 언급한 삼복 형제의 몰락으로 거슬러 올라간다.

1680년 5월 7일, 삼복 형제와 남인들을 몰락시킨 선봉장이었던 병조판서 김석주가 숙종에게 역관 장현과 그의 동생 장찬, 아들 장천익을 유배시키라는 건의를 했다.

장현은 장희빈의 아버지 장경의 사촌 동생이었고, 역관 신분으로 재산을 모은 당대의 거부巨富였다. 비록 신분은 중인인 역관이었지만 역관의 우두머리인데다 중국과의 외교 관계에서 여러 번 공을 세워 종1품 숭록대부의 벼슬을 받은 거물급 인물이었다. 김석주가 그를 탄핵한 내용은 이렇다.

"장현의 동생 장찬의 평소 행실은 잘 모르지만 이남(복선군)과 친밀했으니, 장현도 다를 것이 없습니다. 장현의 아들 장천익 역시 정(복창군)과 남(복선군) 형제와 함께 활을 쏘는 친구로서 형벌을 받고 유배되었습니다. 그런데 장찬만 홀로 면하는 것은 불가합니다. 멀리 유배해야 합니다."

김석주의 이 건의문에 따르면 복창군 형제의 일로 이미 장현과 장천익은 유배된 상태이고, 장현의 동생 장천도 유배해야 한다는 것이다.

김석주가 장현의 집안을 철저히 무너뜨리려 한 것은 장현이 남인들의 돈줄이었기 때문이다. 그러나 그를 남인들의 돈줄이기 때문에 탄핵한다는 것은 명분이 없는 일이므로 복창군 형제와 친하다는 이유를 들어 탄핵한 것이다.

숙종은 김석주의 건의를 받아들여 장천을 유배했다. 이렇게 장현, 장천 등의 당숙들이 모두 유배될 때에 훗날 희빈의 자리에 올라 인현왕후와 중전 자리를 다투게 되는 장옥정은 궁녀 신분이었다. 당시 22살이던 장옥정은 인물이 출중한 덕에 숙종의 눈에 띄어 승은을 입고 총애를 받고 있던 터였다. 그러나 명성대비 김씨가 그녀를 그냥 두지 않았다. 장옥정을 남인 세력으로 인식한 김대비는 자신이 직접 명을 내려 그녀를 사가로 내쫓았다.

장옥정의 사가 생활은 명성대비가 죽을 때까지 지속되었다. 장옥정이 사가로 나간 지 3년여 만인 1683년 12월 5일 명성대비가 죽었다. 그리고 3년상이 끝난 1686년 초에 숙종은 다시 장옥정을 궁궐로 들였다. 이 일에는 대왕대비 장렬왕후 조씨의 역할이 컸다.

장렬왕후 조씨가 장옥정을 편들게 된 것은 그녀의 육촌 동생 조사석의 중개 때문이었다. 조사석이 장옥정을 후원한 것은 두 가지 이유 때문이었다. 첫째는 장옥정을 기반으로 정치 권력을 확보하기 위함이었고, 둘째는 장옥정의 어머니와 맺고 있는 개인적인 정분 때문이었다.

장옥정과 조사석의 어머니가 서로 알게 된 경위는 분명치 않다. 다만 장옥정이 사가에 있을 때 숭선군 이징의 아내의 보살핌을 받았는데, 숭선군은 효종 때 쫓겨난 조귀인의 아들이었다. 조귀인과 조사석은 같은 가문 출신이니 숭선군 아내의 주선으로 조사석과 인연을 맺게 되었을 것으로 보인다. 당시 서인들은 장옥정의 어머니가 조사석과 내연의 관계에 있다고 주장하기도 했다.

조사석의 도움으로 궁궐로 돌아오긴 했지만, 장옥정에게는 명성왕후 못지않은 또 한 명의 강적이 기다리고 있었다. 바로 숙종의 계비 인현왕후 민씨였다. 민씨는 민유중의 딸로 서인 집안 출신이었고, 따라서 장옥정과는 정적 관계였다.

장옥정이 대궐로 돌아온 후 숙종이 그녀만 찾자 민씨는 몹시 민감하게 반응했다. 장옥정을 불러다 종아리를 치기도 했는데, 그것으로 해결되지 않자 급기야 다른 후궁을 들여 숙종의 마음을 돌리고자 했다. 이때 인현왕후가 들인 후궁은 김창국의 딸 영빈 김씨였다. 그러나 숙종은 영빈에게는 관심을 두지 않고 오직 옥정만을 좋아했고, 곧 장옥정에게 숙원의 첩지까지 내렸다. 이때가 1686년 12월 10일이었다.

장옥정을 숙원으로 삼은 일을 두고 서인들이 강력하게 반발했다. 만약 장숙원이 왕자라도 낳는다면 모든 권력이 그녀에게로 집중될 것이고, 그것은 서인의 몰락이자 남인의 재기를 의미하는 것이었기 때문이다. 숙종은 그런 서인들의 반발에 적극적으로 대처하며 장옥정을 비호했다.

그리고 마침내 서인들이 염려하던 일이 터졌다. 장옥정이 임신을 한 것이다. 1688년 1월에 장옥정이 임신을 하였고, 숙종은 그녀가 임신함에 따라 숙원에서 소의로 작위를 올렸다. 그리고 그해 10월 28일에 출산을 했는데, 아들이었다.

아들이 태어났다는 소식을 듣고 숙종은 몹시 기뻐했다. 그리고 곧 장옥정을 귀인으로 진봉시키고, 그녀의 아들을 원자로 삼으려 했다. 이에 대해 서인들이 목숨을 걸고 반발했다. 왕비 민씨가 아직 젊은데 후궁의 아들을 원자로 삼는 것은 부당하는 주장이었다. 하지만 숙종은 왕비 민씨가 시집 온 지 7년이나 됐는데도 자식을 낳지 못했기 때문에 그녀에게서 자식 얻는 것은 포기한 상태였다. 숙종은 서인들의 반발에도 아랑곳하지 않고 새로 태어난 왕자 윤(경종)을 원자로 정하고, 장옥정을 희빈에 봉했다.

그러자 서인들이 연명을 하여 원자 정호 명령을 거둬들이라는 상소를 했다. 이 일엔 송시열을 비롯하여 영의정 김수흥과 이이명, 김만중, 김수항 등 서인의 거두들이 모두 나섰다. 하지만 숙종의 의지는 단호했다. 숙종은 그들은 물론이고 서인들을 대거 조정에서 몰아냈다. 그리고 남인 정권을 세웠다. 9년 동안 숨죽인 채 재기를 노리고 있던 남인 세력은 장희빈을 디딤돌로 삼아 마침내 조정을 장악한 것이다. 또한 이것은 장희빈과 인현왕후의 싸움에서 장희빈이 승리한 것을 의미했다.

서인에 대한 숙종의 분노는 1689년 5월 2일의 비망기에서 절정에 달했다. 비망기는 성종이 질투를 일삼던 왕비 윤씨(연산군의 모후)를 폐한 일을 들춰내며 인현왕후 민씨를 폐출하겠다는 내용을 담고 있었다.

그로부터 4일 뒤인 5월 6일, 숙종은 장희빈을 왕비에 책봉했다.

민씨의 폐출과 장씨의 왕비 책봉은 서인의 권력 기반을 송두리째 흔드는 일대 사건이었다. 서인들이 이 일에 대거 항거할 기미를 보이자, 숙종은 비장한 결심을 하고 서인의 영수 송시열을 비롯하여 김수항과 이이명, 김수흥 등 서인 원로 4대신을 모두 사사시켰다.

숙종이 장씨를 왕비로 삼고, 서인의 노론 4대신을 죽인 것은 장씨의 아들을 세자로 삼기 위함이었다. 숙종은 자신의 뜻대로 이듬해인 1690년 6월 16일 원자 윤을 세자에 책봉하여 왕위 승계의 틀을 형성하는 데 성공했다.

그렇게 장희빈과 인현왕후의 싸움은 끝이 나는 듯했다. 하지만 숙종은 권력이 하나의 붕당에 의해 완전히 잠식당하고 있다는 위기감을 느낄 때면 그 특유의 국면 전환 카드를 내미는 환국 정치를 구사하고 있었다.

인현왕후가 쫓겨난 지 5년 만인 1694년, 조정에는 다시 새로운 바람이 불고 있었다. 서인의 노론과 소론이 연합하여 인현왕후 복위 운동을 추진하고 있었던 것이다.

당시 서인 세력은 숙종의 심경에 큰 변화가 있음을 감지하고 있었다. 그 무렵 숙종은 왕비 장씨에 대한 애정이 식은 상태였고, 한편으로는 다른 여인에게 시선을 주고 있었다. 숙종의 눈을 사로잡은 사람은 훗날 영조의 어머니가 되는 숙빈 최씨였다.

궁궐의 비자 출신인 숙빈 최씨는 숙종의 승은을 입어 임신을 하였고, 왕비 장씨는 그 일에 신경을 곤두세우며 질투심을 드러냈다. 그 때문에 숙종은 왕비 장씨를 멀리하고, 그녀에 대한 감정이 극도로 나빠져 있었는데, 서인이 그 상황을 교묘하게 이용하여 인현왕후 민씨 복위 문제를 거론했던 것이다. 서인들은 이미 후궁 최씨를 통하여 숙종이 인현왕후를 복위시킬 마음이 있음을 파악한 상태였다.

복위 운동을 주도한 인물은 노론계의 김춘택과 소론계의 한중혁이었다. 그 소식을 접한 남인의 민암, 이의징 등은 복위 운동을 전개하는 자들을 탄핵하는 상소를 올리고, 이참에 화근인 민씨를 죽이고 서인 세력도 완전히 몰아낼 계획을 세웠다. 그러나 그들이 오히려 숙종의 진노를 사서 대거 축출되면서 남인 정권이 몰락하고 서인 정권이 들어서게 되었다. 이때가 1694년 4월이다.

남인의 몰락은 곧 인현왕후 복위로 이어졌다. 왕비로 있던 장씨는 4월 12일에 다시 희빈으로 강등되었으며, 4월 24일에는 인현왕후가 복위됐다. 그 해 9월 20일에는 당시 숙의였던 후궁 최씨가 왕자를 낳았으니 장희빈에게는 그야말로 청천벽력이 아닐 수 없었다.

중궁에서 취선당으로 쫓겨난 장희빈은 그야말로 고립무원의 처지였다. 그동안 자신의 버팀목이 되어주던 남인 세력은 거의 유배지에 있었고, 포도대장으로 있으면서 막대한 권력을 행사했던 오빠 장희재 역시 섬으로 쫓겨간 상태였다. 그나마 믿을 곳이라고는 동궁뿐이었다. 세자를 의지하며 기다리면 결국 자신이 승리하리라는 확신이 있었던 것이다.

비록 취선당으로 쫓겨간 상태였지만 장씨는 세자의 어머니라는 신분을 믿고 복위한 왕비 민씨를 전혀 대접하지 않았다. 따라서 궁중은 민씨와 장씨의 불화로 늘 긴장 상태에 놓여 있었다. 그것은 비단 두 여자의 싸움으로 그치지 않았다. 궁녀들도 민씨를 지지하는 세력과 장씨를 지지하는 세력으로 나뉘어 서로 원수처럼 지냈다. 거기에 숙빈 최씨와 영빈 김씨는 민씨 세력이 되어 장씨를 상대로 하여 함께 싸우고 있었다.

그렇게 어느덧 7년이란 세월이 흘러 1701년에 이르렀다. 이때 왕비 민씨는 오랫동안의 마음 고생으로 육신이 병든 상태였고, 병마는 점점 깊어지고 있었다. 그러자 장씨는 한쪽에서 민씨가 빨리 죽도록 빌고 또 빌었다. 민씨만 죽으면 왕비의 자리를 되찾고 쫓겨간 남인 세력도 회복시킬 수 있을 것으로 믿었던 것이다. 심지어 장씨는 민씨를 빨리 죽게 하기 위해 신당을 차려 놓고 저주를 하는 굿을 하기도 했다. 마침내 그해 8월 14일에 민씨가 죽었다.

그런데 민씨의 상례가 진행되는 가운데, 숙종은 숙빈 최씨로부터 장희빈이 신당을 차려놓고 민씨를 저주하며 죽기를 기원하는 굿을 벌였다는 고변을 들었다. 그 말을 듣고 숙종은 즉시 진상 조사에 착수했고, 마침내 취선당의 상궁과 나인, 비자들을 모두 친국하기에 이른 것이다.

친국 후 숙빈 최씨의 말이 사실임을 확인한 숙종은 장희빈을 사사했고, 관련된 궁녀와 무당들을 모두 죽였다. 궁녀들은 군기시 앞뜰에서 모두 참수되었다.

이 사건은 조선시대를 통틀어 한꺼번에 가장 많은 궁녀들이 죽은 사건이며, 궁녀들이 붕당의 세력 다툼으로 인해 희생된 가장 대표적인 사건이기도 했다.

二. 궁녀 간통 및 연애, 축첩 사건들

궁녀는 궁에 들어가는 순간 왕의 여자가 된다. 이는 관례를 올리기 전이나 후나 마찬가지다. 일단 궁녀의 직분을 가지고 생활한 적이 있다면 아무리 어린 나이의 일이라고 해도 궁녀로서 취급되고, 또 비록 방출되었다고 해도 왕을 위해 순결을 지켜야 했다. 심지어 10살의 어린 나이에 궁녀로 발탁되어 입궁했다가 신분상의 한계로 쫓겨났는데도 후에 시집을 간 것이 큰 문제가 된 사례도 있다. 심한 가뭄이나 재해가 발생했을 때, 왕은 시집 가지 못한 여자들의 한을 다스린다는 명목으로 궁녀를 방출시켰지만 그녀들 역시 연애나 결혼은 철저히 금지되어 있었다. 만약 이 법을 어기면 엄청난 형벌을 받게 된다.

궁녀 혹은 궁궐에서 방출된 궁녀와 간통 행위를 하게 되면 그 죄의 무게는 참형에 해당했고, 방출된 여자를 첩으로 들인 사람은 유배형 이상을 받았다. 물론 그 행위에 가담한 궁녀도 같은 벌을 받고 신분도 천민으로 전락되는 수모를 겪어야 했다.

실록에는 이에 대한 구체적인 사건들이 심심찮게 기록되어 있는데, 그 내용들을 한번 살펴보자.

출궁 궁녀 간통 사건 세종대왕 21년 5월 15일, 사헌부에서는 별시위 이영림이 궁궐에서 나간 시녀를 간통했으니, 율에 의하여 참형에 처하라는 상신을 올렸다. 이때 이영림과 간통 사건을 벌인 궁녀에 대한 구체적인 신상은 기록되지 않았으나 필시 가뭄 때문에 세종 초에 방출된 어린 궁녀였을 것이다. 그러나 세종은 참형은 너무 심하다고 생각한 모양이다. 그 정상을 참작하여 두 등급을 내려서 집행하라고 했다. 참형에서 두 등급을 내리면 귀양형이었다.

　연산군 6년 2월 16일에는 영광군수 유집이 익명서로 한순을 고발한 사건이 있는데, 이 일 또한 출궁 궁녀 간통에 관한 것이다. 당시 한순은 공조좌랑으로 있던 인물인데, 예종의 계비인 안순왕후 한씨의 동생이자 구성군 이준의 처남이다. 구성군은 곧 연산군의 정비 신씨의 외숙이기도 했다. 그런 인척 관계 덕에 그는 연산군의 총애를 받았으며, 연산군이 사랑하던 궁녀와 간통하고 첩으로 들인 것이 사실이었다. 하지만 그의 위세가 너무 대단한 터라 유집은 직접 고발하지 못하고 사헌부에 익명서를 넣은 것인데, 조사 과정에서 익명서를 넣은 장본인이 유집이라는 사실이 밝혀지자 유집은 겁을 먹고 숨어버렸다.

　이에 연산군은 유집이 선비로서 당당하지 못하게 익명서를 투서했다 하여 대죄인으로 다스릴 것을 명했다. 또 연산군은 유집을 잡는 자에게 포상금을 주라는 명령까지 했다. 하지만 정작 출궁 궁녀와 간통한 한순에 대해서는 전혀 죄를 묻지 않았다. 한순은 연산군 재위 기간 동안 온갖 권세를 누리며 승승장구했는데, 중종 반정 당일에는 반정군에 가담하여 정국공신에 오르는 아주 기회주의적인 인물이었다. 하지만 연산군이 쫓겨난 뒤에 홍문관부제학 이윤으로부터 연산군에게 아첨한 신하라는 탄핵을 받아 벼슬에서 물러났다.

　연산군이 출궁 궁녀와 간통한 측근에 대해 죄를 묻지 않은 것은 이것뿐만 아니다. 같은 해에 장령 정인이 출궁 궁녀와 간통한 사건이 보고되었는데, 연산군은 이렇게 말했다.

　"이미 집으로 돌아간 궁녀와의 관계는 따질 것이 못 된다. 그러니 더 이상 논하지 말라."

　사실, 연산군은 출궁 궁녀의 간통은 죄가 아니라고 판단하고 있었다.

　연산군 8년 1월 9일에 지평 이효돈이 홍백경에 대해 인사를 잘못했다는 상소를 올렸는데, 그 이유 중 하나가 홍백경이 방출된 궁녀와 간음했다는 것이었다. 하지만 연산군은 방출 궁녀와의 간통을 전혀 문제 삼지 않았다. 이에 대해 대간에서 계속 문제를 삼자, 연산군은 마지못해 홍백경을 장형에 처하고 홍백경과 방출 궁녀를 서로 떨어져 살게 하라고 했다.

하지만 홍백경은 방출 궁녀를 집에서 내보내지 않았다. 오히려 자신의 정처를 내쫓고, 그 자리에 방출 궁녀를 들였다. 이후 연산군은 홍백경을 다시 불러 참판 자리를 내렸다. 이 문제를 놓고 대간에서 다시 홍백경을 참판 자리에서 내쫓아야 한다고 논박하자, 연산군은 하는 수 없이 이렇게 말했다.

"백경의 일은 정승들도 말을 했으니, 직책을 바꿔 임명하도록 하라."

그것뿐이었다. 연산군은 홍백경에게 더 이상의 죄를 묻지는 않았던 것이다. 연산군은 남달리 여자를 좋아해서 그런지 몰라도 여자 문제에 있어서는 매우 너그러운 면모를 보였다.

궁녀 연애 사건　　　세종 26년에는 앞의 사건보다 더 심각한 사건이 벌어졌다. 의금부에서는 궁녀 장미가 거짓으로 병들었다고 하여 집으로 휴가간 뒤에 남자들과 놀아났다는 내용을 보고했다. 장미가 놀아난 남자는 이인과 김경재였다. 이인은 장미를 불러다 함께 술을 마시고 연회를 벌였고, 잠을 잘 때 장미와 벽을 사이에 두고 잤으며, 장미를 불러다 주연을 베풀 때 거문고를 타게 했다. 거기다 장미의 집을 은밀히 왕래하면서 선물을 주고받았다는 것이 죄목이다. 하지만 두 사람이 몸을 섞었거나 또는 손조차 잡은 사실도 없었다 한다. 말하자면 둘은 마음을 주고받는 연애를 한 셈인데, 이 또한 참형에 해당되는 죄였다.

김경재는 이인이 벌인 연회에 참여한 적이 있으니 죄가 있고, 김경재의 동서와 두 명의 처남도 그 자리에 함께 있었기에 또한 죄를 지었다고 쓰고 있다. 의금부는 이들의 죄 역시 참형에 해당한다고 올렸다.

이 사건에 대해 세종은 김경재의 동서 정철권과 처남들인 김유돈, 김유장에 대해서는 벌을 약하게 주고, 장미는 의금부가 올린 대로 참형에 처했다. 그리고 이인은 여연으로 귀양 보내고, 김경재는 무창의 관노로 예속시켰다. 궁녀하고 술 한잔 했다가 감당하기 힘든 엄청난 결과를 초래한 셈이다.

세조 11년 9월에는 궁녀의 연애편지 사건이 큰 문제를 일으키기도 했다. 세종의 아들 임영대군에게는 준이라는 아들이 있었는데, 인물이 좋았다고 한다. 궁녀 덕중이라는 여자가 그 인물에 반하여 고민하다가 급기야 연모하는 마음을 편지로 써서 이준에게 전한 일이 있었다. 이때 그녀의 편지를 전해준 사람은 환관 최호와 김중호였다. 환관들은 그것이 매우 위험한 일인 줄 물론 알고 있었지만, 덕중의 꼬임에 넘어가 편지를 그렇게 전해주었던 것이다.

그런데 연애편지를 받은 구성군 이준은 그 사실을 감추면 나중에 큰 화를 당할 것으로 판단하고 즉시 아버지 임영대군에게 편지를 보였다. 임영대군 이구는 의심 많은 세조가 알게 되면 분명히 곤욕을 치를 것이라 여겨 그냥 지나치지 않았다. 그래서 아들 준을 데리고 입궐하여 세조에게 이 사실을 알렸다.

그러자 세조는 사건의 일차적인 책임이 환관에게 있다고 말했다. 세조의 말인즉 비록 아녀자가 그런 생각으로 편지를 주더라도 환관이 거절했다면 일어나지 않을 일이었다는 것이다.

세조는 곧 환관 최호와 김중호를 불러다 매를 때리며 심문했고, 두 환관이 자신들의 행위를 인정하자 밖으로 끌어내 때려 죽이게 했다. 그리고 재상들을 불러들여 이렇게 말했다.

"궁인의 죄가 또한 이미 극에 달하여, 한편으론 종친을 더럽히고 한편으론 환관을 해하였으니, 내가 마땅히 죽여야 하겠으나 다만 눈 앞에서 오래 본 자이기에 우선 너그럽게 처리하고자 하는데 여러 재상들의 뜻은 어떤가?"

세조는 내심 궁녀는 죽이지 않을 생각이었던 것으로 보인다. 아마도 자신을 오랫동안 시중들어온 궁녀라 선뜻 죽일 수가 없었던 모양이다.

그러나 재상들은 입을 모아 말했다.

"죽여야 합니다."

그러자 세조는 마지못해 대답했다.

"내 마땅히 죽이겠다. 임금의 마음이라는 것은 모름지기 공명정대해야 하지 않겠는가."

하지만 세조는 궁녀를 죽이라는 명을 내리지는 않았다. 대신 대전 환관 김처선을 불러 이렇게 말했다.

"네 죄가 적지 않으나 죄의 괴수를 이미 베었으니, 곧 너의 무리들을 용서한다."

이 말은 언뜻 환관의 무리를 용서한다는 말로 들리지만, 한편으로는 궁녀까지도 용서하겠다는 의미를 담고 있었다.

그리고 세조는 임영대군과 구성군 이준, 그리고 재상들을 위해 연회를 마련했다. 그 자리에서 춤추고 즐기면서 그들 부자를 달렜다. 어쩌면 그 잔치는 아끼는 궁녀와 조카를 살리기 위한 세조 나름의 방책이었는지도 모른다. 만약 그 일로 궁녀를 죽인다면 궁녀를 의금부에 내려 심문해야 할 것이고, 그 과정에서 구성군 이준과 궁녀 덕중의 다른 연애 행각이 발설되면 이준 또한 죽음을 면치 못할 것을 알았기 때문이다. 세조는 혹 재상들이 그 문제를 의금부로 하여금 조사하게 해야 한다고 주장할까 염려하여 잔치를 베풀어 무마시키려 한 것이다.

그러나 이 문제는 그것으로 끝나지 않았다. 후에 세조가 죽고, 예종이 죽고, 나이 어린 성종이 즉위하자 대사헌 이극돈이 이 문제를 빌미로 구성군 이준을 죽이라고 상소했다. 심지어 이극돈은 종친으로서 임금에게 불충하고 임금의 여자인 궁인과 간통한 이준과 한 하늘 아래 살 수 없다고까지 말했다.

이극돈이 수년이 지난 세조 대의 일을 들춰내면서까지 이런 말을 한 것은 무슨 수를 써서든 구성군을 조정에서 몰아내기 위함이었다. 성종의 나이가 어렸기 때문에 조정에서는 자칫 반정이 일어날까 염려했고, 그럴 가능성이 있는 인물로 당시에 가장 촉망받던 구성군을 지목했던 것이다. 구성군은 세조와 가장 가까운 종친이었고, 이시애의 난을 진압한 공신이었으며, 영의정까지 지낸 젊고 유망한 인물이었다. 따라서 그가 한양에 존재한다는 사실만으로도 성종에게는 크나큰 위협이 아닐 수 없었다. 따라서 조정을 이끌고 있던 한명회 등은 무슨 구실을 붙여서라도 구성군을 죽여야만 했다. 이극돈은 그런 사명을 띠고 그와 같은 극렬한 상소를 올린 것이다.

당시 섭정을 하고 있던 세조의 왕비 정희대비는 구성군에 대한 이극돈의 탄핵을 받아들이지 않았다. 그러나 구성군이 어린 성종에게 매우 위협적인 인물인 것은 사실이었으니, 그 점을 감안한 정희대비는 그를 경상도 영해(현 영덕)로 유배 보내고, 향후로는 종친이 조정에 출사할 수 없는 법을 만들었다. 어린 조카를 죽이고 왕위에 오른 세조의 반란과 같은 일이 또 일어날 것을 염려하여 아예 법적으로 종친의 조정 출사를 막아버렸던 것인데, 그야말로 도둑이 제발 저리는 격이 아닐 수 없었다.

대식 행위 및
희귀한 간통 사건

궁녀 간통 사건 중에는 환관과 있었던 일도 심심찮게 발견된다. 대표적인 것이 숙종 27년 3월 27일에 기록된 사건이다. 이날 숙종은 내관 이동설을 참형에서 감면하여 유배를 보냈는데, 그 벌은 방자들과 간통한 죄를 다스리기 위한 것이었다.

방자란 여관들이 거느리는 여종으로 상궁의 살림집 가정부를 일컫는다. 이들은 대개 결혼 경력이 있는 여자들로서 일찍 혼자 되어 과부로 살다가 궁궐에 들어온 사람들이다. 이들 중 월금과 영업이란 여자가 있었는데 환관 이동설과 간통하다가 그것이 발각된 것이다. 당시에는 다른 남자와 손을 잡거나 남녀로서 정을 느끼는 말만 주고받아도 간통을 범한 것으로 간주했다. 따라서 이동설과 이들 여자들과의 간통은 기껏해야 이야기를 나누거나 손을 잡은 정도였을 것이고, 심했다면 서로 입을 맞추거나 애무하는 정도였을 것이라 추측해볼 수도 있다. 이동설이 거세된 환관 신분이었기 때문이다. 하지만 환관들도 당시 부부 생활을 하고 있었기 때문에 이 간통은 서로 몸을 어루만지는 애무가 아니었을까 짐작된다.

28 궁녀들이 사용한 남근목. 이것은 궁궐의 궁인 처소에서 대거 쏟아져 나온 것이다. 남근목은 여성들이 자위 도구로 사용했던 것으로 인식되고 있는데, 정말 그렇게 사용됐는지는 불분명하다. 남근목을 가지고 있으면 임금의 승은을 입을 수 있다는 믿음 때문에 궁녀들이 그것을 가지고 있었다는 견해도 있다.

어쨌든 이 사건은 형조에 넘겨져 관련자들이 심한 고문을 당했지만, 아무도 죄를 자복하지 않았다. 그렇게 계속 시간을 끌자, 숙종은 귀찮게 생각했는지 내관 이동설을 절도에 유배시키는 것으로 사건을 마무리해버렸다. 아마도 환관의 처지를 참작한 처리가 아니었는가 싶다.

환관과 궁녀들이 비밀스런 관계를 맺은 경우는 이 외에도 제법 많이 있다. 환관과 궁녀가 서로 의남매를 맺고 궁궐 밖에서 은밀히 만나다 발각되었다는 기록도 있다. 심지어 궁녀와 궁녀들끼리 동성연애를 즐기는 대식對食 행위도 있었던 것으로 보인다.

영조 3년 7월 18일에 조현명이 올린 상소에 보면 이런 내용이 나온다.

'아, 통탄합니다. 예전부터 궁인들이 혹 족속이라 핑계하여 여염의 어린아이를 금중에 재우고, 혹 대식을 핑계하여 요사한 여중이나 천한 과부와 안팎에서 교통합니다. 이것은 다 요사한 자에게서 인연하고 간사한 자에게서 시작되는 것입니다. 삼가 바라건대, 전하께서 그 출입의 방지를 준엄하게 하여 그 왕래하는 길을 끊으소서.'

원래 대식이라는 것은 궁녀들이 가끔 가족이나 친지를 궁궐 안으로 불러들여 같이 밥을 먹게 해주는 제도다. 휴가를 보내주지 않는 대신 가족이나 지인을 처소로 불러들일 수 있게 한 것이다. 물론 여자에 한해서다. 그런데 이 대식을 핑계하여 동성연애할 대상을 끌어들이는 경우가 있었던 모양이다. 대개 상궁이 되면 아래로 방자와 비자를 거느리며 독단적인 사생활을 하는데, 아마 이때부터 대식이 허용됐을 것이다. 따라서 외부인을 끌어들여 대식을 하는 경우는 상궁들에 한정된다고 볼 수 있다. 나인 시절에는 방을 함께 쓰는 방동무가 있기 때문에 외부인을 끌어들여 재울 수 없는 까닭이다. 그런데 이 대식을 통해 동성연애가 이뤄지자, 대식은 동성연애를 지칭하는 은어로 굳어진 것 같다. 이미 중국에서는 이 대식이란 제도를 통해 환관과 궁녀가 공공연히 부부 생활을 하고 있었던 것으로 알려져 있다.

그런 상황을 감안한다면 조현명의 상소에서 '대식을 핑계하여 요사한 여중이나 천한 과부와 안팎에서 교통한다'는 말은 동성연애를 지칭하는 것이 아닌가 싶다. 또 그것을 궁녀들이 오래 전부터 해오던 일이라는 말에서 알 수 있듯 대식 행위는 궁녀들 사이에 오랫동안 은밀히 행해지던 일일 것이다.

세종 18년 10월 26일에 당시 세자 향(문종)의 두 번째 세자빈인 봉씨 폐출 사건은 궁녀들의 대식 행위를 증명하는 대표적인 사건이기도하다.

봉빈을 폐출하게 된 가장 결정적인 이유 중 하나는 비자 소쌍召雙과 자주 동침했다는 사실이었다. 소쌍의 말에 따르면 봉빈은 '소쌍의 옷을 강제로 벗기고 남자와 교합하는 형상으로 서로 희롱했다'고 했다. 소쌍은 그것을 원하지 않았으나 봉빈이 강제로 시켰다는 것이다. 비록 봉빈은 이를 강력하게 부정했지만, 세종은 소쌍의 말을 사실로 인정하고 봉빈을 내쫓기에 이른다.

이 사건을 밝히는 과정에서 또 하나 새로운 사실이 밝혀진다. 봉빈과 동침했던 소쌍이 사비私婢 단지端之와 서로 좋아하는 관계였으며, 그들 또한 자주 동침했다는 내용이었다. 봉빈은 이들 두 사람의 관계를 질투하여 소쌍이 단지를 만나지 못하게 하기도 했다.

이 사건 이전에도 여관들이 그와 같은 사건을 보고해온 적이 있었는데, 세종은 그들에게 벌로 곤장 70대를 때렸다고 스스로 밝히고 있다. 또 70대를 맞고도 고치지 않아서 곤장 100대를 때렸더니, 그 뒤로 궁녀들의 대식 행위가 사그라들었다고 덧붙였다.

봉빈은 소쌍과 단지의 성 행위를 목격했던 모양인데, 그녀의 말을 옮기자면 이렇다.

"소쌍이 단지와 더불어 항상 사랑하고, 밤에만 같이 자는 것이 아니라 낮에도 서로 목을 맞대고 혓바닥을 빨곤 했습니다."

봉빈은 소쌍과 단지의 그런 행위에 자극되어 소쌍과의 대식 행위를 행동으로 옮겼고, 그것은 대궐 안에서 소문으로 퍼져 세종의 귀에까지 들어갔던 것이다. 세종은 이 사실을 도승지 신인손과 동부승지 권채에게 말했지만, 봉빈을 폐출하는 이유에는 기재하지 말라고 당부했다. 세자빈이 여종과 대식 행위를 한 일이 너무나 추잡하여 차마 교지에 넣을 수 없다는 것이 이유였다.

봉빈은 이 사건 때문에 폐출되었고, 오늘날에도 레즈비언으로 인식되고 있다. 하지만 그녀가 정말 레즈비언이었는지는 불분명하다. 그녀는 늘 남편 문종이 자신의 처소를 찾아주길 기다리며 오매불망 임신을 원하던 여자였다. 하지만 남편이 도통 자신의 침실을 찾아주지 않자, 남자를 그리워하는 마음에 여종과 대식 행위를 즐겼던 것이다. 엄밀한 의미에서 보면 이 것은 레즈비언이라기보다는 말 그대로 남자 대신 여자와 관계한 대식代食 행위였는지도 모른다. 봉빈뿐 아니라 대식 행위를 하던 대부분의 궁녀들 은 남자와 동침할 수 없는 자신의 처지를 한탄하며 그렇게나마 성욕을 해 결했던 것으로 판단된다. 그런 점에서 보자면 대식은 오늘날의 레즈비언 들의 행위와 구분되어야 마땅하다. 대식은 그야말로 성적으로 억압된 궁 녀들의 한 맺힌 자구책으로 이해되는 것이 옳다는 뜻이다.

현종 8년 5월 20일에는 더욱 더 심각한 궁녀의 간통 사건 하나가 기록되 어 있는데, 궁녀 귀열은 이 일로 참수형에 처해졌다. 귀열은 원래 왕대비 전의 궁녀인데, 갑자기 배가 불러왔다. 주변에서 임신을 의심하여 왕에게 보고하니, 현종이 일단 내수사 감옥에 가뒀다. 얼마 뒤 그녀는 감옥에서 아이를 낳았는데, 출산 이후에 문초를 당하자 임신의 내막을 털어놓았다.

놀랍게도 그 아이의 아버지는 그녀의 형부인 서리 이홍윤이었다. 형부 와 처제가 서로 간통했다는 것인데, 이는 교수형에 해당하는 중죄였다. 형 조에서 그녀를 교수형에 처해야 된다고 아뢰자, 현종은 등급을 높여 참수 하라고 명했다. 그러자 승정원에서 법을 함부로 적용하는 것은 좋지 않은 선례를 남기니 그냥 교수형으로 처리하는 좋겠다고 말했다. 현종은 인륜 을 배반한 그들을 용서할 수 없다며 끝까지 참형에 처하라고 고집을 부렸 다. 그래서 결국 귀열은 참수형을 당하고 말았다.

그후 형조는 그녀의 아버지 광찬과 어머니 숙지도 사실을 알고 있으면 서 알리지 않았다는 죄목으로 장을 때리고 귀양 보냈다. 하지만 아이의 아 버지이자 귀열의 형부인 이홍윤은 종적을 감춰버려 잡지 못했다.

궁녀와 관련된 여러 간통 사건이 있긴 했지만, 형부와 이런 일을 벌인 경우는 실록에서 극히 드문 예에 속한다.

경국대전의 조문을 바꾼
이축 사건

방출된 궁녀와 간통을 일으킨 정도가 아니라 아예 첩으로 삼고 살다가 발각되어 낭패를 당한 인물도 많았다.

태종 시절의 우정승 조영무는 관음이란 첩을 데리고 살았는데, 사헌부에서 관음이 원래 궁녀 출신이라 하여 조영무를 탄핵했다.

사헌부에서 말하길 관음은 원래 어린 나이에 궁녀로 들어왔다가 방출된 여자라는 것이었다. 이에 태종은 관음이 10살의 어린 나이에 궁중에 들어왔다가 기생 소생인 까닭에 다섯 달 만에 쫓겨간 아이라고 하면서 그때 궁궐을 나가 시집가는 것을 허락했었다고 대답했다. 이에 사헌부에서 계속 문제를 삼았지만, 끝내 태종은 조영무를 벌주지 않았다.

이 외에도 성종의 부마 남치원이 궁녀 출신을 첩으로 삼았다가 중종의 배려로 용서받은 적이 있고, 역관 장사원이 역시 방출 궁인을 첩으로 삼았다가 벌을 받기도 했다. 이렇듯 방출 궁녀를 첩으로 삼은 사건은 심심찮게 발견되는데, 그 중에서 강양군 이축 사건은 눈여겨 볼 만한 것이다.

성종 17년 12월 20일, 사헌부에서는 강양군 이축을 추국하도록 해달라고 했다. 이축이 종친으로서 도리를 버리고 출궁 궁녀를 간통하여 첩으로 데리고 살고 있다는 것이었다. 종부시로 하여금 추국하도록 하라는 요청이었다. 그런데 성종은 이렇게 대답했다.

"『대전』에 '놓아보낸 궁녀를 첩으로 삼는 조정의 관리는 벌을 준다' 고 했는데, 종친도 조관의 예로 논하는지 알지 못하겠다. 그러니 그것을 감교청에 물어보고 아뢰라."

성종은 그런 말로 이축의 죄를 면죄해 준 것인데, 12월 28일에 사간원 헌납 김호가 다시 아뢰었다.

"조정의 관리가 놓아보낸 궁녀를 취하는 것은 『경국대전』에서 금하고 있습니다. 그런데 이제 강양군 이축을 특별히 죄를 면하게 하시니, 참으로 공평함을 잃은 처사입니다."

하지만 여전히 성종은 이축을 벌할 마음이 없었다.

"종친을 어찌 조관朝官과 같이 다루겠는가?"

그러자 김호가 다시 반론을 폈다.

"『대전』에는 비록 종친을 따로 말하지 않았지만, 실은 종친도 조관에 포함되는 것 아니겠습니까? 어찌 홀로 조관만 금하고 종친은 취하는 것을 허락할 수 있단 말입니까?"

그쯤 되자, 성종도 한 발 물러섰다. 명분이 약했던 것이다.

"알았다. 내 마땅히 대신들과 의논하여 처리하겠다."

그 뒤 성종이 아무 말이 없자 대사헌 김자정이 차자를 올려 이축을 죄로 다스려야 한다고 주장했다.

"이축은 시녀를 첩으로 삼았으니, 실로 내버려 둘 수 없는 일입니다. 청컨대 벌을 주고 그들을 서로 헤어지게 하소서."

그러나 역시 성종은 물러서지 않았다.

"강양군의 일은 들어줄 수 없다. 『대전』에 종친을 아울러 명시하지 않았는데, 무슨 법으로 죄를 준단 말인가?"

그리고 성종은 이렇게 명했다.

"『대전』에 있는 조문 중에 '조관은 방출한 궁녀와 무수리에게 장가들지 못한다' 는 항목에 '종친 및' 이라는 세 글자를 보태도록 하라."

이렇게 해서 이축은 처벌되지 않았고, 『경국대전』 조문에는 종친도 방출한 궁녀를 취하지 못한다는 내용이 추가된 것이다.

三. 왕의 어머니가 된 궁녀들

왕의 생모 후궁들의　　경복궁 북쪽의 서울 종로구 궁정동엔 칠궁七宮이라
사당 칠궁　　　　　는 사당이 있다. 칠궁은 오랫동안 일반인들에게는
공개되지 않았는데, 이는 청와대 영내에 있기 때문이다. 지금은 청와대 관
람자들의 마지막 관광 코스가 된 덕에 일반인도 가볼 수 있지만, 청와대가
늘 개방되는 곳이 아니기 때문에 여전히 찾아보기 힘든 곳이다.

칠궁은 면적 2만 7150제곱미터의 결코 적지 않은 공간에 마련된 사당이
다. 왕비는 아니었지만, 왕의 생모였던 일곱 후궁들의 신위가 모셔져 있
다. 원래 영조의 생모인 숙빈 최씨의 신위를 모셔놓고, 숙빈묘라고 칭하다
가 그 뒤에 육상묘毓祥廟로 바꾸었다. 그리고 1753년에 육상궁으로 개칭하
였다. 고종 대인 1882년에 육상궁이 불에 탔는데, 1883년에 다시 건축하
였고, 1908년에는 저경궁, 대빈궁, 연우궁, 선희궁, 경우궁 등 다섯 묘궁을
옮겨와 통칭하여 육궁이라 불렀다. 그리고 1929년에 덕안궁도 옮겨와 칠
궁이라고 부르게 되었다.

저경궁儲慶宮은 추존된 왕인 인조의 아버지 원종(정원군)의 생모 인빈 김
씨의 묘궁이고, 대빈궁大嬪宮은 경종의 어머니 희빈 장씨의 묘궁이며, 연우
궁延祐宮은 추존된 왕인 진종(효장세자)의 생모 정빈 이씨의 묘궁이다. 또
선희궁宣禧宮은 장조(사도세자)의 생모 영빈 이씨의 묘궁이고, 경우궁景祐宮
은 순조의 생모 수빈 박씨의 묘궁이며, 덕안궁德安宮은 영친왕의 생모 순헌
황귀비 엄씨의 묘궁이다.

칠궁에는 이렇게 왕을 생산한 일곱 후궁의 묘궁이 마련되어 있는데, 이
들 중에서 순조의 생모 수빈 박씨를 제외한 6명은 궁녀 출신이다.

궁녀로서 최고의 위치에 오른 후궁은 영친왕의 생모이자 고종의 계비인
순헌황귀비 엄씨다. 그 다음으로는 경종의 어머니 희빈 장씨인데, 그녀는

29 청와대 영내에 있는 육상궁 전경. 육상궁은 영조의 어머니 숙빈 최씨의 신위를 모신 사당이다.

한때 왕비의 자리에도 올랐었다. 그리고 나머지 4명은 왕비는 되지 못했고, 왕의 생모로서 여느 후궁들과 다른 대접을 받았다.

어쨌든 이들 6명은 궁녀로 입궐하여 임금의 승은을 입고 아들을 낳았고, 그 아들이 왕위에 오르거나 왕으로 추존되는 영광을 맛본 이들이다. 궁녀로서는 그야말로 특별한 삶을 살며 온갖 부귀와 영예를 누린 여자들이라 하겠다. 그런 까닭에 간략하게나마 이들 중 장희빈을 제외한 5명의 삶을 조명하고자 한다(대빈궁 희빈 장씨에 대해서는 앞의 '장희빈의 인현왕후 저주 사건'에서 이미 상세하게 다룬 바 있다).

저경궁   저경궁은 궁성 남부 회현방 송현(지금의 서울 중구 남대문로 3가)
인빈 김씨   에 있던 건물로 원래 이름은 송현궁이었다. 이곳은 인조의 생부 원종의 집이었으며, 인조가 왕위에 오르기 전까지 살던 집이다. 그러나 1755년에 원종의 생모인 인빈 김씨의 신위를 봉안하고 사당이 되면서 저경궁으로 고쳐졌다. 그 뒤, 1908년에 인빈의 신위를 육상궁에 이안하면서 사당으로서의 기능은 상실되었다.

이 건물은 1927년까지 존속되다가 그 자리에 경성치과의학전문대학교가 건축되면서 철거되었다. 철거 당시 궁의 정문과 하마비는 조선은행(한국은행) 뒤뜰에 옮겨져 보존되었으나 1933년에 정문은 철거되었고, 하마비는 서울대학교 치과대학에 옮겨져 보관되고 있다.

저경궁에 봉안된 인빈 김씨는 인조의 아버지 원종의 생모이며, 선조의 후궁이다. 1560년에 김한우의 딸로 태어났으며, 어린 나이에 궁궐에 들어왔다가 선조의 승은을 입고 후궁이 되었다.

그녀가 승은을 입을 당시에 선조의 총애를 한몸에 받고 있던 후궁은 공빈 김씨였다. 공빈은 광해군의 생모로서 광해군이 쫓겨나지만 않았다면

30 경기도 남양주시 진접면 내각리에 있는 인빈 김씨의 묘 순강원 전경. 인빈 김씨는 선조의 총애를 받은 후궁으로 인조의 아버지인 원종의 생모다.

다른 왕의 생모들과 마찬가지로 묘궁에 봉안되었을 여자였다.

공빈이 선조의 총애를 받고 있을 동안에는 다른 후궁들은 왕에게 접근조차 하기 힘들었다. 선조의 왕비 의인왕후 박씨가 아이를 낳지 못한 까닭에 선조의 장남 임해군을 낳은 공빈의 위세는 하늘을 찌를 듯했고, 그 위세 앞에서 다른 후궁들은 몸을 사려야만 했다. 하지만 인빈 김씨는 그런 와중에도 공빈의 눈을 피해 선조의 사랑을 받았다. 그 때문에 공빈은 당시 소용 벼슬에 있던 인빈을 지칭하여 '나를 원수로 여기는 사람이 있는데, 그 사람은 내 신발을 훔쳐가 저주하고 있다'는 말을 하기도 했다.

공빈은 그렇듯 인빈을 극도로 미워했지만, 1577년 병에 걸려 죽고 말았다. 공빈이 죽은 뒤에는 인빈이 선조의 사랑을 독차지했고, 덕분에 선조의 후궁 중 가장 많은 자식을 생산했다. 그녀는 의안군, 신성군, 정원군, 의창군 등 4명의 아들과 정신, 정혜, 정숙, 정안, 정휘 등 5명의 옹주를 낳았다. 이 중에서 의안군은 일찍 죽었고, 신성군은 세자에 책봉될 뻔도 했으나 임진왜란 중인 1592년 11월에 의주에서 병을 얻어 죽었다.

신성군은 인빈 김씨가 선조의 사랑을 독차지하고 있을 때 태어나 특별히 부왕의 사랑을 받았다. 당시 정여립의 난에 대한 여파로 서인들이 정권을 장악하자, 동인 이산해는 인빈의 오빠 김공량과 결탁하여 신성군을 세자로 세울 계략을 꾸몄다. 당시 선조가 인빈을 매우 총애하고 있었기에 그들의 계획이 전혀 무리한 것도 아니었다.

그러나 그런 사실도 모르고 서인의 영수 정철은 1591년에 동인 유성룡의 꼬임에 말려들어 선조에게 세자를 세울 것을 주청했다. 당시 정철이 세자로 지목하고 있던 왕자는 공빈의 둘째 아들 광해군이었다.

그 무렵, 이산해는 서인과의 약속을 어기고 세자 문제를 거론하는 자리에 나오지 않았고, 한편에서 김공량에게 '정철이 세자로 광해군을 세울 것을 청하고 이어서 신성군 모자를 없애려 한다'는 거짓말을 꾸며 전했다. 인빈이 오라비에게 그 소리를 듣고 선조에게 고했고, 선조가 그 일로 분개하고 있을 때, 정철이 경연장에서 세자를 세우라고 간했다. 그러자 선조는 분통을 터뜨리며 말했다.

"내가 지금 이렇게 살아있는데, 경이 세자 세우기를 주청하니 어쩌자는 것인가?"

이 일로 정철은 선조의 미움을 받아 파직되어 결국 유배되었다. 선조는 기축옥사에 대해서 정철이 함부로 처리했다는 구실을 붙였지만, 속내는 바로 세자 세우는 문제 때문에 화가 나서 분풀이 차원으로 그를 파직시킨 것이었다.

그런 상황에서 임진왜란이 일어났고, 세자를 세우는 문제는 시급해졌다. 당시 선조는 내심으로 신성군을 세자로 세우려 했지만, 광해군이 조신들의 지지를 받고 있었다. 그러나 세자 세우는 문제는 결국 왕이 결정하게 마련이었고, 선조는 신성군을 세자로 세우려 했다. 그러나 신성군이 갑자기 병에 걸려 죽었고, 세자 자리는 광해군에게 돌아갔다.

신성군이 세자에 올랐다면 인빈은 왕비도 부럽지 않은 권력을 잡게 되었을 것이다. 하지만 자신의 자식이 세자가 되지 못하자, 그녀는 그동안 미워했던 광해군과 임해군에 대한 태도를 달리 했다. 공빈에 대한 증오심을 두 형제에게도 여지없이 드러내던 인빈은 광해군이 세자가 되자, 간혹 광해군을 지지하는 발언을 하기도 하고, 광해군이 난처한 처지에 빠졌을 때는 스스로 나서서 도움을 주기도 했다. 이는 광해군이 신성군과의 일로 왕이 된 뒤에 자신의 자식들을 죽일까봐 염려한 탓이었다.

광해군은 그런 그녀를 긍정적으로 생각했고, 왕이 된 뒤에는 서모 덕분에 왕위에 올랐다는 말을 하기도 했다.

그녀는 광해군 재위시인 1613년에 죽었는데, 그녀와 광해군의 악연은 이것으로 끝나지 않았다. 그녀가 죽은 뒤에 그녀 무덤에 왕기가 서렸다는

말이 돌았고, 그 때문에 광해군은 그녀의 자손들을 극도로 경계하~~
은 결국 그녀의 손자인 능창군(후에 능창대군으로 됨)이 신경희의 옥사와
연루되어 죽는 사태로 이어졌다.

능창군이 죽은 1615년으로부터 8년이 지난 1623년에 능창군의 형 능양
군이 마침내 광해군에게 반기를 들어 반정을 일으켰고, 반정에 성공하여
왕위에 오르니, 바로 인조였다. 인조가 왕위에 오른 뒤에 인조의 아버지
정원군이 원종으로 추존되었다. 덕분에 인빈은 왕의 생모가 되어 저경궁
에 따로 봉안된 것이다. 살아서 그토록 왕의 어머니가 되고 싶어했던 그녀
는 죽은 뒤 무덤 속에서 비로소 그 소원을 이뤘던 것이다.

육상궁   육상궁은 1725년에 조성되었는데, 처음에는 숙빈묘라고 부
숙빈 최씨   르다가 1744년(영조 20)에 육상묘로 개칭했고, 1753년에 육
상궁으로 승격시켰다. 육상궁은 칠궁 내에 있으며, 지금의 건물은 1882년
에 화재로 소실된 뒤에 다시 지은 것이다. 육상궁은 정면 3칸, 측면 3칸의
겹처마 맞배지붕으로 된 묘당을 중심으로 앞쪽에 동서각이 서로 마주보고
있으며, 네모로 된 곡담이 건물을 둘러싸고 있다.

육상궁에 봉안된 숙빈 최씨는 영조의 생모이며, 숙종의 후궁이었다. 그
녀는 1670년에 최효원의 딸로 태어났으며, 궁궐에서 물을 길어 나르는 무
수리 출신으로 알려져 있다. 하지만 고종이 왕실 내부에서 전해지는 말을
듣고 궁녀들에게 밝힌 바에 따르면 영조가 자신의 어머니는 무수리가 아
니라 침방의 나인이었다고 했다고 한다. 물론 이것은 영조의 말인지 고종
의 말인지 분명치 않다. 왕실로서는 그녀가 천비인 무수리 출신이었다는
사실을 부인하고 싶었을 것이다.

대개 조선시대의 무수리는 유부녀가 많았다. 또한 그들은 출퇴근했기

때문에 궁궐 안에 갇혀 사는 처지도 아니었다. 이런 정황에서 본다면 최씨가 무수리가 아니었다는 영조의 말에 일리가 없는 것도 아니다. 하지만 무수리 중에는 반드시 유부녀만 있는 것도 아니었고, 개중에 일부는 출퇴근을 하는 것이 아니라 여관이나 비자처럼 궁중 안에서 생활하는 이도 있었다. 이들 궁중 생활을 하는 무수리들은 어린 시절에 궁에 들어와 비자들과 함께 지냈고, 신분도 비자와 비슷했다. 또한 그들은 꼭 무수리 일만 하는 것이 아니라 이곳 저곳 불려다니면서 여관들이 시키는 일들을 해야만 했다. 무수리를 궁녀로 취급하는 것도 바로 이들 때문이다. 아마도 숙빈 최씨는 궁중 생활을 하던 이런 종류의 무수리가 아니었나 싶다.

어쨌든 그녀는 숙종의 눈에 띄어 승은을 입었다. 도대체 어떤 경로로 그녀가 숙종의 눈에 들었는지는 알 수 없으나 조선 역사상 궁궐의 천비가 후궁이 된 예는 처음이었다. 궁녀 출신인 희빈 장씨를 왕비에 앉힌 것이나 무수리 출신을 취하여 후궁을 삼은 것이나 모두 숙종만이 했던 행동이다. 이런 측면에서 보자면 숙종은 참으로 독특한 여성관을 가졌던 셈이다. 하긴 연산군은 천비 출신이자 기생 신분이었던, 그것도 결혼을 여러 번 하고 자식까지 있던 장녹수를 후궁으로 받아들였으니, 여성관의 측면에서 보자면 숙종과 연산군은 닮은꼴이 아닌가 싶다.

그런 독특한 여성관을 가진 숙종에 의해 최씨가 언제 승은을 입었는지는 정확하지 않다. 숙종 19년(1693) 4월 26일에 그녀가 숙원에 책봉된 것으로 봐서 그녀가 승은을 입은 것은 1692년 말이나 1693년 초였을 것으로 추정할 수 있겠다. 말하자면 한 겨울에 꽁꽁 언 손을 비비며 물을 길어 나르던 그녀를 숙종이 애처롭게 여기고 품어주었다는 뜻이다.

그녀가 숙원에 책봉된 것은 아이를 임신했기 때문이었는데, 이때 그녀의 뱃속에 들어있던 아이는 영조의 동복형으로 이름은 영수였다.

영수는 1693년 10월 6일에 태어났다. 하지만 두 달 남짓 살다가 그해 12월

13일에 죽었다. 최씨는 첫아이의 죽음을 슬퍼할 겨를도 없이 이내 둘째 아이를 가졌다. 둘째 아이를 잉태하고 있던 1694년 6월 2일에 그녀는 숙원에서 숙의로 진봉되었다. 종4품에서 종2품으로 승격된 것이다. 실록에는 그녀가 영수를 낳았을 때 '소의 최씨가 왕자를 낳았다'고 기록하고 있지만, 이는 잘못이다. 당시 그녀의 벼슬은 숙원이었고, 둘째를 임신한 뒤에 소의보다 하나 아래인 숙의로 승격되었다.

이때 궁중에 엄청난 변화가 있었다. 1689년에 쫓겨났던 인현왕후 민씨가 5년 만에 다시 왕비 자리로 복위한 것이다. 민씨의 복위는 최씨가 숙의로 진봉되기 두 달 전인 그해 4월에 이뤄졌다. 민씨의 복위는 최씨에게 천군만마를 안긴 격이었다.

31 조선 제21대 영조. 영조는 천출인 어머니 숙빈 최씨 때문에 심한 콤플렉스를 가지고 있었다. 그런 까닭에 그는 숙빈 최씨를 무수리 출신이 아니라 침방나인 출신이라고 말했다고 한다.

최씨는 승은을 입은 이래 당시 왕비이자 세자의 어머니였던 희빈 장씨로부터 엄청난 감시와 질시를 받고 있었다. 그러나 다행스럽게도 그때 숙종의 마음을 사로잡고 있던 쪽은 최씨였다. 숙종은 최씨가 첫 아이를 낳은 뒤부터 장희빈으로부터 점점 멀어졌다. 그로 인해 장희빈이 최씨를 괴롭히자 숙종은 장희빈을 더욱 냉대했다. 그리고 급기야 장희빈을 왕비에서 내쫓고 희빈으로 강등시켜버린 것이다.

최씨는 희빈 장씨의 미움을 받고 있던 만큼 자연스럽게 인현왕후 민씨와 같은 편이 되었다. 민씨 또한 아들이 없어 숙종의 관심을 받지 못하고 있던 터라 두 번째 아이를 잉태하고 있던 최씨를 자기 편으로 둔 것이 행운이었다.

　최씨가 낳은 둘째 아이도 아들이었다. 아이는 1694년 9월 20일에 태어났다. 이름은 금昑이라 하였고, 연잉군이라 불렀으니, 그가 훗날의 영조다.

　영조를 낳은 이듬해 6월 8일에 그녀는 귀인으로 승격되었다. 그리고 이때부터 최씨는 장희빈과 힘겨운 세력 다툼을 벌여야 했다. 서인들이 노골적으로 연잉군을 지지하고 나서면서 장희빈은 자칫 자신의 아들 윤이 세자 자리에서 내쫓길까 노심초사했고, 그것은 최씨와 인현왕후를 노골적으로 미워하는 원인으로 작용했다.

　그렇듯 장희빈과 힘겨루기를 하고 있던 숙빈은 또다시 임신을 했다. 이번에도 역시 왕자였다. 왕자는 1698년 7월에 태어났다. 하지만 불행히도 그해 7월 10일에 낳자마자 죽었다.

　이듬해 숙종은 왕자 금을 연잉군으로 책봉하고 최씨를 빈으로 진봉시켜 숙빈이라 부르게 했다. 이때 왕실에서는 단종을 복위시켰고, 그 경사를 축하하는 뜻으로 후궁들의 벼슬을 한 단계씩 올려줬다. 이로써 최씨는 장희빈과 같은 급의 후궁이 된 것이다.

　그로부터 2년 뒤인 1701년 8월 14일, 최씨의 든든한 후원자였던 인현왕후 민씨가 오랜 병마에 시달린 끝에 죽었다. 최씨로서는 이제 목숨을 보장받을 수 없는 처지가 된 것이다. 만약 장희빈이 다시 왕비로 복위한다면 그녀는 그야말로 죽은 목숨이었다. 장희빈의 아들 세자 윤이 왕위를 잇게 되면 그녀뿐 아니라 아들 금도 무사하지 못할 터였다.

　자구책을 마련해야 할 급박한 처지에 놓였던 숙빈은 살아남기 위해 선제 공격을 감행했다. 당시 취선당에 머물러 있던 희빈 장씨는 곧잘 무당을 불러 굿을 하곤 했는데, 최씨는 희빈의 그런 행동이 모두 인현왕후 민씨를 저주하여 죽이기 위한 것이라고 숙종에게 고해 바쳤다. 그 말을 들은 숙종은 즉각 취선당의 궁녀와 장희빈 사가의 여종들을 잡아들여 국문하였고,

결국 장희빈을 죽이기에 이르렀다. 장희빈의 사사를 놓고 조정대신들은 치열한 입씨름을 했으나 숙종은 기어코 장희빈을 죽였다. 숙빈 최씨와의 싸움에서 장희빈이 처참하게 패배하는 순간이었다.

숙빈 최씨는 장희빈이 죽은 뒤에 이현궁에서 살았다. 이현궁은 원래 광해군의 잠저로 인조 반정 뒤에는 원종의 비인 연주부부인 구씨(인헌왕후)가 머물렀고, 병자호란 후에는 인조의 아우인 능원대군이 머물렀다. 효종과 인선왕후의 가례가 행해졌을 만큼 이곳은 넓고 잘 가꿔진 저택이었다. 그리고 숙종 대에 숙빈 최씨에게 내려졌다가 1711년에 연잉군이 독립하여 저택을 얻으면서 숙빈 최씨가 연잉군 집으로 옮겨가고, 이현궁은 나라에 환수되었다. 숙종은 이현궁이 너무 넓고 화려하여 후궁이 홀로 쓰기에는 너무 과하다고 판단하여 환수 조치한다고 밝혔다.

최씨는 이후로 연잉군과 함께 7년을 살다가 1718년(숙종 44년) 3월 9일에 49세를 일기로 생을 마감했다. 무덤은 경기도 파주 광탄에 마련되었다. 영조가 왕위에 오른 후 그녀의 묘를 격상시켜 소령원이라 하였고, 영조 만년에 각지의 유생들이 소령원을 능으로 격상시켜야 한다고 하였으나, 영조는 그들의 말이 모두 벼슬을 얻기 위한 아부라며 끝내 능으로 격상시키지 않았다.

영조가 왕위에 오른 뒤에 최씨의 아버지 최효원은 영의정에 추증되었다. 또 최효원의 아버지 최태일과 조부 최말정에 대해서도 벼슬이 추증되었다. 정조 대에 최효원의 손자 최진형과 증손자 최조악, 최경악, 최정악 등은 모두 등용되어 벼슬을 얻었다.

연우궁   정빈 이씨는 영조가 세제 시절에 얻은 후궁이다. 하지만 그
정빈 이씨 녀는 영조가 왕위에 오르기 전에 죽었다. 죽을 당시에 그녀

는 소원 벼슬을 얻었으나, 영조가 왕위에 오른 뒤에 그녀의 아들이 세자에 책봉되어 정빈으로 추증되었다. 그녀가 낳은 왕자의 이름은 행緈인데, 세자에 올랐으나 영조 4년에 죽었다. 그가 곧 효장세자인데, 후에 정조가 그의 양자로 입적되어 왕위에 오른 덕에 진종으로 추존되었다.

　동궁의 나인이었던 그녀가 언제 세제인 영조의 승은을 입게 되었는지는 분명치 않다. 다만 효장세자의 생일이 숙종 45년인 1719년 2월 15일인 점을 감안하면 1718년 여름 쯤에 승은을 입은 것으로 보인다. 하지만 그녀가 언제 죽었는지는 기록되지 않았다. 또 그녀의 묘궁인 연우궁이 언제 마련되었는지도 기록되지 않았다. 다만 정조 대에 왕이 연우궁, 육상궁, 선희궁을 함께 배알했다는 기록만 남아 있다. 그녀 소생으로는 효장세자 외에 영조의 서장녀인 화순옹주가 있다.

선희궁　　선희궁은 영조의 후궁이자 사도세자의 생모인 영빈 이씨의
영빈 이씨　　신위가 모셔진 묘궁으로 원래는 한성의 북부 순화방(지금의 서울 종로구 신교동 농아학교 부근)에 세워졌다. 영빈 이씨의 묘호는 원래 의열묘라 했으나, 1788년(정조 12)에 선희궁으로 고쳐 격상시켰으며, 이씨의 신위는 1870년에 육상궁으로 옮겨 봉안되었다가 1896년에 다시 선희궁으로 옮겨졌다.

　이때 그녀의 신위가 선희궁으로 되돌아간 것은 순헌엄귀비와 관계가 있다. 당시 엄귀비는 영친왕을 태중에 두고 꿈을 꾸었는데, 영빈 이씨가 꿈에 나타나 자신의 폐한 사당을 다시 지어주기를 간청했다. 영친왕을 낳은 뒤에 고종에게 그 말을 전하자, 고종이 사당을 새로 지어 그녀의 신위를 환수시켰다고 한다. 그러나 그녀의 신위는 1908년에 다시 육상궁으로 옮겨졌다.

선희궁이 있던 자리에는 현재 정면 3칸 측면 2칸의 단층 맞배기와지붕의 목조 건물이 남아 있으며, 서울특별시 유형문화재 제32호로 지정되어 관리되고 있다. 그러나 묘역의 상당수는 훼손되었고, 주변에는 석물들만 몇 점 남아 있다.

선희궁에 봉안된 영빈 이씨는 흔히 자기 배로 낳은 자식을 죽이라고 한 비정한 어머니로 알려져 있다. 그녀가 후궁의 반열에 오른 것은 영조 2년(1726) 11월 16일의 일이다. 영조는 원래 정비였던 정성왕후 서씨를 좋아하지 않았는데, 이런 까닭에 후궁들에게 각별한 애정을 가졌었다. 하지만 효장세자를 낳은 정빈 이씨가 죽고 곧 경종이 죽는 바람에 국상을 겪어야 했던 그는 은밀히 총애하는 나인과 접촉했고, 경종의 3년상이 끝난 지 불과 3개월 만에 그 나인을 후궁으로 삼아버렸으니, 그녀가 바로 영빈 이씨다. 이 일을 두고 대신 이병태는 후궁을 봉하는 데 더욱 신중할 것을 요청하니, 그 말이 이랬다.

"신이 듣건대, 안빈 이씨는 옹주를 낳은 지 7년 만에야 비로소 안빈으로 봉했다고 했습니다. 이번에 전하께서 새로 후궁으로 봉하셨으니, 이는 이미 이뤄진 일이라서 말하기 곤란합니다만, 그러나 후궁을 정하는 일은 신중해야 할 것입니다."

이 말에 대해 영조는 아무 말도 하지 않았다고 한다. 이병태의 말이 전혀 틀린 것은 아니었으나, 탐탁치 않은 소리였던 것이다.

이씨가 처음으로 받은 첩지는 종2품 숙의였다. 나인 출신의 후궁에게 처음 내린 첩지 치고는 지나친 벼슬이었다. 그만큼 영빈에 대한 애정이 깊었다는 의미일 것이다. 당시 영빈은 화평옹주를 막 낳은 상태였는데, 영조는 그 사실을 너무 기뻐하여 미처 예를 살필 내면적 여유가 없었던 모양이다.

이씨는 숙의에 오른 지 얼마 되지 않아 귀인에 봉해졌고, 1730년 11월 27일에 후궁으로서는 최고의 벼슬인 빈에 올라 영빈으로 불리었다. 후궁이 된 지 불과 4년 만에 얻은 영예였다. 당시 영조는 자식을 낳지 못한 중전 정성왕후를 아예 찾지도 않았기 때문에 영빈 이씨가 실질적인 아내 노릇을 할 때였다.

그러나 이때 영조가 그녀를 빈으로 삼은 것에 대해 백성들은 의아해했다. 1730년 6월 29일에 경종의 계비 선의왕후 어씨가 죽었고, 이씨를 영빈에 봉할 때는 어씨의 인산날이 막 지난 때였다. 말하자면 국상 기간 중에 또 후궁의 벼슬을 올린 셈인데, 그것도 그냥 첩지만 내린 것이 아니었다. 영조는 직접 교지를 내려 이렇게 말했다.

"고첩을 드릴 때에는 청복과 흑함에다 차길借吉까지 행하라."

말하자면 초상이 막 끝난 마당에서 혼인 잔치를 치르는 격이었다. 이때 온 나라 사람이 아직 상복을 채 벗지 못해 흰 옷을 입었는데, 이 명령을 접하고는 도성과 지방에서 모두 놀라워하며 탄식을 쏟아냈다고 기록하고 있다.

영조의 총애를 한몸에 받던 영빈은 화평옹주에 이어 화협옹주와 화완옹주를 낳았다. 그녀가 화완옹주를 임신했을 때는 대신들이 모여 영빈 이씨가 왕자를 낳도록 기도하는 일을 상주하기도 했다. 화완옹주를 낳기 전에 영빈 이씨는 연달아 4명의 옹주를 출산했고, 그 중에 2명은 일찍 죽었다. 그리고 다섯 번째 아이를 임신했을 때 대신들이 제발 이번에는 왕자를 출산하라고 서원했던 것이다. 그러나 역시 딸이었으니, 훗날 정조의 왕위 승계를 방해하며 엄청난 파란을 일으키게 될 화완옹주였다. 화완옹주를 낳은 지 1년 만에 영빈은 또 임신을 했다. 그리고 1735년 1월 21일, 온 나라 사람들이 오매불망 기다리던 원자가 마침내 태어났으니, 바로 자신의 부모로부터 죽임을 당하는 불행한 인물 사도세자였다.

효종, 현종, 숙종의 대를 잇는 삼종의 혈맥이 끊어질까봐 노심초사하던 영조는 너무나 기뻐했다. 자칫 시간이 더 흘러 아들을 얻지 못하면 명종이 그랬던 것처럼 왕실의 방계에서 사람을 골라 왕위를 이을 뻔했던 것이다.

삼종의 혈맥을 낳아 왕자를 안겨준 영빈 이씨는 이때부터 왕비보다 훨씬 강한 힘을 얻게 되었다. 정성왕후 서씨는 비록 중궁을 차지하고 있었지만 세력은 전혀 없었고, 영조 또한 그다지 대접하지 않았다. 그러나 왕실의 법도에 따라 영빈 이씨가 낳은 왕자는 정성왕후 서씨의 보살핌을 받아야 했다. 어쩌면 이것은 훗날 영빈 이씨가 자기 입으로 자기 자식을 죽여야 된다는 소리를 하는 불행의 싹이 되었는지도 모른다.

정성왕후 서씨의 집안은 보잘것없이 몰락한 상태였고, 그 일가 중에 변변한 벼슬자리 하나 꿰차고 있는 자가 없었다. 정성왕후의 아버지 서종제는 1719년에 신천군수를 지내다 죽었고, 그녀의 남동생 서인수는 벼슬을 얻지 못해 빈궁하게 살다가 후에 대신들이 불쌍하게 여겨 동몽교관에 임명하여 겨우 가계를 꾸릴 정도였다.

이에 비해 왕자 어머니가 된 이후 영빈 이씨는 조정을 장악하고 있던 노론의 확고한 지지를 받으며 왕비 못지않은 화려한 생활을 구가했다. 거기다 1736년에 왕자 선(사도세자)은 세자에 책봉되고, 1749년부터 영조를 대신하여 대리청정을 하게 되니, 그녀는 곧 왕의 생모가 될 터였다.

그러나 세자가 대리청정을 하면서 그녀의 불행은 시작되었다. 생모와 부왕이 모두 노론에 기반을 두고 있었지만 세자는 은근히 노론을 멀리하고 소론과 남인의 소리에 귀를 기울이고 있었던 것이다. 여기에는 정성왕후의 영향도 없지 않았을 것이나 어려서부터 그를 돌보던 상궁들의 영향력이 더 컸을 것이다. 그를 보육한 상궁들 중 상당수가 경종의 왕비 어씨를 모시던 사람이었던 까닭이다. 이 때문에 세자는 경종에 대한 동정심을 가지게 되었고, 한편으로는 자신의 아버지 영조가 노론과 영합하여 경종을 독살했을지도 모른다는 의구심을 품게 되었다. 거기다 왕이 노론의 힘에 밀려 탕평책을 제대로 구사하지 못하는 것을 보고 노론에 대한 적개심을 가졌던 것으로 보인다.

그런 상황에서 정성왕후 서씨가 죽고, 노론 측 왕비인 정순왕후 김씨가 들어왔다. 정순왕후가 들어온 이후 세자 선의 입지는 조금씩 좁아졌다. 영조가 정순왕후를 매우 총애하였고, 정순왕후는 세자를 노골적으로 싫어했기 때문이다. 정순왕후는 영빈과도 가까운 사이였는데, 세자가 정순왕후와 관계가 나빠지는 바람에 영빈과 세자 사이에도 불신의 골이 깊어졌다.

이쯤 되자, 노론에서는 세자를 불신하기에 이르렀고, 그 무렵 정순왕후와 친하던 숙의 문씨가 임신을 하자, 노론에서는 노골적으로 세자에게 적개심을 드러냈다. 그와 동시에 영조도 세자를 의심하고 심하게 꾸중하며 미워했다. 이에 당시 영의정이었던 소론 측의 이종성이 영조에게 세자를 너무 몰아붙이지 말라는 요청을 하였고, 그것은 세자가 소론편이라는 인식을 심어주는 결정적 계기가 되었다.

세자가 소론에 기울자, 중전 김씨와 후궁 문씨 등이 더욱 거세게 세자를 비난했다. 세자는 그 상황을 이기지 못하고 마음대로 궁궐을 빠져나가 평양까지 가서 기생을 끼고 노는 등 엉뚱한 행동을 일삼았고, 급기야 자기 주변의 환관과 궁녀를 의심하여 죽이기도 했다.

이 소식을 듣고 영빈 이씨는 1762년 윤5월에 세자가 미쳤다며 영조에게 세자를 죽여달라고 말했다. 생모인 이씨가 세자를 죽여달라는 말을 하자 영조는 즉시 일을 결단하고 세자를 서인으로 삼아 궐내에 감금했다가 뒤주에 가둬 죽였다.

영빈 이씨는 그로부터 2년을 더 살다가 1764년 7월 26일에 죽었다. 영조는 그녀의 제문을 직접 짓고, 장례에 직접 참여하겠다고 했다. 승지가 후궁의 상례에 임금이 직접 참여하는 일은 있을 수 없다고 막자, 영조는 그 법을 고치라며 참여할 뜻을 꺾지 않았다. 또 그녀에게 의열이라는 시호를 내리고 영빈을 위해 표의록을 짓도록 했다. 영빈이 개인적인 정을 끊고 국가 대의를 위해 아들을 죽이라고 한 일에 대한 변명 차원의 글이었다.

영조는 이 표의록을 작성하고 간행하여 사고史庫에 보관하라고 지시했다.

영조는 영빈의 묘소를 옛날 연희궁 터에 마련하라고 지시했다. 이곳은 오래 전부터 명당으로 소문난 곳이었다.

원래 그곳엔 연희궁이 있었으나 광해군 대에 화재가 나서 전각이 타고 없었다. 연희궁은 왕이 자리를 옮겨 앉을 때 잠시 머무르는 이궁離宮 중 하나로 원래 이름은 서이궁西離宮이었다. 그러다 세종 7년(1425) 8월 30일에 연희궁衍禧宮으로 이름을 고쳤고, 다시 영조가 영빈의 무덤을 조성하면서 한자를 고쳐 연희궁延禧宮이라 하였다. 오늘날 연희동은 이 궁의 이름을 따서 지은 지명이다.

연희궁은 원래 왕실의 액운을 막기 위해 지은 궁궐이었다. 이곳의 위치에 대해서는 『궁궐지』에 도성 밖 서쪽 15리 양주에 있다고 씌어 있으나 정확한 위치는 밝혀지지 않았다. 정종이 왕위를 선양하고 이 궁에 머물렀다고 기록되어 있으며, 1420년에 상왕 태종을 위해 세종이 중건하여 크게 확장하였다. 그리고 세종 자신도 1426년에 이곳에 잠시 머물기도 했다.

하지만 당시에 이 궁에 해충과 독사가 많아 조정에서는 임금의 거둥을 만류했다. 그러자 세종은 이곳에 국립 양잠소인 잠실도회를 설치했고, 세조는 이곳을 서잠실이라고 칭하고 관리를 뒀다.

연산군 대에 이르러서는 연희궁을 크게 개축하고 연회장으로 탈바꿈시켰다. 연산군이 이곳에서 기생들과 놀아나자 항간에서는 '연희궁 까마귀 골 수박 파먹듯 한다'는 속담이 생기기도 했다.

연산군이 이처럼 연회장으로 쓰며 흥청망청 놀아난 뒤로부터 연희궁은 이미지가 나빠져 이궁으로 쓰이지 않았다. 이후 광해군 9년 4월에 화재가 나서 전각이 모두 소실된 뒤로 오랫동안 방치되었다가 영조 대에 이르러 사도세자의 생모인 영빈 이씨의 묘인 수경원綬慶園이 조성되었다.

덕안궁
순헌황귀비 엄씨

덕안궁은 순헌황귀비 엄씨의 신위가 봉안된 사당이다. 엄씨는 원래 나인으로 있다가 1896년에 고종의 승은을 입고 1897년에 황자 은을 낳아 후궁이 되었다. 이해 양력 10월 20일에 태어난 아들은 훗날의 영친왕으로서 순종의 황위 계승자로 지목된다(고종 이전의 실록 기록은 모두 음력이나 고종 이후의 기록은 모두 양력이다).

엄씨가 아들을 낳았을 때 고종은 황제에 즉위한 지 불과 8일밖에 되지 않은 터라 몹시 기뻐했다. 고종은 황자가 태어난 날로부터 이틀이 지난 그해 10월 22일에 그녀를 귀인에 봉했고, 1900년 8월 3일에 순빈으로 봉했다.

1901년 9월 14일에 윤용선이 빈을 비로 높여야 예에 합당하다는 글을 올렸다. 이 글에 따르면 천자의 후궁은 비妃라 칭할 수 있으며, 이전에 왕

을 칭할 때 조선의 빈은 비로 높여 부르고, 귀인은 빈으로 높여 불러야 한다고 말했다. 결국, 그해 9월 20일에 순빈 엄씨를 비로 봉하는 예식을 거행하라는 명이 떨어졌다. 그리고 10월 14일에 그녀를 순비로 책봉했다.

그 뒤 1902년 10월 28일에 순비를 황귀비로 책봉하는 의식을 거행하라고 지시했다. 명실공히 그녀가 명성황후에 이어 계비가 되는 순간이었다. 그러나 고종은 그녀를 황후로 책봉하지는 않았다.

그러자 그해 12월 2일에 김사철이 순비를 황후로 올릴 것을 상소했다. 정식으로 제2황후로 삼자는 말이었다. 하지만 고종은 이렇게 말했다.

"이미 대신들에게 이 문제에 대해서는 비답을 내린 바 있다."

황후는 안 된다는 것이었다. 당시 황태자였던 순종의 입장을 배려한 것이다. 엄씨는 결국 1903년 12월 25일에 황귀비에 책봉되고, 금책문이 발표되었다. 황후가 아닌 황귀비로 책봉하는 것이었지만, 예식에서 그녀는 황후의 옷을 입도록 허락받았다. 또 금책과 금인장을 받음으로써 고종의 계비가 된 것이었다.

그러나 이미 조선은 일본의 손아귀에 들어가 있었고, 1905년에는 외교권마저 박탈당했다. 또 1907년에는 고종이 강제로 퇴위를 당했다. 이러면서 엄씨는 쇠락한 왕조와 함께 늙어갔고, 급기야 병을 얻었다. 그야말로 즐거운 일이라고는 없는 왕궁 생활이었다. 그나마 순종이 즉위하면서 그녀의 아들이 황태자에 책봉된 것이 유일한 기쁨이라 할 수 있었다. 그리고 1911년 7월 20일 그녀는 덕수궁 즉조당에서 생을 마감했다. 시호를 순헌으로 정하니, 순헌황귀비라 부르게 되었고, 묘는 영휘원永徽園이라 하였다.

33 이 사진은 1960년 7월에 순종의 황후 윤씨가 낙선재로 돌아오는 감격스런 모습을 찍은 것이다. 조선왕조가 몰락한 지 이미 50년이 지났지만 그녀는 두 명의 상궁을 거느리고 당당히 궁궐로 돌아오고 있다. 윤황후 뒤를 따르고 있는 상궁은 박창복 씨와 유경운 씨다. 좌측의 남자는 당시 공보처장이던 오재영 씨다.

제3장

의녀, 그들은 누구인가?

一. 의녀의 탄생

의녀醫女는 조선시대의 여자 의사들이며, 신분은 천비이고, 대개는 관비 출신이다. 의녀 제도가 도입된 것은 태종 6년(1406)이며, 목적은 부녀자들의 병을 돌보기 위함이었다. 당시 여자들은 남자 의원에게 몸을 보이기를 꺼려하여 병을 앓고 있어도 치료를 제대로 못하고 죽는 경우가 많았는데, 이 문제를 해결하기 위해 의녀 제도가 마련된 것이다.

『경국대전』에는 3년에 한 번씩 의녀를 뽑았고, 그 수는 150명이었다고 기록되어 있다. 이들 중에서 실력이 출중한 70명은 내의원에 배치되었고, 나머지는 각 지방의 의원에 소속되었다.

내의원에 소속된 궁녀들은 궁중을 드나들었기 때문에 궁녀로 인식되기도 했다. 그러나 일부가 궁궐을 드나들긴 했지만 그들을 궁녀라고 부르기는 좀 곤란하다. 의녀는 반드시 궁궐에서만 볼 수 있는 것도 아니고, 그렇다고 여관들처럼 일정한 품계가 정해져 있는 것도 아니었기 때문이다. 의녀 중 일부만 궁궐에서 근무했는데, 그들 역시 궁궐에 상주하는 것이 아니라 출퇴근했다. 거기다 의녀는 여관들과 달리 결혼할 수도 있었다. '궁궐에 사는 여자'라는 의미의 궁녀와는 확연히 구분되는 점이다.

하지만 궁궐에 근무하는 내의녀들의 경우, 궁녀가 아

니라고 단정할 수도 없다. 무수리들 중 일부는 궁궐에 상주하지 않고 출퇴근했지만 궁녀의 범주에 포함되었듯이 내의녀 또한 비슷한 처지로 볼 수 있기 때문이다.

이런 의녀에 대한 논의가 처음 이뤄진 것은 태종 6년 3월 16일이다. 이날 제생원 지사로 있던 허도는 이런 상소를 올렸다.

"부인이 병이 있는데, 남자 의원으로 하여금 진맥하여 치료하게 하면 혹 부끄러움을 머금고 나와 그 병을 보여주길 즐겨하지 아니하여 사망에 이르곤 합니다. 원컨대 창고나 궁사의 어린 여자 아이 열 명을 골라 맥경과 침구의 법을 가르쳐서 이들로 하여금 부인들을 치료하게 하면 전하의 덕에 큰 보탬이 될 듯합니다."

태종이 이 말을 듣고 옳게 여겨 어린 여자 아이 10명을 뽑아 의술을 가르치게 했다. 또한 그들을 수련하고 교육하는 일을 제생원에 맡겼다.

이렇게 해서 마침내 우리 역사 최초로 여자 의사가 탄생했다. 여의女醫는 중국이나 서양의 역사에서는 찾아보기 힘든 존재이다. 단순히 남자 의원들의 보조 역할을 하는 것은 찾아볼 수 있으나 부인병을 직접 치료하고, 진맥하고, 시침하고, 처방하는 일까지 모두 담당하는 전문 여의사는 과거 역사에서 매우 희귀한 존재였다.

이때 뽑은 10명 중에 여의로 성장한 사람은 모두 7명이었다. 7명 중에서도 제대로 의사 노릇을 할 수 있는 의녀는 5명이었다. 제생원은 그들 5명으로는 부인병을 치료하는 데 한계가 있다며 다시 의녀를 뽑아줄 것을 요청했다. 이때가 1418년 6월 21일이었다. 당시 제생원의 요청을 받아 예조에서 올린 글은 이렇다.

"의녀는 모두 7명인데, 재예를 이룬 자가 5명이므로, 이들을 여러 곳에 나눠 보내면 늘 부족합니다. 바라건대, 각사의 비자婢子들 중에서 나이가 13세 이하인 자 10명을 더 정하는 것이 어떠하겠습니까?"

태종은 그들의 요청을 받아들여 다시 10명의 의녀 후보생을 뽑도록 했다. 이렇듯 초기에는 부정기적으로 의녀를 뽑아 양성했지만, 의녀의 필요성이 더 늘어나면서 3년마다 정기적으로 뽑고, 또 수가 모자라면 부정기적으로 뽑았다. 이렇게 해서 의녀는 조선 관비들이 매우 선호하는 직업으로 정착하게 된다.

　의녀의 후보생이 되려면 13세 이하의 어린아이로서 신분이 각 관청에 종사하는 비자여야 했다. 흔히 기생 출신이 의녀를 했다고 알려져 있으나, 이는 잘못 전해진 것이다. 의녀의 신분은 비록 천비이기는 하나 그들은 어릴 때부터 전문적으로 의학을 교육받은 전문직 여성이었던 것이다.

二. 조선의 의료 기관과 의녀 교육

조선의
의료 기관

조선의 의료 기관으로는 제생원, 혜민국, 전의감, 내의원, 활인서 등이 있다.

제생원濟生院은 1397년에 조준의 건의로 설치된 의료 기관으로 의료, 의약의 수납과 보급, 의학 교육 및 의서 편찬 사업을 담당했던 곳이다. 조선 초기의 대표적인 의서인 『향약제생집성방』 30권이 바로 이 제생원에서 편찬한 책이다.

제생원은 혜민국, 전의감과 더불어 일반 서민들의 질병을 치료하고 구호사업에도 관여하여 조선 초기 의학 발전의 핵심 역할을 했다. 그러나 1459년 세조 5년 5월에 정부 조직 간소화 작업이 추진되면서 혜민국에 합병됨으로써 그 이름이 사라졌다.

혜민국은 제생원과 합친 뒤, 혜민서惠民署로 거듭났는데, 이곳에 종6품의 의학 교수가 배치되어 의원과 의녀를 훈육했다.

혜민서에 근무하는 관원으로는 종6품 주부를 비롯하여, 종6품 의학 교수 1인, 종7품의 직장, 종8품의 봉사, 정9품의 훈도, 종9품의 참봉 4인이 있다. 이 외에도 산원(散員 : 맡은 직무가 없는 벼슬자리)으로 치종 교수 1인, 청사를 지키는 위직衛職 2인, 침의鍼醫 1인 등이 있고, 이속으로 서원書員 1인, 창고지기 1인, 사령 5인 등이 있다. 혜민서에 근무하는 의녀는 31인이 정원이며, 수는 상황에 따라 늘기도 하고 줄기도 하였다.

전의감典醫監은 궁중에서 쓰는 의약을 공급하고, 의학 교육과 의원 취재를 담당하던 곳이었다. 말하자면 의원을 뽑고, 교육하고, 약을 공급하는 중추적인 기능을 담당한 부서라 할 수 있다.

전의감은 혜민서의 상급 기관으로서 주부 위로 정, 부정, 판관 등의 관리가 더 있다. 이곳에 근무한 관원은 시기에 따라 조금씩 조정되었으나, 조선 말기까지 취재와 교육, 의약 보급이라는 본질적 기능은 변하지 않았다.

내의원內醫院은 왕실을 전담하는 의료 기관으로 태종 대에 설치된 내약방이 그 모체다. 이후 1443년에 세종이 내의원으로 개칭하고 관원 16인을 배치함으로써 비로소 독립 기관이 되었다. 그리고 세조 대에 관제 개혁이 이뤄지면서 정과 첨정 1명씩이 배치되었고, 판관과 주부가 각 2인, 직장 3인, 봉사와 부봉사, 참봉 등이 각 2인씩 배치되었다. 이후로 인원수에 약간의 변화가 있긴 했으나 큰 변화는 없었다.

이들 관원 외에 산원 관원이 많았는데, 당상과 당하 12인, 침의 12인, 의약동참 12인, 어의 3인 등이 있었다. 내의원에 소속되는 산원 의관은 정원이 없었기 때문에 필요에 따라 많은 인원을 둘 수 있었다. 의관의 정원이 정해지지 않은 것은 왕실 사람들의 수가 일정하기 않았기 때문이다.

내의원에는 산원서원 23인, 종약서원 2인, 대청직 2인, 본청사령 7인, 임시사령 5인, 의약청사령 1인, 침의청사령 2인, 급수사령 1인, 군사 2인, 물을 길어 나르는 수여공 2인, 동변군사 3인, 삼청군사 18인이 별도 배치되었다. 이곳에 근무하는 의녀는 18인이었다.

활인서活人署는 종6품 아문으로 도성 내의 병자를 무료로 구료하는 임무를 띤 관서다. 이것은 원래 고려시대의 동·서대비원으로부터 시작되었다. 조선시대에 와서도 대비원이라는 이름을 버리지 않다가 태종 대에 불교 억압책이 본격화되면서 그 이름이 불교에서 왔다고 하여 동·서활인원으로 개칭하였다.

동활인원은 동소문 밖에 있었고, 서활인원은 서소문 밖에 있었는데, 도성 내의 병자나 오갈 데 없는 사람들을 치료하고 무료로 먹이고 입혀주는 곳이었다. 동·서활인원은 세조 대에 이르러 활인서로 통합되었고, 제조 1인, 별제 4인, 참봉 2인, 서리 4인의 관제를 두었다. 활인서는 임진왜란 때 잠시 사라지기도 했으나 다시 부활하여 1882년까지 존속되었다.

**의녀 교육과
평가 및 직책**　　조선 초기의 의녀 교육은 모두 제생원에서 했다. 하지만 세조 이후 제생원이 사라지면서 전의감과 혜민서에서 나눠서 의녀를 교육시켰다. 교육은 2명의 교수가 중심이 되어 맡았고, 교수 외에 훈도들이 보조 기능을 했다. 2명의 교수는 모두 문신이며, 그 아래에 의원들이 배치되었다.

의녀는 총 3단계로 나뉘었는데, 첫단계는 초학의初學醫라고 하는, 오직 학업에만 전념하는 시기다. 기간은 대개 3년이다. 의녀들은 이 3년 동안 『천자문』, 『효경』, 『정속편正俗篇』 등의 책으로 글을 익히고, 『인재직지맥』, 『동인침혈침구경』, 『가감십삼방』, 『태형혜민화제국방』, 『부인문산서』 등의 의서와 요즘의 수학인 『산서算書』를 배운다. 지방에서 중앙으로 올려보내는 의녀들은 지방에서 이미 글을 익히게 한 다음 중앙으로 올려보내야 했다.

초학의 기간의 학습 진행 방식은 이렇다.

제조가 매월 상순에 책을 강독하면, 중순에 진맥과 약에 대한 교육을 하고, 하순에는 혈의 위치를 교육한다. 그리고 연말에는 제조가 방서方書와 진맥, 명약名藥, 점혈點穴 등을 총체적으로 강의한 후 1년 동안 강의에서 받은 점수를 계산하여 성적에 따라 조치한다. 불통이 많아 낮은 성적이 나온 사람은 봉족奉足을 빼앗는데, 첫해는 한 명을 빼앗고, 둘째 해는 2명을 빼앗고, 셋째 해에도 불통이 개선되지 않으면 원래 신분인 관비의 자리로 돌려보낸다. 이때 생기는 빈 자리는 비자 중에서 한 명을 선택해서 채운다.

봉족이란 국역 편성의 기본 조직으로 나랏일을 보기 위해 복무하는 집안에 붙여주는 일종의 공익 요원이다. 원래 16세 이상 60세 이하의 모든 평민은 군역을 담당해야 하는데, 이들 중 군역에 동원되지 않은 사람은 봉족으로 충당되었다. 봉족으로 충당된 사람은 배치된 집안에 가서 일을 도와야 했고, 이것은 곧 경제적 혜택과 같은 것이었다. 의녀의 집안에도 봉족이 주어졌는데, 봉족을 줄인다는 것은 급료를 줄이는 것과 같은 조치였다.

또 초학의 기간 동안 세 달 이내에 세 번 불통 점수를 받은 사람은 혜민서의 다모茶母로 보내고, 다모 생활을 하면서도 여전히 공부를 게을리하여 성적이 좋지 않으면 역시 본역인 관비의 신분으로 돌려보낸다.

초학의 3년 기간이 끝나면 간병의看病醫가 된다. 이 기간에는 말 그대로 간병을 하며 의원을 보조하고 병에 대해 익힌다. 이 간병의 생활은 기간이 따로 정해져 있지 않다. 빨리 특정 분야를 익혀 뛰어난 의술을 보이면 내의로 발탁되고, 그렇지 않으면 40살이 될 때까지 간병의로 남아야 한다. 그리고 40살이 지났는데도 전문 분야를 개발하지 못하면 본역인 관비 신세로 돌아가야 한다. 간병의 중에 성적이 뛰어난 사람 4명을 매달 뽑아 그들에게만 급료를 준다.

간병의 중에 뛰어난 능력을 보인 사람 2인을 선택하여 내의녀內醫女로 임명한다. 내의가 되면 비로소 월급이 나온다. 또 녹전祿田은 없지만 계절에 한 번씩 녹봉을 받을 수 있는 체아직遞兒職에 임명될 수 있다. 명실공히 관직을 얻게 되는 것이다.

체아직이란 특별한 경우에 녹봉을 주기 위해 만든 관직이다. 정해진 녹봉은 없고 1년에 네 차례 근무 평정에 따라 녹봉이 주어지고, 직책은 보장되지 않는다. 의녀에게 벼슬을 내릴 때는 체아직만 내릴 수 있었는데, 이는 『경국대전』에 규정된 것이다. 조선시대의 무반직 중 하급직은 대부분은 체아직이었으며, 기술관료나 훈도들도 체아직이었다. 체아직엔 전체아와 반체아가 있는데, 전체아는 자리가 1년 동안 보장되고 반체아는 6개월 단위로 근무를 평정해 연장 여부를 결정한다.

내의녀 중에서 뛰어난 의녀는 임금을 보살피는 어의녀로 삼는다. 대개 어의녀는 내의녀 중에 최고 고참이 하게 되는데, 60살이 넘도록 근무한 사람도 있었다. 조선시대의 대표적인 어의녀 대장금은 무려 20여 년 동안 어의녀로 지냈다.

三. 의녀의 임무와 역할

의녀의 기본 임무는 간병이다. 그리고 부인병에 대해서는 의원으로서 진맥, 시침하고 임산부에게는 조산원의 역할을 한다. 그러나 처방은 의원을 통해서 해야 하며 직접 처방을 지시할 수 없다. 이렇듯 의녀는 여의女醫로서 부인병에 한정하여 일정 정도 의사로서 활동하였고, 대개는 병자를 간호하는 일을 맡았다.

그런데 의녀의 임무는 단순히 의료와 관련된 일만 있는 것은 아니었다. 중종 38년 2월 10일에 병조판서 임권, 형조판서 신광한, 포도대장 김공석 등이 도적의 발생 원인과 야간 순시에 관해 올린 글에는 이런 내용이 있다.

도적이 사족의 집에 숨어 있으면 먼저 아뢰고 나서 잡는 것이 예사인데, 계품하느라 왕래하는 동안 도망하여 달아나는 폐단이 없지 않습니다. 앞으로는 군사로 그 집을 포위해 놓고 부인들은 피하여 숨게 하고서 체포한 뒤에 그들의 체포 여부를 아뢰게 해 주소서. 또 도적이 부인들의 차림으로 변장하고 숨는 일도 있으니 의녀를 시켜 부인의 면모를 살펴보게 함으로써 도적들이 도망하지 못하게 하는 것이 어떻겠습니까?

이 글에서 보듯 의녀들은 여자 경찰 역할도 했다. 여자 경찰로서의 의녀의 임무는 이것뿐 아니다. 조선시대에는 혼수를 과다하게 하는 것을 국가에서 금지하고 있었다. 왕실의 척족들과의 혼인에는 유달리 예물이 지나쳤는데, 이런 사건이 보고되면 의녀들은 부인들의 방을 조사해야 했다. 부인들의 방에는 남자들이 들어갈 수 없었기 때문이다. 또 종친 중에 어머니나 부인의 병을 핑계로 종학에 나오지 않는 자가 있으면 그 사실 여부를 확인하기 위해 의녀들을 종친의 집으로 파견하여 여자들을 진찰하도록 했다.

여성이 범죄를 저질렀을 때, 여성의 몸을 살피는 것도 의녀들의 몫이었다. 이때 의녀들은 몸을 수색했고, 맥을 짚어 임신 여부를 판별하였다. 만약 사형당할 여자 죄수가 임신을 했으면 아이를 낳을 때까지는 사형 집행을 연기했다가 아이를 낳은 후에 집행했다. 임신 중에 형신을 가하면 임신부와 아이가 모두 죽을 수 있으므로 여자 죄수의 경우 반드시 의녀들이 임신 여부를 먼저 판별하도록 했다.

궁중의 여관들이 죄를 지었을 때, 형조나 포도청의 명을 받고 그들을 체포하는 것도 의녀들의 몫이었다. 또한 갇힌 여관에게 음식을 갖다주고, 건강 상태를 확인하여 보고하는 것도 의녀의 임무였다. 그러나 죄지은 사람이 궁중의 나인이나 상궁이 아닌 비자라면 의녀가 그들을 시중들지는 않았다.

여관 말고도 후궁이나 어린 왕자를 잡아들이는 일도 의녀가 했다. 광해군 시절에 영창대군을 끌어낸 것도 여관들이 아니라 바로 의녀들이었다.

의녀를 흔히 약방 기생이라고 하는데, 이때 약방 기생이라 불린 의녀들은 혜민서에 속했다. 연산군 시절 혜민서 의녀들을 동원하여 기생처럼 술을 따르고 음악을 연주토록 해서 생겨난 말이 약방 기생이다. 연산군 이후에도 의녀를 여악女樂으로 쓰는 일이 잦았다. 중종 12년 8월 25일에 의녀를 사대부의 연회장에 데려가지 못하도록 지시했지만 쉽게 고쳐지지 않았다.

왕비의 능을 옮기거나 조성할 때, 왕비의 능은 남자가 시위할 수 없었다. 따라서 왕비나 후궁의 무덤을 지키는 일도 의녀들이 맡았다. 왕이 밤에 궁궐 바깥에서 거둥할 때 횃불을 드는 역할도 의녀의 몫이었고, 후궁이 죽으면 누군가 그 제문을 읽어야 하는데, 제문을 읽는 역할도 의녀의 몫이었다.

이렇듯 의녀는 단순히 의술에 관한 일만 한 것이 아니라 온갖 잡다한 일들을 수행해야만 했는데, 때로는 이런 일들에 의녀를 동원하는 것이 불합리하다는 상소가 올라오기도 했다. 그때마다 왕은 의녀에게 의녀 본분의 일 외의 것을 시키지 말라고 했으나 끝내 고쳐지지 않았다.

四. 의녀의 가정 생활과 결혼

일반 궁녀들은 결혼을 할 수 없었지만 의녀들은 그들과 달리 결혼할 수 있었다. 하지만 신분이 미천했기 때문에 매우 천한 대우를 받았고, 제대로 된 혼인도 하지 못했다. 거기다 가정 생활도 매우 어려웠다. 의녀는 결혼 전부터 박대받는 생활을 하기 일쑤였는데, 중종 24년 7월 20일에 종결된 오윤산 사건은 당시 의녀의 가정 생활을 단적으로 보여주고 있다.

당시 장안을 떠들썩하게 했던 오윤산 사건의 내막은 이렇다. 오윤산에게 금이라는 딸이 있었는데, 오윤산의 전처가 낳은 딸이다. 그런데 금이가 어느 날부터 배가 불러오더니 임신한 것이 밝혀졌다. 이후 동네에는 이상한 소문이 퍼졌다. 금이를 임신시킨 사람이 다름 아닌 생부 오윤산이라는 것이었다. 이 소문이 퍼지자 의금부에서는 즉시 오윤산을 잡아들였다. 생부가 딸을 범했다면 도저히 용서할 수 없는 대죄였던 것이다.

의금부에서는 오윤산을 취조하는 한편, 소문의 진원지를 찾기 위해 탐문을 벌였다. 탐문 과정에서 소문의 진원지가 관남과 정금이라는 두 여자라는 것이 밝혀졌다. 관남은 오윤산의 두 번째 아내였고, 정금은 관남이 전남편에게서 얻은 딸이었다. 정금과 관남이 의금부로 잡혀들어왔고, 형신이 시작되었다.

취조 결과, 정금은 오윤산이 금이를 방안으로 데리고 들어가 치마를 벗기고 간음하는 것을 보았다고 말했다. 관남 또한 똑같은 말을 했다.

그런데 두 여자는 공히 그 내용을 차막송도 안다고 했다. 차막송은 오윤산 집에서 일하는 머슴이었다. 그래서 차막송을 취조했다. 그는 중근에게 들은 말이라고 했다. 중근은 오윤산의 사촌 손자였고 당시 나이 불과 13세였다. 의금부에서 이번에는 중근에게 물어보았다. 중근은 그 일에 대해 말하지 않으려고 했다. 중근의 나이가 너무 어려서 형신을 가하지 못하던 의금부는 결국 중근을 겁주기 위해 형틀을 차려 놓고 다시 물었다. 중근은 모두 정금과 관남이 시킨 일이라고 대답했다.

그 내막을 따져보니 결론은 이랬다. 오윤산이 아내인 내섬시 관비 관남을 너무 박대하자, 관남은 윤산의 딸 금이가 임신한 사실에 근거하여 오윤산을 모함하기로 했다. 이 일에 의녀인 딸 정금이 동조하였고, 모녀는 다시 금이를 임신시켜놓고 그 사실이 탄로날까 노심초사하던 막송을 회유하여 동참시켰다. 그리고 마지막으로 어린 중근까지 끌어들인 것이다.

이 일을 벌인 동기에 대해 내섬시 관비였던 관남은 이렇게 말했다.

"남편 오윤산이 내가 가산을 훔쳐다가 딸에게 준다고 하면서 술만 취하면 화를 내며 때렸고, 수시로 내쫓기도 했다. 그래서 견딜 수 없어서 모해하고자 했다. 모해할 방법을 찾다가 오윤산이 자기 딸 금이와 간통했다고 여러 마을에 소문을 냈다."

그리고 의녀였던 관남의 딸 정금은 이렇게 말했다.

"오윤산이 내가 의녀라고 평소부터 박해하였고, 집안에서도 심하게 일을 시켰으며, 바깥 출입도 제대로 못하게 했다. 그래서 모해할 계책을 세우고 그의 딸 금이가 임신한 사실에 근거하여 금이와 간통했다는 것을 날조하여 전파했다."

이 사건으로 관남은 참형에 처해졌고, 정금은 장 100대를 맞고 삼천리 밖에 유배되었으며, 3년간 도역이 부과되었다.

오윤산이 정금이 의녀 신분이라는 사실을 부끄러워하며 함부로 집 밖으로 출입도 못하게 했다는 것은 의녀들이 당시 얼마나 천한 대우를 받았는지 잘 보여주는 대목이다.

당시 관비였던 정금의 어머니 관남의 결혼 생활은 같은 처지의 관비 신분인 의녀의 그것과 크게 다르지 않았다. 본질적으로 의녀도 관비 신분이었기 때문이다. 거기다 의녀는 약방 기생으로 인식되어 관비보다 더 천시

되는 경향이 있었기에 결혼 생활이 정상적으로 이뤄지긴 힘들었다.

『경국대전』의 다음 법조항은 의녀들의 결혼 생활이 순탄지 못했음을 쉽게 짐작할 수 있게 한다.

'첩이 된 의녀가 첩으로 들어가기 전에 낳은 아들은 양인이 됨을 허락하지 않는다.'

이 문장을 잘 분석해보면 의녀들은 누군가의 첩으로 들어가는 일이 많았고 그 전에 임신을 하는 경우가 많았다는 것을 알 수 있다.

성종 19년 1월 14일에 성종에게 올린 성세명의 말을 보면 당시 의녀의 결혼과 관련된 실상을 훨씬 구체적으로 살필 수 있다.

"의녀와 기녀는 본래 정한 지아비가 없으므로 아들을 낳으면, 천인의 아들을 가지고 귀족의 아들이라고 한답니다. 관리는 그 어미의 말에만 의존하여 기록하게 되는데, 이렇게 되면 문제가 발생합니다. 신의 생각으로는 의녀와 기녀의 소생을 적에 올릴 때에는 그 아비에게 물어서 기록하는 것이 어떻겠습니까?"

이 말에 따르면 의녀도 기녀처럼 정해진 남편이 없이 살았다는 뜻이 된다. 따라서 여러 남자의 아이를 잉태하기 십상이다.

의녀들은 어떻게 해서든 천비 신분에서 벗어나고자 애를 썼는데, 그 유일한 방법은 양반의 첩으로 들어가는 것이었다. 의녀를 첩으로 삼은 양반은 자신의 집안 여종을 의녀 대신 관비로 넣고 의녀를 관비 신분에서 해방시켜 줘야 했다. 그렇게 되면 의녀는 양인 신분이 되고, 비록 서출이지만 그 의녀의 자식도 양인으로 살 수 있게 된다. 이 때문에 의녀들은 양반의 첩으로 들어가는 것을 최고의 행운으로 여겼다.

이런 까닭에 의녀 중에는 양반과 몰래 사귀는 경우가 많았던 것 같다. 성종 15년 5월 28일의 고언겸에 대한 사관의 다음 논평은 그런 세태를 넌지시 보여주고 있다.

고언겸이 젊었을 때 서부학당에서 글을 배웠는데, 경인년에 선비들이 비단을 모아 학당에 둔 적이 있었다. 고언겸이 하루는 틈을 노려 명주 두어 필을 훔쳐 품속에 숨겼는데, 그것이 옷 밖으로 드러난 것을 깨닫지 못했다. 동료들은 그것을 보고도 차마 말을 못하고 그저 웃기만 했다. 그와 가장 가까운 자가 고언겸의 집에 찾아와 그 말을 전했더니, 고언겸은 자기에게 사통하는 의녀가 있어서 그에게 주려고 이런 옳지 못한 짓을 했다고 했다. 그러나 만약 돌려보낸다면 틀림없이 자기를 진짜 도적으로 몰 것이라며 어떻게 하면 좋겠는지 물었다.

이 고언겸의 이야기 속에는 '사통하는 의녀가 있다'는 표현이 들어 있다. 그렇다. 당시 의녀들은 고언겸 같은 젊은 선비와 몰래 만나며 사랑을 나누는 상대로 적임이었다. 기녀처럼 노골적으로 술을 따르고 몸을 팔지는 않지만 의녀들은 기녀 이상으로 양반들에게 인기가 좋았던 것이다. 임자가 따로 있지도 않고, 그렇다고 기녀처럼 돈 때문에 몸을 팔지도 않으면서 은밀히 정을 통할 수 있는 존재, 그것이 바로 의녀였다. 그런 양반들을 상대하던 의녀들은 양반의 첩으로 들어가 신분상승의 기회를 고대했을 것이다.

의녀 중에는 인물이 출중하여 왕족과 연애를 나눈 이들도 있었다. 대표적인 여자가 세종의 아들 평원대군과 사랑을 나눴던 백이라는 의녀였다. 평원대군이 19살의 어린 나이로 죽자, 의녀 백이는 그 뒤에 이사평과 사랑을 나누다 그의 첩으로 들어갔다. 이사평은 대마도 정벌을 이끌었던 이종무의 셋째 아들이었다. 이종무는 정종의 서10남 덕천군에게 딸을 시집보냈으니, 왕실의 외척이기도 했다.

이사평이 백이를 첩으로 받아들였다는 소식을 듣고 세종은 몹시 화가 났다. 평원대군은 세종이 몹시 총애하던 아들이었다. 그 아들이 좋아했던 여자가 남의 첩으로 들어갔다는 말을 들었으니 어느 아비인들 기분이 상하지 않았겠는가? 더구나 왕자와 염문이 있던 의녀를 공신의 자식이, 그것도 왕실과 사돈 관계를 맺은 외척의 자식이 첩으로 취했으니 그냥 둘 수는 없는 노릇이었다. 인척간에 한 여자를 가까이 했으니 법도에 어긋난다는 명목으로 세종은 선공감의 정표으로 있던 이사평을 파직시켜버렸다.

이사평 또한 백이를 첩으로 얻으면 파직을 당할 것이라고 예상했을 것이다. 그럼에도 그녀를 취한 것을 보면 백이란 여자가 꽤나 절색이었던 모양이다.

백이 또한 이사평의 첩이 되면 세종의 미움을 살 것을 알았을 것이다. 그러나 그렇다고 죽은 평원대군만을 생각하며 늙을 수는 없는 노릇이었을 것이다. 이사평의 첩이 되는 순간, 관노의 신분에서 해방되고, 기생 취급 받는 의녀 일도 그만 둘 수 있었다. 거기다 자신이 낳은 자식은 비록 서출일지언정 천민 신분에서는 벗어날 수 있지 않은가. 의녀들이 양반의 첩이 되길 원했던 것은 바로 이런 혜택을 누리기 위함이었다.

하지만 양반의 첩이 된 뒤에도 대다수는 의녀의 직분을 그대로 유지했다. 그래서 자연히 남자들을 많이 접할 수밖에 없었는데, 그것은 곧잘 사단을 일으키기도 했다.

태종 13년 4월 19일 사헌부에서 대사헌 안성을 간통죄로 파직시켜야 한다는 상소를 올렸다. 안성은 원래부터 여자를 밝히는 인물로 소문이 자자했는데, 심지어 전라도에서 관직생활을 하며 완산의 기생 옥호빙을 사랑하다가 경상도 관찰사로 발령이 나자, 경상도로 기생을 데리고 갔으며, 아버지 상을 당했을 때도 옥호빙을 완산으로 돌려보내지 않을 정도였다고 한다. 그런데 이번에는 삼군부의 총제 이징의 첩이었던 의녀 약생과 간통하다가 이징에게 붙들려 매를 맞았다. 이징은 그가 안성인 줄 알았지만, 일부러 모른 체하고 매만 때렸다고 했다. 세상에 알려져봤자 자기에게도 좋을 것이 없다고 판단했던 것이다. 하지만 사헌부에 그 사실이 알려져 사헌부 관리가 자신들의 수장인 대사헌을 탄핵하는 사태가 벌어진 것이다.

조선시대 의녀들은 대부분 원만한 결혼 생활을 하지 못했다. 세간의 눈은 그들을 관기 못지않은 추잡한 여자들로 취급하였고, 그들 역시 정조 관념이 매우 약한 편이라 여염집 아낙으로 살 수 없었다. 의녀들은 아비 없는 자식을 키우는 게 다반사였고, 결혼을 여러 차례 하는 경우도 많았다. 결혼 생활 도중에는 구박받거나 버림받기 일쑤였다. 이런 의녀의 기구한 처지를 고려한다면 그들이 양반의 첩으로 가는 것을 이상적인 결혼으로 생각한 것도 무리는 아니었을 것이다.

五. 의녀 간통 사건들

의녀에 대한 조선 남성들의 시각은 수작을 걸어 성공하면 한껏 잘 즐길 수 있으며, 그런 뒤에도 거의 뒤탈이 없는 대상이라는 정도였다. 그런 까닭에 의녀를 상대로 한 간통 사건이 끊이지 않았다. 특히 혜민서의 관원이 되면 의당 의녀들과 놀아나는 것을 당연하게 여길 정도였다. 이런 현상은 연산군이 의녀들을 기생 취급한 뒤에 더욱 심해졌다. 몇몇 대표적인 의녀 간통 사건을 통해 의녀에 대한 조선인들의 시각과 당시 세태를 알아본다.

의녀가 가장 많았던 곳은 전의감과 혜민서인데, 이곳 관원들은 종종 의녀들과 간통 사건을 일으켰다. 중종 30년 10월 15일에 대사헌 허항에 의해 보고된 사건은 그런 일 중에 대표적인 것이다. 이날 허항은 혜민서 관원들을 잡아 가뒀다며 이렇게 말하고 있다.

"요즘 혜민서에서 오랫동안 근무한 훈도 등이 의녀와 나이 어린 각사의 관원 및 무뢰한들과 무리를 지어 날마다 모여 연회를 베풀고 즐긴다고 합니다. 또 의녀들에게는 뇌물을 받고 함부로 휴가를 내주는 폐단을 일으키므로 훈도 등을 가두고 형을 가하여 추고하라고 했습니다."

허항의 이 처사에 대해 혜민서 관원들도 가만히 있지 않았다. 그들은 허항의 동생 허흡의 친척인 이언국이 의녀 열이와 간통하고, 자주 의녀들과 연회를 베풀어달라고 압박했으며, 의녀들에게 휴가를 보내줄 것을 요청했다고 반격했다. 말인즉, 허항이 자기 동생을 위해 훈도들을 가뒀다는 내용의 항변이었다.

이 일로 허항은 임금에게 대사헌에서 사직하겠다고 말했다. 그러자 중종은 허항의 사직을 허락하지 않고, 혜민서 관원과 의녀 및 관련자들을 모두 잡아들여 문초하라고 지시했다. 중종은 혜민서의 훈도들이 사헌부의 문초를 받게 되자, 역으로 대사헌 허항을 협박했다고 판단했던 것이다.

3일 뒤인 10월 18일에 허항이 사헌부의 장령과 지평을 대동하고 와서 임금에게 아뢰었다.

"신들이 어제 의녀 열이의 일을 심문하니, 열이가 말하기를 의녀 금장이가 관련된 일이라 했습니다. 열이의 말에 따르면 제릉齊陵에 갈 때에 훈도 이세영 등이 이언국 및 무뢰배 몇 명과 함께 의녀 네다섯 명을 혜민서로 불러다가 낮에는 마음껏 술을 마시고 밤에는 각자 데리고 잤다고 했습니다."

그런데 이 일을 아뢰기 전에 사헌부에서 임금에게 올리는 글을 승정원에 전달하는 과정에서 한 가지 사고가 생겼다. 원래 사헌부에서 간언문을 작성하면 서리를 시켜 사헌부 관원들에게 돌려보게 하는 것이 관례였다. 그런데 서리가 글을 돌려보이고 돌아오는 길에 자칫 그 글을 빼앗길 뻔한 사건이 있었다. 서리가 두루 글을 보이고 돌아올 때는 이미 날이 저문 뒤였는데, 그가 전옥서 골목 어귀에 이르자 웬 양반 차림을 한 젊은 자가 길을 가로막았다. 그리고 이내 같은 무리로 보이는 자들이 주변을 둘러쌌다. 그들은 서리를 발로 차고 때리면서 강제로 사헌부에서 올린 글의 내용을 보고자 했다. 다행히 그때 마침 성상소에 근무하는 이이라는 인물이 수하들을 데리고 지나가다가 그 장면을 목격하고 그들을 체포했다.

사헌부의 서리를 위협하여 간서簡書를 탈취하려 한 자는 예조의 전객사 서원 허숙동의 아들 허숭조란 자였다. 조사해본즉 그는 의녀들과 놀아난 자들 중 하나였다. 그는 사헌부에서 의녀들의 일을 조사하고 있다는 사실을 파악하고 그 내용을 알아보기 위해 사헌부 서리를 미행하다가 마침 후미진 곳에서 간서를 뺏으려 했던 것이다.

중종은 관련자 전원을 처벌하고 다시는 같은 일이 재발되지 않도록 하라는 명령을 내렸다.

의녀 간통 사건 중에는 의학 교수와 의녀 사이에 벌어진 일도 많았다.

성종 대의 의학 교수였던 조평은 원래부터 색욕이 강하고 행동거지가 좋지 않은 인물인데, 결국 자기가 근무하는 전의감의 의녀와 간통하기에 이르렀다. 말하자면 스승과 제자가 간통한 셈인데, 이는 법으로 엄격히 금지하고 있는 사항이었다.

조평은 이 일이 발각되어 파직되었으나 당시 대사헌 송영은 조평이 평소부터 질이 좋지 않은 인물이고, 또한 의학 교수로서 제자인 의녀와 간통한 것은 죄질이 나쁘다며 더 큰 벌로 다스릴 것을 주청했다. 성종은 그의 건의를 받아들여 조평을 더 강하게 취조하고 엄한 벌로 다스리라고 명했다.

이 두 가지 사건은 전의감과 혜민서에서 일어난 간통의 전형적인 예라고 할 수 있다. 두 사건 모두 자기 직책을 이용한 사건이며, 의료 기관 내부의 상하 관계에서 일어난 일종의 성상납 사건이었던 것이다. 하지만 의녀 간통은 단순히 의녀를 거느린 의료 기관 안에서만 벌어진 것은 아니었다.

중종 시절에 순천 부사를 지낸 김인명이란 자가 있었다. 그는 순천 부사로 가기 전에 한양에 근무하면서 의녀 진금과 정을 나눴다. 그리고 순천 부사에 임명되자, 진금을 데리고 순천으로 내려갔다. 의녀는 관비이기 때문에 함부로 옮겨다닐 수 없었으며, 또 관리가 사사로이 데리고 다닐 수도 없었다. 그러나 김인명은 임실 현감 유근에게 의녀 진금이 임실에 사는 것처럼 문서를 위조해달라고 했다. 부사의 부탁을 받아들인 유근은 진금이 임실에 적을 두고 사는 의녀인 것처럼 문서를 꾸몄다. 하지만 얼마 뒤에 진금이 사라진 것을 알고 형조에서 진금을 추적하다가 결국 순천에 있음을 알게 된 것이다. 이 일로 김인명은 관직에서 쫓겨나고, 유근 또한 파직을 당했다. 의녀에 대한 연정 때문에 패가망신한 대표적인 사건이다.

성종 5년 6월에는 녹사 최언진이 지아비가 있는 의녀 귀금과 간통했다는 말을 듣고 사헌부가 조사에 착수했다. 더구나 그들 두 남녀가 간통하고 있던 시기는 국상 중인 때였다. 국상 중의 간통은 일반 간통보다 훨씬 무겹게 다루는 만큼 사실이 확인되자 최언진은 녹사의 고신을 빼앗기고 장 60대를 맞았고, 귀금은 장 100대에 의녀 자격을 박탈당하였다.

국상 중에 간통하다가 패가망신한 이는 최언진뿐이 아니었다. 세조 시절의 최말철은 국상 중에는 기생 여러 명과 간통하였고, 부친의 상중에는 의녀 월비와 간통하였다. 이 사실이 발각되자 그는 불충과 불효를 동시에 저질렀다는 명목으로 결국 귀양지로 쫓겨가는 신세가 되었다.

그러나 국상 중에 의녀와 간통하고도 무사했던 이도 있었다. 성종의 사위 이함은 성종이 승하한 바로 다음날 의녀의 집에서 잤다가 그것이 발각되어 탄핵되었는데, 연산군은 이함을 벌주지 않았다. 연산군은 이함과 친밀했기에 의녀 간통쯤은 눈감아줄 수 있다고 보았다. 실지로 연산군은 의녀와의 간통 사건이 벌어지면 죄를 범한 상대가 누군인지를 중시했다. 자기가 좋아하는 인물이면 봐주고 싫어하는 인물이면 가혹하게 벌했던 것이다.

의녀 간통 사건 중에는 아주 특이한 경우도 있다. 연산군 시절의 일인데, 해남의 노비 말금의 간통 사건이다. 말금은 해남의 사노私奴였는데, 죄를 짓고 감옥에 갇혀 있었다. 그런데 그가 죄수들의 건강을 살피는 의녀 은금과 간통을 한 것이다. 죄수의 신분으로 어떻게 의녀와 간통했는지는 상세하게 기록되지 않았으나, 강간이 아니라 간통이라고 한 것으로 보면 은금 또한 말금을 좋아했다는 뜻이 된다. 이 일로 말금은 참수형에 처해졌으니, 연애 한번 잘못 했다가 목숨이 달아난 경우라 하겠다.

이들 사건 외에도 의녀를 대상으로 일어난 간통 사건은 많이 있다. 하지만 그 유형들이 전술한 사건들과 유사한 까닭에 이쯤에서 언급을 줄이고자 한다.

六. 역사에 이름을 남긴 의녀들

실록에 의녀의 이름이 거론된 기사는 대부분 좋지 않은 일과 연루되어 있다. 간통 사건이나 양반들이 의녀를 첩으로 들였다가 생긴 문제들이 대부분이다. 그러나 매우 드물지만 의술로서 이름을 떨쳐 실록에 이름을 남긴 의녀들도 있다. 비록 숫자는 몇 명 되지 않고 기록도 많지 않지만, 그들에 관해 가급적 소상하게 언급하고자 한다.

중종의 주치의 조선의 의녀 중에 가장 많은 기록을 남기고 있는 인물은
대장금   중종 대의 대장금大長今이다. 대장금은 의녀로서는 유일하게 임금의 주치의 역할을 했고, 중종이 마지막까지 자신의 몸을 맡겼을 정도로 신뢰받던 의원이었기 때문이다.

대장금이 실록에 처음 등장하는 것은 중종 10년(1515년) 3월 8일이다. 이때 사헌부에서는 의원 하종해를 의금부에 가둬야 한다는 주장을 했다. 이는 중종의 계비 장경왕후가 그해 2월 25일에 원자(훗날의 인종)를 생산하고 3월 2일에 사망한 것에 따른 문책이었다. 그런데 사헌부의 요청에 대해 중종은 하종해는 약을 마음대로 지어 올린 것이 아니라 의녀가 말하는 증상에 따라 조제한 것이므로 하종해를 의금부에서 심문하는 것은 마땅치 않다는 의견을 말했다. 이때 중종이 말한 의녀 속에는 대장금이 포함되어 있었다.

사헌부에서는 대장금이 왕비를 제대로 치료하지 못했으니 당연히 벌을 받아야 한다고 주장했다. 이에 중종은 3월 22일에 말하길, 대장금은 원자를 생산하는 데 큰 공을 세웠기에 반드시 상을 내려야 했지만, 갑자기 대고(大故 : 왕이나 왕비가 죽는 것)가 있어 상을 내리지 못했는데, 상을 내리진

못할 망정 형장을 가할 수는 없다고 했다.

이튿날 대간이 이렇게 아뢰었다.

"의녀인 장금의 죄는 하종해보다 훨씬 심합니다. 해산 후에 옷을 갈아입을 때 제의하여 말렸더라면 어찌 대고에 이르렀겠습니까? 형조에서 법조문대로 정률에 따라 적용하지 않고 장형을 속죄시키기까지 했으니 심히 온당치 않습니다."

하지만 중종은 끝까지 장금에게 죄를 묻지 않았다.

이 사건 이후 대장금이 다시 실록에 등장한 것은 7년 후인 1522년 8월 15일이다. 이날 중종은 대비가 중풍 증세에 감기를 앓고 있다며 의녀에게 치료하게 했으나 미진하여 의원 하종해와 김순몽이 치료에 가세하도록 했다.

그리고 9월 5일에 자순대비의 병세가 호전되자 왕은 대비를 치료한 의원 하종해와 김순몽, 의녀 신비와 장금에게 상을 내렸다. 이때 신비와 장금이 받은 상은 각각 쌀과 콩 10석씩이었다.

대장금은 이때의 공으로 중종의 병 치료를 전담하게 된다. 1524년 2월 15일에 대장금에게 체아직(遞兒職 : 녹봉을 주기 위해 특별히 만든 관직)을 내리고 자신의 간병을 전담토록 조치했던 것이다. 이렇게 됨으로써 대장금은 명실공히 중종의 어의녀御醫女이자 주치의가 되었다.

하지만 중종이 한갓 의녀에 불과한 장금을 주치의로 삼은 사실에 대해 대신들은 몹시 못마땅해 했다. 그들은 중종의 몸이 좋지 않을 때마다 그것을 마치 대장금의 의술이 부족한 탓인 양 말하곤 했다.

중종 27년(1532) 10월 21일에 내의원 제조 장순손과 김안로가 이런 말을 아뢰었다.

"옥체가 편안치 못한 것이 풍 증세 때문이라고 해도 상시에 금기해야 할 일은 모두 삼가는 것이 좋습니다. 지금 의녀에게 진맥하게 하는 것 또한 마음이 편치 못합니다. 의녀의 의술이 의원만 못하니, 의원으로 하여금 들어와서 살피게 하는 것이 어떻겠습니까?"

중종은 자신의 몸을 대장금으로 하여금 보살피게 했는데, 이때에 쉽게 병이 낫지 않자 내의원 제조들이 그녀를 믿지 못하겠다는 투로 한 말이었다. 중종은 그들의 의견을 존중하여 의원 하종해와 홍침을 대전으로 불러 진맥하게 했다.

중종의 병증은 풍이 원인이 되어 겨드랑이 아래쪽에 종기가 돋아 있는 상태였다. 그 종기로 인해 중종은 몹시 고통스러워했다. 이 일로 대신들은 왕의 치료를 의녀와 의원에게만 맡겨둘 수 없다며 재상들이 직접 대전으로 가서 병증을 확인해야 한다고 말했다. 이에 중종은 재상들이 출입하면 사관이 함께 와야 하고, 그리 되면 오히려 치료에 도움이 되지 않는다며 거절했다.

그러나 중종의 종기는 그로부터 수개월 동안 낫지 않았다. 그 때문에 대신들이 의아해하자 중종은 1533년 1월 9일에 자신의 병에 대한 해명을 했다.

"내 종기 증세는 당초 침으로 터뜨렸을 때, 침 구멍이 넓지 않아서 나쁜 피가 다 빠지지 않고 여러 곳에서 고름이 새어나왔다. 그러나 멍울이 생긴 곳은 아직 곪지 않았으므로 요사이 태일고, 호박고, 구고고 등의 고약을 계속 붙이자 멍울 섰던 곳에서 고름이 계속 나오는 것일 뿐 다른 곳이 새롭게 곪은 것은 아니다."

그러자 대신들은 종기가 났던 곳은 이미 죽은 살이 되었으니 다시 응어리가 박힐 까닭이 없다며 대장금으로 하여금 다시 진찰하여 약을 쓰는 것이 좋겠다는 의견을 냈고, 중종은 받아들였다.

그리고 한 달 뒤 중종의 종기는 나았다. 이때 병 치료에 공을 세운 사람은 의원 하종해와 의녀 대장금, 계금 등이었다. 중종은 대장금과 계금에게 각각 쌀과 콩 15석씩을 하사했다.

이 일 이후 대장금이 실록에 다시 등장하는 것은 1544년(중종 39) 2월 3일이다. 이 무렵, 중종의 병증은 매우 악화되어 있었다. 중종은 이미 57세의 노구였고, 오랫동안 앓아오던 풍증과 그에 따른 합병증으로 병증이 돌이킬 수 없는 지경에 이르렀다. 그 증세에 대해 중종은 스스로 이렇게 말하고 있다.

"어제 저녁 온몸에 땀이 났기 때문에 열기는 처음처럼 심하지 않으니, 약을 자주 올릴 필요는 없다. 하지만 증세에 따라 약을 알아서 올리라. 다만 여러 날을 약을 먹었더니 기운이 점점 약해져서 식사가 평상시만 못하고 병이 오랫동안 지속되니 또한 우려가 된다. 또 목이 쉬고 땀이 많이 나므로 약을 써야 한다는 것은 의녀가 알고 있다. 의원을 자주 불러보고 싶지만 별다른 증세가 없어 그만뒀다. 소소한 약에 관한 의논은 의녀를 통해서 전해줄 터이니, 상의하도록 하라."

중종의 말에 등장하는 의녀는 대장금이다. 중종은 당시 자신의 병을 오로지 대장금에게 맡겨두고 있었다. 이런 일은 조선사 전체를 통틀어 거의 유일한 사건이었다. 그만큼 중종은 대장금을 신뢰하고 있었다.

며칠 뒤인 2월 7일, 내의원 제조가 중종을 문안하고 아뢰었다.

"대체로 약간 차도가 있다고 하긴 하나 너무 오랫동안 누워 계십니다. 의녀의 진맥이 의원보다 정밀하지 못할 것이니, 의원으로 하여금 진맥하게 하소서."

중종이 대답했다.

"모든 증세가 이미 나았고, 음식도 점차 평소와 같아지고 있다. 단지 해소 기운이 완전히 사라지지 않았다. 오늘이나 내일이 지나면 의원이 물러가도 될 것이니, 꼭 진맥할 것까진 없고, 경들도 이제 문안하지 말라."

자신의 말대로 중종은 이틀 뒤에 자리를 털고 일어나 자신을 치료한 의녀 대장금과 은비에게 상을 내렸다.

그러나 중종의 병은 완치된 것이 아니었다. 중종의 몸에는 늘 냉기가 감돌았고, 대소변도 원활하지 않았다. 그리고 그해 10월쯤에는 중증으로 진전되고 있었다. 10월 24일에 내의원 제조 홍언필이 왕을 문안하고 처방과 진맥을 청했다.

"주상의 증세는 진실로 심한 것이 아닙니다. 다만 냉기 때문에 이렇게 되셨으니, 반총산을 복용하심이 마땅할 듯합니다. 대소변이 평소와 다른 것도 하부에 냉기가 쌓여 그런 것이니 소금과 총백(대파)을 주머니에 담아 붙이는 것이 어떻겠습니까? 또 의녀가 비록 진맥한다고는 하나 천박한 식견으로 뭘 어떻게 알겠습니까? 박세거로 하여금 진맥하게 하소서."

이에 중종이 말했다.

"반총산을 즉시 지어서 들이라. 소금과 총백은 지금 붙이고 있는 중이니 다시 증세를 보아 의원으로 하여금 진맥하도록 하겠다."

이 말에서 보듯 중종은 의원들보다는 대장금을 훨씬 신뢰하고 있다. 그러나 대신들은 항상 그것이 불만이었다. 왕이 일개 의녀 말만 듣고 의원을 무시한다고 생각하여 틈만 나면 의녀를 공격했다. 그럼에도 중종은 그들보다는 대장금의 말을 존중했다.

다음날 의정부와 중추부, 육조, 한성부의 당상 및 대사헌 등이 문안하러 오니, 중종은 대장금으로 하여금 자신의 병증에 대해 설명토록 했다. 이에 대장금이 대신들에게 이렇게 설명했다.

"어제 저녁에 주상께서 삼경에 잠이 들었고, 오경에 또 잠깐 잠이 들었습니다. 또 소변은 잠시 통했으나 대변은 불통한 지가 이미 3일이나 되었습니다."

그 말을 듣고 의원 박세거와 홍침이 진맥하니, 왼손 간장과 신장 맥이 들뛰고 급하였으며, 오른손 맥은 미약하고 느렸다. 의원들은 처방에 대해 의논하고 오령산에 마황, 방기, 원지, 빈랑, 회향을 넣어서 5첩을 올렸다.

그 덕분에 10월 29일에 비로소 대변이 나왔다. 변을 보지 못한 지 무려

7일 만이었다. 이날 대신들이 문안하자, 중종은 의녀 장금을 내보내 대변이 통하여 기분이 좋다며 걱정하지 말라는 말을 전했다. 이에 내의원 제조는 갈증이 날 때마다 생지황을 달여 먹을 것을 권하면서 절대로 냉수는 먹지 말라고 했다.

그러나 중종의 병은 이미 돌이킬 수 없는 상황이었다. 중종 스스로도 그 사실을 잘 알고 있었다. 대신들도 상황이 심상치 않음을 알고 여러 차례 의원을 들여보냈지만 별 효험이 없었다. 그런 상황에서 11월 12일 아침에 대장금이 대전에서 나와 중종의 병증을 설명했다.

"지난 밤 주상의 옥체에 번열이 있는 것 같아 야인건수, 양격산, 지보단을 올렸습니다."

이에 의원 박세거가 들어가 진찰하고 다시 약을 올렸다. 정오에 대장금이 다시 나와 왕의 상태를 설명했다.

"오전에 번열이 있었으므로 정화수에 소합원을 타서 올렸습니다."

저녁에 박세거가 다시 들어가 진찰했다. 그리고 건갈, 승마, 황련, 맥문동, 인삼을 첨가한 강활산 및 오미자 차, 검은 콩, 대나무 잎 등을 달인 물을 올렸다. 모두 다 기력을 보충하는 것들이었다. 그러나 소용이 없었다. 11월 15일 어두워질 무렵에 대장금이 밖으로 나와 말했다.

"상의 징후가 위급하십니다."

그로부터 얼마 후 드디어 내전에서 곡소리가 터져나왔다. 그렇게 중종은 승하했다. 중종의 승하와 함께 대장금에 관한 기록도 사라졌다. 왕이 죽었으니, 왕을 치료했던 그녀 역시 법에 따라 죄를 받았을 것이다. 하지만 그녀가 특별한 실수를 한 것은 아니니 의녀 직분은 그대로 유지했을 것으로 보인다. 다만 오랫동안 왕의 총애를 받았으니, 그것이 문제가 되어 내의원에 계속 머물러 있지는 못했을 것이다.

충치 제거술의 달인
장덕과 귀금

대장금 다음으로 이름이 높았던 의녀는 장덕張德이었다. 제주의 의녀였던 그녀는 성종 대의 인물인데, 충치 제거에 남다른 재주가 있었다. 어떤 형태로 치료를 했는지 모르지만 충치 제거술에서는 독보적이었다. 또 그녀는 충치 제거뿐 아니라 눈이나 코 등에 나는 부스럼 제거에도 특별한 능력을 보였다고 한다. 후에 이 기술은 그녀의 제자 귀금貴今에게 전수되었고, 나라에서는 그것을 대중화하기 위해 의녀를 붙여 배우게 했다. 하지만 그녀의 의술은 대중화하는데 실패했다.

장덕에 관한 기록이 처음 등장한 것은 성종 19년 9월 28일 기사에서다. 이날 성종이 제주목사 허희에게 글을 내려 이렇게 말했다.

"잇병을 고치는 의녀 장덕은 이미 죽고 이제 그 일을 아는 자가 없으니 이, 눈, 귀 등 여러 가지 아픈 곳에서 벌레를 잘 제거하는 사람이면 남녀를 막론하고 찾아서 보고하라."

그런데 장덕은 없었지만 그녀는 제자에게 기술을 전수하고 죽었다. 그 제자가 바로 귀금이었다. 제주 목사는 노비 신분이었던 귀금을 찾아내 보고했고, 나라에서는 그녀를 면천시키고 의녀를 붙여 그녀의 의술을 배우게 했다. 하지만 의녀들이 4년이나 배웠는데도 쉽게 기술을 익히지 못하자, 나라에서는 귀금이 고의로 의술을 가르쳐주지 않는다며 그녀를 벌주려 했다.

그 내용은 성종 23년 6월 14일의 기록에 나타난다.

우승지 권경희가 아뢰었다.

"제주의 의녀 장덕은 치충을 제거하고 눈과 코 등의 모든 부스럼을 제거할 수도 있었습니다. 그가 죽을 무렵에 그 기술을 사비私婢 귀금에게 전수했습니다. 나라에서는 귀금을 면천시켜 여의女醫로 삼아 그 기술을 널리 전하고자 하여 두 여의를 뽑아 그를 따라 다니게 했는데, 귀금은 기술을 숨기고 전하지 아니했습니다. 청컨대 귀금을 고문하여 그 내막을 물어보소서."

성종은 즉시 귀금을 잡아들이도록 하고, 그 내막을 캐도록 했다.

"여의 두 사람으로 하여금 너를 따라다니게 했는데, 네가 숨기고 기술을 전수해주지 않았으니, 반드시 그 이익을 독차지 하고자 함이렷다? 네가 만약 끝까지 숨긴다면 마땅히 고문을 가해 국문하겠으니, 모두 다 말하여라."

그러자 귀금이 대답했다.

"제가 일곱 살 때부터 이 기술을 배우기 시작하여 열여섯 살이 되어서야 완성했는데, 지금 제가 마음을 다해 가르치지 않은 것이 아니고, 그들 여의들이 익히지 못했을 뿐입니다."

장덕과 귀금에 대한 기록은 이것이 전부다. 그들의 탁월했던 충치 제거술이 후대에 전수되었다는 기록도 없고, 귀금을 이어 전수받았다는 의녀에 관한 기록도 없다. 하지만 귀금이 그랬던 것처럼 의녀들이 꾸준히 수련하고 배웠다면, 장덕의 충치 제거술은 후대로 전해졌을 법하다.

분이와 애종 성종 시대에는 장덕이나 귀금 말고도 분이粉伊라는 여의사도 유명했다. 그녀는 황을이라는 의원에게 의술을 배웠는데, 황을은 독에 중독된 병을 다스리는 의술이 탁월한 자였다. 이에 나라에서 여의 분이를 그에게 붙여 의술을 배우도록 했으나 분이의 의술이 황을을 따라잡지 못했다. 나라에서는 황을이 고의로 의술을 가르쳐주지 않는다고 판단하여 그를 잡아들여 세 차례나 형문을 가했다. 황을은 그제야 자신의 의술을 제대로 가르쳤다고 한다. 덕분에 분이는 중독된 병을 다스리는 데 남다른 의녀로 성장할 수 있었다.

선조 시대에는 애종愛鐘이라는 의녀가 의술에 남다른 재주를 보였다고 한다. 하지만 선조는 애종의 행실이 바르지 못하다면서 궐내에 출입하지 못하게 하라고 했다. 선조 33년에 6월에 왕비 박씨가 죽음을 앞두자, 대신들이 애종으로 하여금 왕비를 치료하게 하자고 요청했으나 선조는 끝내 받아들이지 않았다. 이때 선조는 "애종은 창녀라고 하니 비록 의술이 있더라도 절대로 궐내에 들이지 말라"고 했다. 선조가 죽고, 광해군이 들어섰을 때 이항복은 내의녀들의 대가 끊기게 됐으니 애종을 불러 의녀들을 가르치게 하자고 했다. 이에 대한 답변 내용은 기록되지 않았다. 광해군의 별다른 비판이 없었던 것으로 보아 애종을 받아들여 의녀들을 교육토록 했을 것으로 판단된다.